Marketing

Von
Diplom-Kaufmann
Andreas Preißner
und
Stefan Engel
Lic. oec. (HSG)

Vierte, unwesentlich veränderte Auflage

R. Oldenbourg Verlag München Wien

Die Deutsche Bibliothek - CIP-Einheitsaufnahme

Preißner, Andreas:
Marketing / von Andreas Preißner und Stefan Engel. – 4., unwes. veränd. Aufl. – München ; Wien : Oldenbourg, 1999
ISBN 3-486-24943-6
NE: Engel, Stefan:

Rosenheimer Straße 145, D-81671 München
Telefon: (089) 45051-0, Internet: http://www.oldenbourg.de

Gedruckt auf säure- und chlorfreiem Papier
Gesamtherstellung: Huber KG, Dießen

ISBN 3-486-24943-6

Vorwort

Das Marketing-Konzept für dieses Marketing-Buch:

- Zielgruppen:
  - Teilnehmer an Fort- und Weiterbildungsveranstaltungen im Bereich Marketing, insbesondere zur Vorbereitung auf die Prüfung zum Fachkaufmann/zur Fachkauffrau für Marketing
  - Studierende in Einführungsveranstaltungen des Marketing
  - Praktiker, die ihr Wissen über Marketing aktualisieren und ergänzen möchten

- Inhalt:
  - Orientierung am Rahmenstoffplan des DIHT für die Prüfung zum/zur Fachkaufmann/-frau für Marketing
  - Berücksichtigung aktueller Themenbereiche, wie z.B. Franchising, Direktmarketing, Product-Placement, Target Costing, Marketing-Audits, Teleselling, Direkte Produkt-Profitabilität, Verpackungsverordnung, Produkthaftpflicht und das neue Markengesetz

- Darstellung:
  - kompakte Erläuterung der Methoden und Sachverhalte
  - zahlreiche grafische Darstellungen und Übersichten
  - weitgehender Verzicht auf komplexe mathematische Verfahren.

Das Konzept basiert auf den Erfahrungen der Verfasser aus zahlreichen Lehrveranstaltungen an den Fachhochschulen Gießen-Friedberg und Rheinland-Pfalz in Ludwigshafen, der Industrie- und Handelskammer Frankfurt am Main und weiteren Bildungseinrichtungen.

Unser Dank gilt Sabine Schulze-Hädrich für zahlreiche Korrekturhinweise und Verbesserungsvorschläge und Dipl.-Kff. Dorothea Pape für ergänzende Hinweise zum Abschnitt "Konsumverhalten". Weiterhin danken wir Herrn Dipl.-Volksw. Martin Weigert vom R. Oldenbourg Verlag für die reibungslose Zusammenarbeit.

Andreas Preißner
Stefan Engel

Inhaltsverzeichnis

A. Einführung

Nahezu jede Aussage, die heute über Marketing gemacht wird, ist in irgendeiner Hinsicht richtig. Marketing ist nicht mehr nur die Absatzfunktion des Unternehmens, sondern auch ein gesellschaftlicher Faktor. Dies kann man sich an verschiedenen Beispielen deutlich machen:

- Die Werbung beispielsweise der Fa. Benetton beschäftigt nicht nur die Werbewelt selbst, sondern wird in zahlreichen Medien kommentiert, hat juristische und moralische Diskussionen ausgelöst.
- In den Kinos wird gegen Eintritt alljährlich die Cannes-Rolle gezeigt, die aus nichts anderem besteht als aus Werbespots.
- Zahlreiche private Fernsehsender werden aus den Werbetöpfen der Unternehmen bezahlt und erweiterten das Unterhaltungsangebot.
- Kulturelle Veranstaltungen werden immer häufiger von Unternehmen gesponsert. Die Privatwirtschaft übernimmt dabei oftmals die Rolle des Staates.
- Marketing bietet häufig konkreten Nutzen für den Verbraucher. So trugen etwa die Marketing-Maßnahmen im Bereich der Fahrzeug-Sicherheit dazu bei, daß die Zahl der Verkehrsunfalltoten bei steigendem Verkehr kontinuierlich gesunken ist. In anderen Bereichen haben Marketing-Maßnahmen konkrete umweltbezogene Wirkungen, etwa durch Einsparungen beim Energieverbrauch (z.B. Waschmaschinen, Glühbirnen).
- Marketing ist aber auch oft Anlaß für Verbraucherkritik. So wird etwa von einem Konsumterror der Kinder gesprochen, an dem die Unternehmen zumindest mitschuldig seien. Andere Kritiken zielen ab auf Umweltbelastung durch Verpackungsmüll, einzelne unseriöse Verkaufspraktiken usw.

Welche Entscheidungen gehören zum Marketing? Bei dieser Frage entstehen häufig Mißverständnisse. Den Kern des Marketing bilden nämlich die Entscheidungen, die das Produkt bzw. die Leistung selbst betreffen. Die Frage also, ob eine Flasche für irgendein Getränk aus Glas oder Kunststoff gefertigt wird, ob sie ein Volumen von 0,7 oder 1 l hat, was auf dem Etikett steht, welchen Namen das Produkt hat, zu welchem Preis es verkauft wird, ob es Variationen des Produkts gibt, die nebenher verkauft werden, in welchen Ländern es angeboten wird, welche Handelstypen es führen usw., all dieses sind Marketing-Entscheidungen. Der Aktionsbereich des Marketing reicht damit von der Entwicklungsentscheidung, die etwa in Abstimmung mit Ingenieuren oder Naturwissenschaftlern gefällt wird, bis hin zum Verkauf an den Endverbraucher.

Marketing ist damit auch ein **interdisziplinärer Bereich**, d.h. unterschiedliche Wissenschaftsgebiete sind daran beteiligt. Es sind sowohl technische als auch kaufmännische, juristische und kreative Entscheidungen zu fällen. Gerade der Bereich des Rechts hat zunehmend an Bedeutung gewonnen. Dies mag ein Blick auf eine Reihe von marketingrelevanten Gesetzen verdeutlichen: BGB, AGB-Gesetz, Produkthaftungsgesetz, Verbraucherkreditgesetz, Gesetz gegen den unlauteren Wettbewerb, Zugabeverordnung, Rabattgesetz, Verordnung zur Regelung der Preisangaben, Warenzeichengesetz, Gesetz über die Umweltverträglichkeit von Wasch- und Reinigungsmitteln, Verordnung über die Rücknahme und Pfanderhebung von Getränkeverpackungen aus Kunststoff, Verpackungsverordnung, Urheberrechtsgesetz, Geschmacksmustergesetz, Patentgesetz, Gebrauchsmustergesetz. Man hüte sich jedoch vor der Vorstellung, es handele sich dabei um eine vollständige Aufzählung.

Kann man Marketing definieren? Wirft man einen Blick in die einschlägigen Marketing-Lehrbücher, findet man überall eine Marketing-Definition. Es ist offensichtlich möglich, den Begriff zu definieren. Vergleicht man diese miteinander, stellt man nicht nur Unterschiede fest, sondern fragt sich auch, ob es immer um das Gleiche geht. Also ist es wohl doch nicht möglich. Um das Spektrum des Marketing-Verständnisses etwas genauer zu beschreiben, hier eine kleine Auswahl von Definitionen:

Nach **Uhlig** (1992, S. 7) ist Marketing Herrschaftswissen, mit dem die Anpassung der Monopole an die komplizierter gewordene Kapitalverwertung erfolgt. Es handelt sich um ein "Totalkonzept" der kapitalistischen Wirtschaft. Diese Definition des Leipziger Dozenten ist zwar mehr eine ideologische Aussage, enthält jedoch zwei Grundgedanken, die immer wieder aufgegriffen werden. Zum einen geht es um die geänderten Verhältnisse auf dem Markt, an die sich die Unternehmen durch ihr Marketing anpassen, zum anderen um den Anspruch des Marketing, ein umfassendes Konzept zu sein, und nicht nur eine Reihe von Maßnahmen.

Für **Nieschlag/Dichtl/Hörschgen** (1991, S. 8) bedeutet Marketing
- eine Grundhaltung, ein unternehmerischer Denkstil mit den Ausprägungen schöpferisch, systematisch, aggressiv
- die Ausrichtung der Entscheidungen an den Bedürfnissen der Verbraucher
- die Schaffung von Präferenzen
- die Erringung von Wettbewerbsvorteilen
- eine systematische, moderne Techniken nutzende Entscheidungsfindung.

Becker (1992, S. 1) definiert kurz: Marketing ist die rationale Antwort auf grundlegend veränderte Marktverhältnisse (Übergang von der Knappheitswirtschaft zur Überflußwirtschaft).

Nach **Levitt** (1984, S. 155) heißt Marketing Suche nach sinnvoller Unterscheidbarkeit, Denken in Problemlösungen, nicht in Produkten, und Anziehen von Kunden.

Kotler/Bliemel (1992, S. 15) zielen auf die Bedürfnisbefriedigung ab: "Marketing ist ein Prozeß im Wirtschafts- und Sozialgefüge, durch den Einzelpersonen und Gruppen ihre Bedürfnisse und Wünsche befriedigen, indem sie Produkte und andere Dinge von Wert erzeugen, anbieten und miteinander austauschen."

Versucht man, dies alles zusammenzufassen und die Reihe der Definitionen um einen weiteren Vorschlag zu bereichern, könnte dieser etwa so lauten:

Marketing ist die Ausrichtung der Unternehmenstätigkeit auf den Markt. Es besteht aus einer grundlegenden marktorientierten Einstellung der beteiligten Personen und marktorientierten Handlungen.

Was machen Marketing-Leute? In der Öffentlichkeit besteht vielfach ein sehr diffuses Bild von den Tätigkeiten, die Marketing-Leute verrichten. Dies führt mitunter auch zu beruflichen Entscheidungen, die sich nachher als falsch erweisen. Marketing besteht nur zu einem gewissen, eher geringen Teil aus kreativen Entwürfen, sondern mehr aus analytischen Tätigkeiten. Typische Tätigkeiten im Bereich des Marketing sind:

- Definition neuer Produkte
- Bestimmung des Erfolgs eines Produktes
- Gestaltung einer Verpackung
- Budgetierung einer Werbekampagne
- Bestimmung des Verkaufspreises für ein Produkt
- Entscheidung über die Änderung eines Produktes
- Ablösung eines Produktes durch ein neues
- Beobachtung der Marktentwicklung
- Erhebung von Anforderungen an bestimmte Produkte
- Entscheidung über Distributionswege
- Gestaltung der Handelsbeziehungen
- Koordination von Produktion und Absatz

Dabei bestehen intensive Beziehungen zu den Abteilungen Rechnungswesen, Produktion, Logistik, Recht und Entwicklung. Im Marketing Tätige sollten daher über gewisse Grundkenntnisse in diesen Bereichen verfügen.

Was Marketing ist, kann man sich z.B. auch anhand einiger **erfolgreicher Marketing-Maßnahmen** vor Augen führen:

Pampers Windeln: Hier sind zwei Aspekte bemerkenswert. Zum einen wird mit dem Konzept der Wegwerfwindel ein erheblicher Kundennutzen produziert (Entfallen des Windelwaschens), zum anderen wird das Konzept der Zielgruppenorientierung konsequent auf Babies und Kleinkinder übertragen. Es gibt nicht nur eine Windel, sondern zielgruppenspezifische Formen für Jungen und Mädchen und verschiedene Altersklassen.

BahnCard: Die BahnCard ist ein Beispiel für eine raffinierte Preispolitik. Während die normale Fahrkarte zu 100% variable Kosten verursacht, entstehen nunmehr Fixkosten (Preis der BahnCard) und variable Kosten (50%). Die Kostenwirkung ist zwar in weiten Bereichen gering (bei 3000 km pro Jahr liegt die Ersparnis bei knapp 20%), jedoch wird die Verkehrsmittelentscheidung erheblich beeinflußt, wenn die BahnCard erst einmal angeschafft wurde.

Kostenlose Kontoführung bei Banken: Die Großbanken gewähren einer bestimmten Zielgruppe (Schüler, Studenten usw.) Vergünstigungen bei den Kontoführungsgebühren. Dieser Gebühreneinnahmeverlust ist insofern eine rentable Marketing-

Investition, als die Bankkunden nur in den seltensten Fällen ihre Bankverbindung wechseln. Wer also einmal als Kunde gewonnen werden konnte, wird mit hoher Wahrscheinlichkeit auch dort bleiben.

Milka, Nivea u.a.: Hierbei handelt es sich um erfolgreiche Markenstrategien, bei denen ein einmal erfolgreicher Name für verschiedene Produkte genutzt wird. Da eine Produkteinführung auf dem Markt mit erheblichen Marketinginvestitionen verbunden ist, wurde hier der (auch) kostengünstige Weg gewählt, den eingeführten Markennamen als Dach für ein ganzes Sortiment zu verwenden. Damit wurde z.B. auch das Qualitätsimage des alten Produktes übertragen.

Coca-Cola: Bedeutendstes Instrument ist hier die Distribution. Ziel des Herstellers ist es, die Marke überall dort anzubieten, wo Bedarf auftreten könnte.

Wie bereits in einer der Marketing-Definitionen angedeutet wurde, ist Marketing die Reaktion der Unternehmen auf Veränderungen der Märkte. Folgende **Entwicklungen** konnten in der letzten Zeit auf Konsumgütermärkten beobachtet werden:

- Wandel vom Verkäufer- zum Käufermarkt
- Wandel von der Knappheits- zur Überflußwirtschaft
- Verdrängungswettbewerb durch Wettbewerbsverschärfung
- zunehmende internationale Konkurrenz
- kritischere Einstellung beim Verbraucher
- Wandel in der soziodemografischen Struktur der Bevölkerung
- Konzentration im Handel
- immer schneller sich vollziehender Einstellungswandel
- zunehmende rechtliche Restriktionen.

Auf Investitionsgütermärkten sind folgende Entwicklungen bemerkenswert (Backhaus 1993, S. 8ff.):

- starke frühzeitige Preiserosion (64 KB-Chip kostete 1986 1% dessen, was er 1979 kostete, Beispiel Mobiltelefon)
- Steigerung der Vorlaufinvestitionen
- Verkürzung von Produktlebenszyklen, Produktentwicklungszeiten liegen häufig über den Produktlebenszeiten
- Veränderung der regionalen Marktgrenzen
- zunehmende Internationalisierung des Wettbewerbs
- steigende Integration der Technologien zu gesamten Systemen (Bürotechnik...)
- Verschärfung der internationalen Verschuldungskrise
- zunehmende Umweltprobleme.

Wie hat sich das Marketing **chronologisch** entwickelt? Einen "Startpunkt" des Marketing zu finden, ist äußerst schwierig. Natürlich hat der erste Produzent schon in einer gewissen Weise Marketing betrieben, als er sich Gedanken über sein Produkt machte. Dieses Marketing hat jedoch mit unserem heutigen Verständnis nicht viel gemein. Die Geburtsstunde des Marketing sollte eher in der Nachkriegszeit gesucht werden.

In den **fünfziger Jahren** hatte die Industrie die dominierende Rolle inne. Wirtschaft und Gesellschaft waren auf Aufbau und Aufschwung ausgerichtet, Bedürfnisse unbefriedigt, die Rahmenbedingungen liberal. Zudem bestand die Preisbindung der zweiten Hand, so daß die Hersteller den Händlern den Verkaufspreis vorschreiben konnten. Vielfach war man auch bemüht, alte Markennamen aus der Vorkriegszeit zu reaktivieren (Bsp. Persil).

In den **sechziger Jahren** setzte dann der Wandel vom Verkäufer- zum Käufermarkt ein. Mit zunehmender Bedarfsdeckung und Konkurrenz unter den Anbietern gewannen die Verbraucher mehr Macht. Die Unternehmen reagierten darauf mit neu entwickelten Marketing-Konzepten. Angebotslage und Absatzmärkte änderten sich zudem durch die einsetzende Internationalisierung. 1969 wurde der erste Marketing-Lehrstuhl in Deutschland an der Universität Münster eingerichtet.

Die **siebziger Jahre** brachten dann weitere Herausforderungen für das Marketing. 1974 wurde die Preisbindung aufgehoben, 1978 kamen die ersten No Name-Artikel auf den Markt. Der Einstieg in die Überfluß-Gesellschaft führte zu Konsumkritik. In wissenschaftlicher Hinsicht ist hier die Geburt des strategischen, d.h. langfristig und an Potentialen und Ressourcen ausgerichtenen Marketing zu sehen.

In den **achtziger Jahren** schließlich führte kontinuierliches Wachstum zu hohem Wohlstand. Das Marketing war geprägt durch zwei Begriffe: Globalisierung und Individualisierung. Während immer stärker versucht wurde, in weitere Länder der Erde zu expandieren und ein globales Marketing zu etablieren, fragmentierten sich die Märkte zusehends, wollten Konsumenten immer individuellere Produkte, um sich von anderen zu unterscheiden. Die Werbung erhielt vor allem Impulse durch die Einrichtung des Privatfernsehens in Deutschland, das die Sendekapazitäten vervielfachte und den variablen Einsatz des Mediums Fernsehen ermöglichte. Die Marktforschung profitierte wesentlich vom Einsatz der Scanner-Kassen im Handel, die eine genaue Erfassung der Abverkaufsdaten im Handel ermöglichen.

B. Marktforschung

1. Warum Marktforschung?

1.1 Begriffe: Marktforschung bzw. Marketingforschung

In der Literatur werden die Begriffe Absatzforschung, Absatzmarktforschung, Marktforschung und Marketingforschung verwendet, wobei die Abgrenzung nicht immer eindeutig erfolgt.

Grob kann man sie so abgrenzen, daß sich Marktforschung auf alle Märkte bezieht, mit denen das Unternehmen in Beziehung steht, also z. B. auch auf die Beschaffungsmärkte. Marktforschung ist die zielbewußte Untersuchung eines konkreten Marktes. Marktforschung, die sich auf den Absatzmarkt bezieht, heißt Absatzmarktforschung.

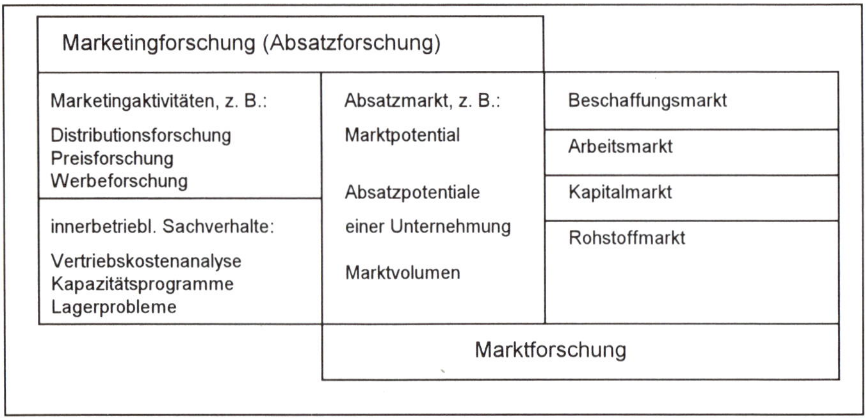

Abb. B.1: Abgrenzung Marktforschung und Marketingforschung (nach Meffert 1986, S. 179)

Marketing-Forschung betrifft absatzpolitische Zwecke. Ziel ist es, Informationen zu gewinnen, die dazu beitragen können, Marketing-Probleme zu identifizieren und zu lösen. Auch die Auswertung der erhobenen Daten gehört zur Marketing-Forschung. Hierbei ist es gleichgültig, ob es sich um interne Informationen (z. B. eigene Umsatzstatistiken) oder auch externe (wie das Ergebnis einer Befragung) handelt. Absatzforschung ist praktisch ein Synonym zu Marketingforschung.

1.2 Ziele, Einsatzbereiche und Grenzen der Marketingforschung

Praktisch jedes Unternehmen betreibt Marktforschung, wenn auch oft unbewußt. Wenn "Tante Emma" von einer Kundin erfährt, daß ihr die Nudeln der Marke X besser schmecken als jene der Marke Y, so wird sie vielleicht bei der nächsten Bestellung weniger von Y kaufen, weil sie fürchtet, sonst weniger verkaufen zu können. "Tante Emma" hat hierbei unterstellt, daß andere Kunden ähnlich denken wie die befragte, und daß diese Einstellung auch in Zukunft vorhanden sein und sich im Kauf der Marke X niederschlagen wird.

Gerade Marketing-Forscher werden sich aber von jener "Tante Emma" distanzieren, denn die Marketing-Forschung ist ein wesentlicher Teil des Weges zum "wissenschaftlichen" Marketing. Es werden Hypothesen aufgestellt und mit wissenschaftlich mehr oder weniger einwandfreien Methoden falsifiziert oder nicht, Schlußfolgerungen gezogen und Handlungen entsprechend vollzogen. Moderne Marketing-Forschung arbeitet mit großen Datenmengen und komplizierten Rechenverfahren, die ohne Computer kaum zu bewältigen wären. So hat die Marketing-Forschung dazu beigetragen, das Selbstbewußtsein von (Diplom-) Kaufleuten zu stärken, deren Disziplin von anderen Fachbereichen oft als "unwissenschaftlich" abgetan wurde. Dies alles verhindert jedoch nicht, daß das richtige "Gefühl" oft mehr Erfolg bringt als die aufwendigsten Forschungsstudien. Menschliches Verhalten ist eben nur bedingt prognostizierbar.

Typische Einsatzbereiche der Marketing-Forschung sind:

- Gesamtmarktstudien
- • Überprüfung von Marktchancen potentieller Produkte bzw. Suche nach Marktnischen
- • Ermittlung von Chancen und Gefahren für Marktneuheiten,
- • Prognose der Marktentwicklung
- • Bestimmung der Faktoren, die das Marktgeschehen prägen
- • permanente Erfassung einzelner Marktdaten mit dem Ziel, Veränderungen frühzeitig zu erkennen

- Bestimmung/Überprüfung der Marketing-Strategie bzw. des Marketing-Mixes
- • Pretests zur Analyse geplanter Strategien
- • Posttests zur Analyse von Unverträglichkeiten
- • Wirkungskontrolle

- Überprüfung einzelner Elemente des Marketing-Mixes
- • Pretest zur Auswahl von Maßnahmen
- • Posttest zur Wirkungsanalyse bei bestimmten Maßnahmen.

Gegenstand der Marketingforschung sind also sowohl die generellen Umweltbedingungen (Makro-Umwelt der Unternehmung) als auch die sog. Mikro-Umwelt der Unternehmung, also jene Elemente, mit denen die Unternehmung direkt in Kontakt steht.

Die Einsatzgebiete sind auch nach anderen Kriterien unterscheidbar:

- nach den erforschten Bereichen (Absatzmarkt, Beschaffungsmarkt ...)
- nach der Art der untersuchten Produkte bzw. Anwendungen (Konsumgütermarktforschung, Investitionsgüterforschung, Dienstleistungs-Forschung)
- nach den untersuchten Territorien (regionale Marktforschung, Binnenmarktforschung und supranationale Marktforschung)
- nach der Stellung der Auftraggeber im Markt (Herstellermarktforschung, Handelsmarktforschung, Verbrauchermarktforschung)

- nach dem Zeitraum/-punkt, auf den sich die Ergebnisse beziehen (prospektive Marktforschung = Prognose, adspektive Marktforschung = Diagnose und retrospektive Marktforschung)
- nach Demoskopie (Untersuchung über das Käuferverhalten, subjektorientiert) bzw. Ökoskopie (objektorientierte Untersuchung von Marktgrößen).

In der Praxis werden der Markt- und Marketingforschung häufig enge Grenzen gesetzt. Gerade in kleineren Unternehmen fehlt oft die Zeit und das Geld sowie die Einsicht in die Notwendigkeit der Untersuchungen.

Die Genauigkeit der Ergebnisse darf aus methodischen Gründen vor allem beim Pretesting sowie bei psychologisch orientierten Untersuchungen nicht überschätzt werden. Der Zeitfaktor und die Probandenauswahl lassen auch bei anderen Untersuchungen häufig zu wünschen übrig.

Bei vielen Marketingverantwortlichen fehlt zudem die Bereitschaft, Informationen zu akzeptieren, wenn sie der eigenen Überzeugung widersprechen. Vor allem wird die Marketingforschung sehr häufig nur zur Bestätigung statt zur Erkenntnisfindung eingesetzt.

2. Der Begriff des Marktes

2.1 Definition des Marktes

Im alltäglichen Sprachgebrauch wird unter "Markt" eine Veranstaltung verstanden, z. B. der Wochenmarkt. In der Volkswirtschaftslehre versteht man unter dem "Markt" den "ökonomischen Ort des Zusammentreffens von Angebot und Nachfrage". Hieraus ergibt sich letztlich auch ein komplexes Beziehungsgefüge zwischen den Marktteilnehmern, also den Anbietern und den Nachfragern. Aus juristischer Sicht ist der "relevante Markt" von Bedeutung, der sich durch "austauschbare" Produkte und Leistungen definiert. Diese Definition kommt vor allem bei Entscheidungen im Rahmen des Gesetzes gegen Wettbewerbsbeschränkungen zum Tragen.

Aus Marketing-Sicht gilt: Der Markt ist die **wirtschaftlich relevante Umwelt**, in der die Austauschbeziehungen zwischen Anbietern und allen potentiellen und tatsächlichen Käufern realisiert werden. "Umwelt" ist in diesem Zusammenhang nicht mit der ökologischen Umwelt (Natur) zu verwechseln, sondern als Um-Welt die "gesamte Welt um uns herum", die letztlich aus der ökologischen, sozialen, technologischen und wirtschaftlichen Dimension besteht. Je nachdem, ob es sich um den Absatz- oder Beschaffungsmarkt handelt, tritt das Unternehmen als Anbieter oder Nachfrager auf. Das Unternehmen steht im Markt mit einer Reihe von Institutionen und Personen in Kontakt. Die folgende Abbildung B.2, die Weinhold nachempfunden wurde, zeigt die Außenbeziehungen eines Unternehmens.

Marktteilnehmer sind die folgenden:

Käufer/Verwender/Eigentümer: Sie sind oft, aber nicht immer identisch. Vor allem bei der Gestaltung der Werbemaßnahmen ist es wichtig, zu überlegen, wen man ansprechen muß. Beispiel: Ein Firmenwagen wird oft geleast, Eigentümer ist also die Leasing-Gesellschaft, Käufer der Einkäufer im Unternehmen und Verwender beispielsweise der Außendienstmitarbeiter.

Käufer können private Individuen, Unternehmen oder öffentliche Organisationen sein. Entsprechend unterschiedlich ist das Kaufverhalten der beteiligten Menschen.

Absatzmittler: Absatzmittler sind jene Marktpartner, die im Rahmen des Distributionskanals zwischen Hersteller und Endverbraucher stehen, also Handel und Großhandel. Absatzmittler werden (zwischenzeitlich) Eigentümer der zu verkaufenden Produkte. Ihre Bedeutung steigt angesichts des immer größer werdenden Angebotes ständig, denn viele Produkte werden vom Handel gar nicht erst gelistet, d. h. nicht in das Sortiment aufgenommen.

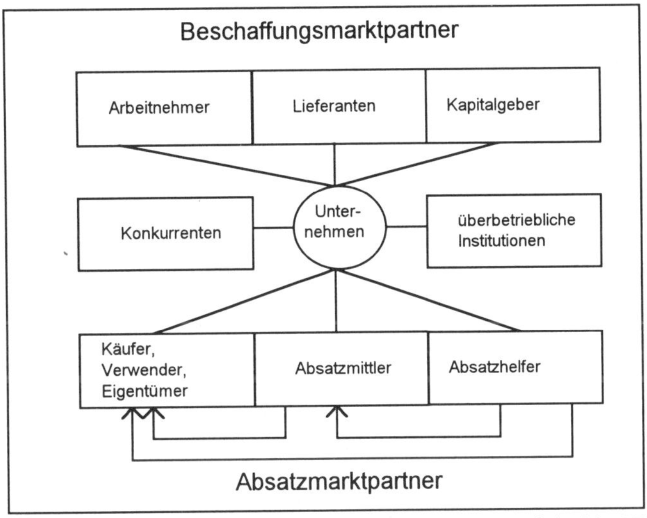

Abb. B.2: Die Marktpartner des Unternehmens (Weinhold 1979, S.6)

Absatzhelfer sind Personen, welche ohne direktes kommerzielles Interesse den Absatz eines Produktes fördern, z. B. Grundschullehrer für Füllfederhalter. Als Absatzhelfer gelten aber auch alle unternehmensexternen Organe, die am reibungslosen Durchfluß der Ware durch die Distributionskanäle beteiligt sind, ohne Eigentümer der zu verkaufenden Produkte zu werden. Es gibt akquisitorisch tätige Absatzhelfer, wie Handelsmakler oder Kommissionäre, und andere Absatzhelfer, wie Spediteure, Banken, Übersetzungsbüros usw.

Konkurrenten sind jene Marktteilnehmer, die in dem für das Unternehmen relevanten Markt tätig sind. Der relevante Markt kann unter anderem über die Ähnlichkeit der Produkte abgegrenzt werden. Hierbei sind jedoch chemisch-physikalische, funktionale und perzipierte (wahrgenommene) Ähnlichkeiten zu berücksichtigen. Zum relevanten Markt eines Autoherstellers gehören sicher auch Bundesbahn und Fluggesellschaften.

Beschaffungsmarktpartner sind im wesentlichen Arbeitnehmer, Lieferanten und Kapitalgeber.

2.2 Die Marktgrößen

Bei der Betrachtung des für die Unternehmung (bzw. für das Produkt) relevanten Marktes sind hauptsächlich folgende Größen zu beachten:

- Marktpotential
- Marktvolumen
- Marktanteil.

Das **Marktpotential** wird im allgemeinen definiert als das maximal mögliche Aufnahmevermögen eines Marktes. (Summe aller Bedürfnisträger multipliziert mit dem Durchschnittsbedarf pro Zeiteinheit.)

Formel: MPot $= \sum BT * BD$

MPot = Marktpotential
$\sum$ BT = Summe aller Bedürfnisträger
BD = Durchschnittsbedarf pro Bedürfnisträger und Zeiteinheit

Beispiel: Produkt: Hörgeräte
Hörgeschädigte: 3.000.000 Personen in Deutschland
geschätzte Lebensdauer/Hörgerät: 3 Jahre
Durchschnittsbedarf also 1/3 Hörgerät pro Jahr
=>Potential: 3.000.000 * 1/3 = 1.000.000 Hörgeräte/Jahr

Es wäre jedoch sinnvoll, auch eine theoretische Obergrenze des Absatzes unter Berücksichtigung des Preises und der Kaufkraft zu ermitteln. Zu diesem Zweck müsste das berechnete Marktpotential mit dem Anteil derjenigen, die das Produkt zu einem gegebenen Preis zu kaufen bereit sind, multipliziert werden.

Nieschlag, Dichtl und Hörschgen (1988, S. 1013) begrenzen das Marktpotential daher auf "die maximale Absatzmenge... *unter den gegebenen Bedingungen*".

Das **Marktvolumen** ist jene Absatzmenge, die von allen Anbietern eines Marktes gemeinsam in einer bestimmten Periode getätigt wird. Das Marktvolumen kann in Mengeneinheiten oder Geldeinheiten gemessen werden.

Beispielsweise kann das Marktvolumen bei Tintenpatronen für Tintenstrahldrucker wachsen durch ein Ansteigen der Bedarfsträger (in diesem Fall mehr verkaufte Tintenstrahldrucker), einen höheren Bedarf je Bedarfsträger (mehr Ausdrucke pro Drucker) oder einer Preissenkung für Tinte bzw. Drucker, die zur vermehrten Substitution von anderen Modelltypen durch Tintenstrahldrucker führt. Eine Kaufkraftsteigerung (Einkommenserhöhung) könnte den gleichen Effekt bewirken.

Die **Marktausschöpfung** ist der Quotient von Marktvolumen und Marktpotential. Diese Größe gibt einen Hinweis auf das Wachstumspotential des Marktes bzw. auf Sättigungstendenzen.

Der **Marktanteil** ist das Verhältnis vom Umsatz eines Produktes/eines Unternehmens (Umsatzvolumen) am Gesamtvolumen in diesem Markt. Eine Variante des Marktanteils ist der **relative Marktanteil**. Er ist der Quotient aus dem eigenen

Marktanteil und dem Marktanteil des stärksten Konkurrenten. Diese Größe berücksichtigt die Marktstruktur.

Das **Absatzpotential** ist der Anteil am Marktpotential, den ein Unternehmen für erreichbar hält.

Marktausschöpfung	=	**Marktvolumen / Marktpotential**
Marktanteil	=	**Umsatzvolumen / Marktvolumen**
rel. Marktanteil	=	**eig. Marktant./ Marktant. größter Konkurrent**

3. Grundlagen der Marktforschung

3.1 Planung einer Studie: Phasen einer Marktforschungsstudie

3.1.1 Übersicht

Der Ablauf einer Marktforschungsstudie läßt sich idealtypischerweise in etwa sieben Phasen unterteilen, die nachfolgend im einzelnen dargestellt werden. Viele Autoren begnügen sich mit einem 5-Phasen Schema, da sie die Evaluationsphase und den Pretest nicht als eigenständige Phasen betrachten. Beide Vorgänge sind jedoch so wichtig, daß ihnen ausdrücklich größeres Gewicht beigemessen werden sollte.

Die beiden ersten Phasen sind hierbei dem Vorfeld der Untersuchung zuzurechnen, erst mit der Konzeptionsphase wird der Auftrag an ein Marktforschungsinstitut erteilt, sofern dies überhaupt geschieht. Der Ablauf einer Marktforschungsstudie mit möglichen Rückkopplungen kann der Abbildung B.3 entnommen werden:

3.1.2 Definitionsphase

Im Rahmen der Definitionsphase, also vor Einschaltung eines Marktforschungsinstitutes, muß die Problemsituation geklärt werden. Es genügt im allgemeinen nicht, einzelne Fragen zu stellen. Statt dessen sollte zuerst das ursächliche Marketing-Problem formuliert werden.

Eine Auflistung der Informationslücken oder der zu überprüfenden Arbeitshypothesen sollte vorgenommen werden. An dieser Stelle muß versucht werden, vorhandene Informationslücken durch Auswertung des erhältlichen Sekundärmaterials selbst zu schließen.

Meist ist es nützlich, alle internen und externen, autonomen und veränderbaren Einflußfaktoren auf die Problemsituation darzustellen, z. B. in einem Rückkopplungsnetzwerk. Hierbei kann erkannt werden, ob das Vorwissen ausreicht oder ob eine explorative Studie notwendig ist, um die Zusammenhänge des Problembereiches zu durchschauen. Da spätere Erhebungen auf den hier getätigten Kausalannahmen beruhen, ist dieser Phase große Beachtung zu schenken. Nun können die Ziele der Marktforschung festgelegt und als Programmfragen formuliert werden, und eine grobe Budgetschätzung wird vorgenommen.

3.1.3 Evaluationsphase

In der Evaluationsphase soll festgestellt werden, ob die Durchführung einer Marktforschung im bisher geplanten Rahmen sinnvoll ist, ob gegebenenfalls die Erhebungsziele aus Kostengründen reduziert werden sollten oder ob die Untersuchung finanziell unrentabel ist. Am Ende der Evaluation steht die Auswahl des durchführenden Institutes.

Die erste Tätigkeit dieser Phase stellt die Einholung von Angeboten dar. Hierzu wird ein Kurzbriefing erarbeitet, die Ergebnisse der ersten Phase werden dargestellt und dem Institut Basisinformationen über den Auftraggeber und seinen Markt übermittelt. Sinnvoll sind zusätzliche Angaben über zeitliche und finanzielle Grenzen sowie gewünschte Auswertungen.

Es ist sinnvoll, den Nutzen der erwünschten Informationen zu quantifizieren. Dies können jedoch immer nur Schätzungen sein. Anhaltspunkte zur Schätzung bildet die Quantifizierung des Schadens durch eine Fehlentscheidung bzw. die Gewinnerwartung bei einer richtigen Entscheidung. Außerdem muß versucht werden zu schätzen, um wieviel die gewünschten Informationen die Wahrscheinlichkeit der richtigen Entscheidung erhöhen. Sind wirklich neue Erkenntnisse zu erwarten? Wie groß ist die Sicherheit der jetzigen Sichtweisen? Zu diesem Zweck kann beispielsweise das Verfahren des Entscheidungsbaumes angewendet werden. Näheres siehe dort. Dieser groben Nutzengröße sollten die Kosten der Marktforschung gegenübergestellt werden. Hierbei sind neben dem Angebot des Institutes unbedingt auch intern entstehende Kosten zu berücksichtigen.

Das Ergebnis dieser Phase kann sein, daß einem Institut der Auftrag erteilt wird, oder daß der Umfang der geplanten Untersuchungen modifiziert wird. Gelegentlich kann sich auch der Verzicht auf eine Marktforschung anbieten.

3.1.4 Konzeptionsphase

In der Phase der Konzeption sind vier Entscheidungsbereiche zu behandeln. Diese vier Entscheidungsbereiche sind interdependent, werden daher gleichzeitig bearbeitet:

- Projektplan
- Forschungsinstrumente
- Datenbeschaffungsmethode und
- Stichprobenplan.

Der **Projektplan** gibt eine Übersicht über den Zeitablauf (inkl. Engpaßfaktoren), die beteiligten Personen, deren Tätigkeiten und die entstehenden Kosten.

Als **Datenbeschaffungsmethoden** werden neben Sekundärquellen als primäre Informationsquellen vor allem die Instrumente Beobachtung, Befragung und Experiment eingesetzt. Auf diese Methoden wird im folgenden noch kurz eingegangen.

Die **Forschungsinstr**umente hängen von der Datenbeschaffungsmethode ab. In Frage kommen unter anderem Fragebogen, Videokamera, Tonband, Checklisten, Blickaufzeichnungsgeräte o.ä. Einige Instrumente werden ebenfalls noch kurz erwähnt.

Der **Stichprobenplan** klärt Fragen nach der Einheit der Stichprobe (wer soll befragt werden?), die Stichprobengröße, das Auswahlverfahren (wie werden die Befragten ausgewählt?) und das Medium (persönlicher, brieflicher oder telefonischer Kontakt). Die Stichprobengröße und das Auswahlverfahren sind abhängig von der benötigten Genauigkeit der Angaben und der Frage, ob Repräsentativität notwendig ist. Die spätere Auswertung der Daten sollte bereits bei der Konzeption der Studie berücksichtigt werden. Hierzu ist ein Grobplan sinnvoll.

3.1.5 Pretestingphase

Je nach Forschungsinstrument und Datenbeschaffungsmethode kann ein Pretest nötig sein. Der Pretest dient zur Überprüfung des Fragebogens oder zur Aufdeckung von Faktoren, die das Untersuchungsergebnis beeinflussen können. So kann sich beispielsweise herausstellen, daß die Laborsituation das Testergebnis stärker beeinflußt, als akzeptabel ist. Er dient auch dazu, "Killerfragen" in einem Bogen zu entlarven oder Spill-over-Effekte zu erkennen. (Spill-over-Effekte sind Ausstrahlungseffekte. Sie bezeichnen die Auswirkungen einer Frage auf die Beantwortung der nächsten Frage. Spill-over-Effekte können auch bei Werbemaßnahmen und ähnlichem entstehen.). Das Ergebnis des Pretests ist ein korrigierter Fragebogen bzw. Testablauf.

3.1.6 Phase der Datensammlung

Die Phase der Datensammlung, auch "Feldphase" genannt, wird durch das beauftragte Institut durchgeführt. Hauptaufgaben sind die Auswahl und Instruktion der Interviewer sowie die Durchführung der Interviews im Falle einer Befragung. Die Kontrolle des Institutes durch den Auftraggeber darf nicht vernachlässigt werden. Werden alle Interviews ganz durchgeführt? Bleiben die Befrager neutral?

3.1.7 Analysephase

Die Analysephase beginnt mit einer Vorprüfung der Ergebnisse (Qualitätskontrolle). Gleichzeitig werden die Daten in die EDV zur Auswertung eingespeist. Anschließend werden einzelne Auswertungen durchgeführt. Das Spektrum beginnt bei einfachen Grundauszählungen und geht bis zu multivariaten Analysen wie Regressions-, Diskriminanz-, Faktoren oder Clusteranalyse. (Die Ergebnisse/Aussagen dieser Verfahren werden noch gezeigt, auf die detaillierte Darstellung kann jedoch verzichtet werden.) Neben rechnerischen Auswertungen ist bei vielen Datenbeschaffungsmethoden auch eine inhaltsanalytische Auswertung möglich und nötig.

3.1.8 Präsentationsphase

Die Ergebnisse werden durch das Institut und möglichst einen Mitarbeiter des Unternehmens interpretiert und zusammengefaßt. Die Ergebnisse werden dem Auftraggeber präsentiert und es wird ein Forschungsbericht erstellt.

Ablauf einer Marktforschungsstudie

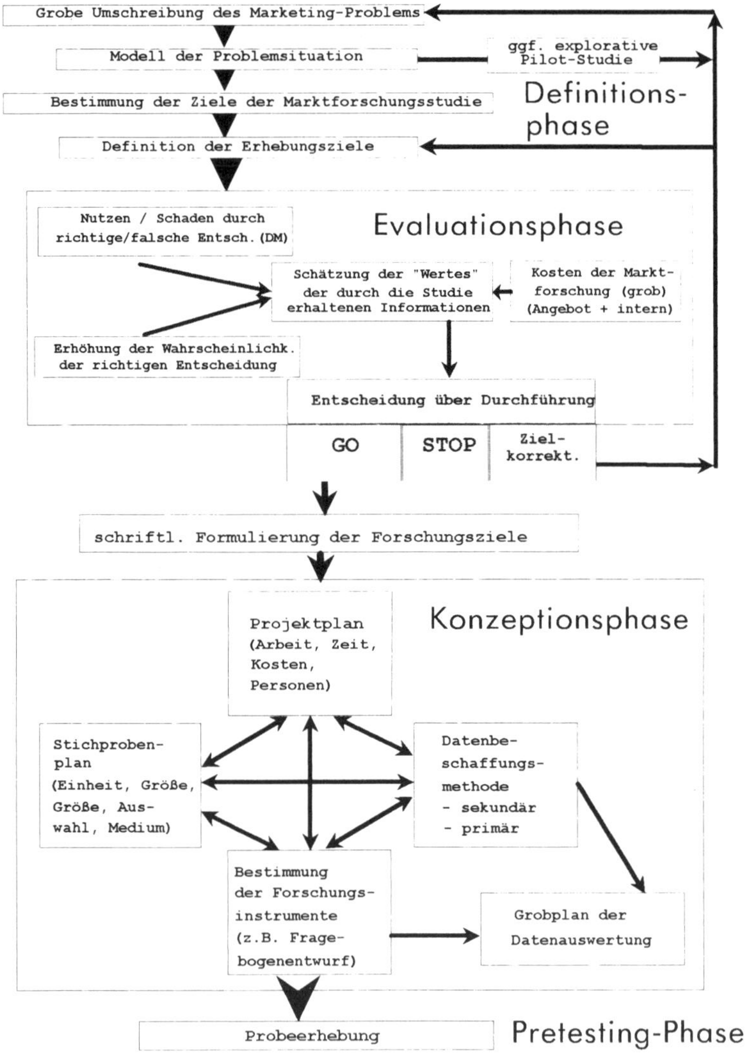

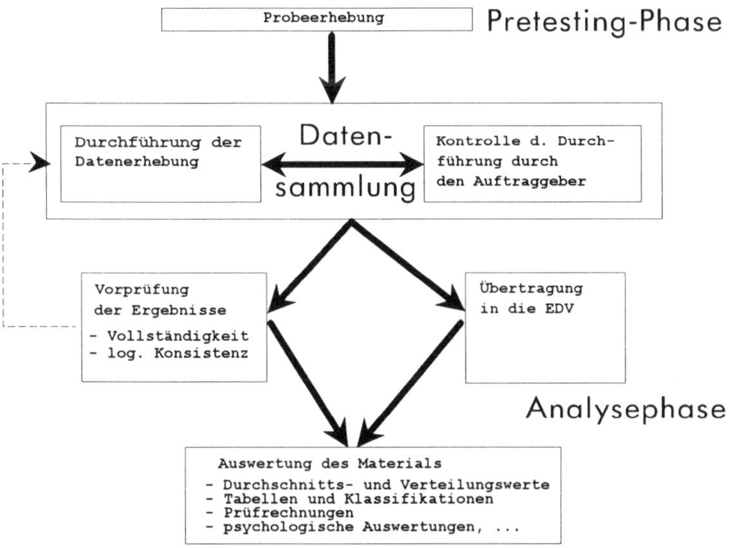

Abb. B.3: Die Phasen einer Marktforschungsstudie

Bei diesem muß darauf geachtet werden, daß er für den Anwender lesbar und verständlich ist und eine Kurzzusammenfassung für die Geschäftsleitung und andere interne Interessenten enthält. Der eigentliche Forschungsbericht besteht aus einer Problembeschreibung, einer verbalen Ergebniserläuterung und einem Tabellenteil. Der Auftraggeber sollte explizit untersuchen, ob zu allen im Auftrag genannten Fragen klar und fundiert Stellung bezogen wurde.

Wie bei jeder Unternehmensberatung hängt die Qualität in erster Linie von der Bereitschaft des Unternehmens zur Umsetzung der Ergebnisse ab. Wenn Barrieren bestehen, die erhaltenen Ergebnisse "im Bauch" zu akzeptieren, muß intern weitere Überzeugungsarbeit geleistet werden. Folge der Präsentation kann auch sein, daß neue Wissenslücken zutage treten oder spezielle Sonderauswertungen aus den vorhandenen Daten gefordert werden.

3.2 Primäre und sekundäre Informationsquellen

3.2.1 Sekundärforschung: Basis aller Marktforschungsaktivitäten

Sekundärerhebungen werden jeder Primärerhebung vorgeschaltet. Viele Informationsdefizite lassen sich so schnell und kostengünstig beseitigen. Auch wenn die Sekundärerhebung nicht zur Problemlösung ausreicht, hilft sie bei der Planung und der Problemdefinition für die Primärerhebung.

Unter einer **Sekundärerhebung** (auch: "Desk-Research") versteht man die Auswertung bereits vorhandener, nicht direkt für diesen Zweck erhobener Daten. Den Vorteilen des Desk-Research steht entgegen, daß in manchen Fällen keine Informationen über die Qualität der Datenerhebung vorliegt und das Material häufig veraltet ist.

Als **Quellen der Sekundärforschung** kommen interne wie externe in Betracht.

Typische **interne Quellen des Desk Research**:

- Anfragen- und Angebotsstatistik (Indikator für die zukünftige Geschäftsentwicklung und für zukünftige Verkäufe nach Produkten/ Gebieten)
- Umsatz- und Absatzstatistiken (Angebotserfolgskontrolle, Auftragsbestände, evtl. Preiselastizität der Nachfrage...)
- Kassendaten (insbes. Scannerkassen) (Renner-/Pennerlisten, typ. Verkaufszeiten, Verbundkäufe (z. B. Markenfamilien))
- Verkaufsdatenbank (Zuordnung von Kundendaten und Verkaufsdaten bei Scannerkasse und Kreditverkauf)
- Außendienststatistiken und -berichte
- Reklamationsstatistiken (Entwicklung der Kundenzufriedenheit, Schwachstellenanalyse)
- Rechnungswesen (Deckungsbeiträge, Ergebnis pro Produkt(gruppe), Marketingkosten pro Produkt) mit Buchhaltung, Kostenrechnung, Erfolgsrechnung
- Kunden- und Interessentenkartei
- Lagerbestand
- eigene Archive.

Typische **externe Quellen des Desk-Research** sind:

- Statistiken des Bundes, der Länder und Gemeinden
- Informationen und Statistiken von Behörden, Verbänden und IHK
- Informationen von wissenschaftlichen Instituten
- Fachliteratur
- Veröffentlichungen von wissenschaftlichen Instituten wie Inst. für Handelsforschung, Institut f. Wirtschaftsforschung, BAT-Freizeitforschungsinstitut ...
- Zeitschriften und deren Archive (FAZ-Archiv)
- Computerdatenbanken
- Informationen der Absatzhelfer (Kreditinstitute (Länderstudien u. ä.), Zeitschriften (allgemeine Inserenteninformation oder spezielle Analysen, z.B. Brigitte Kommunikationsanalyse, Outfit (Spiegel))
- Adreßbücher
- Preislisten, Firmenkataloge, Messekataloge, Prospekte
- Auskunfteien
- Paneldaten (Einzelhandelspanel, Haushaltspanel usw. zur Feststellung von Marktanteilen, Zielgruppen usw). Panels sind für den Informationsnachfrager Sekundärforschung, für die erhebenden Institute Primärforschung.

3.2.2 Primärforschung

Der Begriff Primärforschung bezeichnet alle speziell zur Erfüllung eines speziellen Zieles durchgeführten Datenerhebungen. Die Informationen werden an ihrem Entstehungsort, im "Feld", gewonnen. Daher spricht man synonym auch von "**Feldforschung**" oder "**field research**".

Typische Erhebungsmethoden der Feldforschung sind Befragung, Beobachtung und das Experiment (der Test). Verschiedene Autoren rechnen das Experiment nicht zu den eigenständigen Erhebungsmethoden, sondern klassifizieren es als Sonderfall, da es meist eine Beobachtung in einer speziellen Situation darstellt. Andererseits wird gelegentlich das Panel als vierte Erhebungsmethode der Primärforschung angeführt. Letztlich reduziert sich dieses Einordnungsproblem jedoch auf eine rein akademische Diskussion.

3.3 Datenbanken

Professionell geführte Datenbanken sind *strukturierte* Sammlungen von Informationen aller Art, die vom Kunden via Datenfernübertragung mit Hilfe einer Abfragesprache und einer individuellen Suchstrategie direkt abgefragt werden können. Von den weltweit über 5.000 "on-line"-abfragbaren Datenbanken speichern etwa die Hälfte Wirtschaftsinformationen.

Eine Datenbank ist letztlich nichts anderes als eine Sammlung von Informationen zu bestimmten Themen aus bestimmten Quellen. Diese Quellen können neben Fachzeitschriften z. B. auch Bücher, Dissertationen, Konferenzberichte oder amtliche Veröffentlichungen sein. Datenbanken sind daher für die Informationsbeschaffung im Anfangsstadium geeignet - wenn man damit umgehen kann.

Als erstes muß der Benutzer wissen, in welchen Datenbanken er suchen muß. Hierzu ist es nötig, die angebotenen Datenbanken kritisch zu überprüfen. Als Hilfestellung können die folgenden Fragen dienen:

1. Welche Informationen werden gespeichert ("Sammelgebiete")?
2. Wo liegt der regionale Schwerpunkt der Quellen der Datenbank?
3. Welches sind die Quellen (z. B. welche Zeitschriften werden analysiert und voll oder teilweise erfaßt)?
4. Wieviele Dokumente umfaßt die Datenbank; wie häufig wird sie aktualisiert?
5. Welche Hinweise werden gegeben (z. B. nur Stichworte und bibliographische Hinweise, Abstracts oder Volltext)?
6. Welche Abfragesprache ist zu verwenden?

Die Auswahl der geeigneten Datenbank ist wichtig, um einerseits eine möglichst vollständige Information zu erhalten und andererseits Redundanzen so weit wie möglich zu vermeiden. Außerdem kann es sein, daß zwei verschiedene Datenbanken ungefähr die gleichen Hinweise liefern, aber nur eine der beiden mit Abstract.

Woher bekommt man diese Informationen? Die Hersteller vertreiben die Datenbanken in der Regel nicht selbst, sondern überlassen den Vertrieb einem sogenannten "Host". Ein **Host** ist erst einmal nichts anderes als ein "Sammler von Datenbanken". Allerdings erstellen die meisten Hosts auch eigene Datenbanken. Da sich jeder Host auf einen Bereich spezialisiert hat, ist die Auswahl des Hosts eine erste Grundentscheidung, auf welche Datenbanken man zugreifen kann. Über die Hosts erhält man auch Informationsmaterial zu den dort erreichbaren Datenbanken und kann so die geeigneten Angebote auswählen. Die wichtigsten Hosts für Wirtschaftswissenschaften in Deutschland sind:

- GBI - Gesellschaft für Betriebswirtschaftliche Information mbH, Freischützstraße 6, 81927 München. Spezialisiert auf betriebswirtschaftliche Bereiche.
- GENIOS - Wirtschaftsdatenbanken, Große Eschenheimer Landstraße, 60313 Frankfurt. Spezialisiert auf betriebswirtschaftliche Publikationen, stark bei Zeitschriften und Zeitungen.
- JURIS GmbH: Juristisches Informationssystem, Gutenbergstraße 23, 66117 Saarbrücken. Spezialisiert auf juristische Literatur, Rechtsprechung usw.
- FIZ-Technik: Fachinformationszentrum Technik, Ostbahnhofstraße 13; 60314 Frankfurt. Spezialisiert auf Datenbanken mit techn. - wissenschaftl. Informationen, aber auch Wirtschaftsdatenbanken.

Nachdem man den entsprechenden Host ausgewählt und einen Kontakt hergestellt hat, müssen die zu durchsuchenden Datenbanken ausgewählt werden. Anschließend wird dann die Suchstrategie festgelegt, damit alle in Frage kommenden Informationen auch gefunden werden. Bei der Suche in On-Line-Datenbanken ist die Entwicklung einer guten (=schnellen) Suchstrategie und die genaue Kenntnis der Abfragesprache aber wesentlich wichtiger, da hier jeder Fehler Geld kostet.

Häufig werden die Inhalte der Datenbanken auch in regelmäßigen Abständen auf eine CD-ROM gepreßt und im Abonnement verkauft. Die Anschaffung eines solchen Abonnements lohnt sich aber nur bei intensiver Nutzung, z. B. für Universitäten. (Nähers zu geeigneten CD-ROM-Datenbanken siehe beispielsweise in: Engel/ Preißner 1994, S. 115 - 126).

4. Stichproben und Datenqualität in der Marktforschung

4.1 Auswahlverfahren

4.1.1 Vollerhebung

Die erste Unterscheidung der Primärerhebungen betrifft die Zahl der auszuwählenden Auskunftspersonen. Werden alle Erhebungsobjekte (Informanden) der Grundgesamtheit in die Untersuchung mit einbezogen, spricht man von einer Voll- oder Totalerhebung. Die **Grundgesamtheit** (auch: Universum oder Kollektiv) ist die Gesamtmenge der Objekte, auf die sich die Untersuchung beziehen soll, in der Regel also die Zielgruppe oder Teilsegmente davon (z. B. alle Raucher zwischen 18 und 30 Jahren). Eine **Vollerhebung** eliminiert die Risiken der statistischen Ungenauigkeit und der suboptimalen Probandenauswahl, ist aber teuer.

In der Praxis ist die Vollerhebung nur selten durchführbar, z. B. wenn alle Hersteller oder Großhändler einer Branche befragt werden sollen etc. In vielen Fällen kommt es vor, daß die Grundgesamtheit gar nicht bekannt ist (Beispiel: Befragung von Benutzern von Fertiggerichten über ihre Geschmacksansprüche).

4.1.2 Teilerhebung

Im allgemeinen wird daher eine Auswahl aus der Grundgesamtheit getroffen. Diese Form der Erhebung nennt man Teilerhebung.

In der Regel wird an die Auswahl der zu Befragenden die Anforderung der **Repräsentativität** bezüglich verschiedener Kriterien gestellt. Eine repräsentative Stichprobe stellt ein **verkleinertes Abbild der Grundgesamtheit** dar bzw. sie stimmt mit der Grundgesamtheit bezüglich der Struktur der als relevant betrachteten Merkmale überein. Eine solche Übereinstimmung kann natürlich immer nur in bezug auf die definierten und untersuchten Merkmale existieren. Wenn die Stichprobe beispielsweise bezüglich der Altersstruktur mit der Zielgruppe übereinstimmt, bedeutet dies nicht, daß sie auch bezüglich der Einkommensstruktur oder des Kaufverhaltens repräsentativ wäre.

Die im Rahmen der Planung einer Teilerhebung frühzeitig zu klärenden Fragen betreffen die Größe der Stichprobe (die statistische Genauigkeit wächst mit der Stichprobengröße, siehe unten) und die Kriterien der Auswahl der Probanden.

4.2 Stichprobenartige Datenerhebung und Repräsentativität

4.2.1 Stichprobenfehler und -umfang

Bei einer Stichprobe gilt es, sich vorher über die beiden folgenden Größen einig zu werden. Sie determinieren den erforderlichen Umfang der Stichprobe (und somit einen Teil der Kosten):

- maximal akzeptierbare **Irrtumswahrscheinlichkeit**
- maximal zulässige Abweichung vom richtigen Wert (Fehlertoleranz), also die Breite des sogenannten **Konfidenzintervalls**.

Bei jeder Zufallsstichprobe läßt sich der Stichprobenfehler berechnen. Er ist ceteris paribus umso kleiner, je größer der Stichprobenumfang ist.

Die **Berechnung des Stichprobenumfanges** erfolgt nach folgender Formel:

$$n = \frac{z^2 \bullet p \bullet q}{e^2}$$

mit: n = Stichprobenumfang
z = Sicherheitsfaktor
e = Fehlertoleranz (auch Stichprobenfehler genannt)
p,q = Anteilsmerkmale bei Vorwissen (sonst: 0,5 , 0,5)

In der Marktforschung wird in der Regel mit einem Sicherheitsfaktor 2 (Irrtumswahrscheinlichkeit von 4,5%) gearbeitet.

Die Problemstellung läßt sich am besten mit Hilfe eines Beispiels verdeutlichen:
Ein Unternehmen möchte den Bekanntheitsgrad seines Produktes ermitteln. Es sind bisher keinerlei Informationen bekannt. Zielgruppe ist die erwachsene Bevölkerung Deutschlands. Das Ergebnis soll mit einer Wahrscheinlichkeit von 95,5%

(Sicherheitsfaktor 2, vgl. Abb. B.4) um nicht mehr als ± 4 Prozentpunkte vom wahren Wert abweichen.

Sicherheitsfaktor (z)	Vertrauenswahrscheinlichkeit	Irrtumswahrscheinlichkeit
1,00	68,3 %	31,7%
1,50	86,6 %	13,4 %
1,64	90,0 %	10,0 %
1,96	95,0 %	5,0 %
2,00	95,5 %	4,5 %
2,58	99,0 %	1,0 %
3,00	99,7 %	0,3 %

Abb. B.4: Sicherheitsfaktoren und Irrtumswahrscheinlichkeit

Fragestellung 1: Wieviele zufällig ausgewählte Personen aus der Zielgruppe müssen befragt werden?

Lösung: $n = \frac{z^2 \bullet p \bullet q}{e^2} = \frac{2^2 \bullet 0,5 \bullet 0,5}{0,04^2} = 625.$

Hinweis: Die beiden Werte p = q = 0,5 ergeben sich daraus, daß kein Vorwissen besteht. Wäre beispielsweise aus einer früheren Untersuchung ein Bekanntheitsgrad von 30% als Vorwissen gegeben, würde man für p und q die Werte 0,3 (30%) und 0,7 (70%, die das Produkt nicht kennen) einsetzen.

Ergebnis: Es müssen 625 Personen befragt werden.

Angenommen, von diesen 625 Personen würden 35% das Produkt kennen, so bedeutet dies, daß mit einer Wahrscheinlichkeit von 95,5% der Bekanntheitsgrad des Produktes zwischen 31% und 39% (35 ± 4) liegt. Mit einer Wahrscheinlichkeit von 4,5% (der Irrtumswahrscheinlichkeit) liegt der Bekanntheitsgrad aber außerhalb dieses Konfidenzintervalls, also unter 31% oder über 39%.

4.2.2 Nicht kalkulierbare Fehler

Mangelnde Qualität von Marktforschungen ist aber nicht ausschließlich dem Stichprobenfehler zuzuschreiben. Vielmehr sind eine Reihe nicht kalkulierbarer Fehler im sachlich-logischen Bereich denkbar:

- Planungsfehler (z. B. unklare Problemdefinition)
- systematische Fehler (beeinträchtigen die Validität, treten regelmäßig auf und liegen in der Art der Durchführung. Bsp.: Wahl des Stichprobenverfahrens)
- sachliche Fehler (z. B. falsche Auskünfte oder Ausfall von Stichprobenelementen). Beeinträchtigen die Reliabilität (Zuverlässigkeit) der Untersuchung.

4.2.3 Fehler durch unvollständige Ausschöpfung der Stichprobe

Der Ausfall von Stichprobenelementen gehört zu den sachlichen Fehlern, welche das Ergebnis einer Marktforschung stark beeinträchtigen können. Weiterhin können Fehler auch bei der Auswahl der Interviewer auftreten. Falsche Aussagen der Probanden stellen ein besonderes Problem dar, dem durch psychologisch geschickte Frageformulierung und die Reihenfolge der Fragen entgegengewirkt werden soll.

Außerdem besteht bei Marktforschungen, die von unseriösen Anbietern durchgeführt werden, auch die Gefahr von bewußten Ergebnisfälschungen.

4.3 Auswahlmethoden

Bei den Auswahlverfahren kann zwischen zufallsgesteuerten und nicht-zufallsgesteuerten Verfahren unterschieden werden.

Die einfachste Auswahlmethode stellt die **willkürliche Auswahl** ("Auswahl aufs Geratewohl") dar. Die Ergebnisse werden hierdurch einseitig verzerrt und sind aus wissenschaftlicher Sicht wertlos.

Unter den nicht zufallsgesteuerten Verfahren werden die typische Auswahl, die Quotenauswahl und das Konzentrationsverfahren häufig angewandt.

Bei der **typischen Auswahl** werden charakteristisch erscheinende Elemente aus der Grundgesamtheit ausgesucht und als typisch für die Grundgesamtheit bezeichnet. Dieses Vorgehen ist nur bei einer sehr homogenen Grundgesamtheit sinnvoll.

Ein in der Praxis sehr häufig verwendetes Verfahren ist das der **Quotenauswahl**. Hierbei werden bestimmte Merkmale der Grundgesamtheit den Interviewern als Quoten vorgegeben, der Interviewer sucht die Probanden dann selbst aus (bewußte Auswahl). Beispiel einer Quotenauswahl:

Zu befragende Personen: 10

	männlich	weiblich
20 - 39	1 SO, 1 AN	1 HA, 2 AN
40-59	1 FR, 1 AR	1 SE
über 60	1 RE, 1 AN	

Legende:

AN =	Angestellter	AR=	Arbeiter
FR=	Freiberufler	SE=	Selbständiger
RE =	Rentner	ST=	Student / Schüler
HA =	Hausfrau	SO=	Sonstige

Abb. B.5: Auswahlvorschrift bei einer Quotenauswahl

Nachteile dieses Verfahrens sind, daß Auswahlfehler nicht berechnet werden können, die Interviewer sehr subjektiv auswählen und die Festlegung der Quotenmerkmale ebenfalls relativ subjektiv ist. Seine Vorteile liegen in der Einfachheit, Kostengünstigkeit und der hohen Flexibilität.

Beim **Konzentrationsverfahren** (Cut-off-Verfahren) werden jene Elemente der Grundgesamtheit herausgestrichen, die nicht von Bedeutung sind. Beispielsweise kann man sich bei der Untersuchung von Kundenwünschen evtl. auf die A-Kunden konzentrieren.

Als **Zufallsauswahlverfahren** gelten die einfache Stichprobe, die geschichtete Stichprobe, die Flächen- und die Klumpenstichprobe.

Bedingung einer **reinen Zufallsauswahl** ist, daß jedes Element der Grundgesamtheit bekannt ist. Dies ist in der Praxis aber relativ selten der Fall. Dann können z. B. das Urnenmodell, der Weg über Zufallszahlen oder die systematische Auswahl mit Zufallsstart (Beispiel: Herausgreifen des n-ten Falles bei Karteiauswahl) angewendet werden. Weitere relativ häufig eingesetzte Verfahren sind die Anwendung einer Zufallszahlentafel sowie das sog. Schlußziffernverfahren. Hier würden beispielsweise alle Kunden befragt, deren fortlaufend vergebene Kundennummer mit einer bestimmten, zuvor ausgelosten Ziffer endet.

Bei der **geschichteten Stichprobe** wird die Grundgesamtheit in möglichst homogene Schichten nach bestimmten Kriterien aufgeteilt und innerhalb dieser Schichten eine zufällige Stichprobe gezogen. Der Vorteil dieses Modells liegt darin, daß der Zufallsfehler i. a. kleiner ist als bei der reinen Zufallsauswahl und darin, daß es durch disproportionale Stichproben auch möglich ist, Randgruppen so zu integrieren, daß repräsentative Aussagen über diese Gruppen ebenfalls möglich werden.

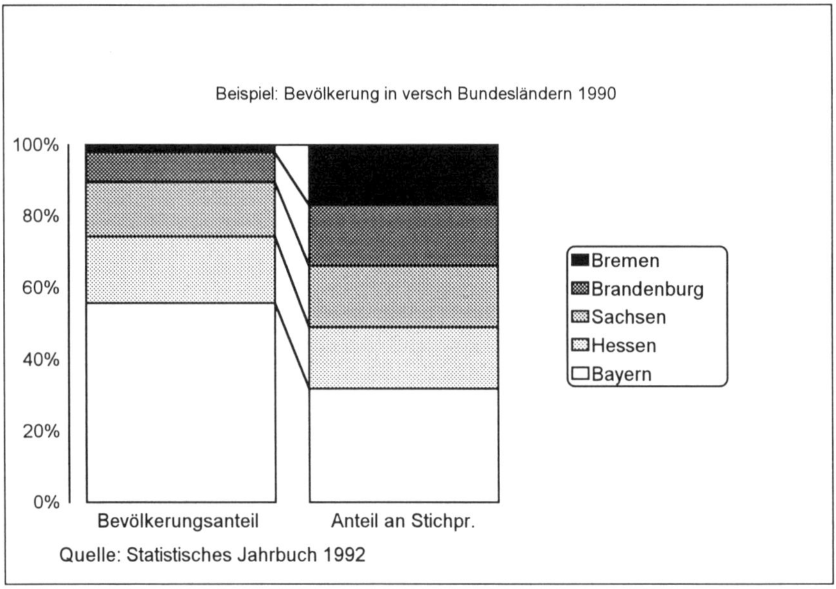

Abb. B.6: Die geschichtete Stichprobe

Eine kostengünstige und zeitsparende Methode stellt die **Klumpenauswahl** dar. Die Grundgesamtheit wird in einzelne Klumpen unterteilt (z. B. alle Angestellten eines Unternehmens). Aus diesen Klumpen werden Einzelne ausgewählt (zufällig oder systematisch) und i. a. voll erhoben.

Liegt kein vollständiges Verzeichnis der Grundgesamtheit vor, kann auf eine Flächenstichprobe zurückgegriffen werden. Ein geographisches Gebiet wird in Teilregionen aufgeteilt. Aus diesen werden Regionen ausgewählt, in denen Stichproben gezogen werden oder eine Vollerhebung durchgeführt wird. Hierbei besteht jedoch das Problem, daß in einem Häuserblock oft ähnliche Menschen wohnen. Zur Stichprobenauswahl wird häufig das Random-Route(Zufallsweg)-Verfahren angewendet.

4.4 Beurteilung eines Untersuchungsergebnisses

Wie gesehen, sind zur kritischen Beurteilung eines Untersuchungsergebnisses einige weitergehende Information nötig. So muß gefragt werden, wie groß die Stichprobe gewesen ist, und welche Fehlertoleranz akzeptiert wurde. Hieraus läßt sich das Vertrauensintervall und die Irrtumswahrscheinlichkeit berechnen, falls diese nicht angegeben wurden. Voraussetzung ist jedoch, daß die Probanden nach einem zufallsgesteuerten Verfahren ausgewählt wurden. Ist dies nicht der Fall, wie z. B. bei dem beliebten TED-Verfahren im Fernsehen, sind die Untersuchungsergebnisse wertlos.

Werden Umfragen als Sekundärmaterial verwendet, ist zusätzlich zu fragen, wer die Studie in Auftrag gegeben hat. Hier könnte ebenfalls ein Einflußpotential vorliegen. Weiterhin ist zu überprüfen, ob die Original-Fragestellungen angegeben werden, oder ob nur "Zusammenfassungen" veröffentlicht werden, hinter denen suggestive Fragen versteckt werden können. Beispielsweise war die Aussage "53% aller Berliner unterstützen die Bewerbung Berlins" im Januar 1993 das Ergebnis der folgenden Frage: "Die Olympischen Spiele in Los Angeles, Seoul und Barcelona waren finanziell erfolgreich und haben zu wichtigen Neubauten geführt. Was ist Ihre Meinung zu Olympia 2000 in Berlin? Sind Sie für oder gegen die Olympischen Spiele in Berlin?" (Gibowski 1994, S. 48).

5. Erhebungsmethoden

5.1 Befragung

Eine Befragung kann schriftlich, mündlich oder telefonisch erfolgen. Theoretisch sind auch Kombinationen der Verfahren denkbar, z. B. bei unvollständiger Einsendung eines schriftlichen Fragebogens. Neuerdings werden vermehrt auch neue Medien wie das Telefax eingesetzt, oder der Befragte wird an ein Computerterminal gebeten, wo die Befragung stattfindet und die Antworten direkt im Computer gespeichert werden. Meist wird hierbei eine Person zur "Betreuung" der Probanden eingesetzt, so daß es sich um eine Mischform aus schriftlicher und mündlicher Befragung handelt. Auch bei der telefonischen Befragung werden die Antworten in der Regel direkt durch den Befragenden in den Computer eingegeben. Gelegentlich werden auch sog. "Touch-Screen"-Bildschirmterminals eingesetzt, bei denen der Befragte seine Antworten durch Antippen des Bildschirms an einer vorgegebenen Stelle übermittelt. Derartige Systeme sind z. B. bei Messen zur Besucherbefragung verbreitet.

Die **telefonische Befragung** benötigt das Medium Telefon und schränkt dadurch den Kreis der möglichen Befragten ein, was vor allem aus methodischer Sicht bedeutsam ist. Dennoch ist die telefonische Befragung die rascheste und kostengünstigste Form des mündlichen Interviews. Hier ist der richtige Einstieg wichtig, sonst besteht die Gefahr der Auskunftsverweigerung. Außerdem ist nur verbale Kommunikation möglich, so daß bestimmte Fragestellungen nicht abgeklärt werden können (Beispiel: Auswahl des besten Etikettes oder der besten Verpackung). Auch für komplexe Interviews ist das Telefon eher ungeeignet. Andererseits entsteht zwischen dem Befragten und dem Befragenden ein weniger enger Kontakt als bei der persönlichen Befragung, so daß hier auch weniger Einfluß auf die Angaben vorliegt.

Bei der **schriftlichen Befragung** werden dem Befragten Fragebögen mit der Bitte um Rücksendung zugesandt. Neben der üblicherweise schlechten Rücklaufquote bei derartigen Aktionen (20% Rücksendungen können oft schon als Erfolg betrachtet werden), besteht das Problem, daß man nicht kontrollieren kann, wer den Bogen wirklich ausgefüllt hat. (Der Chef oder die Sekretärin?) Gerade aus diesen beiden Gründen ist eine Repräsentativität bei einer schriftlichen Befragung de facto kaum zu erreichen. Auch auf die Befragungssituation und das Umfeld kann kein Einfluß genommen werden. Zudem ist diese Form der Befragung recht teuer. Mißverständnisse und Unklarheiten können nicht durch Rückfragen geklärt werden, so daß die Frageformulierung besonders kritisch zu durchdenken ist. Für die schriftliche Befragung sprechen die relativ geringen Kosten (keine Interviewer, keine Reisekosten etc.) und die einfachere Organisation der Befragung. Außerdem werden die Probanden (die zu Befragenden) auf dem Postweg sicherer erreicht.

Das **Interview**, also die mündliche Befragung bei persönlichem Kontakt, ist die am häufigsten eingesetzte Befragungsart. Dieses Interview kann beim Befragten zu Hause stattfinden (Home-Interview), oder in einem speziell dafür eingerichteten Studio bzw. auf der Straße. In der Regel wird hierfür auch ein Termin vereinbart, die ganze Aktion benötigt also eine detaillierte Planung. Dafür kann garantiert werden, daß die Zielperson die Fragen auch selbst beantwortet. Da Rückfragen möglich sind, eignet sich das direkte Interview auch für kompliziertere Fragestellungen. Ein einmal begonnenes Interview wird selten abgebrochen, auch längere Komplexe können behandelt werden. Im Unterschied zur telefonischen Befragung können graphische Hilfsmittel verwendet werden, so daß auch auf visueller Wahrnehmung basierende Fragen gestellt werden können.

Die meisten Meinungsforschungsinstitute arbeiten mit persönlichen Interviews von etwa jeweils 45 Minuten Dauer. Die Probanden werden i.d.R. von den Interviewern nach dem Quota-Verfahren ausgewählt.

Gegen das persönliche Interview sprechen die hohen Kosten. Die Institute verlangen pro Interview etwa 100 DM, so daß statistisch signifikante Ergebnisse nur mit sechsstelligen Investitionen zu erzielen sind. Diese anscheinend hohen Preise sind jedoch notwendig, da alleine an den Interviewer ca. 20 DM pro Interview bezahlt werden und die Interviewergebnisse in den Computer eingegeben und anschließend ausgewertet werden müssen. Zudem werden häufig umfangreiche und teure Unterlagen erstellt, die im Interview eingesetzt werden, wie z. B. Kartenspiele oder Bildblätter.

Man unterscheidet zwischen einem standardisierten Interview mit starrem Fragenkatalog und -ablauf, einem strukturierten Interview (festgelegte Kernfragen, keine vorgegebene Reihenfolge) und einem freien Interview (Interviewerleitfaden bzgl. Problemkreisen).

Beim Interview kommt es darauf an, durch geschickte Fragestellung möglichst ehrliche und gut verwendbare Antworten zu erhalten. Andererseits soll der Aufwand der Auswertung möglichst gering gehalten werden.

Um der ersten Problemstellung zu genügen, bedient man sich bestimmter Techniken der Frageformulierung.

5.1.1 Regeln der Frageformulierung

Bei der Entwicklung eines Fragebogens wird das Problem zuerst in mehrere Programmfragen aufgeteilt. Diese Fragen sind, einfach gesagt, "alles, was man wissen möchte", und zwar direkt und unverschlüsselt. Eine Programmfrage wäre also beispielsweise: "Wie ist Ihre Einstellung zu Tempo 130 auf Autobahnen?" Die Antworten hier wären zu undifferenziert und unbrauchbar, zumal "Einstellung" ein im Sprachgebrauch unterschiedlich verwendeter Begriff ist.

Daher wird diese Programmfrage in mehrere sog. Testfragen geteilt werden, die möglichst alle Aspekte des zu untersuchenden Problems abdecken (Unfallgefahr, Spaß am Fahren, Gewinn durch schnellere Zielerreichung, Bevormundungsgefühl des Bürgers ...).

Um die "richtige" Beantwortung der Fragen so wahrscheinlich wie möglich zu machen, sind bei der Frageformulierung Grundsätze wie die folgenden zu beachten:

- Die Fragen sind einfach zu formulieren: Kurze Sätze ohne Fremdworte. (Beispiel: "Glauben Sie, daß die FDP im großen und ganzen einig oder zerstritten ist?").
- Die Fragen sollen eindeutig sein, so daß alle Antwortenden Gleiches darunter verstehen. (Beispiel: "Wieviele Bücher haben Sie in den letzten 12 Monaten ungefähr gekauft?") Achtung insbesondere vor Synonymen, Homonymen und Ausdrücken mit regionaler Nebenbedeutung.
- Der Befragte darf nicht überfordert werden. Als Gedächtnisstützen sind beispielsweise Listen und "Kartenspiele" einzusetzen. (Beispiel: "Legen Sie bitte alle Karten heraus, auf denen Dinge stehen, die die FDP bestimmt gut macht oder die Sie bei der FDP gut finden.")
- Die Fragen sollen nicht suggestiv sein. Sie sind so neutral wie möglich zu stellen (also nicht: "Meinen Sie nicht auch, daß...").

Auch bei der Fragebogenkonstruktion sind bestimmte Erfahrungen zu berücksichtigen, um eine möglichst gute Antwortqualität zu erzielen. So sollte beispielsweise mit möglichst neutralen Fragen begonnen werden, um "das Eis zu brechen". Fragen zu einem Komplex sind zusammenzufassen. Hierbei ist aber zu berücksichtigen, daß die Fragen zum einen Thema die Antworten auf das andere Thema beeinflussen könnten. (z. B., wenn auf eine Frage zur Kriminalität eine Frage zur Leistung des Innenministers oder der Polizei folgen würde.)

Unter **psychotaktischer Fragestellung** versteht man die Technik, die Frage so zu formulieren, daß der eigentliche Sinn der Frage dem Antwortenden nicht klar wird. Auf diesem Wege lassen sich beispielsweise bei der Frage nach dem Besitz von Gegenständen Prestigeantworten oder Understatement verhindern. Beispielsweise stehen in 95% aller Haushalte Fernsehgeräte (Stand 1988, Quelle: Statistisches Bundesamt). Nach den Statistiken der Anmeldungen müßten es aber weitaus weniger sein. Marktforscher müssen sich daher der Gefahr bewußt sein, daß "Schwarzseher" die Existenz des Gerätes verschweigen.

5.1.2 Regeln für die korrekte Abwicklung mündlicher Befragungen durch den Interviewer

Der Interviewer ist der größte Unsicherheitsfaktor bei einer Befragung. Seine Interessen (möglichst schnell fertig zu werden) decken sich nicht mit denen des Institutes. In den meisten Fällen ergibt sich für den Interviewer ein Stundenlohn von 15 bis 20 DM (siehe oben). Daher ist die Gefahr groß, Interviews einfach zu erfinden, Fragenkomplexe auszulassen und selbst auszufüllen oder dem Befragten zu "helfen", damit es schneller geht. Bei vielen Instituten werden auch die Namen der Befragten nirgends festgehalten, so daß derartige Fehler nur schwer zu entdecken sind. Die Institute arbeiten daher mit recht strengen Reglementierungen der Interviewer. Insbesondere ist es wichtig, daß ein Interviewer nie mehr als zehn Interviews mit dem gleichen Fragebogen führt - die Regel sind drei bis fünf.

5.1.3 Arten von Interview-Fragen

Unter dem oben erwähnten Aspekt des Dilemmas zwischen richtiger Beantwortung und kostengünstiger Interviewauswertung ergibt sich die Frage nach der Auswahl der Arten von Interview-Fragen. In den meisten Fällen werden die verschiedenen Fragearten innerhalb eines Interviews gemischt verwendet. Die hier zum Interview erwähnten Möglichkeiten sind zum größten Teil auch auf die schriftliche Befragung übertragbar. Dies gilt aber nicht für Fragen mit Spontanantworten.

5.1.3.1 Offene und geschlossene Fragen

Bei **offenen Fragen** handelt es sich um Fragen ohne Antwortvorgaben. Beispiel: "Was halten Sie - ganz allgemein gesagt - für typisch deutsche Eigenschaften?". Dem Befragten werden keinerlei Vorgaben gemacht, er kann alles äußern, was ihm in den Sinn kommt. (Die Psychologie geht davon aus, daß die ersten und spontanen Assoziationen zu einem Thema die intensivsten und ehrlichsten sind.) Neben der üblichen Form "was halten Sie von..." wird auch der Satzergänzungstest als Form der offenen Frage angewendet (Beispiel: Ein Mann, der eine Glatze hat, wirkt ...").

Bei der Auswertung offener Fragen bedient man sich dann sog. Codepläne, die verschiedene, ähnliche Antworten zusammenfassen und die Zahl der auszuwertenden Antworten auf ein handhabbares Maß reduzieren.

Bei **geschlossenen Fragen** könnte man sagen, "der Codeplan wird gleich mitgeliefert". Geschlossenen Fragen kommen in verschiedenen Varianten vor. Die häufigsten sind:

- "Ja-Nein-Weiß nicht"-Fragen (Beispiel: Waren Sie in den letzten 12 Monaten im Kino?)
- Alternativfragen mit der Möglichkeit der Auswahl einer oder mehrerer Antworten aus einer Reihe von Vorschlägen. Diese werden dem Antwortenden oft aus gedächtnispsychologischen Gründen als Liste oder als "Kartenspiel" vorgelegt.
- Zuordnung von Rängen verschiedener Objekte (z. B.: Welcher der folgenden Politiker ist Ihnen am symphatischsten, welcher steht an zweiter Stelle usw.) Auch hier werden häufig Kartenspiele eingesetzt.
- Fragen, die die Vergabe von "Noten" auf einer bestimmten Skala (meist von +5 bis -5) betreffen (sog. skalierte Fragen). Häufig auch durch Vorgabe von 5 oder 7 Punkten einer Skala (trifft voll und ganz zu .... trifft überhaupt nicht zu) realisiert.

5.1.3.2 Direkte und indirekte Fragetechnik

Fragebögen und Interviewerleitfäden enthalten in der Regel direkte und indirekte Fragen. Bei der direkten Frage wird der Befragte ohne Umweg nach seiner Meinung gefragt (Beispiel: "Was würden Sie wählen, wenn ..."?).

In manchen Fällen besteht aber die Gefahr, daß der Befragte bei einer direkten Frage nicht ehrlich antwortet. In diesem Fall werden indirekte oder projektive Fragen verwendet. Bei der **indirekten Fragetechnik** wird so vorgegangen, daß dem Befragten eine (fiktive) Äußerung eines anderen zum Befragungsthema vorgelegt wird, die er kommentieren soll. (Beispiel: "Man hört oft die Aussage: 'Ausländer, die arbeitslos sind, sollten in ihr Heimatland zurückgeschickt werden.' Stimmen Sie dieser Aussage zu?") Vor allem dann, wenn es sich um problematische Themenbereiche handelt, oder die Meinung eher extrem ist, fällt es dem Befragten leichter, einem (vermeintlichen) Dritten zuzustimmen, als diese Meinung selbst zu äußern.

Eine weitere häufig angewendete Frageform sind **projektive Fragen**. Hierbei wird der Antwortende gebeten, sich in eine andere Person hineinzuversetzen. (Beispiel: "Was glauben Sie, würde ein normaler Mensch antworten, wenn ...?") Es wird davon ausgegangen, daß der Antwortende seine eigene Meinung für die "normale" hält. Daher würde eine andere Person genauso antworten wie er. Da aber eine andere Person antwortet, fühlt sich der Befragte nicht für seine Antwort verantwortlich und ist daher bereit, auch eine extremere Meinung zu äußern, die er sonst zurückhalten würde. Er projiziert seine Meinung auf andere.

5.1.4 Qualitative und quantitative Marktforschung

Im allgemeinen Sprachgebrauch wird unter "Marktforschung" meist nur die quantitative Marktforschung verstanden. Diese arbeitet mit nachprüfbaren, errechneten Ergebnissen, die auf einer hohen Anzahl "Fälle" (i.d.R. Befragte) basieren. Allerdings ist aufgrund der hohen Fallzahlen eine standardisierte Frageformulierung erforderlich, die wiederum eine tiefgehende Analyse der hinter den Antworten stehenden Werthaltungen verhindert.

Dies versucht die qualitative Forschung. Hier wird bei einer geringen Anzahl Probanden versucht, durch individuelles Vorgehen tiefergehende Antworten zu erhalten und insbesondere Gründe für bestimmte Verhaltensweisen (Motive) zu ermitteln. Daher spricht man anstelle von qualitativer Forschung auch von Motivforschung. Ein typisches Beispiel für quantitative Forschung wäre die Ermittlung des Marktanteiles von BASF bei Videocassetten. Die qualitative Forschung würde eingesetzt, um herauszufinden, warum BASF verwendet oder nicht verwendet wird, und wie die Verwendung intensiviert werden könnte.

5.1.4.1 Bedeutung der Motivforschung

Ziel der qualitativen Marktforschung ist es, im "psychologischen Bereich" zu forschen, also Einstellungen und Erwartungen aufzuzeigen, verdeckte Hemmnisse oder Motivationen zu ermitteln usw.

Psychologisch orientierte Verfahren werden nicht nur zur Motivforschung eingesetzt, sondern beispielsweise auch, um die Akzeptanz von Packungen oder Werbemitteln zu testen. Wir beschränken uns jedoch auf Verfahren zur Motivforschung, also auf Verfahren, die (unbewußte) Ursachen des Verbraucherverhaltens feststellen möchten.

Die im Marketing eingesetzten Verfahren können unterteilt werden in:

- Tiefeninterview
- Projektionsverfahren
- Assoziationsverfahren.

5.1.4.2 Tiefeninterviews

Das Tiefeninterview ist ein freies Interview, bei dem das Erkennen wahrer Gefühle und echter Motivationen das Ziel bildet. Das Tiefeninterview verzichtet auf feste Strukturen; der Erfolg ist wesentlich von der "Leistung" des Interviewers abhängig.

Die wesentlichen Varianten des Tiefeninterviews sind

- das qualitative Interview
- die Exploration
- das Gruppeninterview.

Das **qualitative Interview** ist ein gründliches Gespräch mit dem "Charakter einer privaten Unterhaltung". Es sollen Auskünfte über Einstellungen, Erfahrungen, Verhalten und Bedürfnisse des Verbrauchers gewonnen werden.

Die **Exploration** ist ein freies Interview, das als zwangloses Gespräch geführt wird. Interviewer sind - im Gegensatz zum qual. Interview - Fachpsychologen. Der Zweck der Unterredung soll dem Befragten unbekannt bleiben. Ziel der Exploration ist die

Hypothesenbildung. Im Gegensatz zur teilweise verbreiteten Meinung sind Tiefeninterview und Exploration keine Synonyme.

Das **Gruppeninterview** ist eine Sonderform, die nicht auf tiefenpsychologischer Basis arbeitet. Man vermutet jedoch, daß die lockere Diskussionssituation spontane Aussagen fördert und somit auch "tiefere" Motivationen preisgegeben werden.

5.1.4.3 Projektionsverfahren

Projektionsverfahren sind stärker strukturiert als das Tiefeninterview. Sie sollen über Phantasien und Impulse der Testpersonen Auskunft geben. Ihre Anwendung im Marketing ist jedoch problematisch, da diese Tests ursprünglich zur Persönlichkeitserfassung entwickelt wurden. In der Motivforschung werden sie aber zur Untersuchung der Beziehung zwischen Person und Produkt eingesetzt.

Die Idee der Projektion geht auf S. Freud zurück. Sie besagt, daß eine Person anderen Menschen Eigenschaften oder Verhaltensweisen zuschreibt, die auf sie selbst zutreffen.

Typische Projektionsverfahren sind:
- Picture Frustration Test (PFT)
- Einkaufslisten-Test
- Thematischer Apperzeptions-Test (TAT).

Der **PFT** wurde ursprünglich als Rosenzweig-Test für die klinische Forschung mit 24 standardisierten Zeichnungen konzipiert. Es wird eine Anpassung an die Bedürfnisse der Motivforschung vorgenommen. Bei diesem Test handelt es sich um eine Art Comic-Strip, in dem sich z. B. zwei Personen über ein Produkt unterhalten und deren Dialog in Sprechblasen wiedergegeben wird. Es wird jedoch nur eine Sprechblase wiedergegeben, die andere bleibt leer und der Befragte muß die Antwort in die Sprechblase schreiben. Man nimmt an, daß die Testperson ihre eigene Meinung in die gezeichnete Person überträgt, aber keine Hemmungen hat, da sie die Meinung nicht offen vertreten muß. Diese Annahme ist aber nicht beweisbar. Der PFT sollte nur in Kombination mit anderen Verfahren eingesetzt werden.

Beim **Einkaufslisten-Test** wird den Probanden ein fiktiver Einkaufszettel vorgelegt. Die Probanden werden gebeten, die Person zu beschreiben, die diese Waren einkauft. Er wird jedoch recht selten angewendet.

Beim **TAT** werden dem Probanden Bilder präsentiert, die eine Situation im Zusammenhang mit dem Untersuchungsgegenstand (z. B. einem Produkt) zeigen. Der Proband muß nun zu den Bildern eine Geschichte erfinden. Er soll dabei seine subjektiven Wünsche und Vorstellungen in das Bild hineininterpretieren. Dieser Test wird beispielsweise als Prestest für Werbemittel angewendet.

5.1.4.4 Assoziationsverfahren

Assoziative Verfahren versuchen, die Versuchspersonen zu spontanen und damit unkontrollierten Äußerungen "hinzureißen". Typische Verfahren sind der Satzergänzungstest und der Wortassoziationstest.

Abb. B.7: Der Satzergänzungstest

Beim **Satzergänzungstest** sollen unvollständige Sätze, die in der dritten Person gehalten sind (=> Prinzip der Projektion) ergänzt werden. Wichtig ist, die Probanden unter Zeitdruck antworten zu lassen, um die Spontaneïtät zu fördern. Bsp.: Abb. B.7

Beim **Wortassoziationstest** sollen die Probanden schnell (Zeitdruck!) auf genannte Reizworte antworten. Diese Verfahren werden beispielsweise in Pretests zur Werbeforschung, der Imageforschung und bei der Auswahl eines Markennamens angewendet.

5.1.5 Integration beider Forschungsansätze

Bereits das einleitende Beispiel mit den Videocassetten hat gezeigt, daß es nicht ausreichend wäre, sich für die "Erbsenzähler" oder die "Psychofritzen" zu entscheiden. Viele Probleme erfordern die Integration beider Verfahren. So kann beispielsweise eine quantitative Analyse eine Frage aufwerfen, die nur mit Hilfe einer qualitativen Untersuchung analysiert werden kann. Das so gewonnene Ergebnis kann wiederum durch eine repräsentative Stichprobe in größerem Umfang überprüft werden. Es kommt also immer darauf an, das richtige Verfahren für die einzelne Fragestellung zu wählen. Allerdings darf nicht vergessen werden, daß viele Institute sich auf einen der beiden Bereiche spezialisiert haben und den anderen Prozessen generell ablehnend gegenüber stehen.

5.2 Beobachtung

Bei der Beobachtung lassen sich zwei Hauptgruppen nach dem Ort der Beobachtung unterscheiden: **Feldbeobachtung** und **Laborbeobachtung**. Gerade bei der Laborbeobachtung mit apparativen Hilfsmitteln sind die Grenzen zum Experiment fließend. Als Abgrenzungskriterium kann gelten: Bei der Beobachtung wird das Verhalten in einer Situation beobachtet bzw. gemessen; bei einem Experiment wird mindestens ein Situationsparameter variiert. Im Gegensatz zur Befragung haben die Probanden bei der Beobachtung keine Aussagen zu machen.

Eine Beobachtung ist eine systematische, planmäßige Verhaltensstudie.

Die Vorteile einer Beobachtung gegenüber der Befragung sind:

- Beobachtungen können unbemerkt durchgeführt oder der eigentliche Untersuchungszweck kann verschleiert werden. Dies verhindert "falsche Antworten"
- kein Einfluß eines Interviewers
- Erfassung von tatsächlichem Verhalten, nicht von Einstellungen.

Als Nachteile müssen gelten:

- Testpersonen kaum repräsentativ auswählbar, sonst extrem hohe Kosten durch großen Umfang
- Gefahr, daß der Beobachter durch seine Anwesenheit das Verhalten der Probanden beeinflußt (sog. Beobachtungseffekt). Beobachtungen finden daher möglichst verdeckt statt. Bei verdeckten Feldbeobachtungen ohne Wissen des Beobachteten sind aus rechtlicher und moralischer Sicht gewisse Bedenken anzumelden
- Gefahr, daß bei der Feldbeobachtung die jeweilige Umweltsituation das Verhalten beeinflußt
- ein Beobachter kann nur eine begrenzte Zahl von Tatbeständen gleichzeitig beobachten
- hohe Kosten, hoher personeller und teilw. materieller Aufwand.

Zur **Feldbeobachtung** zählen in erster Linie die Beobachtung von Kauf- oder Passantenverhalten oder die Ausdrucksbeobachtung bei Werbefilmen. Auch zum Studium des "Wanderverhaltens" in Supermärkten wird die Beobachtung eingesetzt. Im Labor wird z. B. das Verhalten des Verkaufspersonals durch einen Testkäufer analysiert.

	Feldbeobachtung offen / verdeckt	**Laborbeobachtung**
Nicht - Apparativ / Persönlich	Kundenlaufstudien, Ausdrucksbeobachtung bei Passanten, Passantenstromzählungen	Testkauf im Labor, Beobachten des Leseverhaltens zur Anzeigenanalyse
Apparativ / Unpersönlich	TV-Nutzung (Audiometer, People-Meter, Telemeter)	Schnellgreifbühne,Tachistoskop, EEG, EDS (Hautwiderstandsmessung)

Abb. B.8: Methoden der Beobachtung

Laborbeobachtungen finden unter künstlich geschaffenen Versuchsbedingungen statt. Die verbreitetsten Verfahren bedienen sich des Tachistoskopes, der Schnellgreifbühne oder einer Spezialbrille zur Blickverlaufsregistrierung.

Beim **Audiometer** (A.C. Nielsen Company) handelt es sich um ein Meßgerät, das in das Fernsehgerät ausgewählter (Panel-)Haushalte eingebaut wird. Es erfaßt automatisch die Einschaltzeit und -dauer sowie die eingeschalteten Kanäle inkl. der Videonutzung.

5.3 Sonderformen der Befragung

5.3.1 Omnibus: "Gemeinsame" Befragung

Omnibusbefragungen sind Befragungen von Personengruppen, die verschiedene Auftraggeber interessieren (Hausfrauen, Jugendliche, Rentner...).

Es können sich verschiedene Auftraggeber mit einer einzigen oder wenigen Fragen beteiligen. Die Kosten sind relativ günstig (ab 1000 DM pro Frage bei 1000 Befragten). Viele Forschungs-Probleme lassen sich bereits mit wenigen Fragen lösen, so daß kein Bedarf an einer ausführlichen Befragung besteht. Allerdings besteht die Gefahr von Störeffekten durch die Fragen anderer Auftraggeber. Ein weiteres Problem stellt die grobe Zielgruppenansprache dar.

5.3.2 Panel - ein Sonderfall der Befragung

Bei Panelumfragen werden bestimmte Gruppen in regelmäßigen Abständen zu gleichen Themen befragt. Man erhält meist Daten über die Marktentwicklung der eigenen Produkte und derer der Konkurrenz. Sie gehören im Bereich der Konsumgüter/Markenartikel zu den wichtigsten Informationsquellen für das Marketing.

Sinn des Panels ist es, durch die Befragung einer möglichst lange unveränderten repräsentativen Auswahl von Probanden über einen längeren Zeitraum zum gleichen Gegenstand Auskunft darüber zu erhalten, wie sich Einschätzungen und Verhaltensweisen über die Zeit hinweg entwickeln. Die Besonderheit des Panels liegt also darin, daß durch die regelmäßige Wiederholung von Einzelbefragungen die Veränderungen im Markt sichtbar gemacht werden.

Die Datenreihen aus Panelbefragungen können als statistische Eingangsgrößen bei Prognosen verwendet werden, z. B. zur Feststellung von saisonalen Trends oder bei Prognosen mittels Trendextrapolation (näheres siehe dort).

Die beiden bekanntesten Panels in Deutschland sind:

- Nielsen **Einzelhandelspanel**: alle 2 Monate werden 1000 Einzelhandelsgeschäfte befragt. Durch das Einzelhandelspanel erhält man den Um- und Absatz je Produkt, Lagerbestände, Marktanteile und Angaben über die Distribution (wieviel Prozent der Geschäfte führen Produkt X usw.) sowie einzelne Spezialanalysen. Nielsen kann keine Angaben über die Käuferstruktur machen. Kosten: bis über 100.000 DM pro Jahr und Warengruppe. Die Daten werden in der Regel an Scannerkassen erhoben, gelten daher als relativ exakt.
- Das GfM und G&I **Haushaltspanel** befragt Haushalte (bis zu 10.000 Panelteilnehmer) über ihre Einkäufe. Angaben über gekaufte Marken und Mengen, durchschnittliche Konsumausgaben, Marktanteile sowie Spezialinformationen

(z. B. Wirkung von Werbemaßnahmen). Diese Form der Befragung, bei der Verbraucher befragt werden, bezeichnet man als **Verbraucherpanel**. Nachteile des Haushaltspanels sind die hohe Panelsterblichkeit und der Paneleffekt. Beim Haushaltspanel handelt es sich um eine schriftliche Befragung, dessen Ergebnisse den einzelnen Kunden je nach Warengruppe, Berichtsumfang und Berichtsrhythmus bis zu 500.000 DM pro Jahr kosten können.

Der erwähnte **Paneleffekt** beim Verbraucherpanel kennzeichnet verschiedene Phänomene der Änderung des Kaufverhaltens durch Protokollierung (weniger Spontankäufe), das prestigebedingte Overreporting, also das Melden von nicht getätigten Käufen und das Underreporting (Vergessen von Eintragungen). Overreporting und Underreporting treten bei verschiedenen Produktkategorien auf und kompensieren sich daher nicht gegenseitig. Als Checklist-Effekt wird die Tatsache bezeichnet, daß der Kauf eines Produktes unter Umständen dadurch ausgelöst wird, daß das Produkt auf der Berichtsliste steht ("Das könnte ich auch 'mal nehmen"). Ein weiteres Problem von Verbraucherpanels liegt darin, daß viele Personen nicht bereit sind, derart ausführliche Angaben über ihr Konsumverhalten zu machen. Diese Verweigerung tritt besondes bei jüngeren Personen aus größeren Städten und bei Personen mit höheren Einkommen auf. Die sogenannte Panelsterblichkeit, d. h. das Ausscheiden von Probanden aus dem Panel stellt ebenfalls ein Problem dar. Da innerhalb eines Jahres häufig mehr als die Häfte der Befragten ausscheiden und durch andere Probanden ersetzt werden, kann das eigentliche Ziel der unveränderten Auswahl von Probanden nicht erfüllt werden. Dem unkontrollierten Ausfall von Panelteilnehmern soll durch ein regelmäßiges Auswechseln der Befragten, die sogenannte Panel-Rotation, vorgebeugt werden. Hierbei wird planmäßig immer ein bestimmter Anteil der Panelteilnehmer ausgetauscht.

Beim Einzelhandelspanel fehlen einzelne Absatzkanäle, wie z. B. der Versandhandel oder bestimmte Ketten, wie Aldi, die die Teilnahme verweigern.

Informationen, die Hersteller von Markenartikeln aus Panels erhalten können, sind:

1.) Umsätze / Käufe:

- Endverbraucherumsatz
- Marktanteil
- Einkäufe des Einzelhandels und durchschnittliche Abnahmemengen pro Monat
- Lagerbestand des Einzelhandels (wichtig zur Absatzprognose des Herstellers)
- durchschnittlicher Lagerbestand
- Lagerumschlagsgeschwindigkeit im Handel
- Einkäufe beim Hersteller / via Großhandel.

2.) Distribution:

a) numerisch:
Anteil der Geschäfte, die die Ware ...

- ... zum Erhebungszeitpunkt vorrätig hatten

- ... zum Erhebungszeitpunkt nicht vorrätig hatten, sie aber normalerweise führen
- ... nicht führen (hieraus errechnet: Distributionsgrad in %),
- ... im Berichtszeitraum eingekauft haben
- ... im Berichtszeitraum verkauft haben

b) gewichtet:

- wie oben, aber in Relation zum Umsatz an der Warengruppe.

Formel zur Berechnung des gewichteten Distributionsgrades:

$$\frac{\text{Umsatz der Geschäfte, die das Produkt führen (in der Produktgruppe)}}{\text{Umsatz aller Geschäfte, die diese Produktgruppe führen (in dieser Produktgruppe)}}$$

Um die Nachteile der Befragung zu umgehen, versuchen computergestützte Panels die Verkäufe aus den Daten der Scannerkassen zu ermitteln. Hierdurch werden beim Verkauf die vollständigen Preis- und Mengendaten exakt erhoben, die Manipulationsmöglichkeiten halten sich in Grenzen. Allerdings verfügen noch längst nicht alle Einzelhandelsketten komplett über Scannerkassen. Aldi verzichtet beispielsweise völlig auf Scanner, ohne dabei ein Informationsdefizit zu erleiden: An der Kasse werden anstelle von Preisen Artikelnummern getippt, die die Kassiererinnen auswendig können müssen. Die Computerkasse setzt dies dann selbständig in Preise um. Scannerkassen laufen in gewissem Maß den Zielen des Erlebnishandels (möglichst viel frische, unverpackt angebotene Ware) entgegen und verlangen außerdem eine gewisse Disziplin seitens des Kassenpersonals.

Einen ähnlichen Weg geht Nielsen beim Anfang 1992 in Deutschland eingeführten "**Single Source-Ansatz**": 6000 repräsentativ ausgewählte Haushalte wurden mit Handscannern ausgestattet und reportieren ihre Einkäufe durch Einscannen des EAN-Codes und Eingabe einer Kennzeichnung für das Einzelhandelsgeschäft. Hierdurch sind umfangreiche Verknüpfungen und Auswertungen möglich.

Das Ziel, komplette Tests aller Faktoren des Marketing zu ermöglichen, und insbesondere auch TV-Werbung im Markt zu testen, wird beispielsweise beim GfK **BehaviorScan** erreicht. Hier wird an einem Ort mit dem Bundesdurchschnitt relativ gut entsprechender Bevölkerungsstruktur (Haßloch in der Pfalz) das ZDF-Werbefernsehen durch Einschaltung anderer Spots manipuliert.Theoretisch ist es möglich, jeden angeschlossenen Haushalt mit einem individuellen Programm zu versorgen. Eine Kontrollgruppe empfängt das reguläre Werbeprogramm. Zusätzlich können Testprodukte auch in der Werbung der beteiligten Handelsgeschäfte sowie in Printmedien und auf Plakaten beworben werden. Alle Haushalte sind mit ID-Karten ausgerüstet, alle Einzelhandelsgeschäfte mit Scannern. Hier können also Analysen zwischen

Werbung => Produktkauf <= Soziographie der Käufer

durchgeführt werden. Nachteil dieses Testmarktes ist, wie auch bei anderen Testmärkten (früher Berlin, heute oft das Saarland), daß sie von der Konkurrenz besonders genau beobachtet werden. Als Konkurrenzprodukt zu GfK sei noch das von Nielsen angebotene "Telerim" genannt.

5.4 Experiment

5.4.1 Begriff

Das Experiment wird angewendet, um **Ursache-Wirkungsbeziehungen** zu ermitteln. Man versucht zu ermitteln, welcher Art der Einfluß eines oder mehrerer Faktoren (z. B. Farbe der Verpackung) auf einen abhängigen Faktor (z. B. Qualitätswahrnehmung, Kauf...) ist. Im Unterschied zur Beobachtung (und der Befragung) ist das Ziel des Experimentes die **Überprüfung einer Kausalhypothese**. Zu diesem Zweck muß der Untersuchungsgegenstand im Rahmen des Experimentes unter genau kontrollierten Bedingungen verändert werden.

Da die Ergebnisse entweder durch Befragung der Probanden oder durch Beobachtung erhoben werden, ordnen manche Autoren das Experiment nicht als eigenständige Erhebungsmethode ein.

Obwohl erhebliche Probleme bei der internen und externen **Validität** bestehen, können durch Experimente wichtige Erkenntnisse für das Marketing und die BWL allgemein erworben werden. Zu den bekanntesten Experimenten in der Geschichte der BWL gehören die sog. Hawthorne-Experimente, die zur Human Relations-Bewegung führten. (Beim Human Relations Gedanken wird die Pflege zwischenmenschlichen Kontakte und die Beachtung des Mitarbeiters als Mensch und nicht nur als Produktionsfaktor zur Basis der Mitarbeiterführung.)

Die interne Validität betrifft die Frage der Gültigkeit der Untersuchungsergebnisse bzgl. der untersuchten Gruppe (Stichprobe): Wurde die Veränderung von y (z. B. des Kaufverhaltens) tatsächlich durch die Variation von x (z. B. dem Gewicht des Produktes) bewirkt oder bestehen andere Einflüsse? Die externe Validität bezieht sich auf die Frage der Repräsentanz der Stichprobe für die Grundgesamtheit.

5.4.2 Gruppen von Experimenten

Nach Spiegel (1970, S. 44) lassen sich nach dem Kriterium des Einblicks des Probanden in das Versuchsgeschehen vier Gruppen von Experimenten unterscheiden:

1. Der Proband kennt das Versuchsziel und weiß um den Versuch: **offene Versuchssituation.**
2. Der Proband weiß um den Versuch und glaubt, die Aufgabe zu kennen. Den Zweck des Experimentes kennt der Proband nicht: **nicht durchschaubare Situation.**
3. Der Proband weiß, daß er sich in einem Versuch befindet, sonst aber nichts: **quasibiotische Situation.**
4. Der Proband merkt nichts und weiß von nichts: **vollbiotische Situation.**

5.4.3 Experimentelle Designs

Weiterhin lassen sich nach der Versuchsanordnung vier Haupttypen von Experimenten unterscheiden: EBA, EB-CA, EBA-CBA und EA-CA (vgl. auch Abb. B.9) Erklärung: E= Experimentgruppe; C= Kontrollgruppe; gemessen wird jeweils vor

(B=before) und nach (A=after) dem Eintritt des zu untersuchenden Wirkungsfaktors Sinn der Kontrollgruppe ist das Ausschalten von Störgrößen..

Die Vor- und Nachteile der einzelnen Designs:

Abk.	Voraussetzung	Beispiel	Vorteile	Nachteile
EBA	Experiment-gruppe muß mehrmals er-scheinen	Storetest	konstante Stich-probe	Beeinflussung durch "before"-Befragung; Umwelteinflüsse (wie Konkurrenzverhalten etc.) nicht isolierbar
EB - CA	Repräsentativität beider Gruppen gleichermaßen	Omnibus-Be-fragungen	keine Beeinflussung durch "before" - Befragung	Vergleichbarkeit der Gruppen fraglich; Umwelteinflüsse nicht isolierbar
EBA - CBA	Experiment-gruppe wird dem Stimulus ausge-setzt, C-Gruppe nicht.	Werbeerfolgs-messung, Wir-kung von Ver-kaufsförde-rungsaktionen etc.	Kontrollgruppe zeigt Umweltein-fluß, Versuchs-gruppe zeigt Ein-fluß der Variablen	aufwendiger, wenn kein Umwelteinfluß zu vermuten ist, zu teuer
EA - CA ("after only")	Gleichheit von E und C-Gruppe in der Ausgangssi-tuation.	Marktfor-schung allge-mein , Wer-bewirkung.	kostengünstig, kein Einfluß durch "before", einfach	Vergleichbarkeit der Gruppen fraglich

Abb. B.9: Verschiedene Experiment-Designs

Weiterhin wird teilweise im EA-EBA-CBA-Design gearbeitet. Dieses Konzept ist aufwendig, aber sachlich nicht anzugreifen. Die Erklärung dieses Konzeptes soll anhand eines Beispiels erfolgen: Es handelt sich um die Messung der Auswirkung einer Werbeaktion auf die Kaufbereitschaft. Bei der Experimentgruppe 1 wird die Kaufbereitschaft vor und nach der Werbedarbietung gemessen, bei Experimentgruppe 2 nur danach. Die Kaufbereitschaft der Kontrollgruppe wird zu beiden Zeitpunkten gemessen, aber der Gruppe wird das Werbemittel nicht dargeboten. Die Differenz zwischen den beiden Experimentgruppen zeigt, wie stark Gruppe 1 in ihrem Verhalten durch die "before"-Befragung beeinflußt wurde. Da Experimentgruppe 1 und die Kontrollgruppe bereits vor der Veränderung der Variablen gemessen wurden, läßt sich ermitteln, ob und in welcher Stärke ein Unterschied zwischen den beiden Gruppen besteht. Somit kann man letztlich den Effekt der Werbung frei von allen Störeinflüssen errechnen.

Experimente werden eingesetzt zum Test von Produktmerkmalen, Namen, Werbemitteln (z. B. Größe des Herstellernamens...), Packungen, Produktpreisen etc.

Beim Produkttest werden die Versuchspersonen über verschiedene Varianten eines vor der Einführung stehenden Produktes befragt. In der Regel folgt die Befragung auf den Gebrauch der Produkte durch die Probanden in einer Testsituation.

Beim **Konzepttest** wird eine Produktidee, die dem Probanden schriftlich oder mündlich beschrieben wird, getestet.

Eine besondere Form des Feldexperimentes ist der **Testmarkt** vor der Einführung eines Produktes.

6. Aufbereitung der Information

6.1 Ordnen der Daten

Das Ordnen der Daten stellt den ersten Schritt der Aufbereitung der Information dar.

Es geht dabei um das Aufstellen von Datenkategorien, das Redigieren und Verschlüsseln der Erhebungsresultate. Auch das Tabulieren stellt eine ordnende Aufbereitung dar. Tabulieren bedeutet, die auftretenden Häufigkeiten verschiedener Datenformen als Tabelle aufzustellen.

Aufstellen von Datenkategorien: Ziel ist es, eine größtmögliche Ähnlichkeit der Elemente innerhalb einer Kategorie und eine maximale Verschiedenheit von Elementen verschiedener Kategorien zu erhalten.

6.2 Skalierung der Daten (Messung)

6.2.1 Skalen (Meßniveaus)

Skalieren bedeutet, den erhobenen Ausprägungen nach einem bestimmten Verfahren Zahlen zuzuordnen. Das Ergebnis ist eine Skala der möglichen Ausprägungen einer Untersuchungsdimension.

Das maximal mögliche **Meßniveau einer Skala** hängt davon ab, welche Eigenschaften der Maßzahlen empirisch sinnvoll sind, d. h. davon, welche Relationen zwischen den gemessenen Objekten bestehen. Im folgenden werden daher die vier Skalentypen kurz vorgestellt (Engel/Preißner 1994, S. 189ff.).

6.2.1.1 Nominalskala

Eine Nominalskala liegt vor, wenn verschiedene Merkmalsausprägungen (Eigenschaften) möglich sind, diese aber keinerlei Rangfolge besitzen. Es trifft lediglich eine der verschiedenen Möglichkeiten zu. Beispiele sind das Geschlecht, Farben, sofern man sich auf grobe Klassifizierungen wie "rot", "blau" und "gelb" beschränkt, die Religionszugehörigkeit oder die Postleitzahl. Als Stichwort gilt die "Identität", ein gleicher Zahlenwert bedeutet nur gleiche Merkmalsausprägung (z. B. 1 = männlich, 2 = weiblich).

Mit nominal skalierten Daten können Häufigkeiten berechnet werden und diese in Form von Kreis- oder Balkendiagrammen dargestellt werden. Die Reihenfolge der Balken sollte aber mit abnehmender (oder zunehmender) Häufigkeit gewählt werden, da eine andere Anordnung unter Umständen den Eindruck einer Präferenz vermitteln könnte.

Der einzige Stichprobenparameter, der hier anwendbar ist, ist der Modus. Der Modus ist nichts anderes als die am häufigsten vorkommende Ausprägung.

6.2.1.2 Ordinalskala

Dieses Skalenniveau liegt vor, wenn die Merkmale in eine Reihenfolge gebracht werden können, ohne daß ein bestimmter Abstand zwischen den Merkmalen festgelegt werden könnte. Es handelt sich also um eine reine Ordnungsrelation im Sinne von "größer bzw. kleiner". Ordinal skalierte Daten fallen in der Sozialforschung sehr häufig an, beispielsweise bei Vergleichsurteilen ("Modell A gefällt mir besser als Modell B" oder "ich gehe lieber ins Kino als ins Theater"). Auch die häufig verwendeten Skalen "sehr gut - gut- ... - sehr schlecht" fallen in diese Kategorie. Zu beachten ist, daß viele in Zahlenwerten ausgedrückte Urteile nur Ordinalskalenniveau aufweisen. Beispiele hierfür sind Schul- und Examensnoten, Güteklassen oder Beurteilungen von Eigenschaften, Produkten etc. (1= "gefällt mir sehr gut",...) oder der erreichte Schulabschluß (Realschule > Hauptschule). Beispiel:

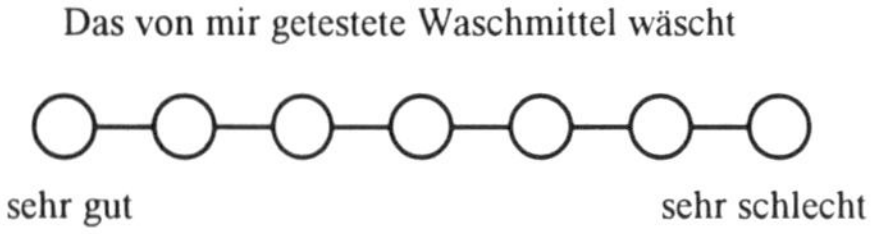

Zur näheren Interpretation der Ergebnisse kann bei ordinal skalierten Daten beispielsweise der Median angegeben werden. Der Median ist der Wert, der genau in der Mitte der Merkmalswerte liegt; oberhalb und unterhalb liegen gleichviele Werte. Beispiel: Wenn von 101 Hühnereiern 20 in die Größenklasse 1 fallen, 33 in die Klasse 2, 15 in Klasse 3, 26 in Klasse 4 und die übrigen 7 in Klasse 5, dann ist der Median 2, denn das Ei, bei dem 50 größer oder gleich sind und 50 kleiner oder gleich, liegt in Klasse 2. Die Berechnung eines arithmetischen Mittels ("diese Eier haben im Durchschnitt die Größenklasse 2,7") ist dagegen unzulässig. Neben dem Median können auch die Quartile angegeben werden. Jener Wert, von dem aus betrachtet 25% aller Werte links und 75% aller Werte rechts liegen, heißt 1. Quartil. Beim 3. Quartil ist es genau umgekehrt. Die Einordnungsstelle des ersten Quartils wäre im obigen Beispiel Klasse 2, da das 25. Ei in Klasse 2 fiele. Neben den Quartilen kann auch mit Dezilen (Unterteilung in 10 Abschnitte) arbeiten. In vielen Auswertungen sind die 50% oder 80% in der Mitte aller Werte wesentlich aussagekräftiger als Randerscheinungen.

Ordinal skalierte Daten können prinzipiell mit den gleichen graphischen Mitteln veranschaulicht werden wie nominal skalierte Daten. Allerdings ist hier die Reihenfolge entsprechend der Reihenfolge der Werte zu wählen. Quartile und Dezile können durch sogenannte Schachteldiagramme veranschaulicht werden. Dies sind Diagramme, die den gesamten Streuungsbereich durch einen Strich kennzeichnen und die gewünschten Quartile als Kasten darstellen.

6.2.1.3 Intervallskala

Auf einer Intervall- oder Verhältnisskala abgetragene Werte heißen auch **metrisch skaliert**. Intervallskalen besitzen gleichmäßige Abstände zwischen den Ausprägungen, aber keinen definierten Nullpunkt. Beispiele hierfür sind die Temperatur (in °Celsius) oder Kalenderzeiten. Aufgrund des fehlenden Nullpunktes können Differenzen und Summen, aber keine Quotienten gebildet werden. Man kann sagen, die Temperaturänderung von 10° auf 20° ist genauso groß, wie jene von 30° auf 40°. Aber 40° ist nicht doppelt so warm wie 20°. Bei Meßwert-Differenzen sind auch Multiplikation und Division möglich. Bei intervallskalierten Daten muß zusätzlich zwischen diskret und stetig skalierten Merkmalen unterschieden werden. Bei Temperaturen sind alle Werte möglich, bei Kalendertagen nur ganze Zahlen (den 10,3. Januar gibt es nicht).

Bei Intervallskalen ist zusätzlich zu den bisher erwähnten Parametern auch die Angabe eines **arithmetischen Mittels** möglich. Das arithmetische Mittel ist der gemeinhin als "Durchschnitt" bezeichnete Mittelwert: Die Summe aller Elemente geteilt durch ihre Anzahl.

6.2.1.4 Verhältnisskala

Bei der Verhältnisskala (auch **Ratioskala** genannt) existiert zusätzlich zu den Merkmalen der Intervallskala auch ein empirisch sinnvoller Nullpunkt. Beispiele hierfür sind Längen- und Größenangaben, Geldwerte, Einwohnerzahlen oder die Häufigkeiten bestimmter Ereignisse. Bei Daten dieses Skalentypes können auch Quotienten gebildet werden (10 DM ist doppelt soviel wie 5 DM).

Da bei diesem Skalentypen auch die Angabe von prozentualen Veränderungen im Zeitablauf sinnvoll ist, können auch Berechnungen, die auf diesen Werten beruhen, durchgeführt werden. Hierzu zählt insbesondere das **geometrische Mittel**. Das geometrische Mittel ist anzuwenden, wenn durchschnittliche relative Veränderungen festgestellt werden sollen. Steigt beispielsweise eine Population im ersten Jahr um 3%, im zweiten um 9% und im dritten um 15% an, so ist sie im Durchschnitt nicht um 9% sondern nur um 8,89 % gestiegen. (Berechnung: n-te Wurzel aus dem Produkt der n Zuwachsraten.) Im Beispiel: $\sqrt[3]{1{,}03 \cdot 1{,}09 \cdot 1{,}15} \approx 1{,}089 = 8{,}89\%$. Aber Achtung: Werden Werte als Verhältnisse ausgedrückt (z. B. Produktionsmenge **pro** Tag), ist das **harmonische Mittel** zu verwenden. Die durchschnittliche Quote AIDS-Infizierter in Afrika ist das harmonische Mittel der Anteile in den einzelnen Ländern - nicht das arithmetische oder geometrische Mittel. Dies ist der Fall, weil in jedem Land die Quote in bezug auf die Einwohnerzahl des Landes angegeben wird. Also muß der Wert von 5% eines Landes mit 20 Mio. Einwohnern doppelt so stark gewichtet werden,wie der von 10% eines Landes mit 10 Mio. Dies ergibt ein harmonisches Mittel von 6,67% - nicht 7,5%.

6.2.2 Skalierungsähnliche Verfahren

Skalierungsähnliche Verfahren sind Techniken, die keine Vorschrift darüber enthalten, wie die Ausprägungen in Skalen übersetzt werden sollen. Statt dessen werden die Befragten aufgefordert, die wahrgenommenen Ausprägungen direkt in ein ordinales oder kardinales Zahlenkontinuum einzutragen. In der Regel werden mit diesen Verfahren Einstellungen gemessen. Da Einstellungen aber nicht direkt gemessen werden können, muß ein Umweg über Indikatoren, beispielsweise die geäußerte Meinung, gewählt werden. Die Probanden werden aufgefordert, zum Versuchsobjekt Zustimmung oder Ablehnung zu äußern.

Beispiel einer Rating-Skala:

Wie beurteilen Sie den Geschmack des Joghurt X?	
sehr gut	O 1
gut	O 2
weniger gut	O 3
mittelmäßig	O 4
eher schlecht	O 5
schlecht	O 6
sehr schlecht	O 7

Abb. B.10: Beispiel einer Rating-Skala

Um hier auch den Grad der Zustimmung messen zu können, bedient man sich einer Skala vorgegebener Antworten, von denen der Proband eine auszuwählen hat. Hierbei entsteht das Problem der Skalierung von Einstellungen. Zum Vergleich der Einstellungen oder zur Bewertung der Produkte werden verschiedene Techniken eingesetzt, so z. B. die Ratingskala, der Paarvergleich oder Rangordnungsverfahren.

6.2.2.1 Eindimensionale Skalierungsverfahren

Bei eindimensionalen Skalierungsverfahren wird lediglich eine Dimension skaliert. Typische Beispiele sind die Likert-, Thurstone- oder Guttman-Skala, die zur Messung von Einstellungen verwendet werden.

Die **Likert-Skala** basiert auf Rating-Skalen, die wie Intervallskalen behandelt werden (obwohl sie natürlich nur ordinales Niveau besitzen). Prinzipiell arbeitet das Likert-Verfahren so, daß eine Person mehrere Fragen zum gleichen Meinungsgegenstand mit Hilfe einer Rating-Skala beantworten muß. Den Antworten werden wie im obigen Beispiel Zahlen zugeordnet. Dabei ist darauf zu achten, daß die Zuordnung konsistent sein muß, also beispielsweise immer alle für das Untersuchungsobjekt positiven Statements mit hohen Zahlen belegt werden müssen. (Beispiel: "Autos erhöhen den Lebensstandard": Zustimmung = 7; "Autos verpesten die Umwelt": Ablehnung = 7). Nun werden alle Werte pro Testperson addiert. Das Ergebnis (z. B. Person A: 27, Person B: 14) zeigt die Einstellung der *Personen* zum Meinungs-gegenstand. Person A steht also beispielsweise dem Autofahren positiver gegenüber als Person B.

Die **Thurstone-Skalierung** wird angewendet bei Statements, die aus pauschaler Zustimmung oder Ablehnung bestehen. Die einzelnen Statements, zu denen die Probanden ihre Meinung äußern, besitzen jedoch unterschiedliche Wertigkeiten in bezug auf das einzuschätzende Objekt.

Die **Guttman-Skala** wird angewendet, wenn die Urteile der Versuchspersonen in ja/nein-Form vorliegen ("ich stimme dieser Aussage zu / nicht zu") und eine "kumulativ homogene Antwortcharakteristik" erwartet wird, also angenommen werden kann, daß eine Person, die Aussage 1 ablehnt, dann auch Aussage 2 ablehnen wird. Die Guttman-Skala ermöglicht eine *gleichzeitige* Skalierung der Aussagen und der antwortenden Personen. Sie ist am einfachsten anhand eines Beispiels (Abb. B.11) zu erklären.

	Person A	Person B	Person C	Summe
Frage 1	richtig	richtig	richtig	3
Frage 2	richtig	richtig	falsch	2
Frage 3	richtig	falsch	falsch	1
Summe (Rang)	3	2	1	

Abb. B.11: Mögliche Ergebnisse im Rahmen einer Guttman-Skalierung

Drei Personen A, B und C werden drei Fragen zu einem Thema gestellt. Als Ergebnis ist festzuhalten, daß Frage 3 schwerer ist als Frage 2 und diese schwerer als Frage 1, aber auch, daß Person 1 einen besseren Wissensstand hat als Person 2 und diese wiederum vor Person 3 liegt. Der Nutzen der Guttman-Skala liegt in der Möglichkeit der Prognose von Reaktionen der Testpersonen, wenn deren Rang bekannt ist.

6.2.2.2 Mehrdimensionale Skalierungsverfahren

Mehrdimensionale Skalierungsverfahren beziehen Indikatoren für mehrere Merkmalsdimensionen in den Skalierungsvorgang mit ein.

Es gibt Verfahren, deren Ergebnis eine eindimensionale Skala ist (Indexbildung, Multiattributivskalierung, auch Fishbein-Modell genannt) und solche, die das Ergebnis in mehrdimensionalen Räumen darstellen (semantisches Differential).

Die einzelnen Verfahren sind mathematisch recht kompliziert, so daß an dieser Stelle auf eine nähere Erläuterung verzichtet werden soll.

6.2.3 Gültigkeit und Zuverlässigkeit der Messverfahren

Zur Beurteilung der Güte von Skalierungsverfahren wird mit der Validität (Gültigkeit) und der Reliabilität (Zuverlässigkeit) operiert.

Die **Reliabilität** wird auch als Zuverlässigkeit, Genauigkeit und Güte der Messung bezeichnet. Die Reliabilität eines Verfahrens ist maximal, wenn bei wiederholten Messungen gleiche Meßwerte für gleiche Ausprägungen entstehen (Retest-Reliabilität oder Stabilität) und wenn zwei parallel vorgenommene Messungen gleiche Meßwerte ergeben (Paralleltest-Reliabilität oder Konsistenz). Als Maß für die Reliabilität wird die Stärke der Korrelation zwischen den verschiedenen Meßwerten beurteilt.

Die **Validität** bezieht sich auf die Frage, ob ein Verfahren das mißt, was es zu messen vorgibt. Sie beurteilt also inhaltliche Aspekte der Messung. Validität ist dann gegeben, wenn die gewonnenen Daten genau den Tatbestand widergeben, der gemessen werden soll. Mit anderen Worten: Das Meßergebnis stimmt mit der Meßabsicht überein.

6.3 Analyse der Daten

6.3.1 Ziele der Datenanalyse

Die in einer Untersuchung erhobenen Daten müssen abschließend den Zielen der Untersuchung entsprechend analysiert werden.

Ziele der Datenanalyse sind die Datenkomprimierung, die Analyse von Zusammenhängen, gegebenenfalls die Prognose zukünftiger Entwicklungen und die Überprüfung der Frage nach der Repräsentativität der Ergebnisse.

Deskriptive Verfahren erfassen bestimmte Gegebenheiten, liefern aber keine Aussagen über irgendwelche Kausalitäten. Beispiel: Marktvolumen. **Analytische Verfahren** versuchen, Zusammenhänge (Interdependenzen) oder Abhängigkeiten (Dependenzen) zu ermitteln und zu erläutern.

Man unterteilt in univariate, bivariate und multivariate Verfahren der Datenanalyse.

6.3.2 Signifikanzanalyse

Die Signifikanz eines Ergebnisses sagt aus, mit welcher Wahrscheinlichkeit das Ergebnis der Stichprobe nicht zufällig von der Nullhypothese abweicht. Als "**Nullhypothese**" bezeichnet man eine Behauptung über die Grundgesamtheit; im allgemeinen das Gegenteil dessen, was man erwartet ("Männer zwischen 70 und 80 kaufen die gleichen Hosenmarken wie Männer unter 20 Jahren."). Weicht das Ergebnis der Untersuchung von der Nullhypothese ab, muß geprüft werden, ob diese Abweichung in den Zufallsbereich fällt oder begründet ist. Die Signifikanzanalyse macht keine Aussage über die Größe der Abweichung.

Beispiel: Mit einer Wahrscheinlichkeit von 99% ist die Nullhypothese, daß Gymnasiasten genauso häufig wie Realschüler Bücher kaufen, falsch.

6.3.3 Univariate Analysen

Die Berechnung univariater Maßzahlen ist Bestandteil jeder Datenanalyse. Berechnet werden Verteilungsmaße (von Häufigkeitsverteilungen), wie Mittelwert, Median, Varianz, Quantile oder Verhältniszahlen (Prozentwerte etc.), mit deren Hilfe zwei Maßzahlen miteinander verknüpft werden. Auch die Zeitreihe ist eine univariate Analyse.

6.3.4 Bivariate Analysen

Bivariate Verfahren untersuchen zwei Variablen. Beispiele sind die nichtlineare Regressionsanalyse, Korrelationsanalyse und eine zweidimensionale Häufigkeitsanalyse. Diese Verfahren verlieren jedoch zunehmend an Bedeutung, da sie zu einfach bzw. zu oberflächlich und ungenau sind. Die Kreuztabellierung ist nichts anderes als eine zweidimensionale Häufigkeitsanalyse, die für alle Skalentypen verwendbar ist.

6.3.5 Multivariate Verfahren der Datenanalyse

Multivariate Verfahren analysieren eine Vielzahl miteinander in Beziehung stehender Variablen. Man unterscheidet Verfahren zur Dependenzanalyse, die eine einseitige Abhängigkeit untersuchen (Beispiel: Der Preis eines Mobiltelefons hängt ab von...), von Verfahren zur Interdependenzanalyse, die eine gegenseitige Abhängigkeit der Faktoren untersuchen. Zu den Verfahren der Dependenzanalyse zählen z. B. die Multiple Regressionsanalyse, die Multiple Varianzanalyse und die Multiple Diskriminanzanalyse. Die Faktorenanalyse, die Clusteranalyse, die Multidimensionale Skalierung und das Conjoint Measurement sind Verfahren der Interdependenzanalyse.

Die **Regressionsanalyse** wird eingesetzt, um die Auswirkung mehrerer unabhängiger Variablen auf eine abhängige Variable festzustellen. Beispielsweise wird untersucht, ob die Absatzmenge eines Produktes abhängig ist vom Einkommen der Zielgruppe (x_1), seinem Preis (x_2) und dem Werbeaufwand (x_3). Als Ergebnis erhält man eine Gleichung der Form $y = a+bx_1+cx_2+dx_3$. Wie bei allen Verfahren besteht natürlich auch bei der Regressionsanalyse die Gefahr, daß Faktoren existieren, die auf den Absatz wirken, aber nicht in die Untersuchung mit einbezogen wurden, wie z. B. der Aufwand für die Verkaufsförderung oder die Qualitätskontrolle. Außerdem müssen gegenseitige Abhängigkeiten zwischen den einzelnen unabhängigen Variablen ausgeschlossen werden.

Die **Faktorenanalyse** wird eingesetzt zur Analyse von Abhängigkeiten zwischen einzelnen Variablen. Hierbei geht es um die Frage, ob sich verschiedene Eigenschaften eines Produktes, die Käufer für wichtig halten, auf wenige komplexe Faktoren reduzieren lassen. Als Ergebnis erhält man einige (wenige) Faktoren, welche die Variablen zusammenfassen und einen Wert, in welchem Maße die Faktoren die Produktbeurteilung erklären. Zur Erklärung ein fiktives Beispiel aus der Automobilbranche. Verschiedene Fahrzeuge sind unter anderem bezüglich Farbe und Form beurteilt worden. Die beiden Eigenschaften lassen sich zum Faktor "Optik" zusammenfassen. Somit wird eine große Anzahl verschiedener Beurteilungskategorien auf eine kleinere, überschaubare Anzahl Faktoren reduziert, womit andererseits natürlich immer ein Informationsverlust entsteht.

Bei einer Faktorenanalyse muß beachtet werden, daß die Oberbegriffe (wie "Optik") für die Faktoren vom Forscher "nach Gefühl" vergeben werden. Weiterhin wird bei einer Faktorenanalyse vor Beginn der Berechnung festgelegt, wieviele Faktoren entstehen sollen. Hätte man angegeben, daß vier Faktoren errechnet werden sollen, wären vielleicht die Kofferraumgröße und die Anzahl der Sitzplätze zu einem Faktor "Größe" zusammengefaßt worden und PS-Zahl und Form zum Faktor "Sportlichkeit". Eine Faktorenanalyse ist ein wichtiges Hilfsmittel zur Komplexitätsreduzierung, muß aber in der jeweiligen Ausführung immer kritisch hinterfragt werden

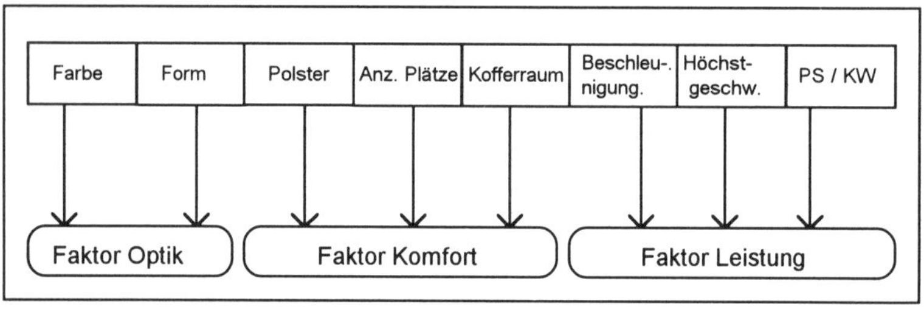

Abb. B.12: Beispiel einer Faktorenanlyse

Neben der Faktorenanalyse ist die **Clusteranalyse** ein ebenfalls weit verbreitetes Verfahren, das auch mit metrisch skalierten Variablen arbeitet. Ziel einer Clusteranalyse ist es, verschiedene Elemente zu Clustern mit ähnlichen Eigenschaften zusammenzufassen. Im Marketing werden Clusteranalysen sehr häufig eingesetzt, um die möglichen Kunden in verschiedene Kategorien zu unterteilen. Gerade im Bereich der Zielgruppendefinition kann dieses Mittel sehr hilfreich sein. Hier werden die verschiedenen Kunden zu Gruppen mit ähnlichen Bedürfnissen und ähnlichem Kaufverhalten zusammengefaßt. Der "Yuppie" ist ein Beispiel eines solchen Clusters, das nicht auf wissenschaftlichem Weg entstanden ist. Ein Einsatzgebiet von Clusteranalysen ist die Erstellung von **Typologien**. Eine Typologie ist eine Unterteilung der Gesamtgesellschaft in verschiedene Teile, die als "Typen" bezeichnet werden und sich in bestimmten Verhaltensweisen ähnlich sind. Beispiele für Typologien sind die Ergebnisse der Studie "Dialoge 2" des Stern oder die "Euro-Styles". Die Euro-Styles sind der Versuch, die Menschen in Europa in 16 verschiedene Lebensstil-Typen zu unterteilen, wobei unterstellt wird, daß in Europa verschiedene Lebensmuster exisitieren, die sich stärker voneinander unterscheiden, als nationale Eigenheiten. Ein Typ der Euro-Styles ist beispielsweise der Pioneer (o.V. 1991d, S. 5ff.):

Pioneer:
Männer und Frauen zwischen 25 und 45, verheiratet, Kinder im Vor- und Grundschulalter. Höheres Bildungsniveau, höheres Einkommen, gute berufliche Position. Er ist politisch aktiv, kooperativ und liberal eingestellt. Er lebt gesundheitsbewußt und verbraucht sein Geld gerne für Freizeitvergnügen mit Niveau. Er bevorzugt luxuriösere Geschäfte mit großer Auswahl und nutzt alle Medien stark, vor allem auch Berichte über Kultur und Wissenschaft.

Für das Marketing läßt sich eine solche Typologie insofern nutzen, als man den Typ, der die Zielgruppe verkörpert, jederzeit plastisch vor Augen haben kann. Außerdem lassen sich auch Analysen erstellen. So ist beispielsweise bekannt, daß der Typ "Pioneer" mit 40 Litern pro Jahr den höchsten Verbrauch an Fruchtsaft hat. Wenn ein Fruchtsafthersteller anhand einer Untersuchung feststellt, daß der Typ "Pioneer" bei ihm nur einen kleinen Anteil der Abnehmer ausmacht, so kann er der Typologie Hinweise entnehmen, wie er auftreten muß, um diesen Typ verstärkt als Kunde zu gewinnen - sofern er sich nicht dafür entscheidet, bewußt andere Zielgruppen anzugehen. Das Prinzip der Clusteranalyse sei in Abbildung B.13 noch einmal kurz an einem Beispiel zusammengefaßt.

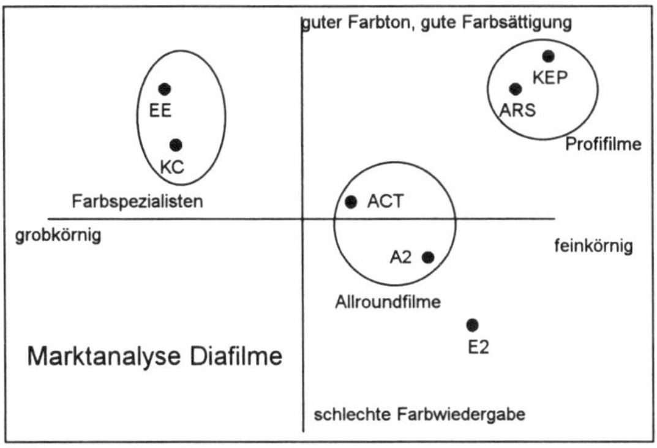

Abb. B.13: Beispiel einer Clusteranalyse für Farbdiafilme

Das **Conjoint-Measurement** ist ein relativ aktuelles Instrument, das z. B. bei der Preisentscheidung oder im Rahmen der Verpackungsforschung eingesetzt wird. Dieses Verfahren, das aus der mathematisch orientierten Psychologie stammt, mißt den Einfluß von mindestens zwei unabhängigen Variablen auf die *Rangordnung* einer abhängigen Variablen. Hierbei werden geringe Anforderungen an das zur Verfügung stehende Datenmaterial gestellt. Der Ansatz besteht in der Unterstellung, daß sich Präferenzen von wahrgenommenen Gesamtprodukten in für die einzelnen Merkmale geltende Teilwerte zerlegen lassen. Der Gedanke des Conjoint Measurement läßt sich am besten anhand eines fiktiven Beispiels verdeutlichen:

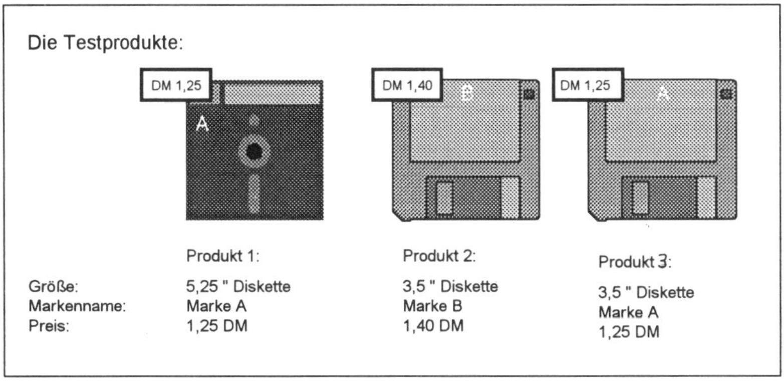

Abb. B.14: Ausgangsmaterial einer fiktiven Anwendung des Conjoint Measurement

Ein Unternehmen plant, eine Diskette auf den Markt zu bringen. Zur Diskussion stehen zwei Markennamen (A und B), zwei Preise und zwei Größen. Insgesamt gibt es also 2x2x2=8 mögliche Produktvarianten. Den Testpersonen werden aber nur drei verschiedene Produkte vorgelegt (siehe Abb. B.14). Aus den Ergebnissen des Tests werden nun Teilnutzenwerte für jede einzelne Eigenschaft errechnet und daraus dann das optimale Produkt erstellt. Die Besonderheit des Verfahrens liegt darin, daß auch Kombinationen, die den Testpersonen nicht vorgelegt wurden, beurteilt werden können. Es wäre also möglich, daß als Ergebnis der Untersuchung das optimale Produkt eine 5,25" Diskette der Marke B zu DM 1,40 wäre.

Weitere wichtige Analyseverfahren, wie z. B. die Multidimensionale Skalierung oder die Multivarianzanalyse, sollen an dieser Stelle nicht näher besprochen werden. Es sei hier auf die einschlägige Literatur verwiesen.

7. Marktprognosen

7.1 Einführung

Alle bisher dargestellten Marktforschungen waren vergangenheitsorientiert. Häufig bestehen aber Zweifel, ob Ursachen und Verhalten der Vergangenheit auch in der Zukunft Bestand haben werden. Hierzu werden Marktprognosen erstellt.

Eine **Marktprognose** ist der Versuch der bewußten und systematischen Vorausschätzung zukünftiger Marktgegebenheiten.

7.2 Formal-mathematische Prognosemethoden

7.2.1 Trendextrapolation: Prognose durch Fortscheibung bisheriger Verläufe

Die Trendextrapolation ist die einfachste und eine sehr häufig unbewußt verwendete Methode, aber aus logischer Sicht zumeist angreifbar. Man geht von der Entwicklung in der Vergangenheit aus und schreibt diese auf die Zukunft fort.

Beispiel:

Umsatzentwicklung vor zwei Jahren:	+ 5 %
Umsatzentwicklung letztes Jahr:	+ 7,5%
Umsatzentwicklung dieses Jahr:	+ 10%
=> Prognose : Umsatzentw. in zwei Jahren:	+ 15%

Wenn diese Methode bei Umsatz oder Marktanteilsschätzungen gelegentlich tatsächlich richtige Ergebnisse liefert, dann, weil die Faktoren, die die Entwicklung der prognostizierten Größe beeinflussen, unverändert geblieben sind.

Die Trendextrapolation fragt weder nach Ursachen oder Einflußfaktoren, noch beachtet sie deren Entwicklung. Gerade in dynamischen Märkten ist diese Methode daher strikt abzulehnen, in statischen Märkten darf sie wegen ihrer Einfachheit als Basis anderer, differenzierterer Überlegungen dienen.

Im obigen Beispiel wurde der einfache lineare Trend fortgeschrieben, was nichts anderes ist als eine lineare Regression. Der einfache lineare Trend wird berechnet nach der Funktion y = a + b*x. (Im Beispiel: a=2,5, der y-Achsenabschnitt; b=2,5; x= Anzahl der Jahre. Für einen Zeitpunkt in zwei Jahren gilt: 2,5 +5*2,5 = 15).

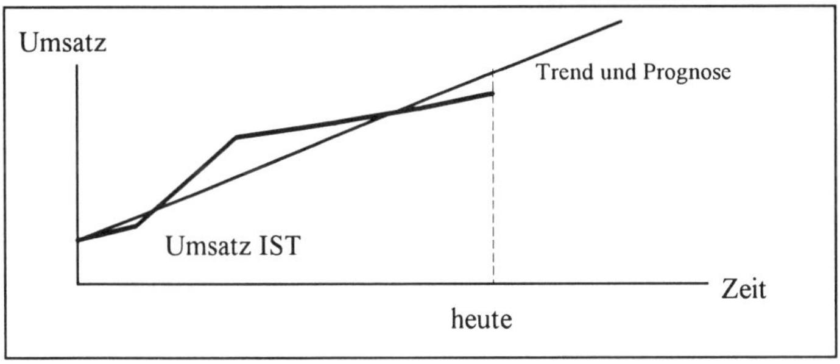

Abb. B.15: Trendextrapolation

7.2.2 Prognose durch wichtige nichtlineare Kurvenverläufe

Vor allem bei Neuprodukten und in Wachstumsmärkten sind Entwicklungen häufig nur mit Hilfe von logistischen, parabolischen, logarithmischen oder exponentiellen Funktionsverläufen zu beschreiben.

Bei logistischen Trendfunktionen handelt es sich um Kurven mit S-förmigem Verlauf. Diese Funktion ist beispielsweise für die Absatzprognose eines neuen Produktes geeignet. Der Absatz wird zuerst schwach, dann stärker steigen. Später wird sich der Anstieg wieder verlangsamen, bis der Absatz an der Sättigungsgrenze konstant bleibt. Während logistische Funktionen zu beiden Seiten des Wendepunktes symmetrisch verlaufen, finden sich in der Praxis eher asymmetrische Verläufe. Die sog. "Gompertz-Kurve" zeichnet sich beispielsweise durch einen steilen Anstieg und tiefen Wendepunkt aus. Dieser Kurventyp kommt der Entwicklung im Markt oft näher.

Parabolische Trends werden nur bei relativ kurzen Zeiträumen verwendet.

Beim exponentiellen Trend (nicht zu verwechseln mit einer exponentiell geglätteten Zeitreihe!) wird statt von konstantem Zuwachs von konstantem relativen Zuwachs ausgegangen (y = a*bt).

7.2.3 Exponentielle Glättung

Die exponentielle Glättung ähnelt der Trendextrapolation mit dem Unterschied, daß Werte der näheren Vergangenheit stärker und ältere Werte weniger stark gewichtet werden. Hierdurch wird Veränderungen im Marktgeschehen Rechnung getragen.

Die grundsätzlichen Einwände gegen die Trendextrapolation bleiben jedoch bestehen. Zusätzlich stellt der Glättungsparameter α einen Einflußfaktor dar. Je größer α ist, desto stärker werden die neueren Werte gewichtet.

7.2.4 Regressionsanalyse

Die Regressionsanalyse erklärt die Werte einer abhängigen Variablen durch eine oder mehrere unabhängige Variablen. Beispielsweise kann der Umsatz eines Produktes abhängen von der Anzahl potentieller Benutzer, der Anzahl der Geschäfte, die das Produkt führen, und der Werbeintensität.

Wenn alle drei Größen bekannt sind, läßt sich mittels der multiplen Regressionsanalyse und den Relationen aus der Vergangenheit eine recht genaue Umsatzprognose erstellen.

Zur Regressionsanalyse ist es nötig, daß der Marktforscher alle wesentlichen Einflußfaktoren kennt, die Größe des Einflusses quantifizieren kann, und daß die Werte der Einflußfaktoren bekannt sind. Gegebenenfalls können Einflußfaktoren und deren Intensität mit Hilfe multivariater Analysemethoden erarbeitet werden. Es ist offensichtlich, daß die Schwachstelle der Methode in den obigen drei Voraussetzungen liegt. Dennoch ist diese Methode die einzige, die sinnvolle Resultate liefert.

In vielen Fällen sind die Regressionsbeziehungen auch recht einfach zu erarbeiten. Beispiel: Der Bedarf an Schultüten hängt stark mit den Geburtenzahlen 6 Jahre zuvor zusammen.

7.3 Projektion

Projektionen betreffen die Vorhersage komplexer Phänomene über einen langen Zeitraum. Typische Methoden sind - einmal mehr - die Trendextrapolation, die Szenario-Technik und die auf Experten-Meinung beruhende Delphi-Methode.

Langfristprojektionen haben naturgemäß eine sehr große Unsicherheit und sollten daher in erster Linie als "Gedankenbasis" betrachtet werden. Manche Szenarien haben sogar den Sinn, durch ihre Aussagen aufzuschrecken und ihr Eintreffen dadurch zu verhindern. Ein weiteres Ziel von Langfristprognosen und -projektionen ist es, abgestufte Reaktionsweisen auf mögliche zukünftige Entwicklungen zu entwerfen. In diesem Zusammenhang ist es besonders wichtig, sog. "schwache Signale" als Frühwarnsysteme bezüglich der zukünftigen Entwicklung zu erkennen. Szenarien sind interdisziplinäre, umfassende Aufzeichnungen einer möglichen zukünftigen Allgemeinsituation in mindestens 10 Jahren. Neben computergestützten Simulationen werden auch hier Delphi-Befragungen eingesetzt. Szenarien beziehen sich immer auf allgemeinere Komplexe wie die weltweite volkswirtschaftliche Entwicklung, Technologie oder Umwelt-Fragen.

C. Konsumverhalten

1. Überblick

Bis heute existiert keine umfassende und geschlossene, allgemein anerkannte Theorie des Konsumentenverhaltens. Zwar wurden zahlreiche Versuche unternommen, Modelle zu konstruieren, doch ist es bislang weder gelungen, damit zuverlässig Konsumentenentscheidungen zu prognostizieren, noch sie empirisch zu bestätigen.

Erkenntnisse zum Konsumverhalten greifen auf verschiedene Wissenschaftsgebiete zurück. Heute kann man von einem interdisziplinären Forschungsgebiet sprechen, an dem Wirtschaftswissenschaften, Psychologie und Soziologie beteiligt sind. Neue Problembereiche, wie etwa die Verschuldung von Privatpersonen und die Umweltverschmutzung, führen zunehmend zur Einbindung der Rechtswissenschaft.

Bevor etwa zum Beginn dieses Jahrhunderts die Werbung mit ihren psychologischen Effekten zum Untersuchungsgegenstand der Psychologie und der aufkommenden Konsumforschung wurde, beschränkten sich die Erkenntnisse über den Konsum auf den Bereich der **mikroökonomischen Haushaltstheorie**. Dabei wurde die Nachfrage zunächst einzig in Abhängigkeit vom Preis betrachtet. Je höher der Preis, desto geringer die Nachfrage und umgekehrt. Die Grenzen dieses stetigen Zusammenhangs wurden durch die Sättigungsmenge (maximale Nachfragemenge beim Preis von 0) und den Prohibitivpreis (der Preis, bei dem die Nachfrage = 0 ist) bestimmt. Das Konsumniveau wurde zusätzlich vom verfügbaren Einkommen abhängig gemacht: Je höher das Einkommen, desto größer die Nachfragemenge nach den jeweiligen Gütern. Darüber hinaus wurden einzelne Fälle eingeführt, in denen die Nachfragerreaktion von diesem Muster abweicht. Dies ist z.B. der Fall bei inferioren Gütern. Es handelt sich dabei um geringerwertige Güter, die bei einem Einkommenszuwachs durch andere, höherwertige ersetzt werden (lange Zeit war ein Beispiel etwa das Umsteigen von der Bahn auf das Auto). Die Nachfrage sinkt dann mit steigendem Einkommen. Das Giffensche Paradox beschreibt den Fall, daß ein Gut trotz steigenden Preises stärker nachgefragt wird. Ein Beispiel hierfür können Grundnahrungsmittel wie Brot oder Kartoffeln sein. Es kann nämlich davon ausgegangen werden, daß gleichzeitig die Preise für andere Lebensmittel auch steigen, so daß die Nachfrager tendenziell zu den (relativ) billigeren Lebensmitteln wechseln.

Auf der Grundlage von Verhaltensannahmen wurden verschiedene Effekte in die mikroökonomische Theorie eingeführt. Der **Mitläufer-Effekt** beschreibt die Auswirkung des Konsumverhaltens anderer, z.B. der Nachbarn oder Kollegen. Wird beobachtet, daß Menschen in der näheren Umgebung bestimmte Güter kaufen, wird dieses Verhalten häufig nachgeahmt, um durch die Kaufentscheidung die Zugehörigkeit zur Gruppe zu erhalten. Die gegenläufige Tendenz beschreibt der **Snob-Effekt**. Danach sinkt die Nachfrage nach einem Gut, wenn auch andere dieses kaufen. Die Exklusivität der Entscheidung geht verloren. Der **Prestige-** oder **Veblen-Effekt** schließlich zielt auf die Wahrnehmung des Wertes eines Gutes durch andere ab. Je wertvoller andere ein Gut einschätzen, desto höher ist die Nachfrage. Ziel des Kaufs ist es hier, Status und Prestige zu symbolisieren.

Ebenfalls dem Bereich der Ökonomie zuzurechnen sind empirische Erkenntnisse aus der allgemeinen **Statistik** bzw. der **Haushaltsökonomie**. Das Statistische Bundesamt erfaßt in seiner Haushaltsstichprobe Daten über die Verwendung des Haushaltsbudgets für einzelne Warengruppen. Es werden dabei jedoch nur drei Haushaltstypen unterschieden:

- 2-Personen-Haushalte von Renten- und Sozialhilfeempfängern (Einkommen 1990: zwischen 1500 und 2100 DM monatlich)
- 4-Personen-Haushalte von Angestellten und Arbeitern mit mittlerem Einkommen (1990 monatlich zwischen 3200 und 4700 DM brutto des allein verdienenden Ehepartners) und
- 4-Personen-Haushalte von Beamten und Angestellten mit höherem Einkommen (1990 monatlich zwischen 5500 und 7500 DM brutto des Hauptverdieners).

Die grobe Einteilung der Warengruppen läßt nur das Verfolgen globaler Tendenzen bei der Budgetaufteilung zu. So werden z.B. Warengruppen wie Nahrungsmittel, Bekleidung, Wohnung/Energie, Möbel/Haushaltsgeräte, Gesundheits- und Körperpflege unterschieden. Im Rahmen der Haushaltsökonomieforschung werden genauere Einteilungen vorgenommen. Jedoch wird auch hier nur Besitz/Nicht-Besitz unterschieden, also keine Unterscheidung einzelner Marken vorgenommen.

Insbesondere für Marketing-Anwendungen werden umfangreich **psychologische** Erkenntnisse über Kaufentscheidungen genutzt. Deren Berücksichtigung ging mit der Forschung im Bereich der allgemeinen Psychologie einher. Während lange Zeit der Schwerpunkt auf dem Forschungsprogramm des **Behaviorismus** lag (der Mensch wird als eine Art Black Box betrachtet; es wird nur erforscht, welche Reaktion auf welchen Auslöser folgt), werden besonders seit den siebziger Jahren verstärkt Erkenntnisse der **kognitiven Psychologie** verwendet. Hier werden vor allem die Informationsverarbeitungsprozesse beim Menschen untersucht. Es ist nicht mehr allein interessant, *welche* Reaktion erfolgt, sondern auch, *wie* es dazu kommt. Die behavioristische Forschung hat zahlreiche Lerntheorien hervorgebracht (z.B. Konditionierung), die kognitive Psychologie Theorien der Entscheidungsbildung.

Ein dritter Wissenschaftsbereich, der Informationen über Konsumverhalten liefert, ist die **Sozialwissenschaft**. Hier können zum einen Gruppeneinflüsse (Einfluß von Bezugsgruppen oder Meinungsführern, Familie usw.), zum anderen die gesellschaftlichen Verhältnisse unterschieden werden. Gesellschaftliche Veränderungen wurden verstärkt in den achtziger Jahren in die Überlegungen einbezogen. Unter dem Einfluß erheblich gestiegenen Wohlstands sowie politischer Veränderungen, einer stärker für Umweltfragen sensibilisierten Öffentlichkeit usw. wurden Konsumentscheidungen auch zunehmend als gesellschaftlicher Faktor identifiziert. Steigender Konsum wurde begleitet von steigendem Bewußtsein über dessen Folgen (Stichworte sind Konsumgesellschaft, Konsumdenken, Wegwerfgesellschaft). Schließlich wurde der Konsum auch zu einem bedeutenden Thema der Postmoderne-Diskussion.

Insgesamt sind folgende Faktoren zu analysieren:

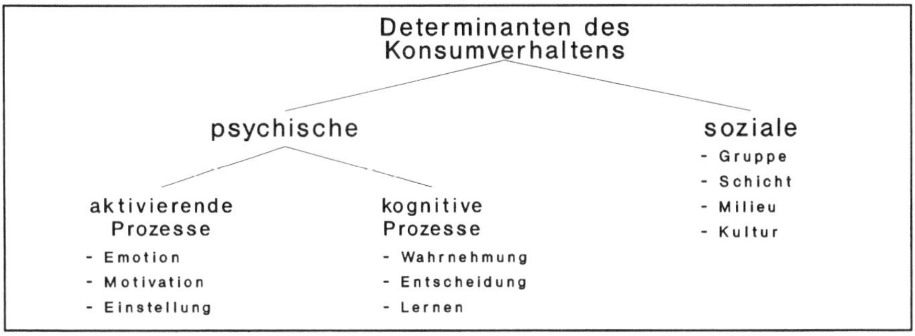

2. Psychische Determinanten

Psychische Determinanten (Bestimmungsfaktoren) sind solche, die bei jedem einzelnen Menschen in mehr oder weniger veränderter Form wirken, unabhängig von einer bestimmten Situation oder Umgebung. Sie können unterschieden werden in

- **aktivierende Prozesse**, die eine Verarbeitung von Informationen und Reizen erst anregen, und
- **kognitive Prozesse**, die diese Verarbeitung vornehmen und eine Entscheidung herbeiführen.

In einer konkreten Situation wirken alle Prozesse zusammen, es sei denn, es findet keine Aktivierung statt. Dann werden erst gar keine kognitiven Prozesse ausgelöst. Marketing-Entscheidungen müssen daher sowohl die Aktivierung als auch die kognitive Verarbeitung beim Konsumenten berücksichtigen.

2.1 Aktivierende Prozesse

2.1.1 Grundlagen der Aktivierung

Aktivierung ist Voraussetzung für Aufmerksamkeit. Diese ist wiederum Voraussetzung für eine Reizaufnahme. Aktivierungen lösen Orientierungsreaktionen aus: Der Rezipient (Reizempfänger, also hier Konsument, Leser einer Zeitschrift usw.) nimmt einen Reiz wahr und wendet sich ihm zu, um z.B. seine Neugier zu befriedigen, zu überprüfen, ob eine Gefahr droht usw.

Der Zusammenhang zwischen der Stärke des Reizes und der Reaktion wird durch die sog. **Umgekehrte U-Hypothese** beschrieben: Bei einem schwachen Reiz ist die Reaktion auch schwach, dann steigt sie mit zunehmendem Reizniveau bis zu einem gewissen Punkt und geht dann trotz steigenden Reizniveaus wieder zurück. Es kommt also irgendwann zu einer Reizübersättigung, die keine Steigerung der Reaktion mehr bewirkt, sogar im Gegenteil zu einer Schwächung führt. Das stärkste

Reizniveau ist als Panik vorstellbar. Es ist dann nicht mehr möglich, bewußt zu reagieren, sondern es tritt eine Lähmung ein, weil der Rezipient überfordert ist.

Der Aktivierung kommt also eine besondere Bedeutung bei, sie ist sozusagen der Einstieg in die Informationsaufnahme und -verarbeitung. Es existieren verschiedene Verfahren, die Aktivierung zu messen (Kroeber-Riel 1992, S. 60):

Auf der **physiologischen Ebene** (der Ebene der Körperfunktionen) wird z.B. eine Messung des Hautwiderstands durchgeführt. Grundlage dieses Verfahrens ist die Tatsache, daß es im Falle einer Erregung zu erhöhter Schweißbildung kommt, die den Hautwiderstand verändert. Der Hautwiderstand wird gemessen, indem an einem Finger zwei Elektroden angebracht werden. Während die Versuchsperson einem Reiz ausgesetzt wird (z.B. durch Darbietung einer Anzeige), wird über die Elektroden die Veränderung des Hautwiderstands gemessen. Ändert sich dieser nicht oder nur wenig, ist der Reiz nicht sehr aktivierungsstark. Kommt es zu einer starken Widerstandsänderung, hat er eine starke Aktivierung bewirkt. Damit ist die Wahrscheinlichkeit groß, daß die Anzeige auch tatsächlich verarbeitet wird. Bei diesem Verfahren kann allerdings nur die Stärke der Aktivierung, nicht deren Richtung ermittelt werden. Es ist also möglich, daß sie eine negative Qualität hat (Furcht, Ekel).

Ebenso auf der physiologischen Ebene arbeitet das Elektroenzephalogramm (EEG), mit dessen Hilfe Gehirnströme gemessen werden. Auch hiermit ist es jedoch nicht möglich, mehr als die Stärke einer Aktivierung zu messen.

Angaben über die Richtung der Aktivierung lassen sich auf der **subjektiven Erlebnisebene** ermitteln. Dazu müssen die inneren Erregungen verbal umgesetzt werden. Die Versuchsperson wird einem Reiz ausgesetzt und dann über ihre Wahrnehmung befragt. Dabei entsteht allerdings das Problem, daß zwischen Reiz und Reaktion kognitive Prozesse liegen, denn die Versuchsperson muß ihre Aktivierung in Worte fassen. Die Unmittelbarkeit, die auf der physiologischen Ebene noch vorhanden war, ist hier nicht mehr gegeben. Weiterhin besteht die Gefahr der Verfälschung der Antwort. Es kann sein, daß die Versuchsperson ihre Reaktion gar nicht zu erkennen geben will (etwa wenn ihr die Reaktion unangenehm ist).

Schließlich steht die **motorische Ebene** für Erhebungen zur Verfügung. Hier wird die Aktivierung in beobachtbare Verhaltensweisen umgesetzt. Dies geschieht vor allem durch Kopfbewegungen. Die Versuchsperson wird sich, wenn sie zwei Reizen gleichzeitig ausgesetzt ist, dem Reiz zuwenden, der die stärkste Aktivierungsleistung hat. Das Verfahren ist besonders interessant, wenn die Stärke verschiedener Reize miteinander verglichen werden soll. Absolute Aussagen sind nur eingeschränkt möglich. Die Zuwendung kann auch zu dem Reiz erfolgen, der am wenigsten aktivierungs*schwach* ist.

Vor allem in der Werbung werden regelmäßig aktivierungsstarke **(Schlüssel-) Reize** eingesetzt, um Aufmerksamkeit zu erzeugen. In emotionaler Hinsicht sind dies oft Schlüsselreize, die biologisch vorprogrammierte Reaktionen auslösen. Dazu gehören

in erster Linie
- Kindchenschema (hohe Stirn, Kopf relativ groß im Vergleich zum Körper)
- Augen
- erotische Reize.

In kognitiver Hinsicht werden Herausforderungen an die Wahrnehmung, Widersprüche, Überraschungen verwendet. Dazu gehören etwa
- optische Täuschungen
- Verfremdungen
- unnatürliche Größenverhältnisse bei Gegenständen oder
- Wortneuschöpfungen (z.B.: Coca Cola-Werbung für neue Kunststoffflasche: "unkaputtbar").

Aktivierung führt zunächst zu Informationsaufnahme. Starke Aktivierung führt zu höherer **Fixationshäufigkeit** (also einer größeren Zahl von Blickkontakten) mit dem auslösenden Reiz. Je länger der Rezipient sich mit dem Reiz befaßt, desto mehr Informationen können vermittelt werden. Eine Messung der Fixationen kann mit Hilfe eines Blickaufzeichnungsgeräts erfolgen. Dieses Gerät, das man sich als eine überdimensionierte Brille vorstellen kann, verfolgt die Pupillenbewegungen und zeigt z.B. bei einer Anzeige, welche Stellen des Bildes betrachtet wurden. Starke Aktivierung verbessert auch die Informationsspeicherung, d.h. konkret die Werbeerinnerung. Dieser Effekt wird regelmäßig genutzt, wenn ein Produkt in einer Anzeige zusammen mit einem aktivierungsstarken Reiz (z.B. attraktive Frau) gezeigt wird. Die starke Aktivierung durch die Frau soll eine starke Erinnerung an das dargestellte Produkt bewirken. Dies geschieht jedoch nur dann, wenn es gelingt, die Aufmerksamkeit während der Betrachtung auf das Produkt zu lenken. Besteht kein Zusammenhang zwischen beiden Elementen, wird tendenziell die Frau erinnert, nicht aber das umworbene Produkt.

Die folgende Abbildung zeigt den Blickverlauf bei einer Zeitschriftenanzeige:

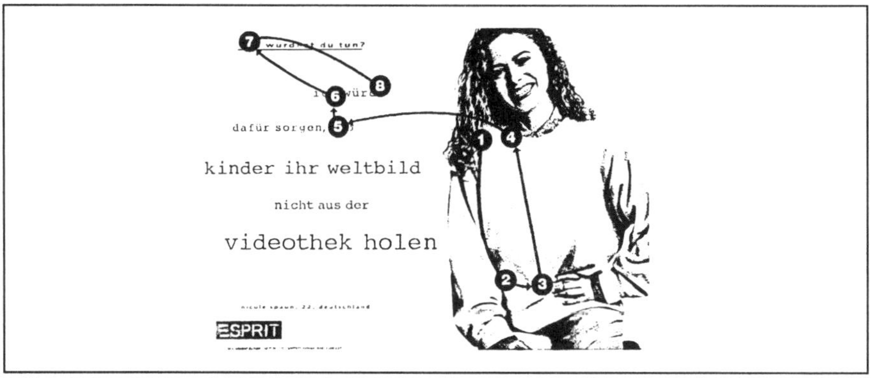

Abb. C.1: Blickverlauf am Beispiel einer Anzeige der Firma Esprit (Schnibben 1992)

Ob diese Anzeige zumindest bei dieser Testperson wirklich werbewirksam ist, muß bezweifelt werden, da der Firmenname nicht fixiert wurde.

2.1.2 Emotionen

Emotionen sind die "elementaren" psychischen Faktoren, am einfachsten als Gefühle zu bezeichnen (Kroeber-Riel 1992, S. 97). Es handelt sich um innere Erregungszustände, die unterschiedliche Qualitäten haben können. Beispiele sind Erotik, Wohlbefinden, Glück, Furcht usw. Im Marketing werden konkrete produktorientierte Emotionen hervorgerufen, um "Erlebnisse" zu vermitteln. Diese Erlebnisse werden durch bestimmte Sinnesreizungen konkretisiert. Ein Erlebnis setzt sich zusammen aus einer bestimmten

- visuellen (Seh-),
- akustischen (Hör-),
- haptischen (Gefühls-),
- olfaktorischen (Geruchs-) und
- gustatorischen (Geschmacks-) Wahrnehmung.

Diese Umsetzung kann an den beiden Beispielen "Hygiene" und "Gemütlichkeit" verdeutlicht werden:

Gestaltungselement	**"Hygiene"**	**"Gemütlichkeit"**
Farben:	gelb, grün, blau	Natur-, Erdfarben
Töne/Musik:	helle, klare Klangfarben	gedämpft, leise, langsam
Geschmack:	(Menthol)	-
Geruch:	Salmiak, Zitrus	Leder, Kaminfeuer
Oberfläche:	glatt, glänzend	weich, matt

In der Zigarettenwerbung beispielsweise ist deutlich erkennbar, wie Farben zur Visualisierung der Stärke der Zigarette eingesetzt werden. Je geringer der Nikotingehalt, desto kühler die Farbgebung ("frische" Farben, Pastellfarben, starke Farbkontraste). Je höher der Nikotingehalt, desto bestimmender sind Erdfarben (braun, beige) und desto geringer sind die Kontraste. Dadurch ist es auch relativ zuverlässig möglich, die umworbene Marke in bezug auf den Nikotingehalt einzuschätzen, ohne Kenntnis der tatsächlichen Werte zu haben. Gleiches gilt für die Packungsgestaltung.

Folgende Farben werden in der Zigarettenwerbung für drei Marken unterschiedlicher Stärke verwendet (Angaben in der Reihenfolge ihrer Fläche):

Marke:	**R 1**	**Lord Extra**	**Marlboro**
Anzeige:	"Ich rauche gern"	"Lord ist extra"	"Cowboy"
Nikotingehalt:	0,2 mg	0,6 mg	0,9 mg
Kondensat:	2 mg	8 mg	13 mg
Farben:	weiß	blau	braun
	Rottöne	rot	schwarz
	gelb	gelb	blau (z.T. auch hoher
		weiß	Rotanteil)

Die Vermittlung von Emotionen ist auch Grundlage für die Inszenierung des "Erlebniskonsums" in Einkaufspassagen, z.B.

- Kö-Galerie in Düsseldorf - "Luxus"
- Olivandenhof in Köln - "High Tech"
- Calwer Passage in Stuttgart - "Tradition".

Auch einzelne Geschäfte/Warenhäuser sind in der letzten Zeit immer mehr dazu übergegangen, die Ladengestaltung erlebnisorientiert vorzunehmen. Interessante Beispiele hierfür sind

- das renovierte Karstadt-Haus in Görlitz - "Jugendstil"
- der Disney-Store in Frankfurt - "Disney World"
- das Hugendubel-Buchkaufhaus in Frankfurt - "Postmoderne"
- das Jeansgeschäft Factory in Hildesheim - "Western-Look".

Aber auch im Bereich der Freizeiteinrichtungen setzen zunehmend mehr Betreiber auf Erlebnisse. Dies zeigt sich bei den großen Freizeitparks wie Disney World, Phantasialand u.a. ebenso wie Schwimmbädern (z.B. Rebstockbad in Frankfurt) und Mehrzweckgebäuden (z.B. Centre Pompidou in Paris, Haas-Haus in Wien).

2.1.3 Motivation

Motivation kann definiert werden als Emotion + kognitiver Zielorientierung (Kroeber-Riel 1992, S. 137). Motive sind auf bestimmte Ziele ausgerichtete Gefühle. Hunger ist ein Beispiel dafür. Es besteht ein Gefühl, das sich z.B. in Magenknurren äußert und auf eine bestimmte Tätigkeit zielt (Essen). Dieses Gefühl ist jedoch nicht auf ein konkretes Produkt zur Zielerreichung (z.B. ein bestimmtes Gericht) ausgerichtet.

Der Begriff Motiv wirft erhebliche Probleme der Ermittlung auf. Motive sind nicht beobachtbar und kaum einheitlich zu systematisieren. Es haben sich verschiedene Systematiken herausgebildet, die aufgrund der erheblichen Bedeutung der Motivation für das Konsumverhalten hier kurz dargestellt werden. Motive sind deshalb von besonderer Bedeutung, weil hier der Antrieb zu einer Kaufentscheidung entsteht, aber noch keine Entscheidung für ein bestimmtes Produkt gefallen ist. Auf der Motivationsebene setzt daher sozusagen der Wettbewerb der Produkte um die konkrete Kaufentscheidung ein.

Die grundlegende Klassifikation unterscheidet primäre und sekundäre Motive. **Primäre Motive** sind biologische, angeborene Motive oder anders gesagt: Triebe. Ihre Aufgabe ist die Aufrechterhaltung eines biologischen Gleichgewichts. Konkret handelt es sich um die homöostatischen Motive Hunger, Durst, Schlaf (durch innere Reize ausgelöst) und das nicht-homöostatische Motiv Sexualität (durch externe Reize ausgelöst). **Sekundäre Motive** sind soziale, aus den Grundtrieben abgeleitete Motive. Sie werden erlernt oder erworben und durch äußere Reize ausgelöst.

Vier **Motivtheorien** haben größere Bedeutung erlangt:

Hedonismus: Alles Verhalten ist auf die Erzielung eines größtmöglichen Lustgewinns ausgerichtet. Der "Hedonist" hat sich als Beschreibung für einen bestimmten Käufertyp im Rahmen von Typologien eingebürgert. Der Hedonismus kann sich sowohl auf Sexualität als auch auf ästhetische Erlebnisse aller Art beziehen (körperliche Attraktivität, Geschmackserlebnisse usw.).

Homöostase: Das Verhalten ist auf die Wiederherstellung des physiologischen Gleichgewichts ausgerichtet. Im Vordergrund stehen z.B. Ziele wie gesunde Ernährung, körperlicher Ausgleich zur Arbeitsbelastung usw. Die Gesundheitswelle im Konsumverhalten (wachsende Bedeutung kalorienarmer Produkte, Vollwerternährung, gesundes Sitzen u.ä.) basiert auf einer homöostatischen Motivation.

Kognitivismus: Grundlage des Kognitivismus ist das Motiv, Unsicherheit und Ungewißheit abzuwehren. Daraus leiten sich die Motive Leistung, Macht, Abhängigkeit, Pflege, Unterwerfung u.a. ab.

Existentialismus: Im Mittelpunkt der existentialistischen Motivtheorie steht die Bedürfnishierarchie von Maslow (1989, S. 62ff.). Danach lassen sich die menschlichen Bedürfnisse in fünf Ebenen gliedern, wobei Bedürfnisse einer höheren Ebene immer erst dann befriedigt werden, wenn die Bedürfnisse auf den darunter liegenden Ebenen befriedigt sind (Abb. C.2).

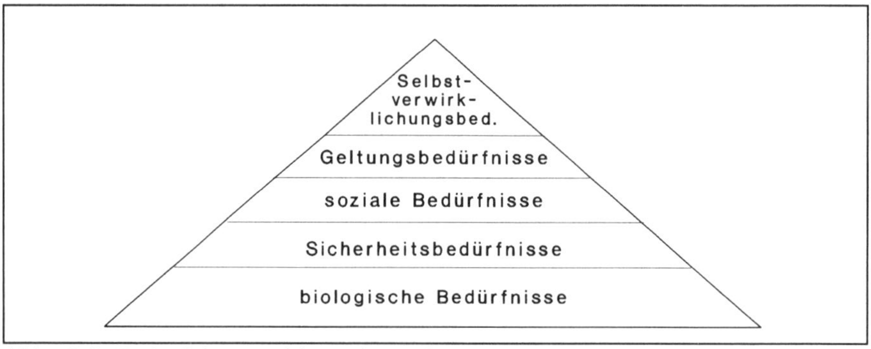

Abb. C.2: Bedürfnispyramide nach Maslow

Selbstverwirklichung beispielsweise wird demnach erst dann angestrebt, wenn alle biologischen, Sicherheits-, Zuneigungs- und Geltungsbedürfnisse befriedigt sind. Wohl nicht zuletzt wegen ihres prägnanten Aufbaus (die Hierarchie wird üblicherweise plastisch als Pyramide dargestellt) ist Maslows Theorie die am meisten zitierte. Es ist aber auch in erheblichem Maße Kritik geübt worden. So ist die unterstellte Linearität nicht haltbar, da z.B. Zuneigung auch in unsicheren Zeiten als Bedürfnis geäußert wird. Außerdem spiegelt die Hierarchie eine bestimmte kulturelle Grundeinstellung wider, die in anderen Kulturen nicht zu finden ist. Weiterhin hatte Maslow in der zugrundeliegenden Studie, die er unter Insassen einer psychiatrischen Klinik durchführte, angedeutet, daß es wohl auch die Kategorie der ästhetischen Bedürfnisse gibt, sie jedoch nicht in die Hierarchie integriert.

Der Zentralverband der deutschen Werbewirtschaft identifizierte in seinem Jahrbuch "Werbung in Deutschland 1993" (ZAW 1993, S. 22) für die Werbung der Nachkriegszeit in Deutschland folgende Themenschwerpunkte, die deutlich an die einzelnen Ebenen der Bedürfnispyramide erinnern:

" • In den fünfziger Jahren stand das Sicherheitsbedürfnis im Mittelpunkt (Schutz vor Kommunismus, Kündigungsschutz, Alters- und Krankenversorgung).
- In den sechziger Jahren ging es um soziale Bedürfnisse (Geselligkeit, Reisewelle).
- Im siebziger Jahrzehnt standen Status und Image im Mittelpunkt (Haushaltsausstattung, Auto, Luxus, Anerkennung in Beruf und Gesellschaft).
- In den achtziger Jahren ging es um den Sinn des Lebens (Selbstverwirklichung, individuelle Freiheit, Gesundheit, Religion, Sport und Freizeit).
- Im neunziger Jahrzehnt besteht der rote Faden, der sich durch die Gesellschaft zieht, aus der Verantwortung und Ethik gegenüber der Umwelt sowie aus dem moralischen Verhalten gegenüber der Mitwelt."

Neben der Qualität der Motive sind auch die **Beziehungen zwischen Motiven** untereinander von Bedeutung. Die Befriedigung eines Motivs kann die Befriedigung eines anderen Motivs ausschließen, so daß die Frage entsteht, welchem Motiv gefolgt werden soll. Beispiele sind der Konflikt zwischen dem Wunsch nach einem reichhaltigen, wohlschmeckenden Essen (hedonistisch) und der gesundheitsbewußten Ernährung (homöostatisch) oder zwischen dem Wunsch nach einem sparsamen und dem nach einem großen Fahrzeug. In diesem Fall liegt ein **Appetenz-Appetenz-Konflikt** vor, bei dem sich zwei gleichstarke Motive gegenüberstehen. Es ist auch möglich, daß die Befriedigung des einen Motivs die eines anderen ausschließt. Dies ist besonders dann der Fall, wenn das gewünschte Produkt zu teuer ist. In diesem Fall spricht man von einem **Appetenz-Aversions-Konflikt** (Kroeber-Riel 1992, S. 155).

Während diese Motive kaufauslösend wirken (können), handelt es sich bei der **kognitiven Dissonanz** um ein Phänomen, das **nach** einer in der Regel bedeutsamen Entscheidung auftritt (grundlegend: Festinger 1978). Die Kaufentscheidung wird nämlich nach dem Vollzug einer kritischen Betrachtung unterzogen; der Käufer fragt sich, ob er das richtige Produkt zum richtigen Preis gekauft hat. Die Dissonanz kann sowohl durch eigene Zweifel als auch durch zusätzliche Informationen, etwa Werbung für ein Konkurrenzprodukt oder Testergebnisse, ausgelöst werden. Für Unternehmen sind kognitive Dissonanzen deswegen von Bedeutung, weil sie u.U. zur Rückgängigmachung des Kaufs oder Reklamation führen können. Es ist daher sinnvoll, im Marketing dissonanzreduzierende Strategien zu berücksichtigen. Dazu kommen z.B. in Frage:

- Angebot des Umtauschrechts mit Geld-zurück-Garantie
- Service-Leistungen nach dem Kauf (Einweisung, Gebrauchsinformationen)
- besondere Kommunikationsmaßnahmen
- Update-Möglichkeiten zu geringen Kosten (z.B. bei Software).

Die denkbaren Motive bei einer Kaufentscheidung sollen anhand des Beispiels "Kauf eines Mountain-Bikes" verdeutlicht werden:

- hedonistisch: Steigerung der körperlichen Attraktivität durch körperliche Betätigung
- homöostatisch: Erhaltung und Stärkung der Gesundheit
- existentialistisch: Selbstverwirklichung durch Kontakt mit der Natur, unabhängig von Wegen
- kognitivistisch: Erlangung einer Meinungsführerposition durch Besitz eines neuen, ausgefallenen Produkts
- möglicher Konflikt: Ein Mountain-Bike ist auf Straßen in der Regel Renn- oder Tourenrädern unterlegen. Wer aber auch in der Stadt fahren will, legt entsprechend Wert auf die Möglichkeit des leichten, schnellen Fahrens. Beide Radtypen haben also ihre speziellen Vorteile. Der Käufer muß entscheiden, welches Motiv er stärker einschätzt (Appetenz-Appetenz-Konflikt). Für genau diese Konfliktsituation gibt es zwischenzeitlich ein spezielles Angebot: Trekking-Räder.
- mögliche Dissonanzen: Wurde der richtige Fahrrad-Typ gekauft? Wäre das Rad in einem anderen Geschäft billiger gewesen?

2.1.4 Einstellung

Einstellung ist im Gegensatz zur Motivation immer produkt- oder produktartenorientiert, d.h. auf einen Meinungsgegenstand bezogen. Zur Zielorientierung der Motivation kommt hier noch eine Gegenstandsbeurteilung hinzu (Kroeber-Riel 1992, S. 162). Soll im Rahmen der Marktforschung die Wahrnehmung einer Marke gemessen werden, um ihre Position auf dem Markt zu beurteilen, werden dazu die Einstellungen innerhalb der Zielgruppe betrachtet. Diese umfassen neben einem subjektiven Gefühl dieser Marke gegenüber auch Wissen über Produkteigenschaften und Leistungen sowie eine Verhaltensabsicht (Kaufbereitschaft).

Einstellungen sind somit relativ komplex. Ihnen liegen mehrere Beurteilungsdimensionen zugrunde. Bei der empirischen Ermittlung müssen diese möglichst vollständig berücksichtigt werden. Dazu kommt in der Regel ein **Semantisches Differential** zur Anwendung, mit dessen Hilfe Produktbeurteilungen auf mehreren Dimensionen erfragt werden. Diese Dimensionen werden durch gegensätzliche Eigenschaftspaare vorgegeben. Die Befragten geben dann je nach ihrer Einschätzung einen Wert auf der Rating-Skala (meist 1-5 oder 1-7) an. Mit diesem Verfahren können sowohl Einzelbewertungen vorgenommen (z.B. um Anhaltspunkte für die Werbegestaltung oder emotionale Positionierung zu erhalten) als auch reale Produkte mit einem Idealprodukt verglichen werden (z.B. um Anhaltspunkte für die Kaufwahrscheinlichkeit zu erhalten).

Für die Bewertung von Wein verwenden Rosenstiel/Ewald folgendes Differential (Abb. C.3).

Es kann angenommen werden, daß eine Entscheidung für den Kauf eines Produktes umso wahrscheinlicher ist, je näher es dem Idealprodukt kommt. Die Abweichung

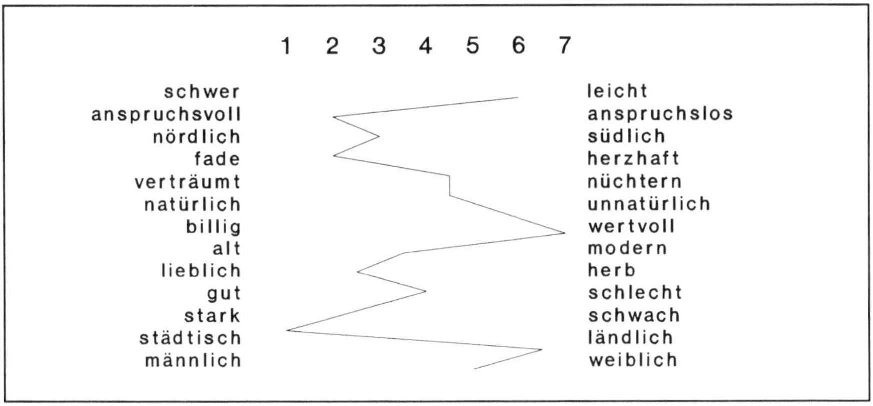

Abb. C.3: Semantisches Differential für Weinsorten (nach: Rosenstiel/Ewald 1979, S. 41)

vom Ideal kann mathematisch ermittelt werden, indem jeweils auf den einzelnen Dimensionen die Beträge der Abweichung der Urteilswerte von den Idealwerten errechnet und addiert werden. Haben die einzelnen Dimensionen unterschiedliche Bedeutung bei der Beurteilung, können entsprechend Gewichtungen vorgenommen werden.

Im Textilbereich z.B. könnte folgendes Einstellungsdifferential verwendet werden (Abb. C.4).

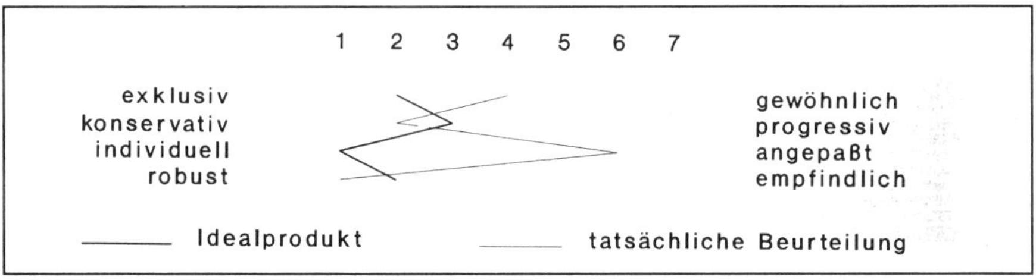

Abb. C.4: Beispiel für ein Semantisches Differential für Bekleidung

Bei diesem fiktiven Beispiel zeigt sich eine relative Nähe zum Idealprodukt auf den Dimensionen konservativ-progressiv und robust-empfindlich. Eine erhebliche Abweichung besteht aber in bezug auf die Individualität, auf die vom Befragten großen Wert gelegt wurde, während das Produkt tatsächlich sehr angepaßt erscheint. Hieraus ergeben sich Hinweise auf die Produktgestaltung (z.B. zusätzliche Produktvarianten schaffen) und Kommunikation (z.B. unterschiedliche Verwendungszusammenhänge zeigen). Die Gesamtabweichung (ohne Gewichtung) zum Idealprodukt beträgt hier 9 Punkte.

Die Vorstellungen der Konsumenten über Idealprodukte werden häufig zu Einstellungstypen zusammengefaßt. Die Konsumenten werden aufgrund ihrer Präferenzen einzelnen Typen zugeordnet. Jemand, der Wert auf Exklusivität und Luxus legt, wäre dem "Prestigetyp" zuzuordnen, wer auf Perfektion, High Tech usw. Wert legt, dem "Neuheiten-" oder "Techniktyp". Solche **Typologien** haben im Marketing eine gewisse Bedeutung erlangt, weil sie in der Lage sind, die Nachfragerseite zu strukturieren und Anhaltspunkte für Maßnahmen der Differenzierung (sowohl des Produktes als auch der Kommunikation) zu geben. Dabei hat sich jedoch auch immer mehr die Einsicht durchgesetzt, daß ein Konsument in Abhängigkeit von der Situation und vom Produkt unterschiedliche Einstellungen entwickelt. So ist beispielsweise auch das Bild vom "multioptionalen" oder "hybriden" Verbraucher entstanden, der seine Lebensmittel sowohl im billigen Supermarkt als auch im Delikatessengeschäft kauft, der mittags ins Schnellrestaurant und abends ins Feinschmeckerlokal geht.

Aufgrund der Einstellungen kann eine **Produktpositionierung** vorgenommen werden. Dabei handelt es sich um eine Darstellung von Produkten im zweidimensionalen Feld.

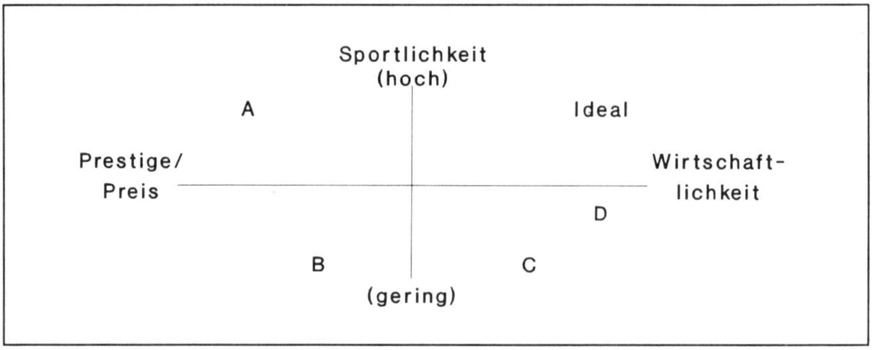

Abb. C.5: Beispiel einer Produktpositionierung für Automobile

In diesem Beispiel erfolgte eine Beschränkung bzw. Verdichtung auf zwei Dimensionen. Interpretation: Die Marke D ist dem Idealprodukt am nächsten, hat aber ein Defizit bezüglich der Sportlichkeit. A dagegen wird als vergleichbar sportlich wahrgenommen, ist aber wesentlich weniger wirtschaftlich. Bei der Konstruktion solcher Eigenschaftsräume ist zu beachten, daß die Idealausprägung nicht im Unendlichen liegt, wie es z.B. bei der Eigenschaft "Reparaturanfälligkeit" der Fall wäre. Da das Idealprodukt immer eine Reparaturanfälligkeit von Null hat, wäre weder eine grafische Differenzbestimmung möglich, noch überhaupt ein Informationsgehalt vorhanden.

Solche Positionierungsstudien finden Anwendung bei der Bestimmung von **Zielen und Strategien** für Produktpolitik und Kommunikation (in welche Richtung soll das Produkt bzw. die Werbeaussage entwickelt werden, um den Idealvorstellungen näher zu kommen?) sowie bei der **Marktsegmentierung** (Unterteilung des Marktes in relativ homogene Käufergruppen, die jeweils mit einem spezifischen Marketing-Mix angesprochen werden). In der Praxis werden sich verschiedene Idealprodukte finden lassen, je nach Unterteilung der Befragten in einzelne Gruppen. Ermittelt man beispielsweise für die Gruppe "18-25-jährige mit Berufsausbildung" und für die Gruppe "40-50-jährige mit Familie" getrennt die Idealprodukte, ergeben sich unterschiedliche Vorstellungen. Mathematisch könnte dann zwar ein durchschnittliches Idealprodukt bestimmt werden, dies wäre jedoch weder das Traumfahrzeug des 45-jährigen Familienvaters noch des 18-jährigen Fahranfängers. Insofern wäre es wenig sinnvoll, ein diesem Ideal ähnliches Produkt zu entwickeln, statt dessen wäre hier eine Marktsegmentierung durchzuführen.

Zusammenfassende Übersicht:

Emotion	**Motivation**	**Einstellung**
innere Erregung	innere Erregung + Zielorientierung	innere Erregung + Zielorientierung + Gegenstandsbeurteilung

2.2 Kognitive Prozesse

2.2.1 Dreispeichermodell als Grundlage

Die Vorstellungen von der Informationsverarbeitung im menschlichen Gehirn basieren auf einem Dreispeichermodell. Dieses unterscheidet in:

- **Ultrakurzzeit- oder sensorischer Speicher**: Hier wird nur eine ganz kurzzeitige Speicherung (Bruchteile von Sekunden) von Sinneseindrücken vorgenommen
- **Kurzzeitspeicher**: Hier erfolgt die Umwandlung von Sinneseindrücken in Informationen. Die Dauer der Speicherung beträgt einige Sekunden, die Speicherung erfolgt bioelektrisch.
- **Langzeitspeicher**: Hier erfolgt die langfristige Speicherung durch den Aufbau von biochemischen Substanzen.

2.2.2 Wahrnehmung

Wahrnehmung ist der Prozeß der Aufnahme, Selektion, Weiterleitung und Verarbeitung von Reizen aus der Umwelt durch einen oder mehrere Wahrnehmungsapparate. Die visuelle Wahrnehmung umfaßt 90% aller sensorischen Informationen. Voraussetzung für Wahrnehmung ist die Adäquatheit des Reizes. Für das Auge ist dies der Bereich der Wellenlänge von 400-760 nm, was nur einen kleinen Ausschnitt aus dem Spektrum elektromagnetischer Wellen darstellt. Das Ohr ist empfindlich für Wellen von 20-15.000 Hz (ausführlich: Behrens 1982).

Die Empfindung von Farben ist abhängig von der Wellenlänge: die optimale Empfindlichkeit des Auges zwischen 500 und 600 nm (grün-gelb). Die Intensität eines Reizes muß umso höher sein, je kürzer er dargeboten wird (bis 100 msec). Die Empfindlichkeit des Ohrs ist abhängig von der Tonhöhe: Zwischen 400 und 3000 Hz ist die Empfindlichkeit am größten. Das Hörvermögen für hohe Töne nimmt mit dem Alter ab (35 Jahre: bis 15000 Hz, 60 Jahre: bis 5000 Hz). Erklingen zwei Töne gleichzeitig, entsteht eine angenehmere (Konsonanz) oder unangenehmere (Dissonanz) Empfindung. Die vollkommenste Konsonanz ist die Oktave (Frequenzverhältnis 2:1).

Die visuelle Wahrnehmung wird nicht nur von isolierten Reizen beeinflußt, sondern auch von Wechselwirkungen zwischen Reizen. Damit beschäftigt sich die **Gestaltpsychologie** (z.B. Metzger 1975; Behrens 1982, S. 252ff.). Das grundlegende Organisationsprinzip der visuellen Wahrnehmung ist die Figur-Grund-Beziehung (praktisch könnte es sich dabei um eine Produktabbildung in einer Anzeige handeln, z.B. Auto vor Landschaft). Es entsteht dann jeweils folgende Vorstellung:

- die Figur wird als Gestalt gesehen, der Grund nicht
- der Grund liegt hinter der Figur
- die Figur besitzt Objektcharakter
- die Farbe der Figur erscheint substantieller und härter als die des Grundes
- die Figur ist dominanter, eindrucksvoller und wird besser behalten
- die Grenzlinie zwischen Figur und Grund gehört zur Figur.

Nach dem **Prägnanzgesetz** besteht bei der Wahrnehmung die Tendenz zur besten, einfachsten und stabilsten Organisation. Es wird also versucht, eine möglichst einfache Vorstellung wahrzunehmen und zu behalten. Dabei muß es sich nicht unbedingt um die Beabsichtigte handeln. Die bekannten optischen Täuschungen zeigen, daß eine Tendenz besteht, in einer Abbildung etwas bekanntes wiederzuerkennen, obwohl das Bild auch anders gedeutet werden kann.

Nach dem **Redundanzkonzept** ist die Wahrnehmung am besten, wenn die Anzahl der sich wiederholenden Elemente groß und die zur Erfassung der Figur nötige Information gering ist. Dies kann man sich anhand von Häuserfassaden vorstellen. Eine barocke Fassade mit ständig neuen Figuren und Verzierungen kann niemand nach einfacher Betrachtung vollständig wiedergeben, weil eine Vereinfachung der Informationsspeicherung nicht möglich ist. Bei einer modernen Bürohausfassade dagegen reicht es häufig aus, sich ein Fenster bzw. Gestaltungselement sowie die Häufigkeit seiner Wiederholung horizontal und vertikal einzuprägen. Die Speicherung der Informationen über jedes einzelne Element wäre redundant, weil es sich unverändert wiederholt.

Es können verschiedene Wahrnehmungsgesetze, die sog. **Gestaltgesetze,** unterschieden werden:

- Gesetz der Ähnlichkeit: Ähnliche oder gleiche Elemente werden als zusammengehörend wahrgenommen.
- Gesetz der Nähe: Gruppierungen von Elementen werden als zusammengehörend wahrgenommen.
- Gesetz der Geschlossenheit: Unvollständige Figuren werden als geschlossen wahrgenommen.
- Gesetz des gemeinsamen Schicksals: Elemente mit gemeinsamem Schicksal (die den gleichen Veränderungen unterliegen) werden als zusammengehörend

wahrgenommen.

- Gesetz der Kontinuität: Fortlaufend verbundene Elemente gleicher Form werden jeweils als Einheit wahrgenommen.

Die **Wahrnehmung** kann durch eine Reihe von Verfahren getestet werden, wobei die aktualgenetischen ein experimentelles Nachvollziehen des Wahrnehmungsverlaufs ermöglichen. Zu diesen Verfahren gehören das Tachistoskop und die Schnellgreifbühne. Das **Tachistoskop** ist ein Gerät, das die kurzzeitige Darbietung eines Reizes, konkret z.B. eines Anzeigenmotivs, ermöglicht. Die Vorrichtung kann man sich von der Technik her etwa so vorstellen, daß ein Diaprojektor und ein Blitzgerät gekoppelt werden. Das Dia wird dadurch kurzzeitig auf eine Leinwand projiziert. Die Lichtquelle ermöglicht die gezielte Variation der Belichtungszeit und kann bei kontinuierlicher Verlängerung den Wahrnehmungsverlauf beim Menschen nachvollziehen. Da die Wahrnehmungszeiten in der Realität sehr kurz sind (Plakatwerbung auf der Straße wird häufig nur in einem Augenwinkel wahrgenommen, Anzeigen in einer Zeitschrift in der Regel nur während des Umblätterns), können diese Situationen mit dem Tachistoskop gut simuliert werden. Die **Schnellgreifbühne** veranlaßt die Versuchsperson, bei einer kurzzeitigen Darbietung auf einer Bühne spontan nach einem Produkt zu greifen, das neben anderen gezeigt wird. Auch hier ist die spontane Wahrnehmung entscheidend, da eine schnelle Reaktion erfolgen muß. Eine Befragung nach den Gründen für die Wahl legt dann die spontanen Entscheidungskriterien offen. Dieses Verfahren läßt sich z.B. für den Test einer Verpackungsgestaltung einsetzen.

Im Zusammenhang mit der Wahrnehmung lassen sich einige besondere Effekte charakterisieren:

- Der **halo-Effekt** (halo = Heiligenschein, auch Markenartikeleffekt) beschreibt die Wirkung eines allgemeinen Eindrucks auf einen speziellen. Ist z.B. ein Markenname eingeführt und mit einer hohen Qualitätswahrnehmung verbunden, wird diese Einschätzung auf ein neues, unter der gleichen Marke eingeführtes Produkt übertragen. Dieser Effekt wird beispielsweise bei Erweiterungen des Produktprogramms unter gleichem Namen (Nivea, Milka usw.) genutzt.
- **Attributdominanz** liegt vor, wenn von einer Produkteigenschaft auf die Gesamtproduktqualität geschlossen wird. Ein einzelnes Kriterium erhält dann so große Bedeutung, daß es den Gesamteindruck bestimmt. Der Effekt wird oftmals genutzt, wenn ein Produkt bei einem Test besonders gut abgeschnitten hat. Auch aus der positiven Bewertung nur eines Kriteriums wird regelmäßig auf eine hohe Gesamtqualität des Produkts geschlossen.
- Von **Irradiation** wird gesprochen, wenn von einer Eigenschaft auf eine andere geschlossen wird. Dieser Effekt tritt häufig bei der Geschmacksbeurteilung von Lebensmitteln auf, wenn von der Farbgebung auf Geschmack geschlossen wird.

Für die Wahrnehmung von Werbeanzeigen lassen sich Faustregeln für die **gewohn-**

heitsmäßige Informationsaufnahme aufstellen (Kroeber-Riel 1992, S. 247ff.):

- Texte werden häufiger fixiert, wenn sie unter oder rechts neben dem Bild stehen
- oben wird mehr fixiert als unten
- oben links wird am meisten fixiert
- unten links wird am wenigsten fixiert
- Bilder einer Anzeige werden gewohnheitsmäßig als erstes fixiert
- durchschnittliche Betrachtungszeiten für Anzeigen:
  1/1 Seite: 1,5-3 sec.
  2/1 Seiten: 3-4 sec.
  bis 1/2 Seite: 0,6 sec.
- Reihenfolgeeffekt: Zuerst fixierte Anzeigenelemente werden besser behalten als später fixierte.

Eine Durchbrechung der Blickgewohnheiten ist durch Auslösung einer Orientierungsreaktion mittels starker Aktivierung möglich und führt zur Steigerung der Informationsaufnahme. Es besteht aber das Risiko, daß die Informationsaufnahme aufgrund der höheren Anforderungen an die Wahrnehmung abgebrochen wird.

2.2.3 Entscheidungsprozesse

Aufgrund der wahrgenommenen Informationen wird die Kauf- bzw. Nicht-Kauf-Entscheidung vorgenommen. Je nach Situation und Interesse lassen sich unterschiedliche Arten von Entscheidungsprozessen identifizieren (Weinberg 1981, S. 11ff., 49ff., 89ff., 119ff.).

Impulsverhalten ist ein unmittelbar reizgesteuertes Auswahlverhalten mit starker emotionaler Aufladung, bei dem keine gedankliche Steuerung durch den Konsumenten stattfindet. Kaufauslösend ist hier jeweils ein äußerer Anlaß, z.B. ein besonders günstiges Angebot, das man wegen der großen Preisersparnis mitnimmt, ohne daß konkreter Bedarf besteht, oder auch der Einfluß des Verkaufspersonals. Es ist aber durchaus möglich, daß Impulsverhalten bewußt stattfindet, nämlich beim geplanten Impulskauf. Dem liegt der Wunsch zugrunde, sich zum Kauf "verführen zu lassen".

Habitualisierte Kaufentscheidungen unterliegen einer geringen kognitiven Kontrolle. Es handelt sich um Wiederholungskäufe, bei denen kein vollständiger Entscheidungsprozeß in Gang gesetzt wird. Ziel dieses Entscheidungsverhaltens ist es vielmehr, den Aufwand zu minimieren und eine einmal erfolgreiche Entscheidung zu wiederholen. Dadurch entsteht Markentreue. Markentreues Verhalten ist besonders stark zu beobachten bei älteren Menschen und Konsumenten mit geringerem sozialen Status, bei hohem Kaufrisiko und hohem Prestigewert des Produkts.

Bei **vereinfachten bzw. limitierten Entscheidungen** ist die kognitive Kontrolle stärker als bei habitualisierten. Auch hier wird versucht, den Aufwand für die Kaufentscheidung zu beschränken. Dabei kann aber nicht wie beim Wiederholungskauf auf konkrete Kauferfahrungen zurückgegriffen werden, sondern es wird bewußt eine

Auswahl unter den zur Verfügung stehenden Informationen vorgenommen. Diese bewußt selektierten Informationen sind die Schlüsselinformationen. Grundsätzlich ist eine gewisse Kenntnis des Marktes und der angebotenen Produkte erforderlich.

Extensive Entscheidungen schließlich sind die umfassendsten. Es handelt sich um eine "High-Involvement-Situation", bei der bewußt Informationen und Entscheidungskriterien gesucht werden. Ziel ist es, alle Kriterien möglichst vollständig zu berücksichtigen. Produkt- und Marktkenntnisse sind in der Regel noch nicht vorhanden. Extensive Entscheidungen finden sich vor allem bei langfristigen Gebrauchsgütern, hohem Kaufengagement, geringen Präferenzen, hohem wahrgenommenem Risiko und Konsumenten aus einer gehobenen sozialen Schicht.

Sofern neue Informationen über Produkte und deren Eigenschaften für die Kaufentscheidung aufgenommen wurden, bedarf es einer Strategie zur Verarbeitung dieser Daten. Solche Prozesse laufen häufig unbewußt ab, bei bedeutenden Anschaffungen (z.B. Auto, Eigentumswohnung) werden aber mitunter auch individuelle **Bewertungsverfahren** entwickelt, um die Informationsmenge zu bewältigen. Stehen beispielsweise 10 Produkte mit jeweils 15 Eigenschaften (Attributen) zur Auswahl, sind schon 150 Informationen zu verarbeiten. Zunächst kann zwischen den Ansatzpunkten für den Vergleich (Produkte oder Produktmerkmale), dann nach der Entscheidungsregel unterschieden werden (Weinberg 1981, S. 66f.):

Brand Processing - alternativenweises Vorgehen

- Dominanzprinzip: Es wird die Alternative gewählt, die bei mindestens einem Attribut positiver bewertet wird als die anderen. Alle anderen Attribute müssen (mindestens) gleich bewertet werden.
- Konjunktive Regel: Auf jedem Attribut muß ein kritischer Wert erreicht werden.
- Disjunktive Regel: Auf mindestens einem Attribut muß der kritische Wert erreicht werden.

Attribute Processing - attributweises Vorgehen

- lexikographische Regel: Es wird die Alternative gewählt, die bei der wichtigsten Produkteigenschaft das Attribut am besten erfüllt.
- attributweise Elimination: Alle Alternativen, die einen kritischen Wert beim wichtigsten Attribut nicht erreichen, werden eliminiert.

Eine mögliche Entscheidungsstrategie beim Fahrzeugkauf könnte wie folgt verlaufen:

Attribute↓ Alternativen→	**A**	**B**	**C**	**Wunsch**
kw	50	60	70	max.
Airbag	nein	ja	ja	ja
Verbrauch in l	8,5	8	8	max. 8
Preis	25.000	30.000	28.000	min.

Der Konsument verlangt einen Airbag im Fahrzeug. Der Wagen darf nicht mehr als

8 l verbrauchen, sollte einen möglichst starken Motor haben und möglichst wenig kosten. Nach der konjunktiven Regel (und in diesem Fall auch der attributweisen Elimination) kann zunächst A eliminiert werden, weil es keinen Airbag hat und mehr als 8 l verbraucht. Nach der Dominanzregel fällt nun die Entscheidung für C, da es sowohl bei der Motorenstärke als auch beim Preis B überlegen ist.

Die Kenntnis dieser Entscheidungsregeln ist vor allem im Hinblick auf die kritischen Werte von erheblicher Bedeutung. So ist es z.B. für einen Automobilhersteller wenig sinnvoll, an einer Verbesserung der Motoren zu arbeiten, wenn die Konsumenten auf einem Airbag bestehen, der aber vielleicht aus konstruktiven Gründen nicht angeboten werden kann. Genausowenig sinnvoll wäre es, die Ausstattung der Fahrzeuge zu verbessern, wenn der vom Käufer maximal akzeptierte Preis darunter liegt.

Zusammenfassende **Übersicht über die Kaufentscheidungsprozesse**:

	Kognitive Kontrolle	**Planungs-grad**	**Zeit-bedarf**	**Innovations-grad**
impulsiv	——	——	——	+
habitualisiert	—	+	—	——
vereinfacht	+	+	+	—
extensiv	++	++	++	++

—— = nicht vorhanden ... ++ = stark ausgeprägt

2.2.4 Lernen

Unter Lernen versteht man Prozesse, die zur "latenten Verhaltensänderung durch Erfahrung führen" (Dorsch 1982, S. 381). Die Erkenntnisse über das Lernen setzen sich aus zahlreichen einzelnen Effekten zusammen. Daher können hier nur einzelne für das Marketing relevante Prinzipien (Wiswede 1985) mit Beispielen für ihre Anwendung bzw. ihr Auftreten im Bereich des Konsumverhaltens angeführt werden.

Prinzip der Verstärkung: Die Wahrscheinlichkeit eines Verhaltens erhöht sich, wenn es belohnt wurde (Effektgesetz). Dieser Effekt macht sich z.B. beim Entstehen von Markentreue bemerkbar. Ist ein Käufer mit einem Produkt zufrieden, wird er es bei Bedarf wieder kaufen, weil seine vorhergehende Kaufentscheidung mit einer guten Leistung des Produkts belohnt wurde. Vor dem Vollzug der Entscheidung findet Verstärkung im Rahmen eines Verkaufsgesprächs statt, wenn der Verkäufer dem Kunden z.B. bestätigt, daß ihm der neue Anzug "wirklich ganz hervorragend steht".

Extinktion: Wird ein Konsumverhalten jedoch weder belohnt noch bestraft, wird es vermutlich gelöscht. Dies kann vorkommen, wenn das Produkt nach dem Kauf nicht verwendet wird. Aufgabe des Marketing sollte es daher auch sein, die Verwendung des Produkts nach dem Kauf zu fördern.

Vermeidungslernen: Das Auftreten eines Strafreizes mindert die Auftretenswahrscheinlichkeit für ein Verhalten, z.B. die Wahrscheinlichkeit eines Wiederkaufs (Beseitigung eines aversiven Stimulus). Solche Strafreize können in schlechten Produkteigenschaften, sozialen Sanktionen und kognitiven Dissonanzen bestehen. Dagegen werden Handlungen wahrscheinlich, die das Auftreten dieses Strafreizes verhindern. Ein Beispiel sind gesundheitsfördernde Produkte. In der Werbung dafür werden häufig die Strafreize dargestellt, die durch den Kauf des beworbenen Produktes vermieden werden können (z.B. Krankheiten).

Klassische Konditionierung: Ein Reiz übernimmt die Verstärkerfunktion, wenn er über einen längeren Zeitraum gleichzeitig mit dem Verstärker dargeboten wird. Werden zwei Reize, einer mit positiver Wirkung (z.B. erotisch, fröhlich, erfolgreich, harmonisch), ein anderer mit neutraler Wirkung, regelmäßig parallel dargeboten, überträgt sich die positive Wirkung. In der Werbung wird von der Konditionierung regelmäßig Gebrauch gemacht, indem eine Verbindung von Produkt und angenehmem Reiz hergestellt wird. Werbung für Versicherungen etwa konditioniert durch die Darstellung glücklicher Situationen (junge Familie mit Baby, Einzug in die neue Wohnung, Genesung im Krankenhaus usw.). Werbung für dekorative Kosmetik, Parfums u.ä. konditioniert über die Darstellung erotischer Körper und Situationen.

Prinzip der Generalisierung: Konsumenten neigen dazu, bisherige Erfahrungen auf neue zu übertragen (Stimulus-Generalisierung). Dieses Prinzip taucht z.B. auch als halo-Effekt (s.o.) auf. Wer mit einem Produkt einer Marke zufrieden war, wird tendenziell auch ein anderes Produkt unter dem gleichen Markennamen präferieren. Wer einmal in einem Geschäft gut bedient wurde, wird den nächsten Einkauf wieder dort tätigen, sofern es möglich ist.

Prinzip der Diskriminierung: Bestimmte Konsequenzen treten nur in bestimmten Situationen ein (Situations-Diskriminierung). Es wird bewußt zwischen verschiedenen Situationen unterschieden, die z.B. eine Darstellung glaubhaft oder übertrieben erscheinen lassen. In der Werbung ist es daher notwendig, das Produkt in einer angemessenen, glaubhaften Situation darzustellen; Produkt und Situation müssen zueinander passen. Daraus ergibt sich auch die Basis der psychologischen Produktdifferenzierung ("Und für ... nur den besten von Jacobs.").

Prinzip der Habitualisierung: Verhaltensweisen werden beibehalten, auch wenn sie nicht mehr belohnt werden. Das Verhalten muß sich bewährt haben. Ein Wechsel zu einer anderen Entscheidung wird als risikobehaftet angesehen. Dieses Prinzip ist eine der Grundlagen für die Erklärung der Markentreue.

Beobachtungslernen: Menschen neigen dazu, andere Menschen nachzuahmen. Bedingungen dafür sind Aufmerksamkeit, Ähnlichkeit zu den wahrgenommenen Personen, belohntes Verhalten und die Erwartung ähnlicher Belohnungen. In der Werbung wird dieses Prinzip durch Darstellung erfolgreicher Personen, glücklicher Familien usw. angewandt. Es können aber auch reale Personen aus der jeweiligen

Bezugsgruppe nachgeahmt werden.

Vergleichslernen: Der Erfolg oder Mißerfolg einer Verhaltenskonsequenz ist abhängig von Anspruchsniveau, sozialem Vergleichsniveau (Erfolg von Bezugspersonen) und dem Vergleichsniveau für Alternativen. Ein Erfolg wird für eine Person z.B. dadurch relativiert, daß eine Vergleichsperson einen gleichartigen oder sogar höheren Erfolg hat. Die umgekehrte Wirkung entsteht im Falle eines Mißerfolgs. Ist der Mißerfolg bei anderen noch größer, kann sich die betreffende Person durchaus belohnt fühlen. Für die Produktpolitik ist es daher wichtig, die *relative* Leistung und Qualität zu berücksichtigen. Ein absolut funktions- und leistungsfähiges Produkt, das den Käufer an sich zufriedenstellt, führt nicht zu einer Verstärkung des Verhaltens, wenn andere Produkte noch leistungsfähiger sind. Ein Funktionsmangel führt im Gegenzug nicht zu einer Verweigerung des Wiederkaufs, wenn auch bei anderen Produkten Mängel auftreten.

Konsistenzlernen: Individuen versuchen, Dissonanzen mit ihrem kulturellen Umfeld von vornherein zu vermeiden (Prinzip der antizipierten Dissonanz). Es wird versucht, eine gewisse Harmonie mit der Umgebung zu erreichen, soziale Sanktionen zu vermeiden. Dies führt zu tendenziell angepaßtem Verhalten und Orientierung an Bezugsgruppen.

Verbal Learning: Während o.g. Prinzipien sich auf das Erlernen von Verhaltensweisen (z.B. Kaufverhalten) beziehen, beschäftigt sich das Verbal Learning mit dem sprachlichen Lernen. Folgende Prinzipien sind dabei für die Werbung bedeutsam (Behrens 1973, S. 111ff.):

- Begriffe mit hohem Assoziationswert werden besser behalten als solche mit niedrigem, Bsp.: NIJ schlechter als TEX
- Begriffe werden umso besser gelernt, je häufiger sie in der Umgangssprache vorkommen, Gegenbeispiel: Peter Stuyvesant
- Texte werden umso besser gelernt, je mehr Grammatik und Semantik des Textes mit dem Verständnis des Empfängers übereinstimmen
  Bsp.: ED MUMALA A ELLE besser als MUMALA ELLE A ED
- die ersten und letzten Wörter einer Wortreihe werden besser gelernt als die mittleren
- Assoziationsketten werden in der Reihenfolge reproduziert, in der sie gelernt werden
  Bsp.: Soll eine Verbindung zwischen einer Problemsituation und einem Produkt hergestellt werden, muß "Waschen --> Persil" gelernt werden, nicht umgekehrt

Schließlich ist die mögliche **Vertauschung von Produktbezeichnung und Markennamen** zu berücksichtigen. Dieser Effekt muß dabei nicht unbedingt negative Auswirkungen haben, weil der Markenname dadurch häufig verwendet wird. Ein solcher Markenname wird als Freizeichen bezeichnet. Ein Beispiel dafür ist der Markenname Tempo, der häufig synonym für Taschentuch verwendet wird. Genauso ist der Markenname Foen in der Umgangssprache zum Synonym für Haartrockner geworden, obwohl es sich um einen geschützten Markennamen von AEG handelt.

2.2.5 Zusammenwirken der Prozesse: Werbewirkungshierarchien

Wie die einzelnen Prozesse der Informationsaufnahme und -verarbeitung zusammenwirken, kann anhand der Hierarchien der Werbewirkung erklärt werden. Es handelt sich dabei um Vorstellungen, in welchen Schritten es vom ersten werblichen Kontakt zur Kaufentscheidung kommt. Während vor allem in den fünfziger und sechziger Jahren versucht wurde, eine allgemeingültige Abfolge aufzustellen (z.B. AIDA: Attention - Interest - Desire - Action), wurden später Alternativ-Typen entwickelt, die jeweils unter bestimmten definierten Bedingungen Gültigkeit haben (Ray 1982, S. 184ff.):

Lern-Hierarchie	**Dissonanz-Attributions-Hierarchie**	**Low-Involvement-Hierarchie**	**AIDA-Formel**
Aufmerksamkeit	Kauf	Aufmerksamkeit und Verständnis	Attention
↓	↓	↓	↓
Verständnis	Überzeugung	Kauf	Interest
↓	↓	↓	↓
Überzeugung	Aufmerksamkeit und Verständnis	Überzeugung	Desire
↓			↓
Kauf			Action

Lern-Hierarchie:
Diese Abfolge ist dann zumindest wahrscheinlich, wenn

- beim Konsumenten Involvement vorliegt (d.h. Interesse am Produkt und Bereitschaft zur Verarbeitung von Informationen)
- die Produkte des jeweiligen Marktes differenziert sind
- Massenmedien in der Kommunikation überragende Bedeutung haben
- die Produkte sich eher in einem frühen Lebenszyklusstadium befinden.

Dissonanz-Attributions-Hierarchie:
Hierbei handelt es sich um den gegenteiligen Verlauf zur Lernhierarchie. Er konnte ermittelt werden, wenn folgende Voraussetzungen vorliegen:

- Konsumenten sind involviert
- Produkte sind nur in geringem Maße differenziert
- geringe Bedeutung von Massenmedien, statt dessen eher persönliche Kommunikation relevant
- die Produkte befinden sich eher in einem späteren Lebenszyklusstadium.

Diese Abfolge tritt z.B. auch auf, wenn im Rahmen von Verkaufsförderungsaktionen besonders günstige Preise bestehen. Die Möglichkeit, dabei ein "Schnäppchen" zu machen, sorgt dafür, daß auf einen umfassenden Entscheidungsprozeß verzichtet wird.

Hier setzt also erst nach dem Kauf eine Auseinandersetzung mit der Kaufentscheidung ein. Der Kauf führt zu Dissonanzen ("Habe ich mich für das richtige Produkt entschieden?"), die im Fall der Zufriedenheit eine positive Überzeugung auslösen, sonst eine negative. In Abhängigkeit davon werden durch kognitive Auseinandersetzung mit der Situation die Gründe dieser Entscheidung zugeschrieben (Attribution). Der Konsument untersucht im Nachhinein, welche Gründe zu seiner Entscheidung geführt haben. Auf diesem Wege entstehen dann Aufmerksamkeit und Verständnis.

Low-Involvement-Hierarchie:
Auf der Basis der Wirkungsforschung zur Fernsehwerbung wurde die Low-Involvement-Hierarchie entwickelt. Hierunter werden die Prozesse erfaßt, bei denen kein Interesse an einer Informationsverarbeitung vorliegt. Voraussetzungen sind:

- geringes Involvement der Konsumenten
- geringer Differenzierungsgrad der Produkte
- hohe Bedeutung der Massenmedien
- die Produkte befinden sich eher in späteren Lebenszyklusstadien.

3. Soziale Determinanten

3.1 Gruppeneinflüsse

3.1.1 Familie

Die Familie ist in Deutschland gekennzeichnet durch drei Entwicklungslinien. Erstens gibt es einen dauerhaften Trend zur Kernfamilie. Während früher drei oder sogar vier Generationen unter einem Dach lebten, sind es heute nur noch eine oder zwei. Durch den Rückgang der durchschnittlichen Kinderzahl besteht diese Familie selten aus mehr als vier Personen. Zweitens ist der Anteil der berufstätigen Frauen angestiegen. Immer weniger Frauen sind nur Hausfrau. Dadurch sinkt die Identifikation mit der Rolle "Hausfrau", steigt das verfügbare Haushaltseinkommen und wird weniger Eigenarbeit im Haushalt geleistet. Drittens steigt durch zunehmende gesellschaftliche Aktivitäten der Einfluß von Bezugsgruppen außerhalb der Familie. Die Familie verliert damit ihren maßgebenden Einfluß auf die Mitglieder.

Daraus ergeben sich erhebliche Konsequenzen für das Konsumverhalten. Die Verkleinerung der Familien, auch die Zunahme der Ein-Personen-Haushalte, hat zunächst Einfluß auf die Nachfrage nach Wohnungen (erhebliche Steigerung insgesamt, Verschiebung in Richtung kleinerer Wohnungen), aber auch auf die Nachfrage nach Lebensmitteln (kleinere Packungsgrößen, mehr Fertiggerichte). Die steigende Frauenerwerbstätigkeit zieht Nachfrage nach den Leistungen nach sich, die diese Frauen sonst im Haushalt verrichtet hätten. Hierzu gehören Fertiggerichte, aber auch verschiedene Dienstleistungen wie Wäscherei, Schneiderei usw.

Um die Abhängigkeit der Kaufentscheidungen vom Alter und der Größe der Familie darzustellen, sind **Familienlebenszyklen** vorgeschlagen worden. Da nicht zuletzt aufgrund geänderter wirtschaftlicher Verhältnisse gerade Kinder und Jugendliche

Gruppe	**Beschreibung**	**Konsumverhalten**
Kinder	6-14 Jahre	in der Familie erheblicher Einfluß auf Nahrungsmittelkauf besonderes Konsuminteresse für Fahrräder, Game-Boys, Computer, Unterhaltungselektronik, Reisen Taschengeld bei 25-30 DM/Monat (6-11jährige, Deutschland West), 45-50 DM (12-14jährige)
Jugendliche	15-18 Jahre	Herausbildung von Konsum-Leitbildern, überwiegend selbstbestimmte Kaufentscheidungen stark ausgeprägtes Markenbewußtsein und hohe Markenkenntnis
junge Erwachsene	alleinstehend	Konsum auf persönliche Bedürfnisse ausgerichtet überdurchschnittliche Ausgaben für Freizeit, Restaurantbesuche, Autos, Kleidung Stadium wird häufig nicht mehr als vorübergehend angesehen
junge Paare	zusammenlebend, ohne Kinder	Kinder kommen häufig erst nach einer gewissen Zeit des Zusammenlebens, oft "DINKs" (Double Income No Kids) hoher Budgetanteil für Wohnungseinrichtung, Ausgaben für Kleidung und Restaurantbesuche gehen zurück
volles Nest I	Familie mit Kind(ern)	Frau gibt häufig Berufstätigkeit auf steigende Ausgaben bei geringerem Einkommen steigender Ausgabenanteil für Lebensmittel und Gebrauchsgüter (z.B. Kücheneinrichtung) Unzufriedenheit mit finanzieller Lage, dadurch Verschuldungsbereitschaft
volles Nest II	Familie mit älteren Kind(ern)	zunehmende Qualitätsorientierung
leeres Nest, Senioren		steigende Ausgaben für Geschenke wachsender Bevölkerungsanteil

Abb. C.6: Familienlebenszyklus

einen wachsenden Einfluß auf Kaufentscheidungen der Familie haben und selbst über größere Budgets verfügen, ist ein solcher Lebenszyklus um diese Gruppen zu erweitern (Abb. C.6).

Die Kaufentscheidungen innerhalb der Familie unterliegen in gewissen Grenzen einer Rollenverteilung. Die klassische Aufgabenverteilung zwischen Mann und Frau hat zugunsten gemeinschaftlicher Entscheidungen abgenommen, doch wird gerade in der letzten Zeit ein zunehmender Einfluß der Kinder diskutiert. Zu den Entscheidungen, die von Männern und Frauen überwiegend gemeinsam getroffen werden, gehören insbesondere Urlaubsreisen, Wohnungseinrichtung, Elektrogroßgeräte, Fernsehgeräte. Eine stärkere Rollenverteilung findet sich dagegen bei Computern, Bier, Spirituosen, Fotoapparaten, Kreditkarten (Mann überwiegend dominant) und Körperpflege, Duftwasser, Art der Ernährung (Frau überwiegend dominant).

3.1.2 Bezugsgruppen

Bezugsgruppen sind z.B. die Kollegen in einer Abteilung, die Mitglieder in einem Verein oder die Nachbarschaft. Sie liefern Maßstäbe, an denen die eigenen Einstellungen gemessen werden können, sozusagen den Bezugsrahmen, und stellen Verhaltensnormen auf, deren Einhaltung über den Einsatz von Sanktionen und Belohnungen kontrolliert wird. Im Berufsleben existieren teilweise ungeschriebene Kleidernormen, denen sich die Mitarbeiter anzupassen haben.

Innerhalb der Gruppen gibt es in der Regel eine oder mehrere Personen, die besonders kontaktstark und überdurchschnittlich einflußreich sind. Diese Personen werden als **Meinungsführer** bezeichnet. Sie stellen für die anderen Gruppenmitglieder einen Orientierungspunkt dar und geben Informationen und Meinungen an die Mitglieder weiter. Für das Marketing sind sie von erheblicher Bedeutung, weil sie einerseits innovationsbereit sind, andererseits auch Multiplikatorfunktion übernehmen. Eine Information, die den Meinungsführer erreicht, wird über diesen an die Gruppenmitglieder weitergeleitet. Die Identifikation der Meinungsführer stellt allerdings ein erhebliches Problem dar. Sie gezielt anzusprechen, ist auch nur dann wirtschaftlich vorteilhaft, wenn dadurch die Massenumwerbung zumindest reduziert werden kann. Deshalb wird die Identifikation auch regelmäßig über die Berufstätigkeit vorgenommen. So kann man etwa bei Ärzten, Rechtsanwälten, Architekten usw. von einer Meinungsführerrolle ausgehen, da sie aufgrund ihres Berufes häufig in fachlichen Dingen um Rat gefragt werden.

3.2 Schicht

Das Thema Schichtung ist in Deutschland in den letzten Jahrzehnten etwas in den Hintergrund getreten. Von 1960 stammt folgende Übersicht über die Schichtung in Deutschland (Untersuchung von Moore und Kleining, Bolte/Kappe/Neidhardt 1975, S. 97, 100, s. Abb. C.7).

Diese grobe Schichteneinteilung vermag sicher nicht als (alleiniges) Segmentierungskriterium oder Erklärungsmuster für Kaufverhalten dienen. Es zeigen sich jedoch Verteilungsmuster für grundlegende Werthaltungen und Bestrebungen, sich in der Schichtung nach "oben" zu orientieren oder nach "unten" abzugrenzen.

Neuere schichtspezifische Untersuchungen beziehen sich auf die subjektive Schichtzugehörigkeit. Die ALLBUS-Umfragen aus dem Jahr 1991 ergaben für West- und Ostdeutschland folgende Verteilung der Selbsteinschätzung (Statistisches Bundesamt

Schicht	Beispiele	Merkmale
Oberschicht (1-2%)	Großunternehmer Spitzenfinanz Hochadel	Machtgefühl, elitäres Selbstbewußtsein, Individualismus, Konservatismus
Obere Mittelschicht (ca. 5%)	leitende Angest. Professoren Ärzte	starke Berufs- und Fachorientierung, Erfolgsstreben, Optimismus, Ziel, die Welt zu verbessern, Energie und Dynamik
Mittlere Mittelschicht (ca. 14%)	mittlere Angest. mittl. Gesch.inh. Ingenieure	bürgerliche Einstellung, Bindung an Institutionen und Ordnung, Betonung von Strebsamkeit, Pünktlichkeit, Zuverlässigkeit
Untere Mittelschicht (ca. 29%)	untere Angest. Meister Kleinhändler	Mittelstandsbewußtsein, Abgrenzung gegenüber Arbeiterschaft, Gefühl der Schwäche und Bedrohung, Identifikation mit Betrieb und Technik
Obere Unterschicht (ca. 29%)	untere Angest. Gesellen qualif. Arbeiter	unklares Gesellschaftsbild, Bindung an Objekte des Berufs, Selbstbild des einfachen Menschen, Identifikation mit Industrie, Glaube an die Zukunft
Untere Unterschicht (ca. 17%)	Straßenarbeiter Matrosen	rauhe Männlichkeit, Bindung an Kameraden, Arbeiter wird als Fundament des Staates angesehen
Sozial Verachtete (ca. 4%)	Handlanger	Selbstbild des armen Schluckers, soziale Isolation, Aggressivität

Abb. C.7: Merkmale von sozialen Schichten (nach Moore/Kleining)

1992, S. 539):

Schicht	Ostdeutschland	Westdeutschland
Obere Mittel- und Oberschicht	2%	13%
Mittelschicht	37%	62%
Unter- und Arbeiterschicht	61%	25%

Für Ostdeutschland zeigt sich das Bild einer typischen Arbeitergesellschaft, für Westdeutschland das einer Mittelstandsgesellschaft.

3.3 Segmente, Typen und Milieus

(Markt-)segmente sind intern homogene (relativ gleichartige), extern heterogene (deutlich von anderen Segmenten unterschiedene) Gruppen von Konsumenten. Ziel der Segmentierung ist es, durch Variation der Marketingmaßnahmen bestimmte Zielgruppen individueller ansprechen zu können. Als Segmentierungskriterien kommen soziodemografische (Alter, Geschlecht, Wohnort, Einkommen usw.) und psychografische (Einstellungen, Persönlichkeitseigenschaften usw.) in Frage.

Während Marktsegmente von den marketingtreibenden Unternehmen bestimmt werden, werden von Marketingdienstleistern zahlreiche **Typologien** erstellt. Typologien sollen die Ansprache bestimmter Zielgruppen erleichtern, indem eine Unterscheidung der Bevölkerung in erster Linie nach psychografischen Kriterien vorgenommen wird. Diese Typologien sind unabhängig von bestimmten Produktgruppen, während Marktsegmente vom Unternehmen für bestimmte Produkte gebildet werden. Beispielhaft sollen hier zwei Typologien der Stern-Studie Dialoge 3 vorgestellt werden (Stern 1990, S. 302ff.). Die Tatsache, daß nicht nur eine Typologie aufgestellt wurde, zeigt, daß jeder Mensch in mehreren "Typen" erscheinen kann, je nach Differenzierungskriterium, Situation und Produktbereich.

Typologie Lebensorientierungen (Dialoge 3)
Typen und charakteristische Merkmale (in Klammern: Anteil an der Bevölkerung):

Werte-Pluralisten (23%): orientieren sich sowohl an alten wie auch an neuen, genußorientierten Werten
Lebenserotiker (14%): intellektuelle Werte und sinnlicher Lebensgenuß, Wunsch, sich von anderen abzuheben
Leistungs-Orientierte (18%): internalisierte Pflichtwerte, Leistungsethos, Sicherheitsbewußtsein, Familienorientierung
Familien-Orientierte (17%): Treue, Familie, Liebe zur Heimat, Glaube an Gott, Schicksalsergebenheit
Hüter der Moral (13%): christliche, sittlich-moralische Werte, bescheiden, fleißig, naturverbunden
Werte-Indifferente (15%): Freizeit, Lebensgenuß, Sex/Erotik, wenig Glaube an Gott

Es zeigen sich deutliche Unterschiede bei der Verteilung auf einzelne Bevölkerungsgruppen. So sind z.B. die Familien-Orientierten bei den Frauen mit 22% Anteil doppelt so stark vertreten wie bei den Männern. Indifferente finden sich dafür fast doppelt so häufig bei Männern (19% gegenüber 11% bei Frauen). Auch über die Altersklassen zeigen sich Unterschiede. So nimmt der Anteil der Lebens-Erotiker von 25% bei den 18-29-jährigen auf 6% bei den 60-79-jährigen ab. Umgekehrt steigt der Anteil der Moralisten von 6% bei den Jungen auf 29% bei den Alten. Der Vergleich der Typen Familien-Orientierte und Lebens-Erotiker macht auch den Einfluß des Bildungsstands deutlich. Während bei Personen mit Volksschul-Abschluß die Familien-Orientierten mehr als doppelt so stark vertreten sind wie bei den Personen mit mindestens Realschul-Abschluß, kommen die Lebens-Erotiker gerade auf ein Fünftel des Anteils, den sie bei den Personen mit höherer Bildung erreichen.

Hier zeigt sich aber auch, daß Typologien alleine zu kurz greifen. So ist zu berücksichtigen, daß eine Person sich unter unterschiedlichen Gesichtspunkten (Produktart, Situation) durchaus in mehreren Typen wiederfinden kann. Sie sind aber durchaus hilfreich, um sich einen Überblick über Wertvorstellungen, Einstellungen usw. in der Gesamtbevölkerung zu verschaffen. Es läßt sich erkennen, wie groß z.B. das Potential für Erlebnismarketing ist und wie sich die Zielgruppe soziodemografisch zusammensetzt, eine individuelle Zuordnung dürfte jedoch schwierig sein.

In den letzten Jahren wurden verschiedene **Milieukonzepte** entwickelt, die sich auf die Lebensumstände beziehen und somit von einzelnen Produktgruppen relativ unabhängig sind. Die Sinus-Lebensweltstudie definiert acht Milieus mit Hilfe der Dimensionen Schichtzugehörigkeit und Werteorientierung (traditionell, materiell, postmateriell). Die einzelnen Milieus lassen sich etwa wie folgt den Dimensionen zuordnen (Abb. C.8, im Vergleich dazu die Studie von Schulze: Abb. C.9):

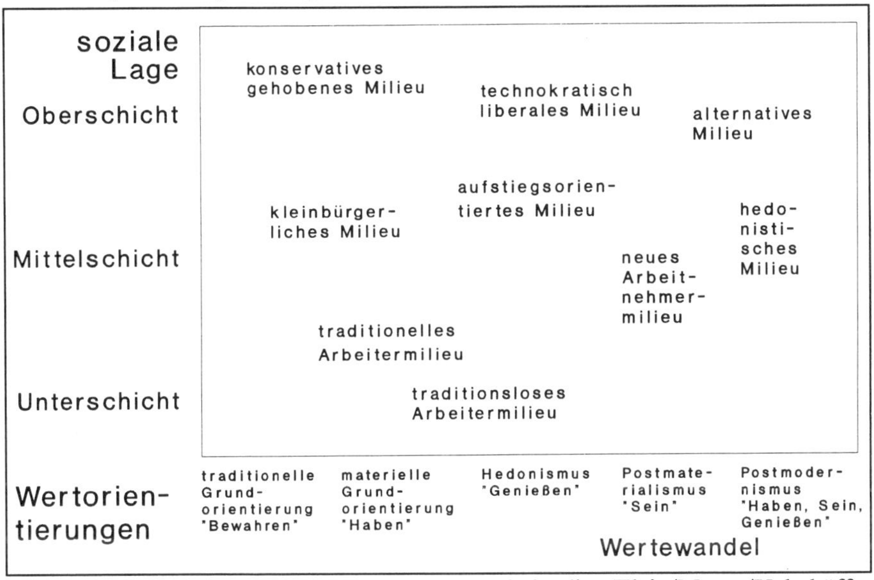

Abb. C.8: Milieumodell der Sinus Lebenswelt-Studie (Flaig/Meyer/Ueltzhöffer 1993, S. 74)

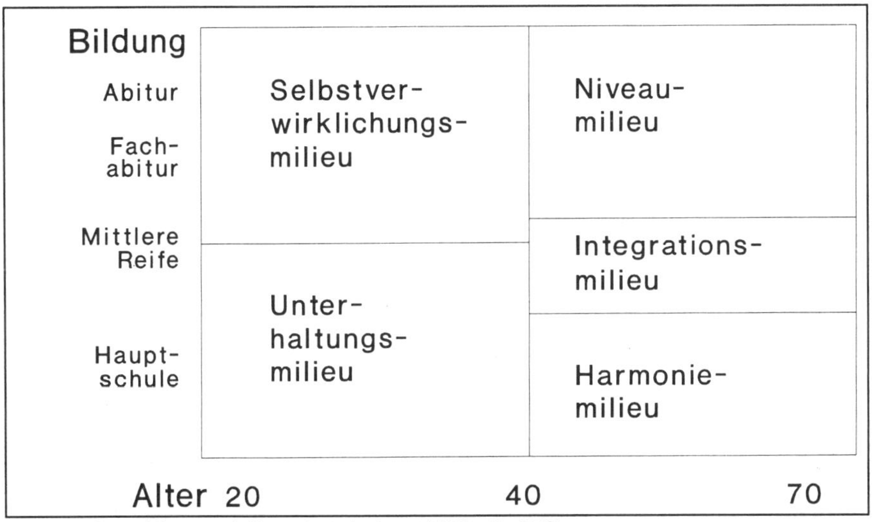

Abb. C.9: Milieumodell nach Schulze (1992, S. 279)

Einige Merkmale des Sinus-Konzepts (o.V. 1993):

Milieu	**Anteil**	**Lebensziele**	**Lebensstil**	**Fernsehverhalten**
Konservatives gehobenes Milieu	8%	anerkannte Stellung in der Gesellschaft, materieller Erfolg	Ablehnung alles Übertriebenen, hoher Qualitätsanspruch	max. 1 Stunde, bevorzugt Hochkultur, Dokumentationen
Kleinbürgerliches Milieu	22%	Traditionsorientierung, geordnete Verhältnisse, Ordnung und Disziplin	Konventionalisums, Anpassung, Ordnung und Sauberkeit	über vier Stunden, bevorzugt leichte Unterhaltung, Hochkultur
Traditionelles Arbeitermilieu	5%	befriedigender Lebensstandard, soziale Integration, Bescheidenheit	Einfachheit und Sparsamkeit	über vier Stunden, bevorzugt leichte Unterhaltung, Nachrichten
Traditionsloses Arbeitermilieu	12%	Anschluß an Konsumstandards der Mittelschicht	Verdrängung der Zukunft, lebt über die Verhältnisse	gerne härtere Filme, leichte Unterhaltung, Nachrichten
Neues Arbeitnehmermilieu	5%	Leben so angenehm wie möglich gestalten, sich weiterentwickeln	aufgeschlossen für Neues, High Tech selbstverständlich	max. 1 Stunde, Ratgeber, Magazine, Talkshows
Aufstiegsorientiertes Milieu	25%	überdurchschnittlicher beruflicher und sozialer Aufstieg	Orientierung an Standards gehobener Schichten	wenig; wenn, dann härtere Filme, Sport
Technokratisch-liberales Milieu	9%	Selbstverwirklichung, Erfolg, intensives Leben	individuelle Selbstdarstellung, trendorientiert	max. 1 Stunde, Ratgeber, Magazine, Kinderfilme
Hedonistisches Milieu	12%	Freiheit, Ungebundenheit, Lebensgenuß	Originalität, "Echtheit"	max. 1 Stunde, Ratgeber, Magazine, Komödien, Zeichentrick
Alternatives Milieu	2%	Entfaltung der Persönlichkeit, Ablehnung von Äußerlichkeiten	Selbermachen, Rückzug in alternative Idyllen	keine Angaben möglich

3.4 Kultur

Gerade auch im Hinblick auf eine kontinuierlich zunehmende Internationalisierung des Marketing gewinnt die Beschäftigung mit nationalen und kulturellen Besonderheiten an Bedeutung. Die Stern-Studie Dialoge 3 hat sich auch mit der Entwicklung des **nationalen Lebensstils** beschäftigt. Dieser kann aber in einem solchen Zusammenhang immer nur an einer kleinen Auswahl von Kriterien gemessen werden. Die angegebenen Werte beziehen sich auf die volle Zustimmung zu den vorgegebenen Aussagen (Stern 1990, S. 362, Angaben in % der Befragten).

persönlicher Lebensstil:	**1985**	**1990**
Ich lebe ganz für meine Familie	42	43
Ich verhalte mich umweltbewußt	26	34
Ich lebe besonders gesund	16	19
Ich genieße das Leben in vollen Zügen	11	14
Ich meditiere oder übe andere Methoden zur Bewußtseinserweiterung aus	3	6

Während die Einstellung zur Familie in diesem Fünfjahresabschnitt auf hohem Niveau konstant blieb, nahmen insbesondere das Umweltbewußtsein (um 1/3) und das Interesse an Bewußtseinserweiterung (auf das Zweifache) zu. Letzteres spiegelt sich auch im steigenden Angebot an einschlägigen Seminaren und Fachliteratur wider.

Die Reihenfolge der persönlichen Werte hat sich im gleichen Zeitraum geringfügig geändert (Stern 1990, S. 358, Angaben: Anteil der Befragten in %, für die der Wert sehr große Bedeutung hat):

persönliche Werte:	**1985**	**1990**
Treue	69	70
Lust/Spaß haben	48	56
Arbeit/Beruf	53	54
Kinder haben	50	54
Naturverbundenheit	44	50
Lebensgenuß	25	36
Selbstverwirklichung	27	32
Ehrgeiz	31	29
Sex/Erotik	18	20

Die Items "Lebensgenuß" und "Spaß haben" weisen die stärksten Zuwächse an Zustimmung auf. Es zeigt sich auch, daß 1990 offensichtlich mehr Werte das Leben bestimmten als 1985. Dies kann einerseits auf eine größere Vielfalt im Leben hindeuten, andererseits aber auch auf eine größere Unsicherheit schließen lassen, woran man sich denn orientieren solle.

Die **Konsumstruktur**, d.h. die Verwendung der Einkommen für bestimmte Produktkategorien in der Bundesrepublik Deutschland war in den letzten Jahrzehnten erheblichen Wandlungen unterzogen, wie das folgende Beispiel des Haushaltstyps 4-Personen-Haushalt mit mittlerem Einkommen zeigt (Statistisches Bundesamt 1967 und 1993, Angaben in % des verfügbaren Einkommens):

Warengruppe	**1966**	**1992**
Ernährung	35	17
Bekleidung	10	6
Miete/Energie	15	20
Haushalt	9	6
Gesundheit	3	3
Verkehr/Kommunikation	8	14
Bildung/Freizeit	6	8
persönl. Ausstattung/Reisen	3	3
Kredite/Ersparnis	5	12
sonstige	6	8

Da es sich hier jeweils um Angaben bezogen auf das verfügbare Einkommen handelt, läßt sich beispielsweise aus einem prozentualen Rückgang einer Produktgruppe nicht auf ein Sinken der absoluten Ausgabenhöhe schließen.

Auffällig ist der Rückgang der Ausgabenanteile bei Ernährung um die Hälfte, bei Bekleidung um fast die Hälfte, sowie der Anstieg bei Verkehr/Kommunikation um etwa zwei Drittel, bei Kredite/Ersparnis auf mehr als das Doppelte. Hier wird deutlich, daß es sich bei den Bereichen Essen und Haushalt eher um Grundbedürfnisse handelt, die irgendwann einer gewissen Sättigung unterliegen. Die Zunahme der Ausgabenanteile für Verkehr und Kommunikation ist vor allem auf die technischen Entwicklungen (Fahrzeuge, Telefon) zurückzuführen. Der Bereich Kredite/Ersparnis (hierzu gehören sowohl Tilgungszahlungen für Kredite als auch Spareinlagen), allgemein also Finanzen, ist von einer Restgröße zum viertgrößten Ausgabenfaktor gewachsen. In der Steigerung des Mietenanteils spiegeln sich offensichtlich steigende Ansprüche an die Wohnungsausstattung sowie der Trend zu kleineren Wohnungen (durch kleinere Familien und Singles, s.o.) wider.

3.5 Werte und Wertewandel

Werte sind individuelle, häufig auch kollektiv geteilte Auffassungen darüber, was im Leben erstrebenswert ist: Zielvorstellungen, die das Leben begleiten, sowie Leit- und Orientierungsfunktion haben.

Zum **Wertewandel** sind verschiedene Thesen aufgestellt worden (Wiswede 1990):

1. Werteverfall (Noelle-Neumann, Kmieciak): die alten Werte (Pflichterfüllung, Arbeitsethos, Gehorsam usw.) zerfallen, es entsteht eine Unsicherheit über die neuen Werte. Ein zielloses, außengeleitetes, fluktuierendes Verhalten ist die Folge.
2. Wertesubstitution (Inglehart): materialistische Wertvorstellungen werden durch postmaterialistische abgelöst
3. Mehrdimensionaler Wertewandel (Klages, Pawlowski):
   von Pflicht und Gehorsam zu Autonomie und Selbstverwirklichung
   von Opferbereitschaft und Disziplinierung zu Hedonismus
   von Materialismus zu Lust und Selbstverwirklichung

Auf der Basis der Studien von Inglehart (1989) kann eine Unterscheidung in die Werttypen Materialisten und Postmaterialisten vorgenommen werden. Bei jüngeren Menschen stellt sich ein Vordringen der postmaterialistischen Werte heraus. Der Wertewandel kann damit überwiegend als ein Inter-Generations-Phänomen bezeichnet werden. Die Wahrscheinlichkeit, daß bei einzelnen Personen bzw. innerhalb einer Generation ein durchgreifender Wertewandel stattfindet, ist relativ gering und geht dann immer mit einem Wandel der wirtschaftlichen Entwicklung einher. Bedeutender ist das Geburtsjahr. Die Wertevorstellungen werden entscheidend durch die Zeit geprägt, in der die Menschen jeweils aufwachsen.

Für **Postmaterialisten** hängt Glück zusammen mit interessanten Aktivitäten, dem guten Auskommen mit Freunden, ausreichender Freizeit, dem Ansehen bei anderen und dem Gefühl, anderen zu nützen. Typische postmaterialistische Bedürfnisse sind Ästhetik, Intellektualität, schöne Städte/Natur, Ideen, Redefreiheit, Zugehörigkeit/-Achtung, eine weniger unpersönliche Gesellschaft und mehr Mitspracherechte am Arbeitsplatz und in der Politik.

Materialisten schätzen besonders eine befriedigende Ehe, einen guten Gesundheitszustand, ein gutes Familienleben, genügend Geld für ein angenehmes Leben und Kinder. Typische materialistische Bedürfnisse sind physische Sicherheit (starke Verteidigungskräfte, Kampf gegen Verbrechen, Aufrechterhaltung der Ordnung) und wirtschaftliche Sicherheit (stabile Wirtschaft,Wirtschaftswachstum, Kampf gegen steigende Preise).

Konkret auf das Konsumverhalten bezogen wurden in den letzten Jahren folgende **Trends** identifiziert (Wiswede 1990):

"vom passiven Konsumenten zum Prosumenten"
: Ein Teil der Produktionsfunktion wandert in den Haushalt zurück (z.B. Do-it-yourself).

"vom Besitzdenken zum Transmaterialismus"
: Konsumgüter sind nur noch das Vehikel für Genuß und Erleben. Das Besitzbedürfnis wird abgelöst.

"vom Lebensstandard zum Lebensstil"
: Die Kultivierung des Geschmacks, d.h. die richtige Art, mit den Gütern umzugehen, tritt an die Stelle des Besitzes.

"vom demonstrativen Konsum zur selektiven Bescheidenheit"
: Bewußter Verzicht, Natürlichkeit, Bescheidenheit gewinnen an Bedeutung.

"vom genormten Verbrauch zum individualisierten Konsumenten"
: Es besteht der Wunsch nach einzigartigem Konsum. Partikularer Luxus wird ergänzt bzw. finanziert durch kalkulierte Askese.

"vom unkritischen zum mündigen Verbraucher"
: Die bewußte Nutzung von Informationsquellen steigt, ebenso wächst das Verbraucherschutzinteresse.

4. Diffusionsprozesse

Die Aufgabe des Marketing besteht zu einem wesentlichen Teil in der Einführung von neuen Produkten auf dem Markt und, im Rahmen der Kommunikationspolitik, in der Information von tatsächlichen und potentiellen Konsumenten. Das Bestreben, diese Innovationen möglichst schnell durchzusetzen, stößt bei den Konsumenten auf eine unterschiedliche Innovationsbereitschaft. Nur ein geringer Teil ist überhaupt bereit, etwas zu kaufen, das nicht schon viele andere Menschen besitzen. Es ist daher erforderlich, die Marketingmaßnahmen in Abhängigkeit vom Innovationsgrad auf die Konsumenten abzustimmen. Zumindest für einen Teil der Phasen lassen sich besondere Akzeptanzbedingungen ermitteln, also Themen/Methoden, die besonders geeignet sind, die in Frage kommende Zielgruppe anzusprechen.

Für die **Diffusion von Innovationen** kann man sich etwa folgendes Phasenschema vorstellen (Haseloff 1973, S. 130ff.):

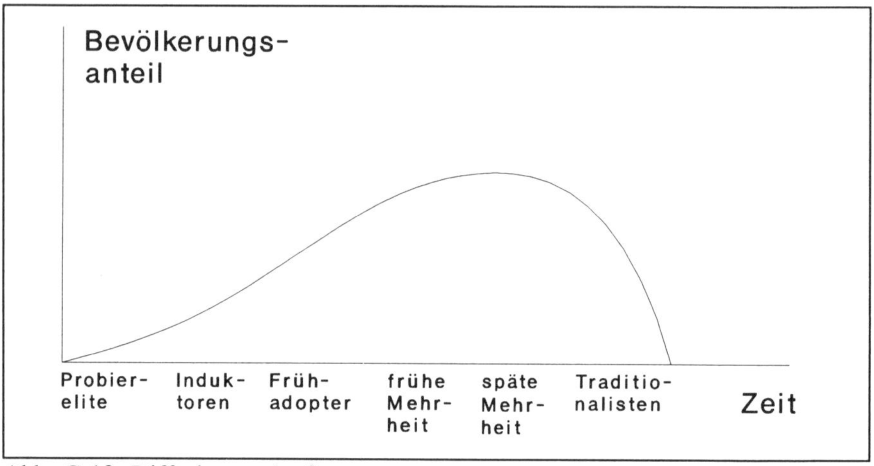

Abb. C.10: Diffusionsverlauf

1. Initiale (Einführungs-) Phase: Hier finden sich die "Probierelite" oder die "Neophilen". Besondere Merkmale sind hohe Innovationsbereitschaft und geringe Markentreue. Demografisch sind sie nicht zu identifizieren, der Bevölkerungsanteil liegt bei 3-4%. Persönlichkeitsmerkmale dieser Gruppe sind die generelle Erwartung positiver Veränderungen, überdurchschnittliche Leistungsmotivation, Neugierde und Probierlust, hohe Ungewißheits- und Frustrationstoleranz und eine ambivalente Einstellung zur eigenen Lebenssituation. Akzeptanzbedingungen für Innovationen sind bei diesen Personen Design, Funktionalität und ein erlebnisbedeutsames Fortschrittsversprechen.

2. Aktualisierungs- und Prüfphase: In dieser Phase werden die sog. "Induktoren" aktiv. Sie bewerten häufig die durch die Neophilen bekannten Innovationen. Ihr Bevölkerungsanteil liegt bei 8-10%. Persönlichkeitsmerkmale sind überdurchschnittliche kommunikative Aktivität, sie haben Schlüsselpositionen im Kommunikationsnetz inne, erscheinen nahestehenden Personen als glaubwürdig, besitzen Kompetenz in einem Interaktionsfeld und sind Identifikationsobjekte für eine Personengruppe. In der Regel findet sich hier eine kritische Distanz gegenüber Werbung und Öffentlichkeitsarbeit, was die Ansprache dieser Personengruppe erschwert.

3. Adoptionsphase: Hier übernehmen die "Frühadopter" Innovationen. Ihr Bevölkerungsanteil liegt bei 10-15%. Die Innovationsbereitschaft ist abhängig von täglichen Gewohnheiten. Persönlichkeitsmerkmale sind überdurchschnittliche Leistungsmotiviertheit, Tendenz zum Perfektionismus, eher geringe sozial-kommunikative Aktivität und stabile Interessen und Dauermotivationen.

4. Expansionsphase: Die nunmehr die Innovation übernehmenden Personen werden als "frühe Mehrheit" bezeichnet. Demografisch können sie als städtisch, jünger und höher gebildet beschrieben werden. Ihr Bevölkerungsanteil liegt bei 30%. Persönlichkeitsmerkmale sind fortschrittliche Mentalität und der Wunsch, "auf der Höhe" zu sein. Auf besondere Akzeptanz stoßen modische Dinge und Symbole für Fortschrittlichkeit.

5. Stabilisierungsphase: Hier wird nun die "späte Mehrheit" aktiv. Mit 40% hat sie den größten Bevölkerungsanteil. Persönlichkeitsmerkmale sind skeptische Einstellung gegenüber dem Nutzen des Neuen, traditionale Orientierung und Mentalität, das Bedürfnis, den Erwartungen zu entsprechen, eine eher defensive Einstellung gegenüber dem Leben und die Neigung zur Routinisierung.

6. Inaktualisierungsphase: In dieser letzten Phase des Diffusionszyklus werden die "Traditionalisten" aktiviert. Der Bevölkerungsanteil liegt bei 5%. Persönlichkeitsmerkmale sind eine weitgehend reduzierte Kommunikation, zunehmender Abbau des sozialen Erfolgs, hohe Rigidität der Persönlichkeitsstruktur, Erwartung negativer Veränderungen, starkes Sicherheitsbedürfnis und eine Idealisierung der Vergangenheit. In dieser Phase sind auch Renaissancephasen überholter Innovationen möglich.

5. Beschaffungsverhalten in der industriellen Unternehmung

Bislang wurde stillschweigend unterstellt, daß es sich bei den betrachteten Konsumenten um Endverbraucher und Privatpersonen handelt. Kaufentscheidungen finden jedoch auch in Unternehmen statt. Für den Hersteller von Investitionsgütern, also solchen Produkten, die im Rahmen einer unternehmerischen Tätigkeit verwendet werden, ist es genauso wichtig, auf das Verhalten der Abnehmer einzugehen, wie für den Konsumgüterhersteller. Bei diesen Investitionsgütern kann es sich sowohl um Produktionsanlagen als auch um Güter handeln, die gleichzeitig auch Konsumgüter sein könnten, etwa Schreibmaschinen, die von der Sekretärin im Büro ebenso wie von Privatpersonen eingesetzt werden können.

Beschaffungsentscheidungen in Unternehmen weisen in der Regel einige Besonderheiten gegenüber privaten Kaufentscheidungen auf (Backhaus 1993, S. 51ff.). Dazu gehört in erster Linie die **Multipersonalität**, d.h. die Beteiligung mehrerer Personen an der Entscheidung. So ist es in der Regel auch der Fall, daß der Einkäufer nicht gleichzeitig der Benutzer ist, also für andere gekauft wird. Weiterhin ist regelmäßig ein **Genehmigungs- oder Rechtfertigungsverfahren** zu durchlaufen. Dies hängt damit zusammen, daß bei der Beschaffung nicht über eigenes Geld, sondern Geld des Unternehmens oder eines externen Kapitalgebers verfügt wird. Insofern haben Unternehmensleitung oder Kapitalgeber ein Interesse an der Kontrolle des Beschaffungsvorgangs. Dies äußert sich konkret z.B. in der Pflicht, eine bestimmte Anzahl von Angeboten einzuholen. Mit diesen zwei Faktoren verbunden ist eine in der Regel wesentlich längere **Dauer des Entscheidungsverfahrens** als bei privaten Käufen. Angebotserstellung, -prüfung, Genehmigungen, Absprachen, Klärung der Finanzierungsfrage usw. lassen z.B. keine spontanen Entscheidungen zu. Über Preis und Leistung hinaus werden zudem weitere Elemente einer **Ver-**

tragsbeziehung wichtig. So wird etwa wesentlich häufiger die Frage der Akzeptanz von Liefer- oder Bestellbedingungen, der Gewährung von Zahlungszielen, des Transports und der Versicherung zu untersuchen sein. Nicht zuletzt ist der Faktor der **wirtschaftlichen Bedeutung** der Kaufentscheidung zu erwähnen. Industrielle Beschaffung kann die Ausgabe von Beträgen in Millionenhöhe bedeuten und im Falle einer Fehlentscheidung Existenzkrisen auslösen. Auch bei der Ausgabe kleinerer Beträge, etwa für Büromaterial, sind größere Konsequenzen zu berücksichtigen, da die Kaufentscheidung regelmäßig im Rahmen einer langfristig angelegten Geschäftsbeziehung (Stammlieferant, Mindestabnahmeverpflichtung, Bonusregelung usw.) erfolgt.

Auch im industriellen Bereich sind verschiedene Modelle des Beschaffungsverhaltens entwickelt worden. Dabei ist jedoch zu berücksichtigen, daß die Erkenntnisse, die im Rahmen der Erforschung der Kaufentscheidung für Konsumgüter gewonnen wurden, hier auch gelten. Zusätzlich sind Faktoren zu berücksichtigen, die sich aus dem betrieblichen Umfeld bzw. Verfahrensvorschriften ergeben. Zur Erklärung dieser Verfahren wurden Phasenmodelle entwickelt, von denen hier zwei mit jeweils unterschiedlichem Schwerpunkt dargestellt werden sollen.

Das Phasenmodell des **Spiegel** unterscheidet (Backhaus 1993, S. 58f.)
- Initiierungsphase
- Vorüberlegungsphase
- Vorentscheidungsphase
- Entscheidungsphase.

Backhaus und Günter dagegen identifizieren folgende Phasen (Backhaus 1993, S. 59f.):
- Voranfragephase
- Angebotserstellungsphase (beim Anbieter)
- Kundenverhandlungsphase
- Abwicklungsphase
- Gewährleistungsphase.

Die Modelle unterscheiden sich darin, daß der Spiegel nur die Prozesse im beschaffenden Unternehmen berücksichtigt, während Backhaus und Günter auch die Aktivitäten des Anbieters einbeziehen. Weiterhin berücksichtigen sie die Abwicklung und die nach dem eigentlichen Kauf erfolgende, aber rechtlich verbindliche Gewährleistung als eigenständige Phasen. Um die Darstellung des gesamten Prozesses zu vervollständigen, müßten eigentlich beide Modelle zu einem integriert und um eine Informationsphase des Anbieters, die dessen Marketing-Aktivitäten enthält, erweitert werden (Abb. C.11).

Backhaus (1993, S. 68) hat in einer Erhebung festgestellt, daß in den einzelnen Phasen des Beschaffungsprozesses unterschiedliche Nutzungsintensitäten von Informationsquellen auftreten. So haben Fachzeitschriften als Informationsquelle bei den ersten Überlegungen eine überragende Bedeutung, werden jedoch mit fortschrei-

Nachfrager	Anbieter
	Informationsphase
Initiierungsphase	
Vorüberlegungsphase	
Voranfragephase	Angebotserstellungsphase
Vorentscheidungsphase	
Kundenverhandlungsphase	
Entscheidungsphase	
Abwicklungsphase	
	Gewährleistungsphase

Abb. C.11: Phasenschema des industriellen Beschaffungsprozesses

tender Konkretisierung immer weniger genutzt. Bei Messen und Ausstellungen ergibt sich ein ähnliches Bild. Entgegengesetzt verläuft die Bedeutung von Vertriebsingenieuren und Angeboten der Anbieter. Sie werden für eine erste Orientierung kaum genutzt, sind aber dann am wichtigsten, wenn nur noch wenige Alternativen im Rennen sind. Für die endgültige Entscheidung schließlich haben die konkreten Angebote die höchste Relevanz.

Wie bereits oben erwähnt, handelt es sich beim Beschaffungsprozeß in der Regel um einen Vorgang, an dem mehrere Personen beteiligt sind. Diese Gruppe wird als **Buying Center** bezeichnet. Nach Webster und Wind (1972, S. 78ff.) werden folgende fünf Rollen unterschieden:

- Einkäufer
- Benutzer
- Beeinflusser
- Entscheider
- Informationsselektierer (gatekeeper).

Der **Einkäufer** besitzt die formale Macht, die Kaufentscheidung umzusetzen. Er ist zuständig für alle formalen, mit der Entscheidung verbundenen Aktivitäten. Dazu gehören die Auftragserteilung, Prüfung der Zahlungs- und Lieferbedingungen und die Auswahl des oder einer Reihe möglicher Lieferanten. In größeren Unternehmen ist er Mitglied einer eigenständigen Einkaufsabteilung, die ansonsten mit der Produktverwendung nichts zu tun hat.

Benutzer sind zumindest theoretisch die wichtigsten Personen des Buying Centers, weil sie das zu beschaffende Produkt verwenden müssen und häufig auch über einschlägige Produktkenntnisse verfügen und kritische Merkmale kennen. Werden die Benutzer jedoch nicht ihrer eigentlichen Rolle entsprechend am Entscheidungsprozeß beteiligt, entsteht ein erhebliches Konfliktpotential. So kann es einerseits zu psychischer Frustration kommen, wenn sich das Produkt als nicht geeignet herausstellt, andererseits auch zu vollständiger Ablehnung, wenn Alternativen zur Verfügung stehen. Diese Gefahr ist besonders beim Einsatz von EDV (z.B. Textverarbeitungsprogrammen) zu sehen, weil sowohl gewisse Hemmschwellen als auch Gewöhnungs- und Einarbeitungszeiten zu berücksichtigen sind.

Als **Beeinflusser** wird die Person/-engruppe bezeichnet, die ohne konkrete formale Funktion auf den Entscheidungsprozeß einwirkt. Darunter werden z.B. Fachleute erfaßt, die mitunter in anderen Zusammenhängen Produkterfahrungen gesammelt haben.

Wer letztlich **Entscheider** ist, ist häufig von der Größenordnung des Geschäfts abhängig. Während finanziell relativ unbedeutende Käufe in der Regel von einzelnen Abteilungsleitern oder Einkäufern genehmigt werden können, ist dafür bei größeren Investitionen häufig die Entscheidung des Geschäftsführers oder Vorstands erforderlich.

Informationsselektierer übernehmen eine Filterfunktion, indem sie in den Informationsfluß eingreifen. Ihre Aufgabe ist es, wichtige Informationen (Werbung, Angebote usw.) von unwichtigen zu trennen und nur erstere weiterzuleiten. Diese Funktion können z.B. Assistenten der Geschäftsleitung oder Sekretärinnen übernehmen.

Diese Rollenverteilung setzt nicht voraus, daß jeweils genau oder mindestens eine Person für die einzelnen Aktivitäten zuständig ist. Es können auch mehrere Funktionen von einer Person wahrgenommen werden.

Auf der Basis empirischer Untersuchungen entwickelte Witte das **Promotoren/ Opponenten-Modell**. Promotoren sind solche am Entscheidungsprozeß beteiligte Personen, die die Beschaffung aktiv fördern. Opponenten dagegen behindern den Prozeß. Promotoren werden weiter unterschieden in Fach- und Machtpromotoren. Während erstere aufgrund von Fachwissen und Fachkompetenz den Prozeß fördern, tun letztere dieses aufgrund ihrer hierarchischen Stellung im Unternehmen (Backhaus 1993, S. 65).

Das Zusammenwirken der einzelnen Faktoren soll anhand des Webster/Wind-Modells erläutert werden. Es handelt sich dabei um ein Total- und Strukturmodell.

Folgende Gruppen von Einflußfaktoren werden unterschieden:

- **Umweltbedingte Determinanten:** Dazu gehören sowohl Subsysteme der Umwelt als auch einzelne Interessengruppen und Marktteilnehmer.
- **Organisationsbedingte Determinanten:** Hier werden die unternehmensspezifischen Rahmenbedingungen der Kaufentscheidung erfaßt.
- **Interpersonale Prozesse im Buying Center:** Wie bereits oben dargestellt, gehören hierzu die Beteiligten des Entscheidungsprozesses. Sie agieren in Abhängigkeit von ihren Rollen im Entscheidungsprozeß.
- **Intrapersonale Determinanten:** Hierzu gehören die Faktoren, die personenspezifisch und relativ unabhängig von der organisationalen Umgebung sind. Hier gelten z.B. auch im wesentlichen die Erkenntnisse über das Kaufverhalten bei Privatpersonen.

Abb. C.12 stellt vereinfacht das Webster/Wind-Modell dar.

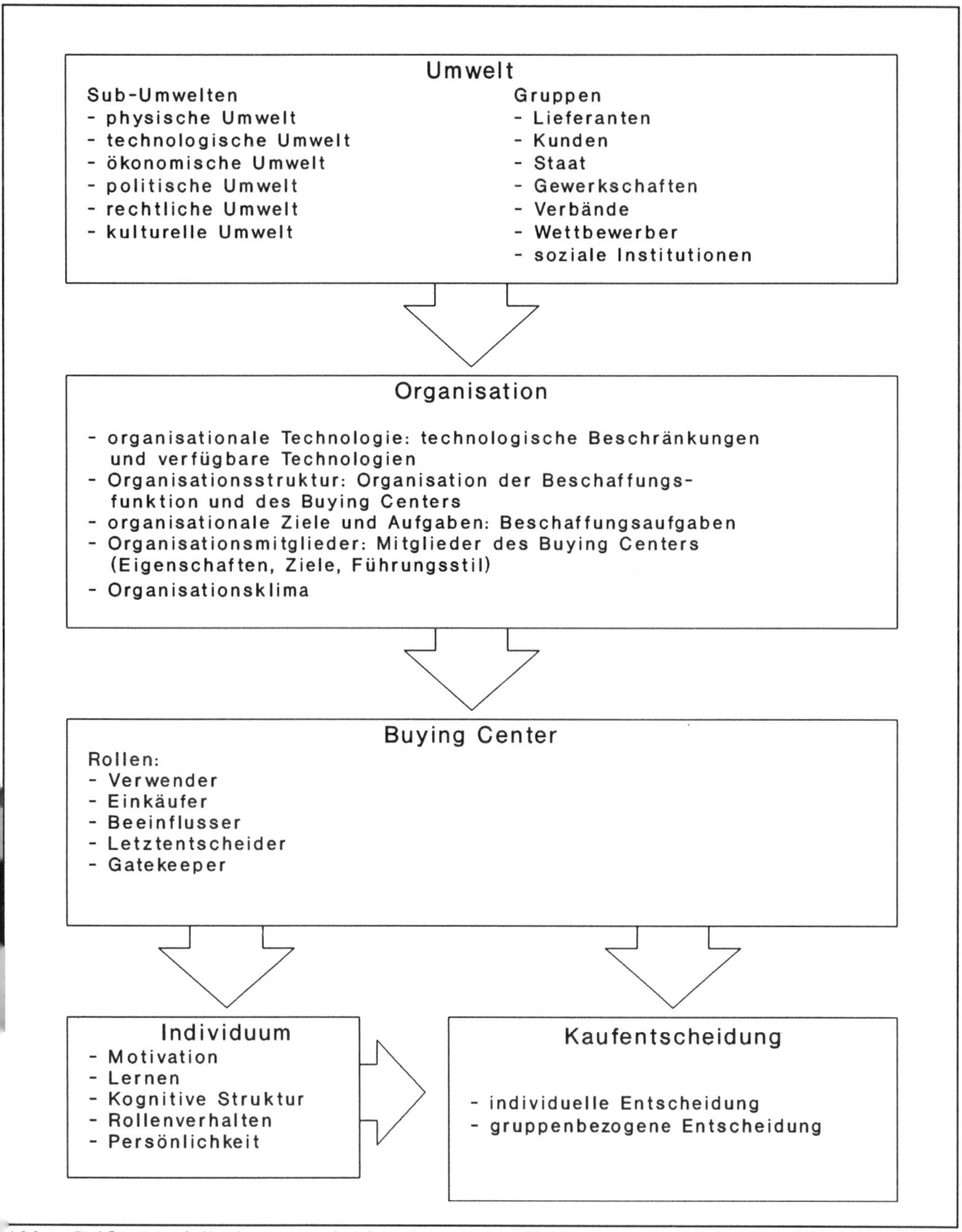

Abb. C.12: Modell des organisationalen Beschaffungsprozesses von Webster/Wind (nach Backhaus 1993, S. 97)

D. Marketing-Mix

1. Produktpolitik

1.1 Produktbewertung

Geht man davon aus, daß bereits ein Unternehmen mit einem bestimmten Produktprogramm besteht, wird in der Regel der Ausgangspunkt der Innovationsüberlegungen eine Bewertung des bisherigen Programms sein. Die einzelnen Bewertungsverfahren sollen hier anhand der im Mittelpunkt stehenden Kriterien systematisiert werden:

- Produktalter
- Produktqualität
- Produkterfolg
- Risiko.

Die Auswahl dieser Kriterien beruht auf der Überlegung, daß ein Unternehmen 1. auf eine ausgewogene Altersstruktur des Sortiments Wert legen muß, um veraltete Produkte rechtzeitig ersetzen zu können, 2. ein bestimmtes Qualitätsniveau aufrechterhalten muß, um reklamationsbedingte Kundenverluste und Fehlerbeseitigungskosten zu vermeiden, 3. einen angemessenen Gewinn aus seiner Tätigkeit erzielen möchte und 4. im Hinblick auf die Marktdynamik sein unternehmerisches Risiko streuen möchte.

Produktaltersbezogene Bewertungsverfahren sind die Altersstruktur- und Lebenszyklusanalyse. Bei der **Altersstrukturanalyse** wird entweder die Zahl der Produkte mit ihrem jeweiligen "Lebensalter" oder deren Umsatz dargestellt (Abb. D.1). Daraus läßt sich ersehen, welcher Umsatz/Umsatzanteil von Produkten mit welchem Alter erbracht wird.

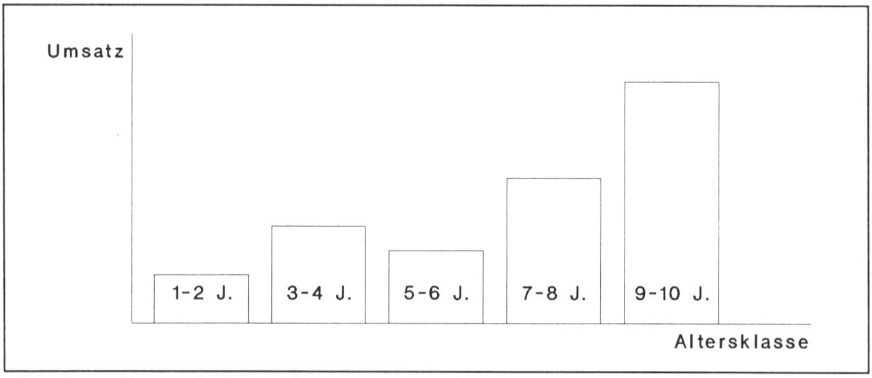

Abb. D.1: Beispiel einer Altersstrukturanalyse

Das Beispiel zeigt eine recht ungünstige Altersstrukur. Ein erheblicher Teil des Umsatzes wird von Produkten erbracht, die bereits viele Jahre auf dem Markt sind.

Mit zunehmendem Alter wächst die Gefahr, daß Konkurrenzprodukte mit besserer Leistung, günstigerem Preis usw. auf den Markt kommen und entsprechend Marktanteile übernehmen. Wie schon bei der Umsatzstrukturanalyse ist es hier also auch sinnvoll, für einen Ausgleich zu sorgen, und zwar in dem Sinne, daß ausreichend Nachwuchs für alternde Produkte bereitsteht.

Einschränkend ist jedoch zu berücksichtigen, daß hier nur das "Lebensalter", jedoch nicht die verbleibende "Lebenserwartung" berücksichtigt wird. Es ist nicht grundsätzlich auszuschließen, daß alte Produkte als Klassiker auf dem Markt eine stabile Position haben, oder daß es keine vergleichbaren Konkurrenzprodukte gibt und somit der Wettbewerbsvorsprung auch langfristig erhalten bleibt.

Eher langfristig/strategisch ausgerichtet ist die **Produktlebenszyklus-Analyse**, die versucht, auf altersabhängige Umsatzentwicklungen aufmerksam zu machen. Das Problem der Analyse besteht darin, die aktuelle Position eines Produktes im Lebenszyklus zu diagnostizieren. Dies dürfte deswegen schwierig sein, weil keine Angaben über die zukünftige Umsatzentwicklung zur Verfügung stehen. Es ist somit regelmäßig nicht möglich, anzugeben, ob sich ein Produkt am Beginn oder bereits am Ende einer Phase befindet.

Eine wichtige Information ist jedoch der Übergang von einem progressiven zu einem degressiven Umsatzwachstum. Nach dem idealtypischen Modell tritt das Produkt damit in die Reifephase ein. Spätestens in diesem Moment sollten dann Vorbereitungen für einen Relaunch (Wiederbelebung des Produktes durch Modifikationen u.a.) oder eine Produktinnovation getroffen werden.

In bezug auf die Qualität können eine eher subjektive Kundenzufriedenheitsanalyse oder eine eher technisch orientierte Teststatistik helfen, Produkte zu beurteilen. Das Thema **Kundenzufriedenheit** ist gerade in den letzten Jahren als Wettbewerbs- und Erfolgsfaktor stärker beachtet worden. Hier ist jedoch eine grundsätzliche Unterscheidung in Gebrauchsgüter und Verbrauchsgüter zu treffen. Bei Verbrauchsgütern, also solchen, die häufiger oder regelmäßig gekauft werden (Lebensmittel, Waschmittel usw.), ist die Zufriedenheit mit einem gerade gekauften Produkt schon deswegen wichtig, weil sie ausschlaggebend für die weiteren Kaufentscheidungen ist. Entspricht das Produkt nicht den Erwartungen der Käufer, finden Markenwechsel statt. Bei Gebrauchsgütern (z.B. Elektrogeräten oder Fahrzeugen) erfolgt der Markenwechsel nicht sofort, da die nächste Kaufentscheidung erst nach einer längeren Zeit ansteht. Hierbei geht es vielmehr darum, Dissonanzen abzubauen und bei Anwendungsproblemen mit Informationen und ggfs. Nachbesserungen weiterzuhelfen.

Die Messung der Zufriedenheit bzw. Übereinstimmung mit Kundenbedürfnissen ist insofern problematisch, als dazu umfangreiche Verbraucherbefragungen und Experimente erforderlich sind. Innerhalb des Unternehmens stehen jedoch Angaben aus dem Bereich des Kundendienstes (Reklamationen) zur Verfügung. Die statistische Auswertung von Reklamationen und Kundendienst-Reparaturen macht auf Häufungen von Unzufriedenheit und damit notwendige Produktmodifikationen, bevorstehende Umsatzrückgänge usw. aufmerksam. Im Fall einer Produktreihe "Entsafter" wären z.B. folgende Reklamationsgründe statistisch zu erfassen:

Netzkabel zu kurz	Betriebsgeräusch zu laut
Betriebsgeräusch unangenehm	Saftvolumen zu gering
Reinigung umständlich	Teile zerbrechlich
Bedienung umständlich	Anleitung unverständlich
Bedienungsfehler	usw.

Eine solche Aufstellung bezieht sich allerdings nur auf die Personen, die sich tatsächlich auch beschweren. Unzufriedenheit, die vom Kunden nicht aktiv geäußert wird, wird hier nicht berücksichtigt. Um dieses Problem zu mildern, werden zum Teil Marktforschungskarten eingesetzt, die dem Produkt beigelegt werden und vom Käufer ausgefüllt wieder zurückgeschickt werden sollen. Als Anreiz werden häufig Verlosungen angeboten. Sofern die Käufer namentlich bekannt sind, können sie angeschrieben und nach ihrer Zufriedenheit befragt werden. Dies geschieht z.B. bei Automobilen. Zufriedenheitsangaben über Produkte, die von einer erheblichen Zahl von Personen gekauft werden (z.B. Lebensmittel-Markenartikel, Zeitungen, Wasch- und Reinigungsmittel), können auch im Rahmen von Omnibus-Befragungen oder Umfragen auf der Straße gewonnen werden.

Auf der Beobachtung von Branchen-, Verbraucher- und Testzeitschriften basiert die Anfertigung von **Teststatistiken**. Produkttests üben einen erheblichen Einfluß auf die Kaufentscheidungen der Verbraucher aus. Negative Testergebnisse veranlassen immer häufiger auch den Handel, die entsprechenden Produkte vollständig aus dem Programm zu nehmen. Kommt es zu mehreren unterdurchschnittlichen Testergebnissen für ein Produkt in Folge, ist dies als Warnsignal für einen dringenden Innovationsbedarf zu sehen.

Die **Erfolgssituation** eines Produkts/Sortiments läßt sich mit Hilfe der **Deckungsbeitragsanalyse** ermitteln (ausführlich behandelt im Abschnitt "Marketing-Kontrolle"). Produkte mit einem geringen Deckungsbeitragssatz (bezogen auf den Verkaufserlös) sind typische Kandidaten für Innovations- oder Eliminationsmaßnahmen. Entweder die Produktionskosten sind übermäßig hoch (deutet auf veraltete Produktionsverfahren, teuere Vorprodukte usw. hin) oder der am Markt durchsetzbare Verkaufspreis ist zu gering. Auf jeden Fall ist zu prüfen, welche Maßnahmen zur Verbesserung der Erfolgssituation ergriffen werden können. Dabei kann es sich sowohl um Innovation als auch um Variation oder Elimination handeln.

Das absatzwirtschaftliche Risiko kann anhand der Kriterien Umsatzbedeutung, Marktdynamik, Stärken/Schwächen, Position bei Kunden und im Handel gemessen werden. Die **Umsatzstrukturanalyse** macht Aussagen darüber, inwieweit der Gesamtumsatz von einzelnen Produkten abhängig ist. Je größer die Umsatzbedeutung eines einzelnen Produkts oder einer kleinen Gruppe von Produkten ist, desto größer sind die Auswirkungen eines Umsatzrückgangs auf das Gesamtunternehmen. Ziel der Umsatzstrukturanalyse ist es daher, auf solche Abhängigkeiten aufmerksam zu machen. Als Gegenmaßnahme empfiehlt es sich regelmäßig, andere, bislang weniger bedeutsame Produkte stärker zu fördern.

Die Darstellung der Umsatzstruktur erfolgt mit Hilfe einer ABC-Analyse (Abb. D.2). In der Horizontalen wird die Zahl der Produkte angezeigt, in der Vertikalen der kumulierte Umsatz. Die Produkte werden in der Reihenfolge ihres Umsatzes abgetragen. Die umsatzstärksten gehören der Kategorie A (bis ca. 50-65% des Gesamtumsatzes) an. Bis ca. 75-90% des Gesamtumsatzes werden die nächstwichtigen Produkte der Kategorie B zugerechnet, die unwichtigsten dann der Kategorie C.

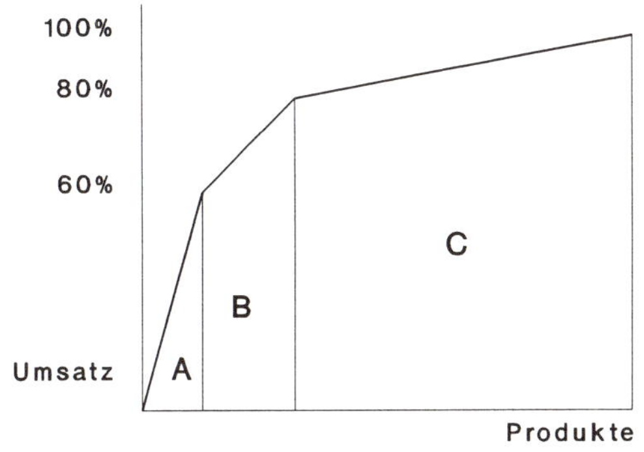

Abb. D.2: Beispiel einer Umsatzstrukturanalyse

Das Hauptaugenmerk des Marketing liegt also auf den A-Produkten. C-Produkte (häufig handelt es sich dabei um Zubehörteile, Auslaufmodelle u.ä.) werden in der Praxis häufig auch nur "mit verwaltet", wenn nicht gar vergessen. Die ABC-Analyse sollte daher nicht nur einseitig in der Richtung verstanden werden, daß auf die wichtigen Umsatzträger aufmerksam gemacht wird, sondern auch dahingehend, daß Potentiale von C-Produkten für eine Umsatzsteigerung betrachtet werden sollten.

Neben dem Umsatz kann für diese Analyse auch der Deckungsbeitrag verwendet werden. Es ist zwar ein zusätzlicher Rechenschritt erforderlich, die Aussagekraft ist jedoch als höher einzuschätzen.

Portfolio-Analysen können, da prinzipiell alle relevanten Kriterien als Darstellungsdimensionen verwendet werden können, verschiedene Analysezwecke verfolgen. Das **Marktwachstum-Marktanteil-Portfolio** macht auf finanzielle Ungleichgewichte (Verhältnis von mittelbindenden zu mittelfreisetzenden Geschäftseinheiten) und die Risikostruktur (marktstarke zu marktschwachen Geschäftseinheiten) aufmerksam. Das **Marktattraktivität-Wettbewerbsstärke-Portfolio** vereint komplexe Dimensionen und bezieht subjektive Schätzungen bezüglich der Marktsituation mit ein. Es eignet sich vor allem, um zukünftige Potentiale (und im Gegenzug auch strategische Schwächen) zu berücksichtigen. Wichtiger als das gegenwärtige finanzielle Ergebnis sind dabei die zukünftigen Marktchancen.

Eine **Kundenstrukturanalyse**, die die Abhängigkeit des Umsatzes von einzelnen Kunden verdeutlicht (etwa in Form einer ABC-Analyse), macht auf Bedrohungspotentiale für den Fall des Verlustes eines Kunden aufmerksam. Eine **Distributionsanalyse** zeigt die Verbreitung der Produkte im Handel. Liegt eine hohe gewichtete im Vergleich zu einer geringen numerischen Distribution vor, besteht eine Abhängigkeit von umsatzstarken Einzelhändlern/Ketten. Abb. D.3 faßt die einzelnen Verfahren zusammen.

1.2 Produktentwicklung

1.2.1 Ideengenerierung

Aufgabe dieser Phase ist es, auf der Basis des ermittelten Innovationsbedarfs ein marktfähiges Produkt bis zur Serienreife zu entwickeln.

Ausgangspunkt ist die **Ideenfindung**. Ideen können sowohl auf analytischem als auch kreativem Wege gewonnen werden. Die **Analyse** kann bei bisherigen Produkten des gleichen Herstellers, Konkurrenzunternehmen und Verbrauchern ansetzen. **Kreativitätstechniken** arbeiten mit der Übertragung von Lösungen aus anderen Bereichen, spontanen Gedanken und Phantasien sowie Neukombinationen von Lösungsmöglichkeiten. Die bekanntesten Kreativitätstechniken sind:

Brainstorming: Das Verfahren basiert darauf, daß in einer kreativitätsfördernden Situation Ideen spontan entwickelt und von anderen Teilnehmern weitergesponnen werden. Die Grundregeln sind (Nieschlag/Dichtl/Hörschgen 1991, S. 193):

- 7-12 Teilnehmer
- optimale Dauer der Sitzung 15-30 Minuten
- Quantität der Ideen ist wichtiger als deren Qualität
- keine Urheberrechte an eigenen Ideen
- keine Kritik erlaubt
- möglichst keine Hierarchieunterschiede bei den Teilnehmern.

Das Brainstorming wird aus zwei Gründen in der Praxis häufig angewandt. Zum einen sind die Kosten sehr gering; es sind keine Materialien oder Vorbereitungen erforderlich, es entstehen nur Opportunitätskosten für die Teilnehmer. Zum anderen werden häufig phantasievolle Gedanken gewonnen, die bei einer systematischen Vorgehensweise schon im Vorfeld ausgeschieden wären, sich aber doch als sinnvoll erweisen können.

Synektik: Der Grundgedanke dieses Verfahrens ist die Übertragung von Lösungen aus anderen Bereichen, etwa der Natur (bei technischen Problemstellungen) oder der Technik (bei sozialen Problemstellungen), auf konkrete Problemstellungen. So kommt es häufig vor, daß es in der Natur Lösungen für Probleme gibt, für die ein konkretes Produkt entwickelt werden soll. Die Entwicklung des Flugzeugs basiert z.B. auf einem synektischen Prozeß. Die Lösung des Problems "Fliegen" wurde letztlich von Vögeln übernommen.

Zielkriterium	**Bewertungsverfahren**	**verwendete Daten**	
Produktalter	Altersstrukturanalyse	Alter, Umsatz (mehrere Produkte/ eine Periode)	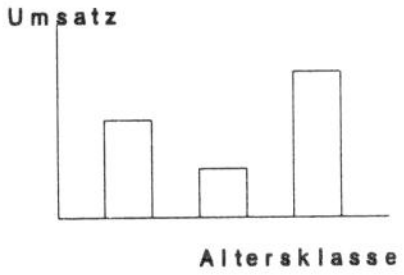
	Lebenszyklusanalyse	Alter, Umsatz (ein Produkt/ mehrere Perioden)	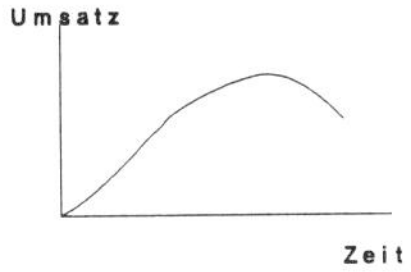
Qualität	Kundenzufriedenheitsanalyse	Reklamationen, Kundenbefragungen	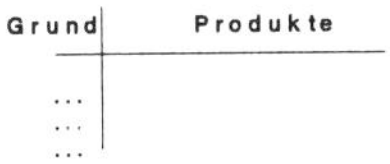
	Teststatistiken	Testergebnisse	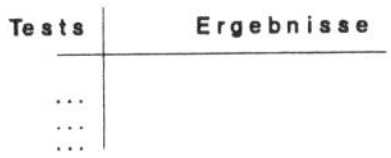
Erfolg	Deckungsbeitragsanalyse	Deckungsbeiträge	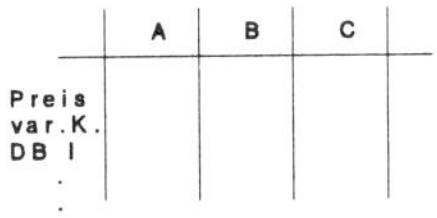
Risiko	ABC-Analyse	Umsatz	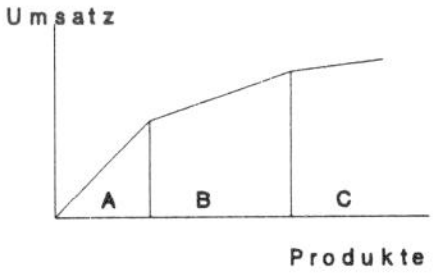
	Marktwachstum-Marktanteil-Portfolio	Marktanteilsdaten (auch der Wettbewerber), Marktwachstum	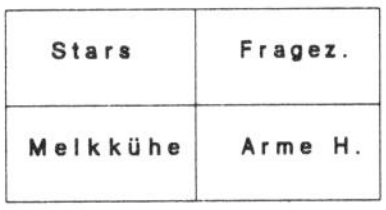
	Marktattraktivität-Wettbewerbsstärken-Portfolio	Marktbewertung, Unternehmensbewertung	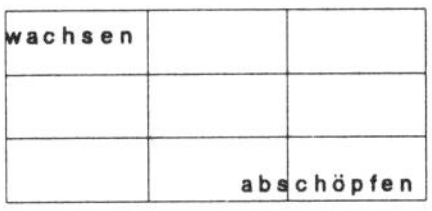
	Kundenstrukturanalyse	Umsätze der Kunden	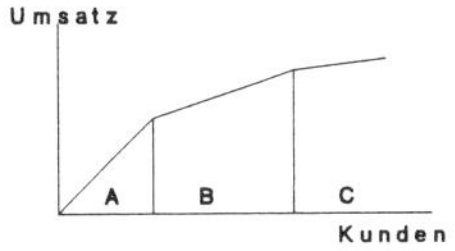
	Distributionsanalyse	Distributionskennziffern	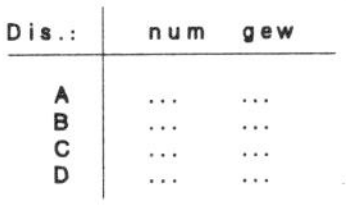

Abb. D.3: Übersicht über Produktbewertungsverfahren

Der Ablauf eines Synektik-Prozesses vollzieht sich wie folgt (Linneweh 1984, S. 100ff.):

1. Problemstellung, erste Analyse (ca. 30 min.)
2. Nennung spontaner Lösungsansätze durch die Teilnehmer (zur Auflockerung der Atmosphäre, 10 min.)
3. Neuformulierung des Problems, Verdichtung auf das Wesentliche (15 min.)
4. Erste direkte Analogien aus Natur oder Technik (Brainstorming, 20 min.)
5. Persönliche Analogien ("Wie fühle ich mich als...", 20 min.)
6. Symbolische Analogien: Suche nach einem gegensätzlichen Wortpaar, bestehend aus Adjektiv und Substantiv (10 min.)
7. Zweite direkte Analogie aus Technik oder Natur (im Gegensatz zur ersten direkten Analogie, 20 min.)
8. Analyse und Beschreibung der gefundenen Analogien (20 min.)
9. Zurückführung auf die ursprüngliche Problemstellung/Projektion (30 min.)

Morphologie: Mit Hilfe eines sog. morphologischen Kastens werden neue Produkte durch eine neuartige Kombination einzelner Teile zusammengesetzt. Hier muß also vorher bestimmt werden, um welche Produktart es sich handelt. Die morphologische Methode ermöglicht es dann, neue kreative Lösungen für die Gestaltung dieses Produkts zu finden. In einem ersten Schritt wird zunächst analysiert, aus welchen Funktionseinheiten dieses Produkt besteht. Dann werden jeweils für die Funktionseinheiten mögliche Lösungen (z.B. Materialvarianten, Konstruktionsprinzipien) aufgelistet. Im dritten Schritt schließlich werden die einzelnen Lösungen zu unterschiedlichen Varianten kombiniert, von denen dann eine ausgewählt wird.

Dazu ein Beispiel für eine Schreibtischlampe:

Einheit	**Lösungsvarianten**		
Leuchtmittel:	Glühbirne	Leuchtstoffröhre	Halogen
Befestigung:	Fuß	Schraubzwinge	Klammer
Arm:	fest	Gelenke	beweglich
Farbe:	weiß	schwarz	rot
Schalter:	Knopf-	Dreh-	Sensor-
Schirm:	Metall	Kunststoff	Glas

Das Produkt "Schreibtischlampe" wurde hier in einzelne Einheiten zerlegt (linke Spalte). Für diese Einheiten wurden mehrere technisch denkbare Lösungsmöglichkeiten aufgelistet. Nun wird aus der Kombination der verschiedenen Lösungsmöglichkeiten eine neue Lampe konstruiert. Diese könnte z.B. eine Glühbirne haben, mit einer Klammer am Tisch befestigt werden, einen variablen Arm haben, weiß lackiert sein, mit einem Drehschalter zu bedienen sein und einen Schirm aus Kunststoff haben. Bei dem gezeigten Beispiel wären $3^6 = 729$ Varianten denkbar.

1.2.2 Ideenselektion

In der Regel werden im Rahmen der Ideengenerierung mehrere Neuproduktideen entwickelt, unter denen dann eine Auswahl zu treffen ist. Hierzu können die Verfahren der Investitionsbeurteilung (für die finanzwirtschaftlichen Aspekte) und der subjektiven Bewertung (für Faktoren wie Marktchancen, Technologieeinsatz usw.) verwendet werden. Diese Verfahren beschränken sich jedoch auf eine unternehmensinterne Sichtweise. Um abzuschätzen, inwieweit die generierten Ideen mit den Vorstellungen der potentiellen Konsumenten übereinstimmen, sollte eine Anforderungsanalyse durchgeführt werden. Ziel ist es, Anforderungen und Produktgestaltung in Einklang zu bringen.

Zur Erhebung der Anforderungen der Konsumenten kann etwa folgendes Schema als Grundgerüst verwendet werden:

- Leistung
  - technisch
  - wahrnehmungsbezogen
  - physiologisch
  - sozial
  - emotional
- Ökonomie
  - Preis
  - Unterhaltskosten
  - Folgekosten
  - Haltbarkeit
- Bedienung
  - Ergonomie
  - Vorbereitung
  - Pflege
- Umwelt
  - Recyclingfähigkeit
  - Materialverwendung
  - Energieverbrauch
- Sicherheit
  - Anwendungssicherheit
  - Sicherheit Dritter

Weitere Anforderungen und Ausprägungen sind denkbar. An eine Kaffeemaschine könnten sich folgende Anforderungen ergeben (ein wesentlich ausführlicheres Raster findet sich etwa bei Koppelmann 1993):

Produktleistung:	technisch:	kurze Zubereitungszeit
	wahrnehmungsbezogen:	passend zur Kücheneinrichtung
	physiologisch:	keine Geschmacksbeeinträchtigung durch Material
	sozial:	Demonstration eines gewissen Status
	emotional:	ästhetischer Anblick
Ökonomie:	Preis:	bestimmtes Preisniveau
	Unterhaltskosten:	große Entkalkungsintervalle, geringer Stromverbrauch
	Folgekosten:	preisgünstige Ersatzkaraffen
	Haltbarkeit:	bruchsichere Karaffe
Bedienung:	Ergonomie:	einfache Betätigung der Schalter
	Vorbereitung:	leichtes Einfüllen des Wassers
	Pflege:	leichte Reinigung
Umwelt:	Recyclingfähigkeit:	Rücknahmegarantie
	Materialverwendung:	keine übermäßig umweltbelastenden

		Materialien (PVC usw.)
	Energieverbrauch:	Stromspareinrichtung
Sicherheit:	Anwendungssicherheit:	automatische Abschaltung
	Sicherheit Dritter:	Kindersicherung

Es ist dann zu überprüfen, welche der gewonnenen Ideen diesen Anforderungen am nächsten kommt.

Cooper/Kleinschmidt (1993) haben im Rahmen einer empirischen Untersuchung von 103 Produkteinführungen in der chemischen Industrie Erfolgsfaktoren analysiert. Die untersuchten Produkte wurden in die Klassen "erfolgreich" und "erfolglos" eingeteilt. Erfolgreiche Produkte hatten einen durchschnittlichen Umsatz von 8 Mio. $ pro Jahr und einen relativen Marktanteil von 4,95%, erfolglose einen Umsatz von 0,8 Mio. $ und einen Marktanteil von 0,6%.

Die meisten Produktideen waren aus der Technologie hergeleitet (40%), dann von Konsumenten (29%), Wettbewerbern (21%) und Lieferanten (7%). Die Analyse der Herkunft der Erfolgsideen zeigte, daß die konsumenten- und lieferantenorientierte Ideenfindung zu signifikant höherem Produkterfolg führt. Wettbewerbs- und Technologieorientierung führten zu unterdurchschnittlichen Erfolgsquoten.

Weiterhin wurde die Auslandsorientierung bei der Produkteinführung untersucht. Hierbei stellte sich die Weltmarktstrategie, also globale Vermarktung, als besonders erfolgsträchtig heraus, während insbesondere eine auf die Nachbarmärkte ausgerichtete Strategie zu überdurchschnittlich vielen Mißerfolgen führte.

Unter den Aktivitäten während der Einführungsphase stellten sich als besonders erfolgsbeeinflussend heraus:

- Testverkäufe/Testmarkt (Produkte ohne Testmarkt hatten eine Erfolgsquote von 14% im Vergleich zu 66% insgesamt)
- Ideenbewertung (ohne Ideenbewertung Erfolgsquote von 20%)
- Pilotproduktion (ohne Pilotproduktion Erfolgsquote von 33%)
- detaillierte Marktstudie (ohne detaillierte Marktstudie Erfolgsquote von 36%)
- erste Marktstudie (ohne erste Marktstudie Erfolgsquote von 37%)
- Geschäftsanalyse vor Markteinführung (ohne Geschäftsanalyse Erfolgsquote von 42%).

1.2.3 Produktgestaltung

1.2.3.1 Gestaltungsparameter

Den Produktanforderungen stehen die Parameter der Produktgestaltung gegenüber (s. Kasten nächste Seite). Diese Parameter lassen sich noch wesentlich weiter untergliedern (Koppelmann 1993, S. 267ff.), doch soll aus Gründen der Übersichtlichkeit darauf verzichtet werden.

Beim **Material** können zunächst die jeweiligen Leistungen unterschieden werden,

Gestaltungsparameter:

- Technik
  - Material/Oberfläche
  - Konstruktion
  - Energieversorgung
- Design
  - Form
  - Farbe
  - Grafik

die für die Wahl eines Materials ausschlaggebend sind. Unter technischem Blickwinkel geht es u.a. um Fragen der Festigkeit, des Gewichts, der Leitfähigkeit, der Temperaturbeständigkeit, Korrosionsbeständigkeit. In ökonomischer Sicht sind vor allem Beschaffungs- und Produktionskosten zu berücksichtigen, aber auch Imagewirkungen des Materials. Materialien haben auch unterschiedliche Wahrnehmungswirkungen. So entsteht etwa bei Glas ein anderer Temperatureindruck als bei Kunststoff, was besonders bei Trinkgefäßen zu berücksichtigen ist. Gravierend sind auch die Anmutungsunterschiede. Während Holz und Leder natürliche Stoffe sind, sind Kunststoffe und Metalle künstliche. Seide und Gold wirken fein, Wolle und Zinn rustikal. Aluminium und Titan sind modern, Stahl und Holz altbewährt. Metalle und Keramik gelten (u.a.) als kalte Stoffe, Holz und Leder als warme. Kiefer und Fichte sind leicht, Mahagoni und Eiche schwer. Die angestrebte Positionierung eines Produktes kann also schon die Verwendung bestimmter Materialien nahelegen.

Die Wahl einer bestimmten **Oberfläche** ist nicht autonom festzulegen, sondern abhängig von der Materialwahl. Es kommen jedoch in einigen Fällen besondere Behandlungsweisen von Materialien in Frage, die unterschiedliche Oberflächen erzeugen. Dazu gehören vor allem das Glätten (Polieren, Hobeln, Schleifen usw.) und das Beschichten bzw. sonstige Auftragen weiterer Materialien. Beispiele dafür sind das Beschichten von Holz mit Kunststoff (z.B. für Küchen- oder Badezimmermöbel), von Glas mit Metall (z.B. bei Spiegeln) oder das Aufbringen von Gumminoppen (z.B. bei Rasieren, Taschenlampen) usw.

Diese Oberflächen erbringen unterschiedliche Leistungen. Matt gestrichenes Papier z.B. wirkt edel und zurückhaltend, glatt gestrichenes fällt mehr auf, wirkt poppiger und moderner. Unter Lichtbestrahlung sind Bilder auf glänzendem Papier mitunter nicht zu erkennen, weil es zu Spiegelungen kommt. Eine matte Oberfläche reduziert jedoch den Schärfeeindruck. Besonders bei Textilien und Möbeln wirkt eine matte oder rauhe Oberfläche wärmer und natürlicher, eine glatte kälter und künstlicher. Bei Produkten, die sicher in der Hand liegen müssen (z.B. Lenkräder, Schaltgriffe), kann durch eine weiche, rauhe oder genoppte Oberfläche die Griffsicherheit erhöht werden. Feste, unnachgiebige Oberflächen wirken dafür stabiler.

Die **Form** eines Produkts bzw. einzelner seiner Teile ist in gewissem Umfang vorgegeben. So werden etwa bei Toastern bestimmte Abmessungen durch die jeweils gängigen Brotgrößen festgelegt, bei Kaffeemaschinen haben z.B. auf dem Markt vorhandene Filterpapierformate einen Einfluß. Im Konsumgüterbereich gibt es dennoch zahlreiche Variationsmöglichkeiten, nicht zuletzt auch bei Detaillösungen. Die Form hat z.B. Einfluß auf den Materialverbrauch. Stehen ökonomische Aspekte im Vordergrund, wird eine Form gewählt, die die geringstmögliche Oberfläche aufweist. Weiterhin ist Form ein Instrument zur Erzielung von Stabilität (Beispiel: Wellblech oder Einbuchtungen in Blechen bei Fahrzeugkarrosserien). Umweltbezogen ist der Zusammenhang mit dem Luftwiderstand bei Fahrzeugen bedeutsam. Durch Form wird auch die Handhabung von Geräten erleichtert (z.B. ergonomische Ausgestaltung von Bedienelementen, Griffen usw.).

Ökonomische Überlegungen lassen eine verpackungsoptimale Formgebung ratsam erscheinen. Ein berühmtes Beispiel für eine verfehlte Formgebung war der Versuch einer Brauerei, aus Gründen der Verkaufswirksamkeit eine neue Bierflasche einzuführen, die höher war als andere. Damit war es jedoch nicht mehr möglich, mehrere Bierkästen mit dieser Flasche übereinanderzustapeln. Dies führte zu Widerstand im Handel, der den höheren Lageraufwand nicht tragen wollte. Besonders bei mehrteiligen Produkten kann eine Formgebung in Frage kommen, die es ermöglicht, für den Transport einzelne Teile z.B. ineinander zu legen. Ein Beispiel für eine solche intelligente Lösung sind stapelbare Stühle.

Erhebliche Bedeutung hat auch der Aspekt der ästhetischen Wirkung der Form gewonnen. Nach Birkhoff ergibt sich das ästhetische Maß (M) aus Ordnung/Symmetrie (O) geteilt durch Komplexität (C): $M = O/C$. Ein Gegenstand wirkt danach umso ästhetischer, je größer seine Ordnung und je geringer seine Komplexität ist. So zeichnen sich designorientierte Produkte regelmäßig durch eine symmetrische Anordnung von Bedienelementen, die Beschränkung auf wenige Formvariationen und Elemente aus (Koppelmann 1993, S. 282). Beispiele sind etwa Bang & Olufsen-Produkte, bei denen z.B. zahlreiche Bedienungselemente hinter Abdeckungen verborgen werden. Eine solche Beschränkung erleichtert es auch, die wichtigsten Elemente schnell zu identifizieren, besonders, wenn dabei Gestaltungstraditionen berücksichtigt werden (z.B. Position des Netzschalters).

Beim Gestaltungsparameter **Farbe** sind zunächst die physiologischen/psychologischen Wirkungen zu betrachten (Koppelmann 1993, S. 292).

Farbe	**Distanzwirkung**	**Temperaturwirkung**	**psychische Stimmung**
Blau:	Entfernung	kalt	beruhigend
Grün:	Entfernung	sehr kalt	sehr beruhigend
Rot:	Nähe	warm	sehr aufreizend und beunruhigend
Orange:	sehr nahe	sehr warm	anregend
Gelb:	Nähe	sehr warm	anregend
Braun:	sehr nahe, einengend	neutral	anregend
Violett:	sehr nahe	kalt	aggressiv, beunruhigend, entmutigend

Sowohl produktarten- als auch konsumentenbezogen lassen sich verschiedene Farbpräferenzen feststellen. Im HiFi-Bereich dominieren z.Zt. die Farben Schwarz und Grau, während vor 15-20 Jahren Brauntöne "in" waren. Bei Küchengeräten ist es heute Weiß, ergänzt durch einige vor allem schwarze und rote Geräte. In den siebziger Jahren beispielsweise wurden viele Geräte in Gelb-, Orange- und Beigetönen verkauft. Hier spielt vor allem die Farbe der Umgebung, d.h. konkret der Kücheneinrichtung, eine Rolle. Bei der Verpackung von Nahrungsmitteln wird z.B. Gelb häufig für saueren, Blau für frischen und Braun für Karamelgeschmack verwendet. Weiterhin ist der Aspekt der Signalwirkung zu beachten. In den verschiedenen Produktbereichen haben sich feste Beziehungen zwischen Farbe und Bedeutung etabliert. Ein rotes Lämpchen deutet darauf hin, daß ein Geraät eingeschaltet (Kaffeemaschinen) bzw. ausgeschaltet ist (Fernseher), ein grünes Lämpchen auf "freie Fahrt", orange Signalfarbe auf Gefahrenstellen.

Die **Grafik** symbolisiert ein Unternehmen, eine Funktion, eine Eigenschaft oder ähnliches. Praktisch alle Unternehmen verfügen über Logos, die ein Zeichen für dieses Unternehmen darstellen. Je konsequenter diese Zeichen eingesetzt werden und je individueller sie gestaltet sind, desto leichter wird das Zeichen als Symbol identifiziert. Hierzu gibt es prägnante Beispiele: Das Logo der Deutschen Bank etwa ist von der Gestaltung her ausgesprochen einfach, wird aber sofort als Deutsche Bank-Symbol erkannt. Die dem Coca-Cola-Logo zugrundeliegende Schrift wird auch dann identifiziert, wenn etwas anderes als Coca-Cola geschrieben wurde. Aber auch Bilder können diese Funktion übernehmen, z.B. der Erdal-Frosch.

Neben der Identifikationsleistung ist die Informationsleistung von Zeichen zu betrachten. So gibt es zahlreiche Zeichen für Qualität oder die Einhaltung von Normen (HiFi-Zeichen, VDE-Prüfzeichen usw.), für Verwendungshinweise (Behandlung von Textilien, Transportvorschriften usw.) und für die Bedienung von Geräten (Ein/Aus-Schalter, heizbare Heckscheibe usw.).

Beispiele für die **Energieversorgung** sind bei Kraftfahrzeugen die Motoren (Diesel-, Otto-, Wankel-, Elektromotor) und bei Uhren die Energiequelle (Quarzuhrwerk, Handaufzug). Spezifische Leistungen ergeben sich aus der Zuverlässigkeit (mechanische Teile unterliegen dem Verschleiß), Umweltfreundlichkeit (Benzinmotoren verursachen Abgase und Lärm), Ökonomie (Solarantrieb verursacht keine variablen Kosten), Bedienungsfreundlichkeit (Vorwärmen beim Dieselmotor), der Anmutung (Fahrzeug mit Turbolader wirkt überlegen) u.a. Faktoren.

Konstruktion bezeichnet den Aufbau eines Produkts und die Anordnung einzelner Elemente. Beispiele für Konstruktionsprinzipien sind die Antriebsarten bei Fahrzeugen (z.B. Frontmotor mit Frontantrieb, Frontmotor mit Heckantrieb, Heckmotor mit Heckantrieb usw.), die Scherköpfe bei Rasierapparaten (einfacher Scherkopf, Doppel-Scherkopf, drei rotierende Scherköpfe), bei Kaffeemaschinen die Anordnung von Wassertank, Filter und Glaskanne.

Unterschiedliche Leistungen ergeben sich in bezug auf Raumnutzung (Frontmotor und Heckantrieb bei Fahrzeugen erfordern einen Kardantunnel, der den Fußraum einschränkt; bei Recordern mit Doppel-Kassetten-Laufwerk kann die Anordnung hintereinander Platz sparen), Bedienung (Fahrzeuge mit Frontantrieb sind bei glatter Fahrbahn leichter manövrierbar; bei Fotoapparaten kann die Ausformung eines Batteriefachs als Handgriff die Griffigkeit erhöhen), Ökonomie (bei Kaffeemaschinen führt die Anordnung der Heizung unter der Warmhalteplatte dazu, daß die entstandene Wärme beim Brühen noch zur Warmhaltung genutzt werden kann und kein weiteres Wärmelement erforderlich ist), Reparaturfreundlichkeit (werden die einzelnen Bauteile so angeordnet, daß sie beim Öffnen des Geräts leicht zugänglich sind, entstehen geringere Reparaturkosten), produktspezifische Leistungen (bei Fotoapparaten ermöglicht der Zentralverschluß Blitzsynchronisation bis zur 1/500 Sekunde, im Gegensatz zum Schlitzverschluß), Anmutung (eine Kaffeemaschine mit zwei Heizelementen kann extravagant konstruiert werden und strahlt Expertise aus) usw.

Als Sonderfall der Konstruktion ist die Verwendung von standardisierten Teilen zu verstehen. In diesem Fall können Produktions- und Entwicklungskosten ebenso reduziert, wie die Bedienung erleichtert werden. Bei praktisch allen Bedienelementen gibt es Standardteile, die sich bei vielen verschiedenen Produkten in nahezu unveränderter Form wiederfinden. Grundlage dafür ist neben den Kosten auch die Gewöhnung der Benutzer. Der Verstoß gegen etablierte Prinzipien, auch wenn sie dringend veränderungsbedürftig erscheinen, kann zum Fiasko werden. So existiert z.B. im Fotobereich ein Filmformat mit ungünstigem Seitenverhältnis (Kleinbild: 2:3) und ungünstiger Bedienung (Filmpatrone). Jedoch ist es noch nicht gelungen, diesen Standard zu ändern. Bestes Beispiel ist das Scheitern der Disc-Kameras.

Standardisierte Teile finden sich regelmäßig bei Schaltern (Druck-, Kipp-, Dreh- usw.) und Verschlüssen (Knopf, Reißverschluß, Druckknopf usw.). Ein zunehmend diskutiertes Standardteil ist die sogenannte QWERTZ-Tastatur, bei der einerseits die Belegung der Tasten, andererseits deren Anordnung kritisiert wird. Dem Nachteil fehlender Ergonomie kann der Vorteil der leichten Verwendbarkeit gegenübergestellt werden, da jeder, der einmal gelernt hat, eine solche Tastatur zu bedienen, jederzeit auch eine andere Tastatur bedienen kann.

Da die Analyse der Leistungen der Gestaltungsparameter einen vergleichsweise atomistischen Ansatz darstellt (das Produkt wird aus einzelnen Grundelementen zusammengesetzt), ist zu überlegen, wie komplexe Produktbestandteile in die Gestaltungsüberlegung einbezogen werden können. Ein Beispiel ist die Bestimmung eines Fahrzeugtyps aus einzelnen Bauteilen wie Motor, Karrosserieform, Innenausstattung usw., wobei diese Bauteile wieder einer Gestaltungsanalyse unterzogen werden müssen. Weiterhin interessiert die Frage, wie die Konsumentenreaktion auf gestalterische Maßnahmen ermittelt werden kann.

Für solche Aufgabenstellungen ist in den letzten Jahren das **Conjoint Measurement** in den Mittelpunkt der Betrachtungen gerückt. Mit Hilfe dieser Methode ist es möglich, den Einfluß einzelner Produktbestandteile auf die Kaufentscheidung zu messen. Dazu werden aus den zur Verfügung stehenden Möglichkeiten verschiedene Produkte durch Zusammenstellung der Bestandteile konstruiert. Eine Reihe von Probanden gibt dann die Kaufpräferenz für diese Produkte an. Aus diesen Angaben läßt sich dann der Beitrag einzelner Elemente für die Kaufentscheidung isolieren.

1.2.3.2 Produkthaftung

Im Zuge der EG-weiten Rechtsharmonisierung wurde auch die EG-Produkthaftungsrichtlinie verabschiedet, die einen stärkeren Verbraucherschutz gewährleistet. Seit dem Inkrafttreten des Gesetzes über die Haftung für fehlerhafte Produkte (ProdHaftG) im Jahr 1989, mit dem die Richtlinie in Deutschland umgesetzt wurde, bestehen für Geschädigte nunmehr zwei mögliche Anspruchsgrundlagen: einerseits aus Deliktsrecht nach § 823 BGB, andererseits aus Produkthaftung nach ProdHaftG.

Aufgrund der dadurch komplexer gewordenen Bestimmungen soll hier nur ein Überblick über die neue Rechtslage gegeben werden. § 1 Abs. 1 des ProdHaftG bestimmt:

Wird durch den Fehler eines Produkts jemand getötet, sein Körper oder seine Gesundheit verletzt oder eine Sache beschädigt, so ist der Hersteller des Produkts verpflichtet, dem Geschädigten den daraus entstehenden Schaden zu ersetzen. Im Falle der Sachbeschädigung gilt dies nur, wenn eine andere Sache als das fehlerhafte Produkt beschädigt wird und diese andere Sache ihrer Art nach gewöhnlich für den privaten Ge- oder Verbrauch bestimmt und hierzu von dem Geschädigten hauptsächlich verwendet worden ist.

Keine Ersatzpflicht besteht u.a., wenn (Ahlert/Schröder 1989, S. 205)
- der Hersteller das Produkt nicht in den Verkehr gebracht hat
- das Produkt den Fehler noch nicht hatte, als es in den Verkehr gebracht wurde,
- der Fehler nach dem Stand der Wissenschaft und Technik noch nicht bekannt sein konnte, als das Produkt in den Verkehr gebracht wurde.

Der Geschädigte muß den Fehler des Produkts, den Schaden und den ursächlichen Zusammenhang zwischen Fehler und Schaden nachweisen. Hierin lag ein wesentlicher Diskussionspunkt, da diese Regelung die Geltendmachung von Ansprüchen erschwert. Die **Beweislast** wird jedoch auf den Hersteller übertragen, wenn streitig ist, ob die Ersatzpflicht z.B. wegen o.g. Gründe ausgeschlossen ist. Er muß also etwa nachweisen, daß er den Fehler nicht hätte erkennen können oder daß das Produkt bei Inverkehrbringen fehlerfrei war.

Das ProdHaftG beschreibt ein **fehlerhaftes Produkt** als (§ 3 Abs. 1):

Ein Produkt hat einen Fehler, wenn es nicht die Sicherheit bietet, die unter Berücksichtigung aller Umstände, insbesondere
a) seiner Darbietung,
b) des Gebrauchs, mit dem billigerweise gerechnet werden kann,
c) des Zeitpunkts, in dem es in den Verkehr gebracht wurde,
berechtigterweise erwartet werden kann.

Hiermit werden drei wesentliche Ursachen für die Fehlerhaftigkeit angesprochen. Erstens ist bedeutsam, wie das Produkt in der Kommunikation dargestellt wurde, also welche Verwendungsmöglichkeiten und welches Sicherheitsniveau dargestellt wurden. Zweitens ist nicht nur der bestimmungsgemäße, sondern auch naheliegende Gebrauch relevant. Der Hersteller haftet danach auch dann, wenn das Produkt für einen anderen als den eigentlichen Zweck gebraucht wurde, dieser Fehlgebrauch jedoch naheliegend ist. Drittens wird ein Produkt nicht dadurch fehlerhaft, daß nach der Inverkehrbringung ein neues mit höherer Sicherheitsleistung auf den Markt kommt.

Während die Haftung nach ProdHaftG verschuldensunabhängig ist, setzt die **deliktsrechtliche Haftung** nach BGB Verschulden voraus. Dies ist dann der Fall, wenn vorsätzlich oder fahrlässig Verkehrspflichten verletzt wurden. Folgende Fallgruppen können dabei unterschieden werden (Ahlert/Schröder 1989, S. 186ff.):

Konstruktionsfehler: Der Hersteller haftet, wenn die gesamte Serie ein Sicherheitsdefizit aufweist und dies nach dem damaligen Stand von Wissenschaft und Technik erkennbar war.
Fabrikationsfehler: Der Hersteller haftet, wenn bei der Fertigung oder Qualitätskontrolle ein Fehler unterlaufen ist oder bei mangelhafter Herstellungsorganisation. Wurden die notwendigen Sicherheitsvorkehrungen getroffen, haftet er nicht für Ausreißer.
Instruktionsfehler: Der Hersteller haftet, wenn von seinem Produkt Gefahren ausgehen und er eine wirksame Warnung unterläßt. Dabei ist zu berücksichtigen, inwieweit die Verbraucher in der Lage sind, die Gefahren zu erkennen.
Produktbeobachtungsfehler: Der Hersteller haftet, wenn er es unterläßt, die Tauglichkeit eines neuen Produkts zu beobachten und beim Auftreten von Mängeln geeignete Maßnahmen zu ergreifen (z.B. Rückrufaktionen).

Eine weitere Neuerung des ProdHaftG betrifft den Kreis der **Anspruchsgegner**. Neben dem eigentlichen Hersteller können nun auch Ansprüche gegen Zulieferer, Importeure oder Händler, die das Produkt mit eigenen Warenzeichen versehen, geltend gemacht werden.

1.2.4 Realisation

Ist die Entscheidung für die Verfolgung und Spezifikation eines Produktkonzepts gefallen, schließen sich die **Konstruktion und Tests** an. Beide Prozesse müssen parallel verlaufen, da Tests zur Absicherung der Entscheidung und Produktmuster für die Durchführung der Tests erforderlich sind. Von der Entscheidung für die Entwicklung eines Produkts bis zur Serienproduktion vergehen bei technischen Gebrauchsgütern in der Regel mehrere Jahre. Gleichzeitig sind hohe Investitionen in Produktionsanlagen erforderlich. Es ist daher besonders wichtig, in diesem Prozeß Zwischenstufen einzubauen, die einen Ausstieg ermöglichen, falls sich das Produkt als nicht erfolgsträchtig herausstellen sollte.

Dies erfolgt regelmäßig durch ein mehrstufiges Entwicklungs- und Testkonzept. Auf der Seite der Entwicklungsstufen ist besonders der Aspekt der bis dahin anfallenden Kosten zu berücksichtigen. Je höher der Entwicklungsaufwand ist, desto sicherer muß die Entscheidung sein. Auf der Seite der Teststufen ist der Geheimhaltungsgrad zu berücksichtigen. Je weiter das Produkt von der Markteinführung entfernt ist, desto weniger Informationen dürfen weitergegeben werden.

Die im Laufe der Entwicklungsphase zu erstellenden Muster und Testobjekte können wie folgt unterschieden werden:

Design-Muster: Die Erstellung des Design-Musters kann erfolgen, sobald eine Produktdefinition vorliegt, die Angaben über die zu erbringende Leistung, Prinzipien der Konstruktion (Teileanordnung, Antrieb, Bedienelemente usw.), Kostenschätzungen, Materialvorgaben u.ä. enthält. Die Erstellung des Musters erfolgt in der Regel in Handarbeit mit leicht formbaren Materialien. Es eignet sich zum Test der spontanen Anmutung (äußerlichen Wirkung), ggfs. auch der Handhabung.

Prototyp: Hierbei handelt es sich um ein Produkt, das bereits die Funktionen des geplanten Serienprodukts erfüllt, jedoch einzeln angefertigt wird. Umfangreiche Leistungs- und Anwendungstests sind möglich. Auf der Basis der Testergebnisse wird die endgültige Entscheidung über die Produktionsaufnahme und technische Spezifikationen gefällt.

Vorserienprodukt: Die nächste Stufe sind Vor-, Null- oder Pilotserienprodukte, also solche, die bereits unter Serienproduktionsbedingungen erstellt wurden, jedoch aufgrund ausstehender Tests noch keine endgültige Produktions- und Verkaufsfreigabe besitzen. Diese Stufe ist erforderlich, um die Produktionsanlagen auf das neue Produkt abzustimmen, die Arbeitsabläufe zu organisieren, Zulassungen zu beantragen, Sicherheitstests durchzuführen, Aufträge zu akquirieren usw.

Diese Produkte durchlaufen auf den einzelnen Stufen der Entwicklung eine Reihe von Tests:

Konzepttest: Zum Zweck der Abschätzung der grundsätzlichen Akzeptanz und Erfolgsträchtigkeit einer oder mehrerer Produkt*ideen* werden sog. Konzepttests durchgeführt. Dabei wird den Testpersonen kein physisches Produkt vorgelegt, sondern eine Beschreibung der Produktidee. Auf diesem Wege werden Informationen über wichtige und unwichtige Produkteigenschaften gewonnen, die dann in die Produktdefinition eingehen. Vorteilhaft sind insbesondere die Möglichkeit der vollständigen Geheimhaltung und der relativ geringen Kosten, da Kosten für die Musterherstellung entfallen.

Show-Test: Im Rahmen eines Show-Tests wird nicht der praktische Einsatz des Produkts, sondern nur die äußere Anmutung, ggfs. ergänzt durch eine Produktbeschreibung, getestet. Für diesen Test ist somit kein funktionsfähiges Produkt, sondern nur ein Design-Muster erforderlich. Gegenüber dem Konzepttest läßt sich die Entscheidung über eine Entwicklung weiter absichern.

Use-Test: Der Use- oder Gebrauchstest setzt die Verfügbarkeit eines funktionsfähigen Geräts voraus, also mindestens einen Prototyp. Es lassen sich dadurch Informationen über den praktischen Einsatz des Produkts (Gebrauchstauglichkeit, mögliche Fehlerquellen, Betriebsdauer usw.) gewinnen. Je nach erforderlichem Geheimhaltungsgrad kann der Test bei Mitarbeitern des Unternehmens oder sog. Test-Panels erfolgen. Dabei handelt es sich um Personengruppen, die z.T. regelmäßig von Marktforschungsinstituten für Tests und Befragungen eingesetzt werden.

Zulassungs-/Zertifikatstest: Eine Reihe von Produkten muß oder soll zumindest von einer unabhängigen Stelle zugelassen oder getestet werden. So werden Elektrogeräte etwa regelmäßig vom VDE geprüft, weil sich das VDE-Prüfzertifikat als Sicherheitssymbol durchgesetzt hat. Hier sind Produkte erforderlich, die mindestens aus einer Pilotserie stammen, also unter den geplanten Produktionsbedingungen entstanden sind.

Markttest: Die letzte Testmöglichkeit vor der zu fällenden Einführungsentscheidung ist der Markttest, der ggfs. durch Ladentests oder Ladensimulationen (z.B. Berekoven/Eckert/Ellenrieder 1993, S. 172ff.) ersetzt werden kann. Da es sich dabei um einen "normalen" Verkauf handelt, der jedoch in einem räumlich eingeschränkten Testgebiet stattfindet, sind dafür Produkte mit allen erforderlichen Zulassungen, somit Serienprodukte, erforderlich. Die Auswahl des Testmarkts erfolgt nach Repräsentativitätsbedingungen, d.h. er soll dem gesamten Absatzgebiet möglichst genau entsprechen. Eine Geheimhaltung ist nicht mehr möglich.

1.3 Produkteinführung

1.3.1 Markierung

Bevor nun die Markteinführung konkret stattfinden kann, sind einige Marketingentscheidungen sowie der Rechtsschutz zu berücksichtigen. Eine Grundsatzentscheidung betrifft die Frage, ob eine Markierung erfolgen soll, und falls ja, auf welche Weise. Der Markenartikel ist kein rechtlich geregelter Begriff, doch haben sich im Laufe der Zeit einige Merkmale herausgebildet:

- Markierung (namentliche Bezeichnung)
- gleichbleibende Aufmachung
- gleichbleibende oder verbesserte Qualität
- gleichbleibende Menge
- Verbraucherwerbung
- hoher Bekanntheitsgrad
- weite Verbreitung im Absatzmarkt.

Bei der **Markierung** bestehen grundsätzlich folgende Möglichkeiten:

Firmenmarke. Beispiele: Knorr, Maggi, Boss
Die Produktbezeichnung ist hierbei der Firmenname, mitunter ergänzt um einen produktspezifischen Zusatz. Firmenmarken werden häufig eingesetzt, wenn der Firmenname bereits einen guten Ruf hat und die einzelnen Produkte schwer vonein-

ander zu unterscheiden sind oder nur geringe Umsatzvolumina haben, so daß der Marketingaufwand für die Kommunikation und den Schutz des Markennamens zu hoch wäre.

Markenfamilie. Beispiele: Nivea, Milka
Markenfamilien entstehen, wie die genannten Beispiele, häufig aus Einzelmarken. Hat sich ein Produkt mit eingeführtem Markennamen als erfolgreich erwiesen und soll das Sortiment erweitert werden, wird oft der alte Name auf die neuen Produkte übertragen (Nutzung des halo-Effekts).

Einzelmarke. Beispiele: Persil, Pampers, Mon Chéri
Hier wird jedes Produkt unter einem eigenständigen Namen vermarktet. Teils wird der Herstellername nicht oder nur versteckt genannt (z.B. Pampers und andere Procter & Gamble-Produkte), teils wird der Herstellername mit erwähnt oder neben dem Markennamen abgedruckt (z.B. Persil und andere Henkel-Produkte). Voraussetzung ist allerdings regelmäßig, daß das Produkt ein erhebliches Mengenvolumen hat, damit eine gewisse Bekanntheit erreicht wird.

Zweitmarke. Beispiel: Verkauf unter Handelsmarke
Einige Produkte werden gleichzeitig unter mehreren Markennamen verkauft, wobei die Verkaufspreise unterschiedlich sind. Ziel dieser Strategie ist es, verschiedene Käuferschichten anzusprechen, aber durch die unterschiedliche Markierung die Preisniveaus konstant zu halten. Dadurch wird vermieden, daß die Preisdifferenzierung von den Konsumenten bemerkt wird. Die Zweitmarke ist häufig eine Handelsmarke.

Handelsmarke. Beispiele: elite, privileg
Handelsmarken werden eingesetzt, um eine enge Konsument-Händler-Bindung zu erreichen. Der Handel schafft sich damit ein individuelles Angebot, das in konkurrierenden Geschäften nicht zu finden ist. Die Hersteller bieten dazu ihre Serienprodukte mit anderem Aufdruck, zum Teil auch geringen Änderungen beim Design, dem Handel an. Erfolgreich sind insbesondere Handelsmarken, für die ein eigenständiges Qualitätsversprechen (z.B. besondere Prüfungen) gegeben wird.

No-Name. Beispiele: A & P, Die Weissen
Als No-Names werden sog. Gattungsmarken angeboten. Dabei handelt es sich um eine handelsspezifische Kennzeichnung einer ganzen Reihe von besonders preiswerten Produkten, die ansonsten nur über die Angabe der Produktart gekennzeichnet werden (z.B. Die Weissen Filterpapier).

Lizenzmarke. Beispiele: Coca Cola, Mövenpick, Davidoff
Einige Marken werden auf dem Weg der Lizenznahme vermarktet. Im Fall Coca Cola wird die Lizenz vergeben, ein zentral entwickeltes und vermarktetes Produkt abzufüllen. Das Verfahren ist vergleichbar mit dem Franchising, bei dem ein selbständiger Unternehmer unter dem Marketing-Dach des Franchise-Gebers arbeitet. Im Fall Mövenpick beispielsweise wird der Name vom Lizenznehmer auf andere Produkte übertragen. So gibt es etwa Mövenpick-Eis, Kaffee, Schokolade u.a. Für

welche Produkte der Name verwendet werden kann, ist vertraglich zu regeln. Der Lizenzgeber wird regelmäßig ein gewisses Interesse an einem Mindest-Qualitätsniveau haben, um den Ruf des Namens, den er in der Regel selbst noch einsetzt, zu schützen.

Neben der grundsätzlichen Markierungsentscheidung ist die Wahl eines konkreten **Markennamens** erforderlich. Hier bestehen neben anderen folgende Möglichkeiten (unter Verwendung von Herstatt 1985, S. 38):

Inhalt	**Beispiel**
Produktherkunft	Bad Reichenhaller Salz, Bitburger
Hersteller	Mercedes 230 E
Produktdesigner	Colani Tastatur
Produktgattung	Nescafé, Zottarella
Größe	Knirps
Funktion	Reißwolf, Höhensonne, Foen, ESGE Zauberstab
Produkteigenschaften	Flora soft, softies, Braun Silencio, Flüsterasphalt
Geschmack	Mildessa, Mild und Fein (alt), Mild'Or (neu)
Alter	Asbach Uralt
Haltbarkeit	Nirosta
Produktnutzen	biovital
Material	vileda
Aktualität	Die Aktuelle
Vielseitigkeit	Braun Multipractic
Verwendungsbereich	Spüli
Verwendungsort	Wannenspray
Verwendungszeit	Nacht und Tag
Verwendungsdauer	Wipp Express
Zielgruppe	Kinderschokolade, Pampers boy
Phantasienamen	Vectra, Vento
Kurzformen	Hanuta (Haselnußtafel), Persil (Perborat und Silicat), Haribo (Hans Riegel, Bonn), Tchibo (Tchillinghyrian und Bohne)
Inhalt	TV Spielfilm

Ein weiterer Aspekt betrifft die **Ordnung der Markennamen innerhalb eines Sortiments** bzw. unter den Varianten eines Produkts. Damit soll einerseits die Differenzierung der Varianten und ihr Verhältnis zueinander, andererseits auch der Zusammenhang innerhalb eines Produktprogramms verdeutlicht werden.

Beispiele:
Braun Kompaktküchenmaschinen-Programm (Addition von Attributen):
Braun multipractic
Braun multipractic plus
Braun multipractic plus electronic
Braun multipractic plus electronic de luxe

BMW Fahrzeuge (Symbolisierung von Größe und Leistung durch Zahlen):
BMW 316 - BMW 318 - BMW 320 - BMW 518 usw.

Opel Fahrzeuge (alt, Symbolisierung der Größe durch Assoziation):
Opel Kadett - Opel Kapitän - Opel Admiral

Jeder einzelne Markenname muß bzw. soll je nach Verwendungszweck auch weitere **Eigenschaften** haben, z.B.:

Internationale Einsetzbarkeit: Zahlreiche Produkte werden in unveränderter Form mit gleicher Verpackung und teils gleicher Werbung auf verschiedensprachigen Märkten vertrieben. Daher muß der Name in allen Vertriebsländern gleichermaßen verständlich sein und, sofern beabsichtigt, die gleiche Bedeutung haben. So hat z.B. Opel die Produktnamen in den letzten Jahren so geändert, daß sie in allen Ländern eingesetzt werden können (der Name Kadett etwa dürfte außerhalb der deutschsprachigen Länder kaum verstanden werden, Astra dagegen ist international einsetzbar). Braun verwendet Namen, die in allen Ländern die gleichen Assoziationen auslösen, z.B. Silencio für "Ruhe". Der Name Pajero erwies sich für Mitsubishi in Spanien als nicht erfolgreich, da er dort "Selbstbefriedigung" bedeutet. Schwierigkeiten hatte auch eine ägyptische Fluggesellschaft mit dem Namen "Misair" in Frankreich.

Schutzfähigkeit: Um sich vor Imitationen schützen zu können, ist die Eintragung in die Warenzeichenrolle sinnvoll. Dazu muß geprüft werden, ob **rechtliche Bestimmungen** gegen eine Verwendung sprechen (z.B. Anmaßung einer nicht vorhandenen Alleinstellung, sprachliche Bedeutung) oder bereits für ein anderes Produkt ein gleichartiger Name geschützt wurde. Grundsätzlich unzulässig sind beschreibende Namen, die nur die Produktart angeben, geografische Begriffe, Zahlen oder Abkürzungen, ärgerniserregende oder täuschende Namen u.a.

Gedankliche Assoziation: Der Produktname soll entweder auf bestimmte Charakteristika aufmerksam machen oder sich zumindest neutral verhalten. So wäre etwa der Name Twingo für eine Oberklasse-Limousine fehl am Platze, weil er Schwung und Witz ausstrahlt statt Komfort und Luxus.

In einigen Fällen sind Markennamen geschützt worden, die sprachliche Assoziationen wecken und sich häufig, zumal sie einfacher als das "Sprachwort" sind, als Gattungsbegriff durchgesetzt haben: Tempo (VP Schickedanz), Filtertüte (Melitta), Foen (AEG), Reißwolf (Reißwolf), Höhensonne (Quarzlampengesellschaft) usw.

1.3.2 Verpackung

Die Verpackung übt verschiedene **Funktionen** aus:

Darstellung des Produktvorteils: Verpackungen sind sozusagen die letzte Entscheidungshilfe vor dem Kauf und können im direkten Konkurrenzvergleich betrachtet werden. Des weiteren ist der Sichtkontakt mit der Verpackung in der Regel länger als der mit Werbung. Die Darstellung des Produktvorteils auf der Verpackung ist daher nicht nur nötig, sondern auch erst möglich.

Schutz vor Beschädigung: Dabei handelt es sich um die ureigene Funktion der Verpackung. Bei Lagerung und Transport wird die Ware bewegt, so daß Beschädigungen auftreten können. Die Verpackung soll dies verhindern. Für bestimmte Transportwege existieren konkrete Vorschriften für deren Schutzleistung. So verlangt die Post etwa das Bestehen diverser Falltests nach konkreten Vorgaben.

Schutz vor Diebstahl: Mit zunehmender Selbstbedienung im Handel hat die Diebstahlsschutzfunktion an Bedeutung gewonnen. Gerade hochwertige und gleichzeitig kleine Produkte (z.B. CDs) unterliegen einem hohen Diebstahlrisiko. Verpackungen, die wesentlich größer sind als das Produkt selbst, mindern die Möglichkeit, das Produkt unbemerkt zu entwenden. Der durch Ladendiebstahl entstandene Schaden im deutschen Einzelhandel wird auf 1,5% vom Umsatz geschätzt, entsprechend ca. 4 Mrd. DM (Schweickhardt 1993, S. 6).

Herstellung der Lagerfähigkeit: Viele Lebensmittel und andere verderbliche Produkte sind durch Verpackungen erst über einen längeren Zeitraum lager- und transportfähig. Hier sind insbesondere Vakuum-Verpackungen oder solche zu nennen, die das Produkt in einer Flüssigkeit lagernd enthalten.

Ermöglichung der Selbstbedienung: Die meisten Produkte können erst durch geeignete Verpackungen in Selbstbedienung angeboten werden (z.B. Wurst, Nägel, Papier usw.). Die Verpackung verhindert hier z.B. Verletzungsgefahr beim Handling, hygienische Probleme oder die Beschädigung von Produkten. Weiterhin werden Packungen auf die Präsentationsart im Handel abgestimmt. Dabei ist zu berücksichtigen, ob die Verpackungen an einem Lochregal angehängt, gestapelt oder in ein Regal gelegt werden.

Übernahme der Beratungsfunktion: Mit der Selbstbedienung verbunden ist auch die Funktion der Beratung des Kaufinteressenten. Je weniger das Verkaufspersonal in der Lage ist, Informationen über Leistung und Verwendung eines Produkts zu geben, desto mehr Informationen müssen auf der Verpackung enthalten sein. Besondere Bedeutung hat die Beratungsfunktion bei Zubehörprodukten. Die Verpackung ist oft die einzige Quelle, die darüber Auskunft gibt, welche Produkte zusammengehören.

Vermittlung des Produktwertes: In kommunikativer Hinsicht ist auch die Wertvermittlungsfunktion zu nennen. Trotz aller Umweltüberlegungen wird die Verpackung als Wertmaßstab angesehen. Es wird stillschweigend erwartet, daß ein hochwertiges Produkt auch hochwertig verpackt ist. Eine goldene Uhr, die in einer einfachen Pappschachtel verpackt ist, dürfte eher die Assoziation einer Fälschung auslösen als die gehobenen Umweltbewußtseins.

Differenzierung von Konkurrenzprodukten: Zahlreiche Produkte können optisch nicht von Konkurrenzprodukten unterschieden werden. Dies ist vor allem im Bereich der Körperpflege/Parfums der Fall. Die Aufgabe der Differenzierung wird hier verstärkt von der Verpackung wahrgenommen. So werden Parfums in sehr individuell gestalteten Flaschen verkauft.

Die **Verpackungsverordnung** von 1991 stellt den rechtlichen Rahmen für die Verpackung aus umweltpolitischer Sicht dar. In § 1 heißt es:

(1) Verpackungen sind aus umweltverträglichen und die stoffliche Verwertung nicht belastenden Materialien herzustellen.
(2) Abfälle aus Verpackungen sind dadurch zu vermeiden, daß Verpackungen
1. nach Volumen und Gewicht auf das zum Schutz des Füllgutes und auf das zur Vermarktung unmittelbar notwendige Maß beschränkt werden,
2. so beschaffen sein müssen, daß sie wiederbefüllt werden können, soweit dies technisch möglich und zumutbar sowie vereinbar mit den auf das Füllgut bezogenen Vorschriften ist,
3. stofflich verwertet werden, soweit die Voraussetzungen für eine Wiederbefüllung nicht vorliegen.

Die Verpackungsverordnung unterscheidet drei **Arten von Verpackungen** (§ 3):

Transportverpackungen: Sie dienen dazu, Waren auf dem Weg vom Hersteller zum Vertreiber vor Schäden zu bewahren (z.B. Kisten, Schrumpffolien).

Verkaufsverpackungen: Sie werden vom Endverbraucher zum Transport oder bis zum Verbrauch der Ware verwendet (z.B. Dosen, Schachteln, Tragetaschen, auch Einweggeschirr).

Umverpackungen: Dies sind zusätzliche Verpackungen um Verkaufsverpackungen, die dazu dienen, die Abgabe von Waren im Wege der Selbstbedienung zu ermöglichen, die Möglichkeit des Diebstahls zu erschweren oder überwiegend der Werbung dienen (z.B. Blister, Folien).

Für diese einzelnen Verpackungsarten bestehen **Rücknahmeverpflichtungen**:

Transportverpackungen: Hersteller und Vertreiber sind verpflichtet, Transportverpackungen nach Gebrauch zurückzunehmen und einer erneuten Verwendung oder stofflichen Verwertung außerhalb der öffentlichen Abfallentsorgung zuzuführen (§ 4).

Umverpackungen: Vertreiber, die Waren in Umverpackungen anbieten, sind verpflichtet, bei der Abgabe der Waren an Endverbraucher die Umverpackungen zu entfernen oder dem Endverbraucher Gelegenheit zur Entfernung und kostenlosen Rückgabe zu geben (§ 5).

Verkaufsverpackungen: Der Vertreiber ist verpflichtet, vom Endverbraucher gebrauchte Verkaufsverpackungen kostenlos zurückzunehmen. Für den Fall, daß ein flächendeckendes Entsorgungssystem mit vorgegebenen Erfassungsquoten eingerichtet wird, werden die Vertreiber von dieser Pflicht befreit (§ 6).

Es bestehen einige Ausnahmeregelungen sowie Sonderbestimmungen für bestimmte Produkte (z.B. Getränke), auf die hier jedoch nicht eingegangen werden kann.

Bislang zumindet mehr Theorie als Praxis ist der Grundgedanke, die Verpackung mit einem **Zusatznutzen** auszustatten. In der Regel stehen ökonomische und Transportsicherheits-Überlegungen im Vordergrund, so daß sich keine weiteren Verwendungsmöglichkeiten ergeben. Es gibt jedoch Möglichkeiten, Verpackungen zum Gebrauchsgegenstand zu machen. Klassisches Beispiel ist das Senfglas, das als Trinkglas verwendet wird. Kaffeedosen aus Blech eignen sich als universeller Aufbewahrungsbehälter, klassischerweise für die Haushaltskasse.

- Die Firma IBICO, die u.a. Thermobindemappen herstellt, verpackt die Mappen in zwei ineinandergesteckte Stehsammler, die später für die Aufbewahrung von Zeitschriften verwendet werden können.
- Der Papierhersteller NEUSIEDLER bezeichnet seinen Karton für 2500 Blatt Papier als "Clever-Box", die nach Gebrauch als Transportbehältnis durch einen Verschlußmechanismus als Archiv-Box oder durch einen Einwurfschlitz als Altpapier-Sammelbehälter verwendet werden kann.

Weitere rechtliche Vorschriften beziehen sich auf die **Größe der Verpackung**. Neben den Bestimmungen über die Mengenkennzeichnung und Füllmenge (§ 16 Eichgesetz und §§ 17, 18 Fertigpackungsverordnung) sind vor allem die Regelungen über sog. Mogelpackungen bedeutsam. Nach § 17 EichG dürfen Verpackungen keine größeren Füllmengen vortäuschen, als sie selbst enthalten. Dies schließt u.a. aus (Ahlert/Schröder 1989, S. 156f.):
- zu große Hohlböden
- zu dicke Wandungen
- Verschlüsse, die eine randhohe Befüllung vortäuschen,
- Reduzierungen der Füllmenge bei Beibehaltung der Verpackungsgröße
- zu große Lufträume
- Unverhältnismäßigkeit von Füllmenge zu Verpackungsvolumen.

Folgende **grundlegende Trends** sind im Bereich der Verpackung zu beobachten/zu erwarten (u.a. Steffen 1993):

Materialien:
- Verringerung des eingesetzten Materials (Dicke, Gewicht)
- Verwendung von Recyclingmaterialien
- Einsatz von Monomaterialverpackungen, Ersatz von Verbundmaterial, Verzicht auf doppelte Umhüllung
- Einsatz von abbaubaren Materialien: z.B. Stärke (biologisch abbaubar), Ethylen und Polyolefine (photoabbaubar), Polyvinylalkohol, Stärke, ungesättigte Carbonsäuren (wasserlöslich) (o.V. 1991a)

Mehrwegverpackung:
- Entwicklung von Mehrwegkreisläufen mit Verpackungsrücknahme (Einkreismehrwegsystem)
- Entwicklung von Mehrwegkreisläufen mit Wiederbefüllung im Handel durch den Verbraucher (Zweikreismehrwegsystem)

Standardisierung:
- Die Verwendung einheitlicher Verpackung durch mehrere Hersteller erleichert

den Aufbau eines Rücknahmesystems (Beispiel: die deutsche 0,7 l Mineralwasser-Mehrwegflasche)

Selbstverpackung:

- Z.Zt. noch nicht marktreif, aber in Entwicklung befindlich, sind sich selbst verpackende Produkte. So existiert ein Entwurf für ein Shampoo-Vlies mit eingearbeitetem Shampoo-Wirkstoff, das sich bei Gebrauch komplett auflöst.
- Bei Keksverpackungen werden Einsätze aus eßbarem Material hergestellt.

1.3.3 Sortimentsgestaltung

Die Zusammenstellung eines Sortiments erfolgt zunächst anhand einiger **Grundprinzipien** (Nieschlag/Dichtl/Hörschgen 1991, S. 210f.):

Problemtreue: Der Angelpunkt für das Produktprogramm ist hier ein konkreter Problembereich. Das Unternehmen erwirbt dafür eine gewisse Bekanntheit und Kompetenz bei einer bestimmten Zielgruppe. Ein Beispiel ist der Bereich Büroartikel/Schreibwaren. Die Firmen Herlitz oder Leitz bieten für den Anwendungsbereich Büro ein komplettes Produktprogramm an. Dem Nachfrager wird es dadurch möglich, sich am Hersteller zu orientieren, wenn ein Produkt im Büro benötigt wird. Darüber hinaus verringert sich der Aufwand, wenn mehrere Produkte für einen Anwendungsbereich gleichzeitig beschafft werden sollen.

Materialtreue: Einige Sortimente sind an der Verwendung bestimmter Materialien ausgerichtet. Diese Strategie bietet sich z.B. in den rohstoffnahen Bereichen an (z.B. Stahlindustrie). Es ist dann möglich, größere Mengen zu verarbeiten und entsprechend Kostendegressionseffekte zu realisieren. Mitunter ist es auch möglich, Abfälle oder Reste für die Herstellung anderer Produkte zu verwenden.

Wissenstreue: Hier ist der Kerngedanke die Nutzung individuellen Know hows, etwa von F&E-Kapazität, Patenten usw. Solche besonderen Kenntnisse, die sich auch auf Produktionsverfahren erstrecken können, führen zu technologischen Wettbewerbsvorteilen.

Sortimente lassen sich anhand der Dimensionen tief - flach und breit - eng beschreiben. Die Dimension **tief - flach** beschreibt die Zahl der Variationen eines Produkts im Hinblick auf unterschiedliche Farben, Größen, Leistungsmerkmale usw. Je mehr Kaufalternativen es gibt, desto tiefer ist das Sortiment. Die Dimension **breit - eng** beschreibt die Zahl unterschiedlicher Produktarten in einem Sortiment. Wird etwa nur eine Produktart (z.B. nur Kaffeemaschinen) hergestellt, handelt es sich um ein enges Sortiment, besteht das Programm aus sämtlichen Haushaltsgerätearten (z.B. auch Toaster, Küchenmaschinen, Mixer, Bügeleisen), spricht man von einem breiten Sortiment.

Die konkrete Zusammenstellung eines Sortiments ist u.a. abhängig von bestehenden Verbundeffekten. Dabei handelt es sich um das gemeinsame Auftreten verschiedener Käufe. Der **Bedarfsverbund** bezeichnet eine komplementäre Beziehung zwischen Käufen. Er tritt etwa bei Käufen für einen bestimmten Anlaß auf: Vorbereitung einer Geburtstagsfeier (verschiedene Lebensmittel werden gleichzeitig benötigt), Einrichtung eines Büros (verschiedene Büromöbel und -materialien werden gleichzeitig benötigt) usw. Der **Nachfrageverbund** ist für den Einzelhandel relevant. Darunter wird der Wunsch nach dem Erwerb einer Reihe von Produkten im gleichen Geschäft verstanden. Vor diesem Hintergrund haben z.B. Supermärkte ihre Sortimente in Richtung auf Güter des täglichen Bedarfs erweitert (z.B. Schreibwaren, Drogerieartikel, Glühbirnen, Kerzen usw.).

Die Existenz von Verbundbeziehungen läßt sich ermitteln, indem einzelne Käufe der Konsumenten analysiert werden. Dabei wird jeweils notiert (bzw. über Scanner-Kassen erfaßt), welches Produkt zusammen mit welchen anderen gekauft wird.

Als Beispiel für die konkrete Ausgestaltung eines tiefen Sortiments sei hier die Kaffeemaschinen-Linie der Fa. Krups erwähnt (Preisangaben: unverbindliche Preisempfehlung des Herstellers 1993/94):

Bezeichnung	**Preis**	**besonderes Merkmal**
ProAroma Electronic	99,95	elektronische Steuerung
ProAroma Vario	89,95	
ProCafé Time	129,95	Timer
ProCafé Therm Plus	99,95	8 Tassen
ProCafé Plus	69,95	
Compact Aroma 10 Luxe	159,95	Timer
Compact Aroma 12 Plus	94,95	
Compact Aroma 10 Plus	79,95	6 Farben
CompacTherm 10 Luxe	199,95	Timer, Isolierkanne
CompacTherm 10 Plus	139,95	Isolierkanne
CompacTherm 8	119,95	Isolierkanne
Café Prima Plus	59,95	
Café Prima 5	59,95	5 Tassen
Café mobil	59,95	2 Tassen, Mobil-Gerät
CaféPressoArt	199,95	Kaffee + Espresso
Duothek Therm	249,00	Tee + Kaffee, Isolierkannen
Duothek Plus	174,95	Tee + Kaffee

Der erste Name/die erste Silbe deutet die Baureihe an, durch die sich die Geräte voneinander unterscheiden. ProAroma und ProCafé sind sich sehr ähnlich, Café Prima und Compact unterscheiden sich jedoch deutlich von diesen Reihen. Die Bezeichnung Plus steht für einen Kleinmengenschalter, eine Zahl für die Tassenzahl, wenn von 10 abweichend (1 Ausnahme), Therm für Isolierkannen, Duothek für Kombinationsgeräte (Tee und Kaffee). Für einen Timer wird das Kürzel Luxe oder Time verwendet. Folgende Preispunkte werden besetzt: DM 60 (3x), 70, 80, 90, 100, 120, 130, 140, 160, 175, 200 (2x), 250. Es wird deutlich, daß auf die Besetzung möglichst vieler Preisniveaus Wert gelegt wird.

1.3.4 Rechtsschutz

Die Instrumente des gewerblichen Rechtsschutzes bieten Möglichkeiten, neue Produkte, Gestaltungen, Namen usw. zu schützen, um Nachahmungen durch konkurrierende Unternehmen zu verhindern. Je nach zu schützenden Innovationen können Patente, Gebrauchsmuster, Geschmacksmuster und Warenzeichen beantragt werden. Zuständig ist für Deutschland das Deutsche Patentamt in München bzw. Berlin.

Zur Information über bestehende Schutzrechte (und damit ggfs. auch Möglichkeiten der Lizenznahme) wurden Patentinformationszentren eingerichtet. Folgende Zentren bieten vollständige oder überwiegend vollständige Leistungen (Offenlegungsschriften, Auslegeschriften, Patentschriften, internationale Patente usw. Mit DIN gekennzeichnete Einrichtungen sind gleichzeitig Auslegestellen für DIN-Normen.):

Aachen, Universitätsbibliothek (DIN)
Berlin, Deutsches Patentamt (DIN)
Bielefeld, Patent- und Innovationszentrum (DIN)
Bremen, Hochschule, Patent- und Normen-Zentrum (DIN)
Darmstadt, Landes- und Hochschulbibliothek (DIN)
Dortmund, Universitätsbibliothek (DIN)
Hamburg, Handelskammer, IPC
Hannover, Universitätsbibliothek
Kaiserslautern, Universität, KIT (DIN)
München, Deutsches Patentamt (DIN)
Nürnberg, Landesgewerbeanstalt (DIN)
Stuttgart, Landesgewerbeamt (DIN)

In den neuen Bundesländern werden an verschiedenen Stellen häufig Patent-, Warenzeichen-, Musterblatt oder CD-ROM-Datenbanken, jedoch nicht oder nur teilweise Offenlegungs-, Auslegeschriften und DIN-Normen u.ä. geführt. Die einzelnen Stellen sind:

Chemnitz, Universitätsbibliothek
Dresden, Universitätsbibliothek
Halle, Mitteldeutsche Informations-, Patent-, Online-Service GmbH (DIN)
Ilmenau, Technische Universität, PATON (DIN)
Jena, Universität, Patentinformationsstelle (DIN)
Magdeburg, Universitätsbibliothek (DIN)
Rostock, Außenstelle Warnemünde, Universitätsbibliothek (DIN)

1.3.4.1 Patente

Als Patent können technische Erfindungen geschützt werden, die

- neu sind (d.h. nicht zum aktuellen Stand der Technik gehören),
- auf einer erfinderischen Tätigkeit beruhen (d.h. sich für den Fachmann auf dem jeweiligen Stand der Technik nicht in naheliegender Weise ergeben) und
- gewerblich anwendbar sind (d.h. auf irgend einem gewerblichen Gebiet hergestellt oder benutzt werden können).

Nicht zu schützen sind

- Entdeckungen sowie wissenschaftliche Theorien und mathematische Methoden,
- ästhetische Formschöpfungen, Pläne, Regeln und Verfahren für gedankliche Tätigkeiten, für Spiele und geschäftliche Tätigkeiten und Programme für Datenverarbeitungsanlagen,
- die Wiedergabe von Informationen,
- Konstruktionen und Verfahren, die den Naturgesetzen widersprechen.

Rechtsgrundlage ist das Patentgesetz.

Das **Patenterteilungsverfahren** vollzieht sich in folgenden Schritten:

1. Der Anmelder stellt beim Deutschen Patentamt einen Antrag auf Erteilung eines Patents. Dazu ist der beantragte Patentanspruch zu spezifizieren und eine Beschreibung einzureichen. Diese enthält Erklärungen über den Stand der Technik, Fundstellen dazu, Mängel bisheriger Ausführungen und Beispiele für Ausführungen des beantragten Patents. Die Beschreibung ist durch Zeichnungen zu ergänzen. Weiterhin muß der Erfinder benannt werden.
2. Das Patentamt prüft den Antrag auf die Einhaltung der Formvorschriften, offensichtliche Patentierungshindernisse und die materielle Patentfähigkeit. In der Regel erfolgt nach 18 Monaten die Offenlegung des Patents.
3. Sind sämtliche Erfordernisse erfüllt, erfolgt die Erteilung des Patents und seine Veröffentlichung im Patentblatt. Innerhalb von drei Monaten kann das Patent durch Einspruch angegriffen werden.

Für die Gewährung des Patents sind **Gebühren** in jährlich steigender Höhe zu zahlen. Für das erste Jahr liegen sie bei DM 100, für das 20. Jahr bei DM 3300. Für ergänzenden Schutz (bis zum 25. Jahr) sind bis zu DM 7000 (letztes Jahr) zu zahlen.

1.3.4.2 Gebrauchsmuster

Als Gebrauchsmuster können technische Erfindungen geschützt werden, die

- neu sind,
- auf einem erfinderischen Schritt beruhen und
- gewerblich anwendbar sind.

Die grundlegenden Kriterien sind damit die gleichen wie bei den Patenten, ebenso die nicht schützbaren Erfindungen. Das Gebrauchsmuster kommt aber auch für solche Erfindungen in Frage, die die strengen Anforderungen an Patente nicht erfüllen. Für Gebrauchsmuster wird gefordert, daß eine Erfindungsqualität gegeben ist, die nicht nur auf ein rein handwerkliches Können zurückzuführen ist. Für Patente wird gefordert, daß die Erfindung sich für den Fachmann auf dem technischen Gebiet nicht in naheliegender Weise ergibt und somit das Können des Durchschnittsfachmanns übersteigt. Das Patentamt prüft die Kriterien der Neuheit, des erfinderischen Schritts und der gewerblichen Anwendbarkeit bei Gebrauchsmusteranträgen erst eingehend, wenn es zu einem Widerspruch kommt. Bei einem Erfolg des Widerspruchs entfällt das Schutzrecht.

Auch für ein Gebrauchsmuster fallen Gebühren an. Es wird zunächst auf drei Jahre erteilt, die Anmeldegebühren betragen DM 50. Die Verlängerung um drei Jahre kostet DM 350, um die nächsten zwei Jahre DM 600, um die letzten zwei Jahre (bis zur Höchstdauer von 10 Jahren) DM 900. Aufgrund der schnelleren Erteilung wird der Gebrauchsmusterschutz häufig auch parallel mit dem Patentschutz beantragt, dann aber mit Erteilung des Patents aufgegeben.

1.3.4.3 Geschmacksmuster

Als Geschmacksmuster geschützt werden können Farb- und Formgestaltungen konkreter zwei- oder dreidimensionaler gewerblicher Gegenstände, die bestimmt und geeignet sind, den durch das Auge vermittelten ästhetischen Formensinn des Menschen anzuregen. Sie müssen zu einer Nachbildung geeignet sein. Für Schriftzeichen kann ein Geschmacksmuster nach Maßgabe des Schriftzeichengesetzes gewährt werden. Sonst ist die gesetzliche Grundlage das Geschmacksmustergesetz.

Das zu schützende Muster oder Modell muß zum Zeitpunkt der Anmeldung neu sein, d.h., daß es den Fachkreisen weder bekannt war noch bei einer zumutbaren Beachtung der bekannten Gestaltungen bekannt sein konnte. Diese Bedingung setzt umfangreiche Recherchen voraus, z.B. in den Musterregisterauszügen beim Patentamt oder dem Geschmacksmusterblatt, das vom Patentamt veröffentlicht wird. Weiterhin muß das Muster oder Modell in seiner geschmacklichen Qualität über dem bekannten Bestand an Form- und Farbgestaltungen, insbesondere den rein handwerklich-durchschnittlichen Gestaltungen stehen. Dazu kommt die gewerbliche Verwertbarkeit als Voraussetzung.

Bei der Anmeldung prüft das Patentamt nur die formellen Voraussetzungen, nicht jedoch die Erfüllung der genannten Kriterien. Darüber wird erst von einem Gericht entschieden, wenn es zu einem Streitfall kommt. Die Gebühren liegen für eine Schutzdauer von bis zu fünf Jahren bei DM 100, darüber hinaus für das 6.-10. Schutzjahr insgesamt bei DM 150, für das 11.-15. bei DM 200, für das 16.-20. bei DM 300, bei Schriftzeichen für das 21.-25. bei DM 500.

1.3.4.4 Warenzeichen

Produkt- oder Leistungsnamen können als Warenzeichen geschützt werden. Die Produkte und Leistungen, deren Namen geschützt werden sollen, müssen

- in dem angegebenen Geschäftsbetrieb angefertigt, vertrieben oder geleistet werden und
- eine selbständige Bedeutung im Wettbewerb haben.

Nicht geschützt werden können sog. Hilfswaren oder -leistungen, die in das Produkt oder die Leistung des Geschäftsbetriebs eingehen.

Die Eintragung erfolgt jeweils für die angegebenen Klassen. Dazu existiert ein Register der Waren- und Leistungsklassen. Die Anmeldegebühr beträgt DM 300 zuzüglich einer Klassengebühr von je DM 60 bis DM 120. Der Schutz gilt zunächst für 10 Jahre und kann gegen Zahlung einer weiteren Gebühr um weitere 10 Jahre verlängert werden.

1.3.4.5 Lizenzen

Der Inhaber eines der oben beschriebenen Schutzrechte hat die Möglichkeit, Lizenzen zu vergeben, also gegen Entgelt die Nutzung des Schutzrechts zu gestatten. Für einzelne Erfinder besteht darin mitunter der eigentliche Zweck der Erfindung. Unternehmen können auf diesem Wege Schutzrechte, die sie selbst nicht ganz ausnutzen wollen, vermarkten. Dies kann z.B. dann sinnvoll sein, wenn ein Produkt, das durch Patente gesichert ist, vor Ablauf des Patents im Unternehmen nicht mehr wirtschaftlich produziert werden kann. Dann könnte über eine Lizenz die Produktion etwa in einem kleineren Unternehmen mit anderer Kostenstruktur fortgesetzt werden.

Unter dem Schlagwort **Merchandising** ist eine Art der Lizensierung bekannt geworden, die sich vornehmlich auf die Vermarktung von Film- und Comicfiguren bezieht. Bekannte Figuren, die durch die Medien einer weiten Bevölkerungsschicht, vor allem aber Kindern, bekannt sind, werden als Vehikel zur Kommunikation oder zum Verkauf von Produkten verwendet. So wurde etwa die Comic-Serie "Die Feuersteins" von Burger King in Großbritannien für eine Werbekampagne eingesetzt, in Italien von Carma für eine Bekleidungs-Range, von Ferrero für Ostereier und für Krawatten von Vismara. Chio-Chips setzen "Die Feuersteins" in Deutschland, Österreich und der Schweiz ein, Pfanni für ein Kinder-Kartoffel-Pürree, Pro 7 für eine Telefonkarten-Serie.

Gründe für eine Lizenznahme können sein:
- Nutzung des kommunikativen Potentials des Lizenzobjekts
- Einsparen von Produktentwicklungsaufwand
- Nutzung kurzfristiger Ertragspotentiale
- Partizipation an bestehenden Markterfolgen
- Auslastung der Produktion, ohne daß Entwicklungskapazitäten zur Verfügung stehen usw.

In rechtlicher Hinsicht können einfache und unbeschränkte Lizenzen unterschieden werden. Die einfache Lizenz räumt dem Lizenznehmer lediglich das Recht zur Mitbenutzung ein. Ausschließliche Lizenzen sichern dagegen umfangreiche Rechte zu. So darf eine solche nur einmal vergeben werden, der Lizenznehmer ist also alleiniger Inhaber des Nutzungsrechts. Außerdem darf er seinerseits Unterlizenzen vergeben. Die Vergabe kann beschränkt und unbeschränkt erfolgen. Eine Beschränkung ist besonders im Falle der einfachen Lizenz sinnvoll, um die Nutzung zu regeln. Räumliche Beschränkungen werden z.B. für einzelne Länder vorgenommen, zeitliche für eine bestimmte Anzahl von Jahren und sachliche z.B. für die Produktion oder den Vertrieb.

1.3.4.6 Das neue Markengesetz

Noch im Jahr 1994 soll mit der Verabschiedung des Markengesetzes die EG-Richtlinie zur Angleichung der Rechtsvorschriften der Mitgliedsstaaten über die Marken vom Dezember 1988 in deutsches Recht umgesetzt werden. Dieses Markengesetz wird das Warenzeichengesetz ablösen und Regelungen enthalten, die sich im Gesetz gegen den unlauteren Wettbewerb (UWG) befinden. Zusammengefaßt werden sich mit Inkrafttreten folgende Änderungen ergeben (Mühlendahl 1993, S. 1ff.):

- Das Markengesetz bezieht sich nicht nur auf Markennamen selbst, sondern auch auf geschäftliche Bezeichnungen und geografische Herkunftsangaben.
- Neben Wort- und Bildzeichen sind nunmehr auch dreidimensionale Gestaltungen und Hörzeichen schutzfähig.
- Der Schutz kann nunmehr von jeder natürlichen oder juristischen Person erworben werden, ein Geschäftsbetrieb ist als Voraussetzung nicht mehr erforderlich.
- Zu schützende Marken müssen grafisch darstellbar sein, Zahlen und Buchstaben sind von einer Eintragung nicht mehr grundsätzlich ausgeschlossen.
- Nicht schutzfähig sind Marken bei täuschenden Inhalten, Verstößen gegen die öffentliche Ordnung u.a.
- Ein Schutzhindernis ist das Vorhandensein einer älteren identischen oder auch nur ähnlichen Marke. Maßgebend ist die Frage, ob eine Verwechslungsgefahr besteht. Dieses Schutzhindernis besteht auch, wenn keine Ähnlichkeit der Waren oder Dienstleistungen existiert und die neue Marke die Wertschätzung der alten Marke ohne rechtfertigenden Grund ausnutzen oder beeinträchtigen würde.
- Markenrechtliche Ansprüche bestehen auch, wenn Kennzeichnungsmittel oder Verpackungen ohne Inhalt unter Verwendung einer geschützten Marke vertrieben werden.
- Wegen mangelnder Benutzung kann ein Anspruch auf Löschung der Eintragung geltend gemacht werden. Im Grundsatz ist dies nach fünf Jahren der Fall.
- Der Markenschutz gilt nicht nur für eingetragene, sondern auch für benutzte Kennzeichnungen.

In diesen Regelungen spiegelt sich das Bestreben wieder, die in der letzten Zeit immer bedeutender gewordene internationale Produktpiraterie einzudämmen. Die wichtigsten Änderungen betreffen dabei die Erweiterung auf dreidimensionale Zeichen und den Schutz gegenüber der Ausnutzung des Rufs, den sich eine Marke erworben hat.

1.3.5 Kundendienst/Service

Kundendienstleistungen beruhen zum einen auf gesetzlichen Vorschriften, zum anderen auf marketingstrategischen Überlegungen. Es sind daher grundsätzlich Pflicht- und freiwillige Leistungen des Herstellers zu unterscheiden. Solche Pflichtleistungen sind die Gewährleistung (§ 459 BGB) mit einer Frist von 6 Monaten (§ 477 BGB) und die Pflicht zur Bevorratung von Ersatzteilen und Zubehör.

Voraussetzungen für das Eintreten der **Gewährleistungspflicht** sind zum einen eine mangelhafte Leistung bzw. das Fehlen einer zugesicherten Eigenschaft, zum anderen die Unkenntnis des Käufers über diesen Mangel bei Kaufabschluß. Für den Käufer bestehen grundsätzlich drei Möglichkeiten: Er kann Wandlung, Minderung oder Nachlieferung bzw. Nachbesserung verlangen. Regelmäßig beschränken Hersteller oder Händler den Anspruch auf die Nachbesserung. In diesem Fall haben sie nach § 476a BGB auch die für die Nachbesserung erforderlichen Aufwendungen, insbesondere Transport-, Wege-, Arbeits- und Materialkosten zu tragen.

Beim Kauf über einen Händler ist dieser Vertragspartner des Endverbrauchers und prinzipiell Anspruchsgegner im Falle eines Mangels. In aller Regel bieten jedoch die Hersteller dem Endverbraucher gegenüber direkt eine Garantie an. Dies geschieht z.B. durch Beilage einer Garantiekarte. Gründe dafür sind u.a.

- Sicherung der Servicequalität
- mitunter Erhöhung der Serviceleistung
- Entlastung des Handels als Akquisitionsinstrument.

In diesem Fall kann sich der Käufer direkt an den Hersteller wenden. Zudem ist es üblich geworden, die Gewährleistungsdauer auf diesem Wege zu verlängern.

Die Pflicht zur **Versorgung mit Ersatzteilen und Zubehör** ist nicht gesetzlich geregelt, sondern muß aus der Rechtsprechung hergeleitet werden (Ahlert/Schröder 1989, S. 172). Allgemein anerkannt ist, daß eine solche Pflicht überhaupt besteht. Ihr Umfang und ihre Dauer sind abhängig von der Art der Teile (z.B. ob sie durch andere Standardteile ersetzbar sind), der Nutzungsdauer des Produkts und möglichen Lieferquellen für die Ersatzteile. Bei langlebigen Gütern, bei denen mit einem hohen Nachkaufinteresse und einer hohen Reparaturbereitschaft zu rechnen ist, sind Nachkauf- oder Versorgungsgarantien als Marketing-Instrument einsetzbar.

Weitergehende Serviceleistungen sind freiwillig und können beliebig gestaltet werden. Ihre Bedeutung dürfte umso stärker sein, je stärker die ökonomische und emotionale Bindung an das Produkt ist. Wer z.B. ein Produkt in seinem Geschäftsbetrieb täglich einsetzt und über keinen Ersatz verfügt, wird auf Ersatzgeräte im Reparaturfall achten, auf Sofort-Reparaturdienste u.ä. Wer ein Design-HiFi-Gerät in der Hoffnung erwirbt, damit ein Sammlerstück zu besitzen, wird auf eine lange Ersatzteilversorgung achten. Dazu einige Beispiele für konkrete freiwillige Service-Leistungen:

- Reparatur vor Ort
- Stellung von Ersatzgeräten bei Reparaturen
- Wartungsverträge mit längerer Dauer
- Schulungen mit Einführung in die Benutzung
- Anwenderkongresse
- kostengünstige Update-Möglichkeiten
- Anwender-Hotline.

1.4 Produktmodifikation

1.4.1 Produktvariation

Als Produktvariation wird die Änderung von Produkteigenschaften verstanden. Ein altes Produkt wird damit durch ein neueres, überarbeitetes abgelöst. Gründe für Produktvariationen sind z.B.

Neue Anforderungen seitens der Konsumenten: Im Zuge des Wertewandels, steigender Qualitätsanforderungen, umweltbezogener Überlegungen usw. ändern Konsumenten ihre Ansprüche an Produkte. Während z.B. früher stark auf Leistung geachtet wurde, ist in den letzten Jahren zumindest teilweise der Aspekt der Umweltverantwortung in den Vordergrund gerückt. So entstand z.B. mit Umweltfreundlichkeit eine neue Produktargumentation, die durch produktpolitische Maßnahmen vorbereitet werden muß (Beispiel: Einsatz umweltfreundlicher Materialien).

Neue technologische Entwicklungen: Die Entwicklung neuer Materialien und Techniken macht es möglich, Produkte mit erweiterten Leistungen auszustatten. So hat z.B. die Fa. Braun die Sensortechnik erstmals in einem Toaster eingesetzt, während sonst überwiegend Bimetall-Steuerungen eingesetzt werden.

Neue Konkurrenzprodukte: Neu entstandener Konkurrenzdruck dürfte der Hauptgrund für Variationen sein. Nach einem gewissen Produktalter ist damit zu rechnen, daß ein vorhandener Konkurrenzvorsprung aufgeholt wurde. Um dann einem Umsatzrückgang zu entgehen, sind Relaunches erforderlich. Dabei handelt es sich um "Aktualisierungen" von Produkten. Sie werden mit verbesserten Leistungsmerkmalen erneut als Neuheit auf den Markt gebracht.

Änderungen der rechtlichen Rahmenbedingungen: In letzter Zeit sind vor allem durch die Verpackungsverordnung zahlreiche Änderungen bei Produkten erforderlich geworden.

Kostensenkungsmaßnahmen im Unternehmen: Mit der Produktionserfahrung entstehen auch Vorstellungen über mögliche Rationalisierungsmaßnahmen. Diese können mit Veränderungen am Produkt einhergehen, wie sie sich z.B. aus der Wertanalyse ergeben. Dabei wird untersucht, welche Produktteile durch preiswertere ersetzt oder ganz weggelassen werden können, oder welche Produktionsvereinfachungen möglich sind.

Ein Beispiel für einen Relaunch ist 4711 Kölnisch Wasser. Das Produkt wurde zu drei Viertel als Geschenk gekauft, meist für ältere Leute. In diese Richtung ging auch das Image des Produkts, nämlich das eines Duftwässerchens für die Alten. Um 4711 für jüngere Zielgruppen attraktiv zu machen, wurde eine Neupositionierung beschlossen. Im Vordergrund sollte die Anwendung als Stimulans stehen. Im Gegensatz zu anderen Produkten sollte diese Stimulierung nicht über Medikamente, Musik usw. erfolgen, sondern über den Geruchssinn. Als Zielgruppe wird nicht mehr nur der Kreis der älteren Menschen angestrebt, sondern der der erfolgreichen Menschen, die durch Stimulierung ihre Leistungsfähigkeit steigern wollen. Da es bis zu dem Zeitpunkt kein Produkt mit dem Versprechen "Stimulierung durch Duft" gab, konnte 4711 eine einzigartige Positionierung erlangen. Die Kommunikation konzentrierte sich dann auch auf den Begriff "kühle Köpfe": "Wir brauchen wieder kühle Köpfe" und "Die Frische, die befreit" heißt es in der Werbung (o.V. 1991b).

Einen umfassenden, technologisch orientierten Relaunch nahm der Uhrenhersteller Junghans vor. Auch Junghans-Uhren hatten mit einem veralteten Image zu kämpfen, wurden von Konkurrenzprodukten überholt und verloren an Marktanteil. Im Bereich der designorientierten Uhren mit innovativer Technik für eine jüngere Zielgruppe mit höherer Bildung sah man Entwicklungsmöglichkeiten. So wurden Junghans-Uhren konsequent designorientiert gestaltet und mit moderner Technik ausgestattet. Das Design kam einheitlich vom Industriedesigner frogdesign. Zugleich wurden Uhren mit Funk- oder Solartechnologie oder beidem zusammen ausgestattet. 1992 wurde Junghans zum Marktführer bei Armbanduhren und zum Synonym für Funkuhren. 1993 erhielt Junghans den deutschen Marketing-Preis. Die Produktvariationen wurden ergänzt durch eine Reihe von Innovationen. So wurde 1993 die erste funkgesteuerte LCD-Armbanduhr auf den Markt gebracht (Ernst 1993).

1.4.2 Produktdifferenzierung

Bei der Produktdifferenzierung wird das Produktprogramm durch eine Variante ergänzt. Neben die bestehenden Produkte treten also Variationen davon mit anderen Leistungsmerkmalen (z.B. Farben, Ausstattungsmerkmale, Leistungsstärke). Die zugrundeliegende Motivation ist die Ansprache weiterer Zielgruppen, die durch das bestehende Sortiment nicht oder nicht genügend angesprochen werden konnten.

Dabei kann es sich um Zielgruppen innerhalb eines Landes, aber auch länderspezifische Gruppen handeln. Beispiele sind Produktvarianten für:

- ältere Menschen
- Jugendliche
- Alleinstehende
- einzelne Länder
- gewerbliche bzw. private Verwender usw.

Die Produktdifferenzierung kann grundsätzlich von Anfang an (d.h. es werden gleichzeitig verschiedene Varianten angeboten) oder im Laufe des Produktlebenszyklus erfolgen (d.h. das Programm wird sukzessive ergänzt). Diese und Mischformen finden sich besonders anschaulich in der Automobilbranche. Bei VW wurde z.B. der Passat bei der Einführung als Limousine und als Kombi angeboten. Der Golf war lange Zeit eine Mono-Marke, d.h. unter dem Namen wurde nur eine einzige Karrosserietype verkauft. Die Stufenheckversion wurde als VW Jetta bzw. Vento bezeichnet. Später kam eine Kombi-Version dazu, allerdings unter dem Namen Golf. Opel dagegen bot den Astra von vornherein in drei Varianten an (Limousine, Fließheck und Kombi).

Mercedes-Benz führte mit der C-Klasse erstmals eine grundlegende Differenzierung ein. Während vorher Produktdifferenzierung durch den Käufer über die Wahl einzelner Ausstattungsmerkmale erfolgte, wurden nunmehr drei Varianten angeboten: eine "Sport"-Version mit "dynamisch-technischem" Profil, eine "Elegance"-Version mit "vornehm-elegantem" Profil und eine "jugendlich-freche" Version "Esprit". Hier werden unterschiedliche psychografische Segmente angesprochen, die sich aufgrund der Verkaufspreise jedoch soziodemografisch ähneln dürften. Die Differenzierung erfolgt über Einstellungsmuster, Persönlichkeitseigenschaften, Emotionen und nicht über Einkommen, Beruf oder Familienstand.

Die weitaus offensichtlichere Differenzierung bei Opel und VW orientiert sich stärker an soziogemografisch differenzierten Ansprüchen. So werden mit der Kombiversionen gezielt Familien und Freizeitorientierte angesprochen, mit den Kompakt- bzw. Fließheck-Varianten eher jüngere Alleinfahrende.

1.5 Produktelimination

Die Entscheidung über eine Produktelimination wird auf der Basis strategischer Überlegungen und von Daten aus dem Rechnungswesen gefällt. In der Praxis spielen mitunter auch emotionale Überlegungen eine Rolle.

Konkrete Kriterien für die Elimination können sein:
- kontinuierlich schrumpfender Markt
- steigender Wettbewerbsvorsprung durch die Konkurrenz
- neue gesetzliche Vorschriften, die man nicht erfüllen kann oder will,
- negative Deckungsbeiträge
- Abbau von Produktionskapazitäten
- negative Testurteile/hoher Kundendienst-Aufwand.

Die Elimination kann grundsätzlich auf zwei Wegen vorgenommen werden. Entweder ein altes Produkt wird durch ein neues abgelöst oder es wird vom Markt genommen, ohne daß es einen Nachfolger gibt. Im ersten Fall ist die Abgrenzung zur Produktvariation mitunter recht schwierig. Je größer der Unterschied des neuen Produkts zum alten ist, desto eher handelt es sich um Elimination + Innovation. Für das Marketing ist dieser Fall insofern recht unproblematisch, als die Aufgabe darin besteht, die Nachfrage auf ein neues, in der Regel verbessertes Produkt zu lenken. Die Bindung zur Zielgruppe kann dabei erhalten bleiben. Probleme ergeben sich dagegen, wenn es keinen Nachfolger gibt und dadurch möglicherweise kein

Angebot mehr für eine bestimmte Zielgruppe vorhanden ist. Beispiele für Eliminationen ohne Nachfolger sind der Citroen 2CV und VW Typ 1 (Käfer). Weder in bezug auf Image noch auf Preis gab es vergleichbare Angebote der Hersteller. Insofern ist es verständlich, daß beide Fahrzeuge überaus lange produziert wurden, der VW Käfer sogar wieder hergestellt wird (in Brasilien).

Bei einer Produktelimination sind eine Reihe von **Konsequenzen** zu beachten:

Fixkostendeckung: Sofern das eliminationsverdächtige Produkt noch einen positiven Deckungsbeitrag erwirtschaftet (also die Verkaufserlöse über den variablen Kosten liegen), trägt es auch zur Deckung der Fixkosten bei. Sind keine Fixkosten in entsprechender Höhe abbaubar, so verschlechtert sich das Unternehmensergebnis. Im Gegenzug heißt dies jedoch nicht, daß sämtliche Produkte mit positivem Dekkungsbeitrag, die bei Vollkostenrechnung möglicherweise sogar einen Verlust erbringen, kontinuierlich weiter produziert werden müssen. Es ist vielmehr zu überlegen, wie die dann nicht mehr abgedeckten Fixkosten auf andere Kostenträger verteilt oder abgebaut werden können. Bei Personalkosten etwa wäre die Übernahme neuer Aufgaben im Unternehmen durch die betroffenen Personen zu prüfen, bei Produktionsanlagen käme die Umrüstung auf die Herstellung neuer Produkte bzw. ein Verkauf in Frage. Relativ unproblematisch ist die Situation, wenn ein neues Produkt eingeführt wird, das vom gleichen Personal betreut und mit den gleichen Produktionsanlagen hergestellt wird.

Imageverbund: Das zu eliminierende Produkt kann ein Imageträger für das Unternehmen sein. So handelt es sich z.B. um einen "Klassiker", durch den das Unternehmen einen gewissen Bekanntheitsgrad besitzt, der aber nicht mehr kostengünstig produziert werden kann. Eine Elimination wäre dann tendenziell imageschädigend. Ebenso kann es sein, daß es sich um ein Produkt handelt, das gezielt zu einem zu geringen Preis verkauft wird, um die Preiswürdigkeit des Unternehmens zu demonstrieren. Auf der anderen Seite kann eine Elimination auch bei profitablen Produkten sinnvoll sein, wenn dadurch Imagegewinne erzielt werden können. Dies ist z.B. bei Ausstieg aus der Produktion umweltgefährdender Produkte, ggfs. vor dem Inkrafttreten gesetzlicher Bestimmungen, der Fall.

Know how: Die Aufgabe eines Produktes kann gleichzeitig die Aufgabe der Nutzung einer bestimmten Technologie bedeuten, wenn nicht vergleichbare Produkte im Programm verbleiben. Problematisch wird dieser Ausstieg dann, wenn für einen späteren Zeitpunkt mit einem Wiedereinstieg in diese Technologie gerechnet wird. Es entsteht dann ein überaus hoher Aufwand, Anschluß an die sich zwischenzeitlich weiterentwickelnde Technologie zu finden, so daß möglicherweise die Fortsetzung der Produktion günstiger ist.

Beziehung zu Lieferanten und Kunden: Weiterhin ist zu prüfen, ob Zielgruppen, Händler oder Lieferanten durch die Elimination aufgegeben werden. Damit wird dann z.B. auch die einmal erreichte Bekanntheit und das Image aufgegeben. Bricht die Geschäftsbeziehung ab, wird das Unternehmen langfristig vergessen. Wird zu einem späteren Zeitpunkt erneut versucht, eine Geschäftsbeziehung einzugehen, ist ein kompletter Neueinführungsaufwand erforderlich. Gerade bei strategisch wichtigen Zielgruppen und Geschäftspartnern ist es wichtig, kontinuierlich ein Angebot aufrechtzuerhalten, um den Kontakt zu wahren. Hier ist z.B. an die Großvertriebsformen zu denken, aber auch an Lieferanten mit monopolähnlicher Stellung.

a/d/s Braun verfolgte bei der Elimination der gesamten HiFi-Sparte einen anderen Weg. Anstatt die Produktion kontinuierlich zu verringern, um die Produkte dann in Ruhe vom Markt nehmen zu können, wurde der Rückzug vom Markt als Marketing-Maßnahme durchgeführt. Mit einer "Letzten Edition" wurde ein Sammlerwert geschaffen, der zu einer zusätzlichen Nachfrage führte und half, den Vertrieb zu einem bestimmten Zeitpunkt einzustellen. Mit dem Imagegewinn wurden auch negative Auswirkungen auf den Markennamen Braun vermieden (o.V. 1991c).

2. Kontrahierungspolitik

2.1 Erläuterung, Ziele

Unter der Kontrahierungspolitik werden alle Maßnahmen verstanden, welche der Anbieter zur Erzielung der von ihm gewünschten Entgelte ergreift. Hierzu gehören neben dem Preis auch die gewährten Liefer- und Zahlungsbedingungen, Rabatte und Kreditleistungen. Verschiedentlich wird anstelle von "Kontrahierungspolitik" auch der Ausdruck "Preispolitik" bzw. "Entgeltpolitik" verwendet.

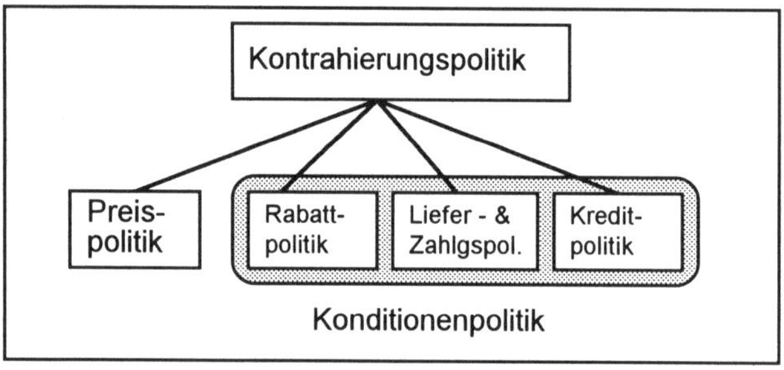

Abb. D.4: Inhalte der Kontrahierungspolitik

Die Hauptentscheidungen der Kontrahierungspolitik betreffen:

- Bestimmung der Preishöhe
- Preisdynamik
- Preisdifferenzierung
- Rabatte, Margen, Skonti etc.
- Konditionen
- Preisbindungen
- Ausnutzung akquisitorischer Potentiale.

Das **Ziel der Kontrahierungspolitik** liegt fraglos in der (langfristigen) Maximierung des Gewinns. Es können jedoch auch andere betriebsgerichtete Ziele (wie Vollbeschäftigung oder Anpassung des Absatzes an die Produktionskapazitäten) oder marktgerichtete Ziele (z.B. Kundengewinnung/-erhaltung, Ausschalten von Konkurrenten, Gewinnung von Marktanteilen etc.) bei der Kontrahierungspolitik Einflüsse ausüben.

Die **Preispolitik** (i.e.S., als Element der Kontrahierungspolitik) beinhaltet alle Maßnahmen und Entscheidungen, die durch die Festsetzung zweckgemäßer Preise das Erreichen bestimmter Ziele unterstützen sollen. Die preispolitischen Maßnahmen können sich auf das Gesamtangebot, auf Teile oder auf Einzelleistungen beziehen.

2.2 Preispolitik

2.2.1 Volkswirtschaftliche Grundlagen der Preispolitik

2.2.1.1 Preiselastizitäten

Im Rahmen dieses Buches soll auf die theoretischen, der volkswirtschaftlichen Mikroökonomie entnommenen Grundlagen (Preis/Absatzfunktionen, Preiselastizitäten, Preise im Monopol, Oligopol ...) nur im Rahmen des unbedingt notwendigen Minimums eingegangen werden.

1. Die Verhältnisse auf dem Markt bestimmen die Preishöhe, wobei ein steigendes Angebot bzw. sinkende Nachfrage die Preise fallen läßt, und umgekehrt.

Diese Kausalitäten bestimmen den typischen Verlauf der Angebots- und Nachfragekurve, in deren Schnittpunkt sich bei vollkommener Konkurrenz der Marktpreis ergibt.

Die Nachfragefunktion (q=f(p)) zeigt die jeweilige Nachfragemenge nach einem Gut (Produkt) in Abhängigkeit des Preises. Sie kann durch verschiedene Maßnahmen verschoben werden. Beispielsweise kann das Ziel der Werbung sein, bei gleichem Preis eine höhere Nachfrage zu erhalten, also die Nachfragekurve nach rechts zu verschieben.

Der normale Verlauf der Nachfragekurve kann durch verschiedene Effekte (preispsycholog. Einflüsse, Snob-Effekt) verändert werden (siehe Beispiele).

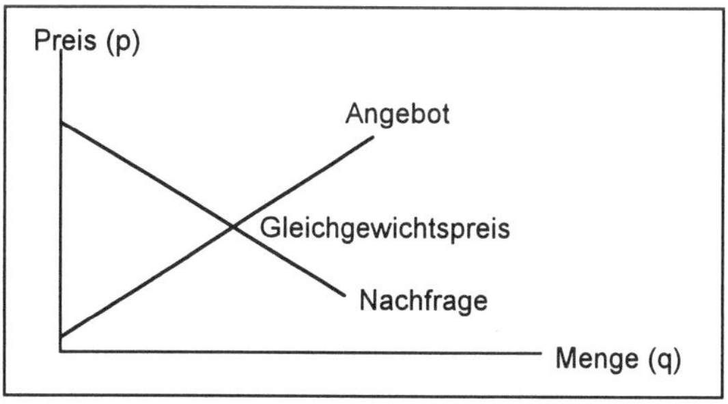

Abb. D.5: Preisbildung aus Angebot und Nachfrage

Ein Markt wird als **offen** bezeichnet, wenn alle Interessierten an diesem Markt teilnehmen können. Geschlossene Märkte sind Märkte, bei denen der Zutritt unmöglich (z.B. Schienenverkehr) oder erschwert ist (z.B. durch Konzessionen; Luftverkehr).

2. Als **Preiselastizität der Nachfrage** bezeichnet man das Verhältnis zwischen der relativen Änderung der quantitativen Nachfrage nach einem Produkt und der (dies bewirkenden) relativen Änderung des Preises.

$$\text{Preiselastizitätskoeffizient} \quad e = \frac{\text{prozentuale Mengenändergung } (\Delta X)}{\text{prozentuale Preisänderung } (\Delta P)}$$

Statt mit prozentualen Änderungen kann mit absoluten Werten gearbeitet werden:

$$e = \frac{\text{MengeNEU-MengeALT}}{\text{MengeALT}} : \frac{\text{PreisNEU - PreisALT}}{\text{PreisALT}}$$

Beispiel:
vor Preissenkung: Preis DM 10,- Absatz: 100 Stück
nach Preissenkung : Preis DM 9,- Absatz: 150 Stück

$$e = \frac{150-100}{100} : \frac{9-10}{10} = -5 \qquad \text{bzw:} \quad \frac{+50\%}{-10\%} = -5$$

Eine Preis**senkung** von 10% bewirkt eine Absatz**steigerung** von 50%. In diesem Fall spricht man von **elastischer Nachfrage**, da **e kleiner als -1** ist. Andernfalls spricht man von unelastischer Nachfrage. Die Menge ändert sich dann in geringerem Maß als der Preis geändert wurde.

Die Veränderung des Umsatzes bei einer Änderung des Preises ist von der Preiselastizität der Nachfrage abhängig. Bei elastischer Nachfrage bewirkt eine Preissenkung eine Umsatzerhöhung, und umgekehrt.

Übersicht über die Auswirkung einer Preisänderung auf den Umsatz (anstelle von e wird teilweise auch η als Symbol für den Preiselastizitätskoeffizienten verwendet):

Elastizität :	e > (-1)	e = -1	e < (-1)
Preiserhöhung	Umsatzsteigerung	konstanter Umsatz	Umsatzsenkung
Preissenkung	Umsatzsenkung	konstanter Umsatz	Umsatzsteigerung

Es versteht sich von selbst, daß eine *Umsatz*erhöhung keineswegs mit einer *Gewinn*verbesserung gleichzusetzen ist. Vielmehr kann beispielsweise aus einer Preiserhöhung, die bei elastischer Nachfrage zu einer Absatzsenkung und damit einer Umsatzsenkung führt, dennoch eine Gewinnverbesserung entstehen, wenn der Deckungsbeitrag des Produktes stark steigt. Dies kann insbesondere dann der Fall sein, wenn durch die Mengenreduzierung Grenzen sprungfixer Kosten (z.B. eine zusätzliche Produktionsstraße, die aber nicht voll ausgelastet ist und abgestoßen werden kann) unterschritten werden.

Beispiel:
Eine Maschine kann pro Monat 5000 Stück eines Produktes produzieren. Eine Maschine verursacht alleine durch ihre Existenz pro Monat fixe Kosten von 25.000 DM (Bedienpersonal, Leasinggebühr usw.). Weiterhin entstehen pro Produkt variable Kosten von 11,-- DM/Stück (Material, anteilige Personalkosten, Fracht usw.). Derzeit werden pro Monat 7.000 Stück zu einem Preis von 20,-- DM/Stück verkauft. Aus früheren Versuchen weiß man, daß bei einer Preiserhöhung auf 25,-- DM/Stück nur 5.000 Stück pro Monat verkauft werden. Angenommen, eine Maschine könnte zur nächsten Periode abgeschafft werden (z.B. indem der Leasing-Vertrag nicht verlängert wird), ergibt sich folgende Vergleichsrechnung:

Preis pro Stück	20,-- DM	25,-- DM
abgesetzte Menge	7.000 Stück	5.000 Stück
= > Umsatz:	140.000 DM	125.000 DM
Kosten Maschinen	50.000 DM	25.000 DM
var. Kosten (11,-- / Stück)	77.000 DM	55.000 DM
=> Gewinn (Umsatz - Kosten)	13.000 DM	45.000 DM

In diesem Beispiel bewirkt also eine Preiserhöhung um 12,5% einen Rückgang des Absatzes um 28,6% und des Umsatzes um 10,7%. Der Gewinn steigt aber um 246%.

2.2.1.2 Beispiel akademischer Preistheorie: Ermittlung des Gewinnoptimums im Monopol

Eine besondere Situation stellt das echte **Monopol** dar. Ein Monopol liegt vor, wenn ein Gut nur von einem einzigen Anbieter vermarktet wird. Diese konkurrenzlose Situation mag in der Praxis so gut wie nie vorkommen, ist aber für die akademische Preisdiskussion von großer Bedeutung, da der Monopolist den Preis oder die Absatzmenge beliebig festlegen kann und der jeweils andere Parameter von der Lage der Nachfragekurve bestimmt wird. Hieraus ergibt sich, daß der Monopolist genau errechnen kann, welche Preis-Mengen-Kombination ihm den optimalen Gewinn ermöglicht - sofern er den Verlauf der Preis-Absatz-Funktion kennt. Diese Preis-Mengen-Kombination wird auf folgendem Weg errechnet:

Die Nachfragefunktion verläuft von einer bestimmten Menge, die zum Preis Null abgesetzt werden kann (**Marktsättigung**) bis zum **Prohibitivpreis**, bei dem kein einziges Stück mehr abgesetzt werden kann. Multipliziert man an jedem Punkt der Nachfragekurve die Absatzmenge mit dem jeweiligen Preis, so erhält man die Erlöskurve (Erlös = Menge • Preis; $E = p \cdot q$). Der Gewinn ist dann maximal, wenn die Differenz zwischen Erlös und Kosten maximal ist.

Dieser Punkt kann mit Hilfe des Grenzerlöses und der Grenzkosten ermittelt werden. Der Grenzerlös ist die Höhe der Erlössteigerung durch die letzte verkaufte Einheit. Hierbei ist jedoch zu berücksichtigen, daß eine höhere Stückzahl eine Preissenkung bei allen Einheiten voraussetzt.

Beispiel:

Absatzmenge	bei Preis	=	Erlös
100	2,00		200,00
101	1,99		200,99
Grenzerlös:			0,99

Der Grenzerlös (E') ist die erste Ableitung der Erlöskurve. Die Grenzkosten, die erste Ableitung der Kostenkurve, zeigen die zusätzlichen Kosten, die für jedes weitere Stück anfallen. Bei linear steigenden Kosten ist die Grenzkostenkurve eine Gerade.

Solange die zusätzlichen Kosten geringer sind als die zusätzlichen Erlöse, also Grenzkosten < Grenzerlöse, vergrößert sich der Gewinn. Der maximale Gewinn entsteht daher bei jener Menge, bei der Grenzkosten und Grenzerlöse gleich sind, sich also beide Kurven schneiden. Die hieraus ermittelte Menge ist die gewinnoptimale Absatzmenge. Der Preis läßt sich dann anhand der Lage der Preis-Absatz-Funktion bei dieser Menge ermitteln.

Die hieraus ermittelte Preis-Mengenkombination stellt das Gewinnoptimum dar und wird **Cournot'scher Punkt (C)** genannt.

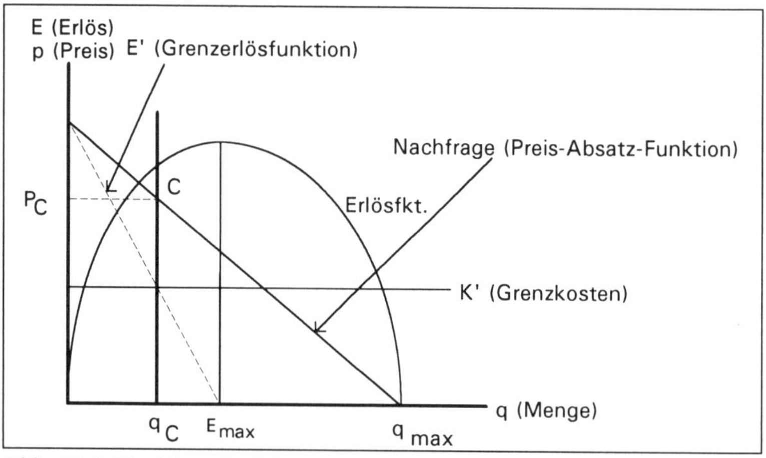

Abb. D.6: Nachfragefunktion, Erlös- und Grenzerlösfunktion im Monopol

Neben der graphischen Darstellung kann die gewinnoptimale Menge auch auf algebraischem Weg ermittelt werden.

$E = p \cdot q$ Der Erlös ist das Produkt aus Menge und Preis.

Der Gewinn ist das Produkt aus Menge und Preis abzüglich Kosten, wobei der Preis von der Menge abhängig ist. Dieser Gewinn soll maximiert werden.

$G = p(q) \cdot q - K \Rightarrow max!$

Im gewinnoptimalen Punkt ist die Differenz zwischen Grenzerlös (E'(q)) und Grenzkosten (K'(q)) bzw. der Grenzgewinn gleich Null.

$E'(q) - K'(q) = 0 = G'(q)$

$E'(q) = K'(q)$ Grenzerlös = Grenzkosten

Ein Beispiel:

```
Für das Produkt A sind folgende Funktionen bekannt:
Preis-Absatz-Funktion:   p     = 48 - q
Kostenfunktion:          K(q)  = 12 + 2q
Der Erlös ist das Produkt aus Menge und Preis, also ergibt
sich als Erlösfunktion: E(q)  = q •(48-q)
Der Gewinn ist die Differenz aus Erlös und Kosten, also:
    G (q) = q•(48-q) - 12 - 2q
    G (q) = -q² + 46q - 12
Die erste Ableitung der Gewinnfunktion lautet:
    G'(x) = -2q + 46
Der Cournotsche Punkt wird durch Nullsetzen dieser ersten
Ableitung ermittelt:    -2q + 46   = 0
                               q   = 23
```

Die gewinnoptimale Absatzmenge liegt also bei 23 Einheiten. Der Preis einer Einheit ist mit Hilfe der Preis-Absatz-Funktion zu ermitteln:

$$p = 48 - q$$
$$p = 48 - 23$$
$$p = 25$$

Somit liegt der gewinnoptimale Preis bei 25 (Währungseinheiten), zu dem 23 Einheiten des Produktes abgesetzt werden können.

Gerade dieses einfache Beispiel zeigt, daß die Preistheorie der Volkswirtschaftslehre (Mikroökonomie) für den praktischen Einsatz kaum einsetzbar ist. Auch im Polypol sind andere Voraussetzungen zur Kalkulation des Gewinnoptimums üblicherweise nicht gegeben. Die Modelle setzen vollkommene Information voraus, also die Kenntnis über den genauen Verlauf der Kosten- und Preis-Absatz-Funktion. Zumindest die Preis-Absatz-Funktion ist in der Praxis meist nicht bekannt und ändert sich auch im Zeitablauf. Aus strategischer Sicht ist vor allem zu bemängeln, daß das Ziel der Gewinnmaximierung eine sehr einseitige und kurzfristige Orientierung darstellt. Natürlich läßt sich noch eine Reihe weiterer Kritikpunkte finden, so daß der praktische Nutzen der mikroökonomischen Preistheorie als sehr gering angesehen werden muß.

2.2.2 Prinzipien der Preisbildung

2.2.2.1 Determinanten der Preisbildung

Jede Preisbildung für ein Produkt ist abhängig von verschiedenen Faktoren.

In erster Linie sollten Kosten, Nachfrage und Konkurrenz berücksichtigt werden, was in der Praxis meist dazu führt, einem der drei Faktoren das mit Abstand größte Gewicht zuzuweisen. Darüber hinaus beeinflussen aber auch staatliche Restriktionen (Gesetze), Unternehmungsziele und andere überbetriebl. Institutionen (Konsumentenschutzorganisationen) die Preisbildung.

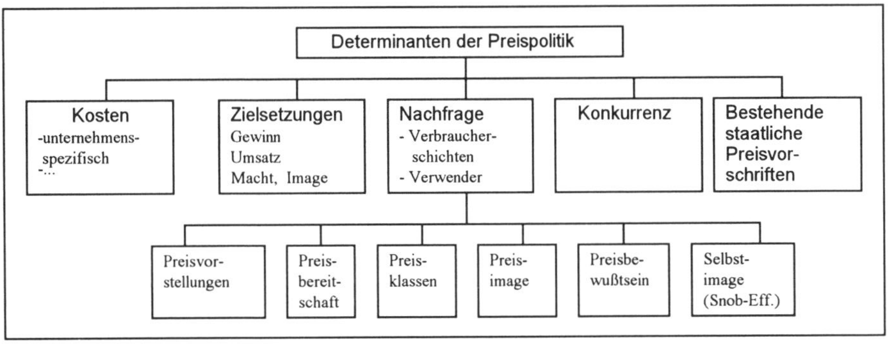

Abb. D.7: Einflußfaktoren der Preispolitik (Weis 1990, S. 225)

2.2.2.2 Kostenprinzip

Eine Ausrichtung des Preises an den Kosten, die bei der Erstellung der Leistung entstehen, ist in der Praxis traditionell weit verbreitet, obwohl zwischen Kosten und

Absatzpreis in einer Marktwirtschaft kein direkter Zusammenhang besteht (Ausnahme: Preisuntergrenze). Gerade im Handel wird ein Preis jedoch noch immer häufig so gebildet, daß der Einkaufspreis mit einem bestimmten, konstanten Faktor multipliziert und das Ergebnis zum endgültigen Preis auf- oder abgerundet wird.

Grundsätzlich lassen sich verschiedene Gruppen unterscheiden, wie in Abb. D.8 gezeigt wird.

Mit einer **retrograden Kalkulation** wird vom Marktpreis ausgehend errechnet, ob die Marktpreise für die eigene Unternehmung aus Kostengesichtspunkten tragbar sind. Es wird also vom (durch Konkurrenten oder Verbraucher vorgegebenen) Verkaufspreis ausgegangen und dann schrittweise rückwärts gerechnet, um Preisobergrenzen für den Einkauf zu ermitteln oder die zu erwartenden Beiträge an die Fixkostendeckung (Deckungsbeiträge) oder den Gewinn zu errechnen.

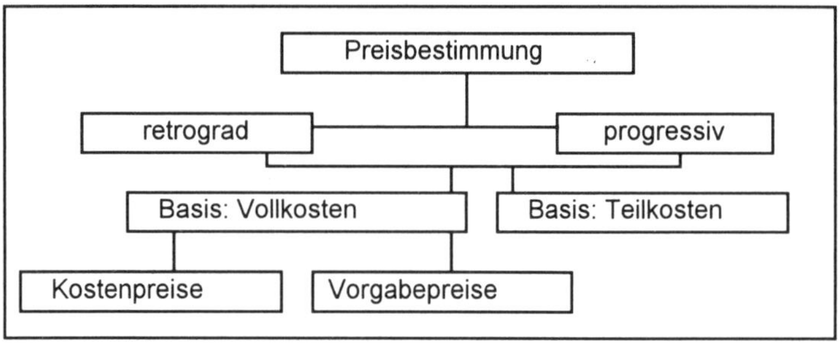

Abb. D.8: Möglichkeiten der Preisbildung nach dem Kostenprinzip

Mittels der **progressiven** Methode werden aus den vorgegebenen Kosten (Informationsquelle: betriebliches Rechnungswesen) die Preisforderungen errechnet, bei denen diese Kosten gedeckt sind und gegebenenfalls ein bestimmter Gewinnzuschlag enthalten ist.

Bei der **Preisbildung auf Vollkostenbasis** stellen die Selbstkosten die Grundlage der Preisberechnung dar. In der Regel wird auf die Selbstkosten der Gewinn (z.B. 15% der Selbstkosten) prozentual aufgeschlagen, woraus der Verkaufspreis resultiert.

Formel:

	Materialkosten	(Einzelmaterialien + Materialgemeinkosten)
+	Lohnkosten	(Einzellöhne + Lohngemeinkosten)
	Herstellungskosten	
+	Kosten Verwaltung	(meist prozentual)
+	Kosten Vertrieb	(meist prozentual)
=	Selbstkosten	
+	Gewinn	(meist prozentual)
=	Verkaufspreis	

Werden die Gemeinkosten proportional zur Höhe der ihnen zurechenbaren Einzelkosten berechnet, spricht man von der summarischen Zuschlagskalkulation oder Divisionskalkulation.

Beispiel: Die Unternehmung "Malutex" stellt zwei Produkte her, Hosen und Hemden und sie kalkuliert nach der summarischen Zusachlagskalkulation.

	Hosen	Hemden	Total
Absatz in Stück (Plan)	200	500	
Einzelkosten	5.000 DM	7.500 DM	
Gemeinkosten	10.000 DM	15.000 DM	25.000 DM
Herstellungskosten	15.000 DM	22.500 DM	
+ Kosten Verwaltung	1.200 DM	1.800 DM	3.000 DM
+ Kosten Vertrieb	2.000 DM	3.000 DM	5.000 DM
= Selbstkosten	18.200 DM	27.300 DM	
+ Gewinn (30%)	5.460 DM	8.280 DM	
= Erlös (Plan)	23.660 DM	35.580 DM	
=> Stückpreis	118,30 DM	71,16 DM	

Anmerkungen: Der Einstandspreis bezeichnet die Wareneinzelkosten, vereinfachend wurden alle übrigen Handlungskosten (Miete, Personal, Strom usw.) als "Gemeinkosten" zusammengefaßt. Die Gemeinkosten (wie auch Verwaltungs- + Vertriebskosten) wurden gemäß dem Anteil der Einzelkosten (40% - 60%) aufgeteilt.

Eine **differenzierte Zuschlagskalkulation** liegt vor, wenn die Gemeinkosten auf die einzelnen Kostenträger möglichst gerecht verteilt werden. Hierzu ist jedoch eine Betriebsabrechnung mit Kostenarten- und Kostenstellenrechnung notwendig. Wenn im obigen Beispiel von den 25.000 DM Gemeinkosten in Wirklichkeit nur 8.000 DM auf die Hemden, aber 17.000 DM auf Hosen entfallen, sinkt der Preis für Hemden auf DM 52,78 (Verwaltungs-/Vertriebskosten unverändert).

Dennoch bleibt der Nachteil, daß dieses Verfahren kostendeckende Preise errechnet, ohne Rücksicht auf die Marktsituation zu nehmen, denn der Nachfrageverlauf bleibt völlig unberücksichtigt. Außerdem bleibt unberücksichtigt, ob die geplanten Mengen überhaupt (oder noch größere Stückzahlen) absetzbar sind.

Das Verfahren hat aber auch Vorteile: Es ist relativ einfach, es entsteht ein "fairer" Preis und das Risiko von Verlustgeschäften wird minimiert.

Die Methode der **Vorgabepreise** berücksichtigt eine Schätzung der Absatzmenge und leitet über ein mehrstufiges Verfahren hieraus die Berechnung des Preises ab. Die Methode berücksichtigt, daß je nach Produktionsmenge ein unterschiedlicher Beitrag an die Fixkosten zu leisten ist, behebt aber nicht den generellen Mangel, daß auf die Nachfragekurve nicht eingegangen wird. Hinzu kommt ein logischer Fehler: Die Absatzmenge muß geschätzt werden, bevor ein ungefährer Marktpreis bekannt ist. Der Absatz ist aber vom Preis abhängig.

Bei Kalkulationsverfahren auf Teilkostenbasis werden die Gesamtkosten aufgeteilt in dem Produkt (= Kostenträger) zurechenbare Kosten (= Einzelkosten) und nicht direkt aufteilbare Gemeinkosten oder in fixe und variable Kosten. Das bekannteste Verfahren der **Teilkostenrechnung** ist das **Direct Costing**, auch **Deckungsbeitragsrechnung** genannt. Grundlage der Deckungsbeitragsrechung ist, daß ein Teil der anfallenden Kosten, wie Zinskosten, Abschreibungen und Gehälter, von kurzfristigen Schwankungen der Auftragslage nicht beeinflußt werden, also quasi Fixkosten darstellen. Andererseits verursacht jedes Produkt auch variable Kosten wie Materialkosten, Fertigungslöhne oder bestimmte Gemeinkosten wie Energieverbrauch oder Ausschußkosten, die alle von der produzierten Menge abhängen. Die Differenz zwischen dem Nettoverkaufserlös des Produktes und den diesem Produkt zugerechneten variablen Kosten ist der Deckungsbeitrag. Dieser Deckungsbeitrag steht zur Dekkung der Fixkosten zur Verfügung. Die Summe der Deckungsbeiträge aller Produkte vermindert um die Gemeinkosten ergibt den Gewinn der Unternehmung (bzw. Abteilung, Produktgruppe etc.).

	Erlös		Deckungsbeitrag Produkt A
-	variable Kosten	+	Deckungsbeitrag Produkt B
=	Deckungsbeitrag	-	fixe Kosten
			Gewinn / Verlust

Diese Berechnung berücksichtigt, daß auch ein "defizitärer" Artikel Fixkosten trägt und somit zum Unternehmensgewinn beiträgt. Dies zeigt auch die folgende Beispielrechnung. Die Zuschlagskalkulation ergab ein Defizit für einen Artikel, so daß dieser eliminiert wurde. Das Gesamtunternehmen gelangte hierdurch in die Verlustzone. Die Deckungsbeitragsrechnung zeigt, daß auch der defizitäre Artikel Fixkosten trägt (also einen positiven Deckungsbeitrag aufweist).

Beispiel einer falschen Entscheidung (Zuschlagskalkulation)				
Summarische Zuschlagskalkulation				
	Artikel 1	Artikel 2	Artikel 3	Summe
Verkaufspreis	22,50 DM	7,77 DM	11,22 DM	
Absatzmenge	135.000	420.000	280.000	
Erlös	3.037.500,00 DM	3.263.400,00 DM	3.141.600,00 DM	
Einstandskosten	2.250.000,00 DM	2.200.422,00 DM	2.244.000,00 DM	6.694.422,00 DM
	34%	33%	34%	100%
Handlungskosten	840.251,78 DM	821.737,11 DM	838.011,11 DM	2.500.000,00 DM
Erfolg je Artikel	-52.751,78 DM	241.240,89 DM	59.588,89 DM	248.078,00 DM
Entscheidung: Produktelimination des verlustbringenden Artikel 1				
Verkaufspreis		7,77 DM	11,22 DM	
Absatzmenge		420.000	280.000	
Erlös		3.263.400,00 DM	3.141.600,00 DM	
Einstandskosten		2.200.422 DM	2.244.000 DM	4.444.422,00 DM
		50%	50%	100%
Handlungskosten		1.237.743,63 DM	1.262.256,37 DM	2.500.000,00 DM
Erfolg je Artikel		-174.765,63 DM	-364.656,37 DM	-539.422,00 DM

Statt dessen : Deckungsbeitragsrechnung:

	Artikel 1	Artikel 2	Artikel 3	**Summe**
Verkaufspreis	22,50 DM	7,77 DM	11,22 DM	
Absatzmenge	135.000	420.000	280.000	
= Erlös	3.037.500,00 DM	3.263.400,00 DM	3.141.600,00 DM	
- Einstandskosten	2.250.000,00 DM	2.200.422,00 DM	2.244.000,00 DM	**6.694.422,00 DM**
= Deckungsbeitrag	787.500,00 DM	1.062.978,00 DM	897.600,00 DM	**2.748.078,00 DM**
- Handlungskosten				**2.500.000,00 DM**
= Erfolg				**248.078,00 DM**

Mit Hilfe der Teikostenrechnung läßt sich retrograd auch der **Break-Even-Point** ermitteln. Der Break-Even-Point kennzeichnet jene Absatzmenge eines Produktes, die erreicht werden muß, um die Gewinnschwelle zu erreichen. Mathematisch ist der Break-Even-Point nach folgender Formel zu berechnen:

$$\frac{\text{Fixe Kosten}}{\text{Deckungsbeitrag pro Stück}} = \text{Break-Even-Point}$$

Die graphische Darstellung zeigt den Break-Even-Point als Schnittpunkt der Gesamtkostenkurve und der Erlöskurve.

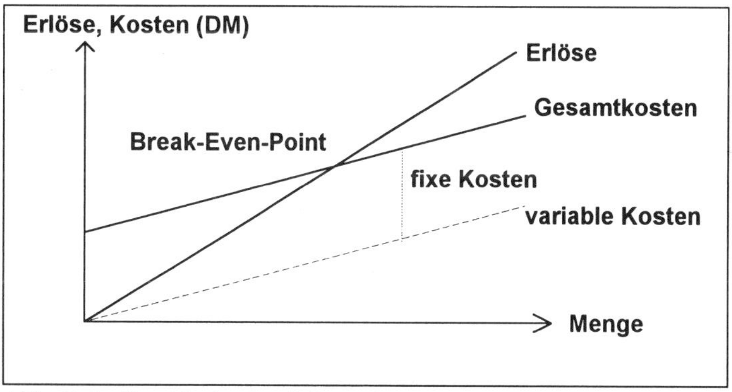

Abb. D.9: Graphische Ermittlung des Break-Even-Point

2.2.2.3 Wertprinzip (Nachfrageorientiert)

Das Wertprinzip der Preisbestimmung stellt das genaue Gegenteil des Kostenprinzips dar. Es wird bei starker Nachfrage ein hoher Preis verlangt und umgekehrt, ohne auf die Kostenseite Rücksicht zu nehmen.

Einflußfaktoren auf den Preis sind somit:

- Struktur der Nachfragerseite (Gesamtnachfrage nach der Marktleistung, Substituierbarkeit, Elastizität der Nachfrage, des Einkommens und Kreuzpreiselastizitäten: Die Kreuzpreiselastizität ist ein Maß für die Änderung der Absatzmenge eines Produktes im Falle einer Preisänderung eines anderen Produktes bzw. Gutes. Bsp.: Wenn Benzin teurer wird, steigt der Absatz an Bahnkilometern (sprich:

Fahrkarten).
- Preisvorstellungen der Nachfrager (abhängig vom subjektiv empfundenen Nutzenzuwachs)
- Preisbereitschaft der Nachfrager (abhängig von Preisvorstellung, Dringlichkeit des Bedarfs, Kaufkraft)
- Preisklassen der Nachfrager (Nachfrage in unterer, mittlerer, oberer Preisklasse)
- Einfluß von Qualität und Image

Die Kerngröße, die Preiselastizität der Nachfrage, kann in der Praxis nur geschätzt werden. Befragungen ("Welchen Preis halten Sie für XYZ höchstens für angemessen?") und Experimente geben Anhaltspunkte. Dennoch kann der Preis nie exakt errechnet werden, es kommt immer auf das Gefühl des Marketingverantwortlichen an.

2.2.2.4 Konkurrenzorientierung

Bei der konkurrenz- oder branchenorientierten Preisbildung richtet sich die Unternehmung nach den Wettbewerbern. Grundsätzlich kann man sich am Marktführer bzw. am Preisführer oder am Durchschnittspreis der Branche orientieren. Hierdurch entsteht für die Unternehmung ein "**Leitpreis**", auf den die Preispolitik ausgerichtet wird. Sie kann den Leitpreis nun grundsätzlich überbieten, unterbieten oder versuchen, ihren Preis auf der Höhe des Leitpreises anzusiedeln. Charakteristisch für die Konkurrenzorientierung ist, daß bei unverändertem Leitpreis der festgelegte Preis beibehalten wird, auch wenn die Kostensituation sich verändert hat. Andererseits wird bei verändertem Leitpreis vom Unternehmen "mitgezogen", auch wenn die Kosten unverändert bleiben. Bei diesem Vorgehen besteht kein Zusammenhang zwischen dem Preis und den Kosten oder der Nachfrage. Ein Beispiel konkurrenzorientierten Preisbildung stellt die Tankstellenkette "Jet" dar. Die Preise an diesen Tankstellen liegen grundsätzlich einen Pfennig unter den Preisen der anderen Markentankstellen in der näheren Umgebung. Die Pächter der Tankstellen sind angewiesen, die Konkurrenzpreise permanent zu kontrollieren und Änderungen sofort der Zentrale zu melden, damit diese eine Preisanpassung vornimmt. (Ein Pächter kann Preise nicht eigenmächtig ändern, da er auf Namen und Rechnung des Herstellers verkauft.)

Dieses Prinzip kann in Märkten mit homogenen Gütern oder hoher Konkurrenzintensität sinnvoll sein. Es kann aber auch dann Anhaltspunkte geben, wenn die eigenen Kosten nicht genau feststellbar sind. Es reduziert im allgemeinen das Risiko, da der Durchschnittspreis der Branche auf Dauer über den Durchschnittskosten liegt und somit bei einem gut gemanagten Produkt zumindest kleine Gewinne entstehen läßt. Allerdings gibt die Unternehmung bei diesem Vorgehen das Gestaltungselement "Preis" mehr oder weniger aus der Hand.

2.2.2.5 Fazit

Bei der Festlegung eines Preises sind natürlich alle drei Faktoren (Konkurrenz, Nachfrage und Kosten) zu berücksichtigen. In speziellen Fällen im Wettbewerb (Gewinnen oder Halten eines Kunden aus strateg. Gründen etc.) oder zur Erhöhung der Auslastung der Produktion kann kostenseitig als **absolute Preisuntergrenze** das sog. Betriebsminimum angesehen werden. Das Betriebsminimum liegt vor, wenn der Erlös genau die variablen Kosten deckt, aber kein Beitrag zu den Fixkosten geleistet wird. Langfristig müssen natürlich sämtliche Kosten gedeckt und ein angemessener Gewinn erzielt werden. Falls dies aus Gründen mangelnder Nachfrage oder zu günstiger Konkurrenzpreise nicht möglich ist, muß - sofern bereits alle Kostensenkungspotentiale ausgenutzt sind - das Produkt vom Markt genommen werden.

Im Fall des **Einführungspreises** kann das in Abb. D.10 dargestellte Vorgehen sinnvoll sein.

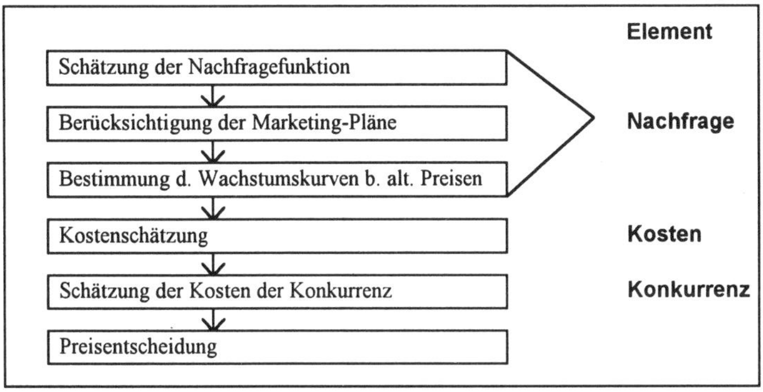

Abb. D.10: Ermittlung eines Einführungspreises in mehreren Schritten (Welsh 1968, zitiert nach Meffert 1986, S. 342ff.)

2.2.3 Preishöhenpolitik

Die Preislage, in der der Preis des Produktes liegen soll, ist strategischer Natur. An einen hohen Preis sind beispielsweise unverrückbar bestimmte Anforderungen an die Qualität oder die Distribution sowie an das aufzubauende Image gebunden. All diese Faktoren sind langfristiger Natur. Dennoch kann es Vorgehensweisen geben, bei denen die Unternehmung zu Beginn der Markteinführung einen anderen Preis verlangt als später. Neben der Marktpreispolitik unterscheidet man folgende Varianten der Hoch- und Niedrigpreispolitik:

Preis	dauerhaft	vorübergehend
hoch	Prämienpreise	Skimmingpreise
niedrig	Promotionspreise	Penetrationspreise

Abb. D.11: Übersicht über Preishöhenpolitiken

2.2.3.1 Prämienpreispolitik

Die **Prämienpreispolitik** versucht, bei hoher Produktqualität hohe Preise zu erzielen (hoch = über Marktdurchschnitt). Ein Prämienpreis muß neben guter Produktqualität von einem guten Image, einer besonderen Distributionsstruktur o.ä. unterstützt werden. Die Voraussetzung hierfür ist, daß die Preiselastizität der Nachfrage gering ist oder das Produkt quasi Alleinstellung hat, egal aus welcher Tatsache heraus (z.B. auch in bezug auf das Image). Es ist darauf zu achten, daß alle Händler, die das Produkt führen, dem Status des hohen Preises entsprechen und möglichst keine Sonderangebote mit diesem Produkt durchführen. Das Produkt darf im allgemeinen nur im Fachhandel geführt werden, wenn es sein hohes Qualitätsimage behalten will.

Parfümvertriebsfirmen achten beispielsweise darauf, daß ihre aktuellen Spitzenmarken nur in Top-Parfümerien geführt und die Preise eingehalten werden. Der Absatz von Lacoste-Parfüm brach vor einigen Jahren zusammen, als das Produkt über graue Kanäle in einem Supermarkt gelandet war. Es ist heute nicht mehr über Hochpreisstrategie zu verkaufen.

Um Preisaktionen zu unterbinden, werden verschiedenste Methoden angewendet, mit mehr oder weniger großem Erfolg. Beispielsweise verkauft der Elektronik-Hersteller Telefunken seine Ware ausschließlich durch sog. "Telefunken-Partner". Die "Händler" sind in diesem Fall genaugenommen Handelsvertreter, denn Vertragspartner des Käufers wird nicht der "Händler", sondern Telefunken direkt. Somit besteht auch kein Spielraum bei den Preisen, gleiche Geräte werden in jedem Geschäft zum gleichen Preis angeboten. In manchen Branchen wird mit einem sog. **selektivem Vertriebssystem** bzw. mit **Vertriebsbindung** gearbeitet. Hierdurch gelingt es der Branche in einem komplizierten Verfahren auch, zu erreichen, daß die Produkte in der Regel überall zum gleichen Preis angeboten werden. Händler, die die vorgegebenen Preise unterbieten, werden von der Belieferung ausgeschlossen. Derartige Systeme basieren auf rechtlich sehr komplizieren und teilweise auch umstrittenen Konstruktionen. Prinzipiell ist es dem Hersteller seit 1974 allerdings verboten, Wiederverkäufern den Endverkaufspreis des Produktes vorzuschreiben (ausgenommen sind Verlagserzeugnisse, Arzneimittel oder Tabakwaren).

Beispiele für die Prämienpreispolitik sind die "Callier" oder "Lindt"-Schokoladen, die Tafelpreise von über DM 2,- erzielen (Milka und Ritter, die Marktführer, werden in Kampfangeboten für -,88 bzw -,77 DM angeboten).

Im Bekleidungssektor sind Burberrys oder Lacoste zu nennen, bei Kameras: Leica und Hasselblad, bei Uhren beispielsweise Breitling oder Rado. Ein Beispiel aus dem Business-Bereich sind die Tasktimers (neudeutsch für Terminkalender) von Time/system.

2.2.3.2 Abschöpfungspreispolitik (Skimming-Preise)

Bei der **Skimming-Preispolitik** beginnt das Angebot des Produktes zu sehr hohen Preisen (bei niedrigen Absatzmengen und hohen Stückkosten). Der Preis wird später, bei zunehmender Markterschließung oder aufkommender Konkurrenz, sukzessive gesenkt.

Die Produkteinführung wird von einem hohen Werbeaufwand begleitet. Die Skimming- (oder Abschöpfungs-) Politik ist vor allem dann zu empfehlen, wenn

- das Produkt eine Neuheit darstellt

- eine Monopolsituation besteht
- die Produktions- bzw. Vertriebskapazitäten begrenzt sind
- genügend Konsumenten bereit sind, einen hohen Preis für das neue Produkt zu zahlen (frühe Adaptoren, Prestige-Käufer)
- kein Vergleichsmaßstab für den Wert und den Produktnutzen besteht (der hohe Einführungspreis bildet eine hohe Wertvorstellung heraus).

Beispiele für diese Strategien waren die Einführungen von Nylonstrümpfen und Kugelschreibern, ebenso die des CD-Players.

Die Tabelle vergleicht die Skimming- und Penetrations-Strategie:

Skimming-Preise	Penetrationspreise
• Grundprinzip: Anfangs hohe Preise, die sukzessiv gesenkt werden • Gewinne bereits in der Einführungsphase, daher auch bei geringen finanziellen Ressourcen anwendbar. • Erhaltung eines Preisspielraumes nach unten, gegebenenfalls auch als Verhandlungselement. • Graduelles Abschöpfen der Preisbereitschaft (Konsumentenrente) ist möglich. • Durch geringe Absatzmenge genügen auch geringe Produktionskapazitäten. • Hohe Preise bewirken in der Regel ein gutes Qualitätsimage; das Produkt kann evtl. sogar als Prestigeprodukt aufgebaut werden.	• Grundprinzip: Anfangs niedrige Preise, die später erhöht werden sollen. • Trotz niedriger Deckungsbeiträge pro Stück Gewinne durch große Stückzahl. • Durch Realisierung der Economies of Scale Senkung der Produktionskosten. Schnelle Erhöhung des kumulierten Outputs. Erreichen eines großen und nur schwer aufzuholenden Kostenvorsprunges. • Abhalten potentieller Konkurrenten vom Markteintritt • Aufbau einer starken Position im Markt, hoher Marktanteil und schnelle Diffussion des Produktes • Geringe Einführungspreise erhöhen die Bereitschaft, das Produkt auszuprobieren. • Es werden von Beginn an hohe finanzielle Ressourcen und große Produktions- und Distributionskapazitäten benötigt.

Abb. D.12: Übersicht Skimming- und Penetrationspreise

2.2.3.3 Penetrationspreis-Politik

Die Penetrationspreis-Politik zielt darauf ab, durch niedrige Preise neue Produkte schnell in großen Mengen zu verkaufen und so schnell Massenmärkte zu erschließen (und potentielle Konkurrenten abzuschrecken). Die niedrigen Preise werden jedoch später schrittweise erhöht. (Es besteht jedoch die Gefahr, daß die Konsumenten aufgrund des niedrigen Preises dem Produkt bereits eine niedrige Qualitätsvorstellung zugeordnet haben.)

Die Penetrationspreis-Strategie ist empfehlenswert, wenn

- die Preiselastizität der Nachfrage als hoch eingeschätzt wird
- Konkurrenten vom Markt ferngehalten werden sollen.

Im Kunst- und gelegentlich im Buchmarkt wird diese Strategie durch sogenannte. "Subskriptionspreise" verfolgt. Neuerdings arbeiten auch einige Softwarehersteller mit dieser Strategie (z.B. Borland)

2.2.3.4 Promotionspreispolitik

Die Promotionspreispolitik arbeitet mit relativ niedrigen Preisen während der gesamten Produktlebensdauer. Der Marktleistung soll das Image des "preisgünstigen Produktes" gegeben werden. Der Preisaspekt wird in der Werbung besonders hervorgehoben.

2.2.4 Preispsychologie

Als psychologische Kontrahierungspolitik bezeichnet man alle Maßnahmen, die den Preis der Marktleistung für den Konsumenten günstiger erscheinen lassen oder unbewußte Barrieren verhindern sollen. Beispiele:

- Preise, unterhalb runder Preise werden als günstig angesehen (DM 99,90;).
- "Krumme" Preise wirken exakt kalkuliert. Dies gilt vor allem für Investitionsgüter oder Produkte mit individuellen Angeboten. Beispiele: DM 19.654,- statt 19.999,- oder DM 4088,30 für ein Computerkassensystem.
- Multipacks und Großgebinde gelten als billig (Beispiele: Pralinen)
- Zahlenreihen wie 8888,88 haben eine "magische" Wirkung.
- "Vier zum Preis von Drei" suggeriert einen höheren Preisnachlaß pro Stück (33,3%) als tatsächlich angeboten (25%).
- Es gibt psychologische Preisnormen, die als akzeptabel angesehen werden. Beispielsweise ist bei Tafelschokolade oft kein Preis über DM 0,99 zu erzielen, dagegen bei Schokoriegeln problemlos, wenn man den Schokoladenpreis auf die Tafel-Menge von 100g umrechnet.
- Preise mit abfallender Ziffernfolge (DM 9.875 oder DM 9,87).
- Vermeiden psychologisch „belasteter“ Zahlen wie “13“.

2.2.5 Preisdifferenzierung

Preisdifferenzierung bedeutet in der gängigsten Definition, daß ein Anbieter von verschiedenen Nachfragern für eine bestimmte Marktleistung unterschiedliche Preise fordert.

Dies ist nur unter folgenden Voraussetzungen möglich:

- Die Nachfrager sind in Gruppen mit unterschiedlichem Nachfrageverhalten und unterschiedlicher Preiselastizität der Nachfrage aufteilbar.
- Käufer dürfen die hieraus entstehenden Teilmärkte nicht wechseln können.
- Der Markt sollte unvollkommen sein, es sollte also keine Transparenz vorliegen.
- Zwischenhandel muß ausgeschlossen sein (die Gruppen müssen isoliert sein).

Wenn der Gesamtmarkt in verschiedene Teilsegmente aufgeteilt ist, können für jedes Segment unterschiedliche Preise verlangt werden. Die Frage nach dem optimalen Preis im Marktsegment richtet sich nach den Zielsetzungen (Gewinnmaximum: Grenzerlöse der Teilmärkte gleich und gleich den Grenzkosten).

Es lassen sich folgende **Segmentierungskriterien** feststellen:

- **Räumliche** Merkmale (Land, Stadt, etc.) Die Preise hängen von der jeweiligen Marktsituation ab. Grenzen für den Preisunterschied bilden die Transportkosten. Beispiel für regional unterschiedliche Preise: Benzin
- **zeitliche** Preisdifferenzierung (meist aus betriebswirt. Gesichtspunkten, um Nachfrageschwankungen auszugleichen) Beispiel: Nachttarif beim Telefon. Im Handel innerhalb eines Tages pauschal nicht erlaubt.
- Preisdifferenzierung nach **Käufermerkmalen** (Beispiele: Lebensalter: Eintrittspreise, Berufsgruppen: Preise für Lehrer, Gruppenzugehörigkeit: Mitgliederpreise (Ikea-Family-Card))
- **produktbezogene** Preisdifferenzierung:
  - nach Menge: Mengenrabatte
  - nach Produktvariation: Bsp. Luxusausgaben in Goldeinband
  - Neben dem Grundnutzen wird noch ein Geltungsnutzen mitverkauft.
  - nach Verwendungszweck: z.B. Salz (Speise/Vieh/Industrie) oder Software (Software zu Schulungszwecken wird günstiger angeboten)

2.2.6 Preisgrenzen

Preisuntergrenzen können kostenwirtschaftlicher Natur sein. Es gibt jedoch Situationen, in denen kurzfristig auch kostenwirtschaftlich untragbare Preise mitgegangen werden müssen, z.B. im direkten Konkurrenzkampf (Preisunterbietungsstrategie) oder aus strategischen Gründen. Beispielsweise arbeiten Reifenhersteller im Geschäft mit den Autoherstellern bei der Erstausstattung oft mit nicht kostendeckenden Preisen. Es ist aber bekannt, daß die Konsumenten beim Ersatzteilkauf später häufig das zuvor benutzte Modell verlangen.

Aus Kostensicht sollte man **langfristig** als Preisuntergrenze die Stückkosten (Vollkosten) ansetzen. Wenn alle Verkäufe genau zu den Stückkosten realisiert werden, ergibt sich ein neutrales Betriebsergebnis, also weder Gewinn noch Verlust.

Die variablen Stückkosten stellen **kurzfristig** die Preisuntergrenze dar. Nun wird kein Deckungsbeitrag mehr erwirtschaftet. Solange ein positiver Deckungsbeitrag erwirtschaftet wird und die Kapazitäten nicht voll ausgelastet sind, kann ein Auftrag, der nicht die Vollkosten deckt, dennoch einen positiven Deckungsbeitrag erwirtschaften und einen Teil der Fixkosten tragen.

2.2.7 Sektorale und gruppenspezifische Besonderheiten der Preispolitik

2.2.7.1 Preispolitik bei Investitionsgütern

Ein Investitionsgut wird erworben, um mit Hilfe dieses Gutes Geld zu verdienen. Letztlich muß eine Investition in ein solches Produkt für den Kunden daher rentabler sein als die Verzinsung des Investitionsbetrages im Fall einer Kapitalanlage bzw. der zu erzielende Überschuß muß größer sein als die Zinsen des Kredites, der für die Anschaffung des Gutes benötigt wird.

Daher sollte der Verkäufer zur Vorbereitung der Verhandlung die **Investitionsrechnung** aus Sicht des Kunden durchführen, da er dann beispielsweise die (mathematische) Preisobergrenze des Käufers errechnen kann und im Verkaufsgespräch ein zusätzliches Argument zur Hand hat. Hierzu sind die Grundlagen der Investitionsrechnung anzuwenden. Berechnet werden unter anderem die Rückzahlungsdauer der Investition (Gegenwartswert!) und die interne Verzinsung des eingesetzten Kapitals während der Lebensdauer des Produktes.

Im Rahmen des Marketing für Investitionsgüter ist auch das Sicherheitsbedürfnis der Kunden zu berücksichtigen. Daher kommt Leistungselementen wie Garantie und Service eine besondere Bedeutung zu. In der Computerbranche arbeiten manche Anbieter beispielsweise mit mehreren Preisen für die grundsätzlich gleiche Ware: Zwischen dem Preis für das Produkt mit gesetzlicher Garantie und drei-jährigem „24-Stunden-vor-Ort" Service sind verschiedene Zwischenstufen möglich, für die jeweils verschiedene Preise gefordert werden.

Da Investitionsgüter oft Spezialanfertigungen sind, ist die Transparenz im Markt geringer. Viele Firmen gehen daher so vor, daß sie je nach dem Verhandlungsgeschick der Einkäufer, der Konkurrenzsituation bei diesem Nachfrager (welche Konkurrenten haben noch ein Angebot abgegeben?) und den finanziellen Möglichkeiten der Käufer für prinzipiell gleiche Leistungen unterschiedliche Preise bei unterschiedlichen Kunden verlangen.

Großfirmen definieren meist ein Standard-Produkt, für das mehrere Firmen Angebote abgeben. Der Lieferant wird dann in **Verhandlungen** mit mehreren Anbietern ausgewählt und für eine bestimmte Zeit festgelegt. Oftmals werden Rahmenverträge für ein bis zwei Jahre mit festgelegten Preisen geschlossen. In den **Verhandlungen** mit den Einkäufern bzw. jenen Mitgliedern des **Buying-Centers** muß der Anbieter versuchen, den Preisdruck abzuwehren, indem das Produkt von der Konkurrenz abgegrenzt wird und zusätzliche Leistungsmerkmale, die dem Nachfrager Nutzen bringen, in den Vordergrund gestellt werden. Bei Produkten mit traditionell fallenden Preisen (Computerindustrie) können gestaffelte Preissenkungen angeboten werden. Modellwechsel und bessere Ausstattungsmerkmale geben Anlaß zu neuen Verhandlungen, die als „Nachverhandlungen" leichter zu führen sind, da sich der Nachfrager auf den Anbieter bereits festgelegt hat. Unsicherheiten, die z.B. durch veränderte Rohstoffpreise entsehen, werden mit Hilfe von **Preisgleitklauseln** verringert, die eine Preisanpassung an die Marktlage zum Lieferzeitpunkt zulassen.

Die Zahlungsbedingungen sehen bei großen Objekten oft eine Zug-um-Zug-Abwicklung vor, bei der die Bezahlung entsprechend dem Arbeitsfortschritt erfolgt. Solche Zahlungsbedingungen sind auch im Baubereich üblich.

2.2.7.2 Preispolitik bei Submission

Unter dem Stichwort "**Submission**" werden die Ausschreibung und die Einschreibung zusammengefaßt. Beides sind Marktveranstaltungen, bei denen für eine bestimmte Leistung ein schriftliches Angebot abgegeben wird. Zu einem bestimmten Zeitpunkt werden alle Angebote geöffnet und verglichen und das günstigste erhält den Zuschlag. Sinn einer Submission ist, Preisabsprachen zu verhindern. Im Gegensatz zu einer Auktion entfällt aber die Möglichkeit des gegenseitigen "Hochschaukelns" der Anbieter.

Bei der **Ausschreibung**, die vor allem im Baubereich und bei Projekten der öffentlichen Hand eingesetzt wird, werden die Anbieter zur Abgabe eines Angebotes für eine nachgefragte Leistung aufgefordert. Um die verschiedenen Angebote vergleichbar zu halten, muß die nachgefragte Leistung genau und detailliert aufgeschlüsselt werden. Ausschreibungen erfolgen oft öffentlich.

Die **Einschreibung** stellt das Gegenstück dar, bei der der Anbieter ein Objekt oder Nutzungsrecht (z.B. Schürfrechte) zum Kauf anbietet und hierfür Angebote erwartet. Auch bei der Lizenzvergabe ist dieses Vorgehen üblich.

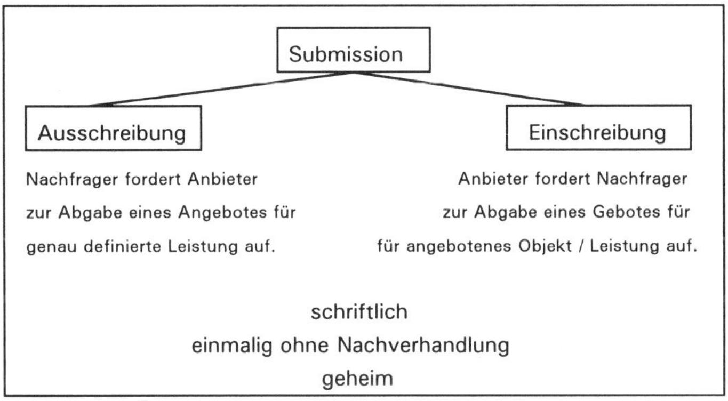

Abb. D.13: Übersicht: Einschreibung und Ausschreibung

Bei beiden Formen muß vor der Abgabe des Angebotes ein Preis kalkuliert werden. Zur Ermittlung dieses Preises sind drei Faktoren einzubeziehen:

1. der Gewinn des Anbietenden, der bei jedem möglichen Angebotspreis zu erwarten ist
2. die geschätzte Wahrscheinlichkeit, zu diesem Preis den Zusachlag zu erhalten
3. die Möglichkeit, im Falle der Ablehnung andere lukrative Aufträge bzw. Rechte zu erhalten.

Durch Aufstellung einer Tabelle und Multiplikation des erwarteten Gewinns (1) mit der geschätzten Eintrittswahrscheinlichkeit (2) läßt sich für jeden Preis der sogen. Gewinnerwartungswert errechnen. Jener Preis, der den höchsten Gewinnerwartungswert verspricht, sollte aus mathematischer Sicht geboten werden. Bewirbt sich ein Unternehmen jedoch um mehrere Aufträge, von denen die Kapazität nur die Ausführung eines Auftrages ermöglicht, wird die Angebotsvergabe noch durch eine strategische Komponente (3) ergänzt.

2.3 Konditionenpolitik

2.3.1 Rabatte

Rabatte stellen ein Mittel der **Preisvariation** dar. Sie sind Preisnachlässe, die für bestimmte *Leistungen des Abnehmers* gewährt werden und mit dem Produkt zusammenhängen. Rabatte sind also Nachlässe auf die Listenpreise.

Das Rabattgesetz gestattet beim Verkauf an *End*verbraucher einen Barzahlungsrabatt von max. 3% des Warenwertes und handelsübliche Mengenrabatte. Auch Sondernachlässe für bestimmte Personengruppen sind in bestimmten Fällen zulässig. Das Rabattgesetz bezieht sich jedoch nur auf die Fakturierung an den "letzten Verbraucher" und "Waren und gewerbliche Leistungen des täglichen Bedarfs".

Zu den wichtigsten Rabatten gehören unter anderem:
- Funktionsrabatt
- Mengenrabatt
- Zeitrabatt
- Treuerabatt
- Listungsrabatt
- Sortimentsrabatt
- Gesamtumsatzrabatt
- Sonderrabatt

2.3.1.1 Funktionsrabatte

Funktionsrabatte werden dem Groß- und Einzelhandel als angemessene Vergütung für die Ausübung seiner Funktion gewährt. Dieser Pauschalrabatt ist nicht wirklich funktionsbezogen, da er unabhängig davon ist, welche Funktionen der Händler wirklich ausübt. Echte Funktionsrabatte werden für die Übernahme bestimmter Funktionen gewährt, wie z. B. Abholung der Produkte oder Übernahme der Lagerfunktion. Auch Barzahlungsrabatte und Skonti stellen eine Form des Funktionsrabattes dar.

2.3.1.2 Mengenrabatte

Mengenrabatte beziehen sich auf einen einzelnen Auftrag oder die Auftragssumme in einer bestimmten Periode (z.B. Jahr). Wird dieser Nachlaß nachträglich am Ende der Periode gewährt, handelt es sich um einen Bonus.

Das Ziel der Mengenrabatte, die als Barrabatt oder Naturalrabatt vorkommen, ist es, Kostenvorteile großer Aufträge zu erreichen und (im Falle des Bonus) aus Kunden Stammkunden werden zu lassen bzw. die bestehenden Kunden zu binden.

Häufig werden Mengenrabatte auch in den Lieferbedingungen versteckt, wenn z.B. ab einer bestimmten Menge bzw. einem bestimmten Rechnungsbetrag keine Versandkosten erhoben werden.

Eine Sonderform des Mengenrabattes ist der **Naturalrabatt**. Hierbei werden weniger Einheiten fakturiert als geliefert. Naturalrabatte werden häufig bei Produkt-Neueinführungen eingesetzt. Bei der gesetzlichen Regelung ist hier auch die Zugabeverordnung zu beachten, die im Unterschied zum Rabattgesetz für alle Handelsstufen gilt. Eine **Zugabe** ist gem. BGH eine Ware oder Leistung, die neben der eigentlichen Hauptware (-leistung) angeboten, angekündigt oder gewährt wird, um den Absatz der Hauptware (-leistung) zu fördern. Zugaben sind nur in bestimmten Ausnahmefällen erlaubt, vor allem bei geringem Wert der Zugabe.

2.3.1.3 Zeitrabatte

Zeitrabatte sind Einführungsrabatte, Saisonrabatte, Auslaufrabatte und Vorausbestellungsrabatte.

Saison- und Vorausbestellungsrabatte sollen die die Dispositionsmöglichkeiten des Herstellers verbessern und Absatzschwankungen ausgleichen. Auslaufrabatte sollen die Lagerräumung ermöglichen bzw. beschleunigen.

2.3.1.4 Treuerabatt

Der Treuerabatt wirkt ähnlich wie der Mengenrabatt. Er soll das Eindringen von Konkurrenten in die Geschäftsbeziehung verhindern. Treuerabatte belohnen dauerhafte Geschäftsbeziehungen.

2.3.1.5 Listungsrabatt, Sortimentsrabatt und Gesamtumsatzrabatt

Der **Listungsrabatt** ist eine Vergütung für die Aufnahme eines Lieferanten in den Kreis der Belieferer.Der **Sortimentsrabatt** ist ein Nachlaß, der gewährt wird, wenn das komplette Sortiment oder eine gesamte Produktlinie des Herstellers geführt wird. Ein **Gesamtumsatzrabatt** liegt vor, wenn die Grundlage der Rabattierung im Umsatz, den ein Abnehmer innerhalb einer bestimmten Periode mit einem Hersteller oder (Groß-)Händler tätigt, liegt.

2.3.2 Liefer- und Zahlungsbedingungen

Liefer- und Zahlungsbedingungen spezifizieren die Vereinbarungen über Inhalt und Abgeltung der angebotenen/erbrachten Leistungen. Sie sind im rechtlichen Sinne keine "Bedingungen", sondern Vertragsbestandteil.

2.3.2.1 Lieferbedingungen

Lieferbedingungen regeln i.d.R.:

- Ort und Zeit der Warenübergabe
- Gerichtsstand
- Verpackung und Aufmachung der Ware
- Art der Lieferung (z.B. Post, Bahn, UPS)
- Umtauschrecht und Rücktrittsrecht
- Berechnung von Porto, Verpackung etc.
- gegebenenfalls Konventionalstrafen.

Ein wichtiges Element der Lieferbedingungen ist auch die Lieferzeit. Gerade bei Aufträgen mit Terminbindung oder wenn die Produktion eines Produktes von der rechtzeitigen Verfügbarkeit eines bestimmten Teiles abhängt, kann die Bedeutung der Lieferfrist jene des Preises sogar in gewissen Grenzen überschreiten. Beispielsweise kann die Preisdifferenz zuungunsten des schneller liefernden Lieferanten eines Teiles geringer sein als die Zins- und Lagerkosten für die übrigen Teile.

In **just-in-time**-Produktionssystemen wird die Anlieferung der Ware zum richtigen Termin besonders wichtig, da ansonsten die gesamte Produktion stillsteht. Bei verspäteter Lieferung drohen hier sehr hohe Konventionalstrafen.

Die Lieferart legt den Weg, auf dem das Produkt zum Abnehmer gelangt, fest. Geregelt werden das Transportmittel und der Übergang von Kosten und Gefahren auf den Käufer. Zur weltweiten Vereinheitlichung von Lieferbedingungen wurden die Incoterms entwickelt, in denen die Bedeutung bestimmter Klauseln einheitlich festgelegt wird. Die **Incoterms** sollten bei Exportgeschäften ausdrücklich in der jeweils jüngsten Fassung als Vertragsbestandteil aufgenommen werden. (In der Praxis werden die Incoterms bei Streitfällen aber auch ohne ausdrückliche Vereinbarung häufig als Basis verwendet.)

	ab Werk	**FOT / FOR**	**FAS**	**FOB**	**C+F / CIF**	**ex Ship**
Verkäufer trägt Risiko bzw. Kosten bis...:	... Ware abgesondert und dem Käufer zur Verfügung gestellt ist.	... Ware dem Frachtführer ausgehändigt ist.	... Ware am Ladeplatz längsseits des Schiffes und der Käufer informiert ist.	... zum Überschreiten der Reling Schiffes im Verschiffungshafen.	Kosten bis zum Bestimmungshafen, Risiko bis zum Überschreiten der Reling.(1)	... die Ware dem Käufer im Zielhafen an Bord des Schiffes zur Verfügung steht.
Ausfuhrdokumente auf Kosten des	Käufers	Käufers	Käufers	Verkäufers	Verkäufers	Verkäufers
Zollgeb.:	Käufer	Käufer	Käufer	Käufer	Käufer	Käufer
Konossement(2) auf Kosten von:	Käufer	Käufer	Käufer	Käufer	Verkäufer	Verkäufer
weitere Pflichten des Käufers		FOR: Der Käufer hat einen Waggon bereitzustellen, wenn die Ware eine volle Waggonladung ausmacht.	Kosten, die aus verspätetem eintreffen des Schiffes usw. entstehen, zu übernehmen.	wie FAS	alle Kosten des Seetransportes mit Ausnahme der Fracht.	

Anmerkungen: 1 Bei CIF muß der Verkäufer zusätzlich auf eigene Kosten eine Seeversicherung abschließen. Der Gefahrenübergang bleibt aber beim Überschreiten der Reling. 2 Durch das Konossement (Bill of Lading - B/L) wird der Empfang der vom Reeder zur Beförderung übernommenen Waren und die Verpflichtung des Reeders, diese Güter an den legitimierten Inhaber des Konossementes auszuliefern, beurkundet. Man unterscheidet Bord-Konossement und Übernahme-Konossement. Das Konossement dient vor allem der Kreditsicherung.

Abb. D.14: Einige der wichtigsten Incoterms

Die gebräuchlichsten Klauseln sind "ex Works", "free alongside Ship"(FAS), "free on Truck" (FOT), "free on Board" (FOB), "Cost & Freight" (C&F), "Cost, Insurance, Freight" (CIF), "ex Ship", "ex Quay" und "ex Quay duty paid". Die häufig verwendete Klausel "frei Haus" ist übrigens nicht geregelt.

Anfangsbuchstabe	E	F	C	D
Wertung / Inhalt	Günstig für den Verkäufer. Käufer muß Ware auf eigenes Risiko abholen. Bsp.: EXW (ex Works)	Käufer ist ab Verschiffungshafen zuständig Bsp.: FAS	Käufer holt Ware am Bestimmungshafen ab. Bsp.: CIF	Günstig für den Käufer. Verkäufer übernimmt alles bis zum Sitz des Käufers, auch Zoll. Bsp.: DES

Abb.: D.15: Grobe Übersicht über die Incoterms

2.3.2.2 Zahlungsbedingungen

Zahlungsbedingungen sind Bestimmungen bezüglich der Zahlungsverpflichtungen des Käufers. Sie betreffen z.B. :

- Zahlungszeitpunkt und evtl. Raten
- Zahlungsabwicklung (Bar, aus Akkreditiv)
- Zahlungssicherung
- evtl. Gegengeschäfte
- Zahlungsfristen und Skonti

(Skonti sind i.d.R. branchenüblich)

In manchen Branchen wird mehr als die Hälfte des Umsatzes über Ratenzahlung abgewickelt.

Vielfach werden die Liefer- und Zahlungsbedingungen als Bestandteil von **Allgemeinen Geschäftsbedingungen** (AGB) festgelegt. Hierbei sind die Regelungen des AGB-Gesetzes zu beachten.

2.3.3 Absatzfinanzierung: Kreditgeschäftsgestaltung

2.3.3.1 Ziel der Kreditpolitik

Die Kreditpolitik hat das Ziel, den Nachfrager überhaupt oder früher als ohne Kredit zum Kauf zu bewegen. Der Absatz soll durch die Verbesserung der Kaufkraft gesteigert werden.

Gegenüber gewerblichen Abnehmern lassen sich der Lieferantenkredit und die Möglichkeiten des Absatzes ohne direkte Kreditgewährung (Leasing, Factoring) unterscheiden. Beim privaten Endabnehmer kommt insbesondere dem Ratenkauf größere Bedeutung zu, aber auch hier hat das Leasing in den letzten Jahren erheblich an Bedeutung gewonnen.

2.3.3.2 Lieferantenkredit

Der Lieferantenkredit wird dem Kunden vom Lieferanten gewährt. Es handelt sich hierbei um eine Stundung der Zahlungen. Die Bedingungen des Lieferantenkredites sind häufig innerhalb einer Branche gleich. Häufig gilt die Regel "30 (oder 60) Tage netto, innerhalb von 10 (14) Tagen mit 2% Skonto". Die Zinsbelastung des Lieferanten wird in den Abgabepreis einkalkuliert. Typischerweise handelt es sich beim Lieferantenkredit um einen sehr kurzfristigen Kredit (Bilanzposten: "Verbindlichkeiten aufgrund von Lieferungen und Leistungen").

2.3.3.3 Factoring

Beim Factoring wird ein Vertrag zwischen dem verkaufenden Unternehmen (Klient) und dem Finanzierungsinstitut (Factor) geschlossen. Der Factor übernimmt Forderungen des Herstellers aus Warenlieferungen oder Dienstleistungen und trägt das Ausfallrisiko (Delkredererisiko). Der Hersteller erhält dafür sofort einen Geldbetrag, auch wenn die Zahlung erst später fällig ist. Der Verkauf der Forderungen des Herstellers an den Factor kann einmalig erfolgen oder laufend durchgeführt werden. Zusätzlich zum Delkredererisiko und der Vorfinanzierung kann der Factor auch in gewissem Maße Dienstleistungsfunktionen übernehmen, indem beispielsweise das Rechnungsinkasso und das Mahnwesen durch den Factor durchgeführt wird.

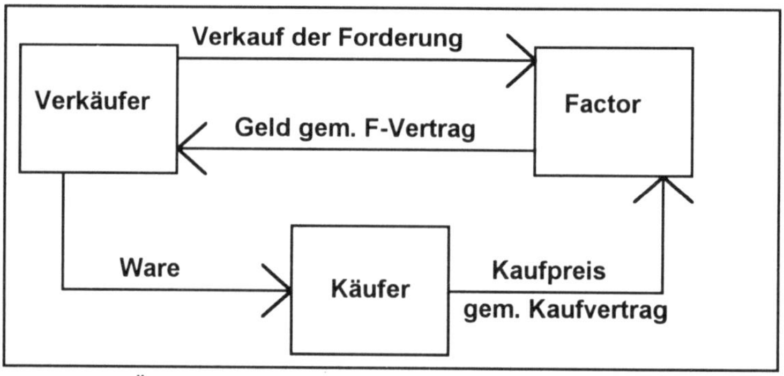

Abb. D.16: Übersicht Waren und Geldfluß beim offenen Factoring

Das Finanzierungsinstrument Factoring wird in der Regel bei kurzfristigen Forderungen mit einer Laufzeit von maximal 90 Tagen eingesetzt. Beim Export-Factoring wird jedoch auch mit längeren Laufzeiten gearbeitet. Die Forderungen, die vom Factor angekauft werden, müssen in der Regel auf Leistungen beruhen, die bereits voll erbracht worden sind. Factoringgesellschaften akzeptieren in der Regel nur Kunden mit einem Jahresumsatz von mindestens 2 Millionen DM. Die einzelnen Rechnungen sollten nicht unter 1.000 DM liegen.

Man unterscheidet das offene Factoring vom verdeckten oder **stillen Factoring**. Während beim **offenen Factoring** der Kunde des Herstellers vom Verkauf der Forderung erfährt und das Inkasso auch vom Factor vorgenommen wird, bleibt die Beziehung zwischen Kunde und Hersteller beim verdeckten Factoring unbeeinflußt.

Dies hat den Vorteil, daß der Kunde nichts von eventuellen Liquiditätsproblemen des Verkäufers erfährt und beim Inkasso kein Dritter im Spiel ist, der die Forderungen im Zweifelsfall schneller durch Mahnbescheide eintreibt als der Verkäufer, der an einer langfristigen Kundenbindung interessiert ist.

Weiterhin werden das echte und das **unechte Factoring** unterschieden. Beim unechten Factoring übernimmt der Factor nur Finanzierungs- und Dienstleistungsfunktionen, nicht aber das Delkredererisiko.

Die Kosten des Factorings liegen bei 0,3-3% des Umsatzes für die Dienstleistungsfunktionen, etwa 1% des Umsatzes für die Delkrederefunktion sowie den Kosten für die Vorfinanzierung, die in etwa den Zinsen eines Kontokorrentkredites entsprechen. Olfert hat errechnet, daß bei einem Umsatz von 800.000 DM pro Monat und einem Zahlungsziel von 30 Tagen Factoring-Kosten in Höhe von monatlich ca. 25.600 DM entstehen (Olfert 1987, S. 182.) Dies entspricht in diesem Beispiel 3,2% vom Umsatz. Natürlich sind die entstehenden Factoringkosten von verschiedenen Faktoren abhängig. Hierzu gehören insbesondere der aktuelle Zinssatz, die Zahlungsfristen und das Risiko des Forderungsausfalles in der jeweiligen Branche.

2.3.3.4 Leasing

Beim Leasing wird der Kaufpreis eines Produktes in regelmäßige Mietzahlungen umgewandelt. Die Vermietung wird auf einen bestimmten Zeitraum festgelegt. Sie wird jedoch häufig nicht vom Hersteller selbst durchgeführt, sondern es wird eine Lasinggesellschaft eingeschaltet.

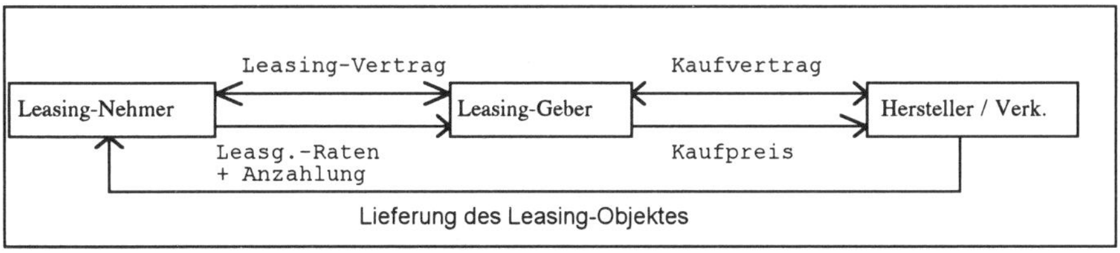

Abb. D.17: Beziehungen im Rahmen eines Leasing-Geschäftes

Beim Leasing-Vertrag mit Kaufoption kann der Leasing-Nehmer nach dem Ablauf der Mietdauer das geleaste Produkt zu bei Vertragsbeginn festgelegten Konditionen erwerben.

Der Hersteller profitiert vom Leasing durch das verringerte Kreditrisiko, das gesteigerte Absatzpotential und eventuell eine verbesserte Auslastung seiner Produktionskapazitäten als Folge der Absatzsteigerung.

Für den Leasing-Nehmer wird die Finanzierung des Produktes gerade bei Anlagegütern oft erst durch Leasing möglich. Sein Kreditrahmen wird nicht belastet, kein Kapital gebunden. Daher verbessert sich auch seine Liquidität. Allerdings prüfen Banken vor der Vergabe von Kreditlimits oft auch die bestehenden Leasing-Verpflichtungen und berücksichtigen diese bei der Kreditgewährung. Außerdem ist zu berücksichtigen, daß auch für die Zukunft Ausgabeverpflichtungen eingegangen werden, die bei einer Verschlechterung der Liquidität des Unternehmens nicht ohne weiteres reduziert werden können. Im Gegensatz zu Privatpersonen ist bei Unternehmen das Leasing oft auch steuerlich attraktiv.

Allerdings ist Leasing eine sehr teure Finanzierungsvariante. Es kann davon ausgegangen werden, daß im Laufe der Grundmietzeit die gesamten Leasing-Raten den Kaufpreis bereits überschreiten, ohne daß der Leasing-Nehmer auch Eigentümer des Produktes würde. Dennoch werden dem Leasing-Nehmer die Risiken eines Eigentümers übertragen, wie Diebstahl, Beschädigung oder vorzeitiger Verschleiß.

Es gibt etliche Variationen des Leasing, so daß darauf nicht im Detail eingegangen werden kann. Grundsätzlich unterscheidet sich reines Mietleasing (auch Operational Leasing), bei dem das geleaste Objekt nach Beendigung der Leasingdauer zurückgegeben wird, vom Kaufleasing (Financial Leasing).

Als Instrument zur Liquiditätsgewinnung wird Leasing dann eingesetzt, wenn im **sale-and-lease-back-Verfahren** beispielsweise die unternehmenseigenen Immobilien verkauft, aber weiterbenutzt werden.

Leasing wird vorwiegend zur Finanzierung von Büromaschinen, Fahrzeuge, Büro-, Produktions- und Lagerräume und Maschinen eingesetzt.

2.3.3.5 Kreditpolitik gegenüber dem Konsumenten im Einzelhandel

Hier ist der **Teilzahlungskredit** zu erwähnen. In einigen Bereichen wird bereits ein erheblicher Teil des Absatzes über Teilzahlungskredite abgewickelt (Auto, Möbel).

Gelegentlich kann das Angebot des Teilzahlungskredites sogar zur Strategie einer Unternehmung gehören, um gezielt bestimmte Kundensegmente anzusprechen (Bsp.: Baur-Versand)

2.3.3.6 Besonderheiten im Export-Geschäft

Im Exportgeschäft sind bei Investitionsgütern Anzahlungen in Höhe von 20% des Auftragswertes durchaus üblich. Die Bank des Verkäufers leistet hierfür in der Regel eine sog. Anzahlungsgarantie, mit der die Rückerstattung dieser Summe garantiert wird, wenn der Verkäufer seinen Verpflichtungen nicht nachkommt. Die Restforderung kann dann beispielsweise durch ein **unwiderrufliches Dokumentenakkreditiv** (auch: Letter of Credit; L/C) abgesichert werden.

Beim unwiderruflichen Dokumentenakkreditiv verpflichtet sich die eröffnende Bank (die des Käufers) unwiderruflich, die im Akkreditiv versprochene Leistung zu erbringen, wenn der Begünstigte (der Verkäufer) alle Bedingungen erfüllt hat. Er erhält somit ein festes Zahlungsversprechen der eröffnenden Bank, beim bestätigten Akkreditiv sogar der avisierenden Bank, der Bank des Verkäufers. Als Bedingung wird das Vorweisen bestimmter Dokumente vereinbart, beispielsweise des See-Konnossementes oder des Lastwagenfrachtbriefes. Auf die verschiedenen Benützungsarten des Akkreditivs und besondere Formen (z.B. das revolvierende Akkreditiv) kann hier nicht eingegangen werden.

Ein weiteres Problem im Exportbereich stellt das Währungsrisiko dar. Eine Zahlungsfrist bedeutet auch immer, daß der Kunde sich innerhalb dieser Frist einen beliebigen Zahltag wählen kann, an dem die Wechselkurse für ihn günstig stehen. Zur Absicherung werden hier häufig Währungskredite und **Devisentermingeschäfte** abgeschlossen, wobei natürlich ein fixer Zahlungs*termin* vereinbart werden muß. Ist dies nicht der Fall, kann ein Optionsgeschäft Sicherheit geben.

2.4 Rechtliche Einflüsse auf die Kontrahierungspolitik

Die Kontrahierungspolitik ist ein Element des Marketing-Mix, das stark von gesetzlichen Restriktionen beeinflußt wird. Diese Restriktionen betreffen einerseits die eigentliche Preispolitik, andererseits aber auch die Konditionenpolitik.

Im Rahmen der **Preispolitik** sind insbesondere zu beachten :

- das Gesetz gegen Wettbewerbsbeschränkungen (GWB)
- das Gesetz gegen unlauteren Wettbewerb (UWG)
- einzelne Elemente des Bürgerlichen Gesetzbuches (BGB)
- die Preisangabenverordnung (PreisAngVO).

Im **UWG** werden die "Unlauterkeit von Wettbewerbshandlungen" sowie das "Verbot der Irreführung" geregelt. Besonders niedrige Preise sind beispielsweise dann unlauter, wenn sie in der Absicht geschehen, Wettbewerber vom Markt zu verdrängen oder einen psychologischen Kaufzwang zu erzeugen. Auch die Herabsetzung der Person oder der Leistung eines Wettbewerbers ohne sachlichen Grund gilt als unlauter. Lockvogelpreise, die beim Verbraucher einen falschen Eindruck bezüglich der Preishöhe des gesamten Sortimentes erwecken, gelten als irreführend. Gleiches gilt, wenn die Lagermengen eines als Sonderangebot beworbenen Artikels nicht ausreichend sind. Der Verkauf unter dem Einstandspreis ist dagegen grundsätzlich zulässig. Ein Vergleich eines ursprünglichen und eines herabgesetzten Preises ist nur dann unzulässig, wenn der frühere Preis nicht ernsthaft gefordert worden war, also nur zur "Kreation eines Sonderangebotes" diente. Dieser Punkt ist sehr bedeutsam, da ein durchgestrichener Preis beim Kunden erfahrungsgemäß eine erhebliche Sogwirkung besitzt.

Das UWG regelt auch **Sonderveranstaltungen** wie Aus- und Räumverkäufe. Das UWG verbietet beispielsweise Jubelfeiern zu nichtigen Anlässen. Ein Jubiläumssonderverkauf ist daher erstmals nach 25 Jahren möglich. In der Praxis wird jedoch gelegentlich ein Umbau inszeniert, um aus diesem Grund einen Räumungsverkauf starten zu können.

Zulässige Sonderveranstaltungen:

- Sommer- und Winterschlußverkauf zu den gesetzlich geregelten Zeiten
- Jubiläumsverkäufe jeweils nach 25 Jahren
- Räumungsverkäufe wegen Aufgabe des Geschäftsbetriebes
- Räumungsverkäufe wegen Räumungszwangslage: Wasser-, Feuer- oder Sturmschäden sowie genehmigungspflichtige Umbauten.

Im **Gesetz gegen Wettbewerbsbeschränkungen** wird u.a. das Verbot der sog. **vertikalen Preisbindung** festgeschrieben. Dem Hersteller ist es nicht erlaubt, den Endverbraucherpreis festzusetzen. Daher befinden sich auf den Packungen oft "unverbindliche Preisempfehlungen", die praktisch wie eine Preisgrenze wirken, da sich kaum ein Händler erlauben kann, höhere als die empfohlenen Preise zu fordern. Verlagserzeugnisse (Bücher, Zeitschriften) sowie Tabakwaren und einige andere Produkte sind von diesem Verbot ausgenommen. In der Praxis wird teilweise versucht zu erreichen, daß für einen Markenartikel doch an jedem Ort der gleiche Preis gezahlt wird. Beispiele für derartige Konstruktionen sind die im Rahmen der Distributionspolitik vorgestellten Modelle des selektiven Vertriebes, die z.B. bei Kosmetika angewendet werden, oder die Klauseln mancher Franchiseunternehmen.

Das GWB regelt weiterhin das Kartellverbot und das Verbot des Mißbrauches einer marktbeherrschenden Stellung. Hierdurch wird z.B. einem starken Unternehmen untersagt, durch Dumping-Preise zu versuchen, die Konkurrenz zu verdrängen.

Gemäß der **Preisangabenverordnung** ist gegenüber Letztverbrauchern immer der Endpreis incl. Mwst. anzugeben. Ziel der Verordnung ist die Preiswahrheit und Preisklarheit. Sie regelt auch die Preisauszeichnungspflicht (siehe unter "Distributionspolitik").

Das Verbot von Verträgen, in denen Wucherpreise gefordert werden oder die eine Notsituation oder die Unerfahrenheit eines Vertragspartners ausnutzen, ist im Bürgerlichen Gesetzbuch (**BGB**) geregelt.

Die **Konditionenpolitik**, also die Festlegung von Liefer- und Zahlungsbedingungen sowie der Rabatte, wird ebenfalls stark von juristischen Schranken beeinflußt.

Zu erwähnen sind hierbei insbesondere:

- das Gesetz über Preisnachlässe (Rabattgesetz)
- die Zugabeverordnung
- das Gesetz zur Regelung der Allgemeinen Geschäftsbedingungen (AGB-Gesetz)
- das Bürgerliche Gesetzbuch (BGB)
- das Handelsgesetzbuch (HGB),

bei Verträgen zwischen Partnern aus verschiedenen Staaten auch:

- das internationale Privatrecht
- das UN-Kaufrecht
- die Incoterms.

Zuerst einmal muß man sich bewußt sein, daß bei jedem Kauf ein **Vertrag** abgeschlossen wird. Ein solcher Vertrag kann mündlich, schriftlich, per Handzeichen oder durch schlüssiges Handeln zustande kommen. In jedem Fall handelt es sich aber um ein Rechtsgeschäft, bei dem (in der Regel) zwei Parteien übereinstimmende Willenserklärungen abgeben. Die Abgabe des Angebotes ist die erste Willenserklärung. Der Vertrag kommt durch die zweite Willenserklärung, die Annahme des Angebotes zustande (§ 145ff. BGB). Welche Handlungen stellen nun die Abgabe eines Angebotes dar und welche Annahmefristen bestehen? Eine Anzeige in einer Zeitschrift stellt, auch wenn ein Bestellschein beigelegt wurde, kein Angebot sondern lediglich die *Aufforderung zur Abgabe eines Angebotes* dar. Eine derartige **Anpreisung** von Waren, die sich an die Allgemeinheit richtet und daher kein Angebot ist, liegt auch bei Katalogen, Plakaten oder Schaufensterauslagen vor. Das Angebot unterbreitet in diesem Fall der Kunde durch seine Bestellung bzw. durch seine Bitte um Verkauf der Ware. Erst wenn der Händler den Auftrag bestätigt (unter Kaufleuten auch durch Stillschweigen!), kommt ein Vertrag zustande. Teilt der Händler jedoch mit, daß das beworbene Produkt vergriffen sei und beispielsweise nur ein teureres Produkt lieferbar sei, hat der Besteller keinen Anspruch auf Lieferung des beworbenen Produktes. Andererseits hat der Händler damit seinerseits ein Angebot abgegeben.

Beim schriftlichen Angebot bleibt der Anbieter eine "angemessene Frist" an sein Angebot gebunden, in der Regel etwa eine Woche. Wird das Angebot als "freibleibend" bezeichnet, schließt der Anbieter jegliche Bindung an sein Angebot aus. Ein mündliches Angebot, das in Gegenwart des Empfängers oder am Telefon gemacht wurde, muß sofort angenommen werden. Das **BGB** regelt weiterhin Problembereiche wie die Nichtigkeit von Rechtsgeschäften, die gegen die guten Sitten oder gesetzliche Verbote verstoßen, sowie die Fragen des Verzuges (Lieferverzug, Zahlungsverzug) und der Gewährleistungsansprüche (Minderung, Wandelung, Umtausch).

Häufig werden die Konditionen auch in Form von **Allgemeinen Geschäftsbedingungen** festgeschrieben. Diese müssen sich im Rahmen der Schranken des "Gesetzes zur Regelung der Allgemeinen Geschäftsbedingungen (**AGB-Gesetz**) bewegen. Dieses Gesetz verbietet "überraschende Klauseln" oder Bestimmungen, die einen Vertragspartner benachteiligen. Weiterhin wird im AGB-Gesetz die Zulässigkeit von Konventionalstrafen und Haftungsausschlüssen geregelt. Die Formulierung von AGBs sollte einem Fachmann überlassen werden, denn auch Details und einzelne Formulierungen haben oft große Auswirkungen. Beispiel: Beanstandungen von "offensichtlichen" Schäden können auf eine kurze Frist nach Wareneingang beschränkt werden. Für "erkennbare" Schäden ist solch eine Klausel bereits fragwürdig. Sollte eine einzige Klausel der AGB aus dem gesetzlichen Rahmen fallen, sind die *gesamten* Geschäftsbedingungen nichtig, also schlicht unwirksam, sofern keine sog. salvatorische Klausel enthalten ist. Eine salvatorische Klausel besagt, daß im Falle der Nichtigkeit eines Abschnittes des Vertrages die übrigen Punkte dennoch gültig sind. In der Praxis bedeutet dies, daß ein Teil der verwendeten AGBs ungültig sein dürfte. In diesem Fall wäre dann ersatzweise das BGB anzuwenden. AGB sind im übrigen nur dann gültig, wenn sie vom Kunden unterschrieben wurde. Eine telefonische Bestellung kann keine Anerkennung der AGB nach sich ziehen.

Sollten eine oder mehrere Bestimmungen dieser Allgemeinen Geschäftsbedingungen unwirksam sein oder werden, oder dieser Vertragstext eine Regelungslücke enthalten, so werden die Vetragsparteien die unwirksame oder unvollständige Bestimmung durch angemessene Regelungen ersetzen oder ergänzen, die dem wirtschaftlichen Zweck der gewollten Regelung weitestgehend entsprechen.
Die Gültigkeit der übrigen Bestimmungen wird nicht berührt.

Abb. D.18: Beispiel einer salvatorischen Klausel.

Bezüglich der Preisfestlegung ist das **Rabattgesetz** von besonderer Bedeutung. Es bezieht sich jedoch nur auf Geschäfte mit dem *End*verbraucher. Im Verhältnis zwischen Hersteller und Großhändler oder Großhändler und Händler besitzt es keine Wirksamkeit. Das Rabattgesetz besagt z. B., daß Barzahlern maximal drei Prozent Skonto gegeben werden darf. Mengenrabatte sind im Rahmen der branchenüblichen Gepflogenheiten erlaubt, wobei der Mengenrabatt jedoch immer auf einen einzelnen Kaufvorgang bezogen sein muß, ein Rabatt bei Erreichen einer bestimmten Umsatzmenge innerhalb eines bestimmten Zeitraumes ist nicht zulässig. Die Intention des Gesetzgebers liegt beim Rabattgesetz darin, daß ein einmal festgelegter Preis für alle Kunden gleichermaßen gelten muß.

Natürlich haben sich in der Praxis verschiedenste Wege entwickelt, diese Bestimmungen zu umgehen. So werden beispielsweise bei Versandgeschäften ab einem bestimmten Bestellbetrag die Versandkosten vom Versender getragen oder Altgeräte werden zu überhöhten Preisen in Zahlung genommen (KfZ-Markt und "braune Ware", also Hifi-Geräte usw.). Diese verschleierten Rabatte sind unzulässig, aber oft schwer zu beweisen. In jeder Branche gibt es weitere Umgehungsmethoden, auf die hier nicht differenziert eingegangen werden soll. Das bundesdeutsche Rabattgesetz stellt die strengste Reglementierung in Europa dar. Die Europäische Kommission sieht Verstöße gegen die Artikel 30 und 36 des EWG-Vertrages und hält es für unvereinbar mit diesem Vertrag. Daher wird dieses Gesetz möglicherweise noch 1994 aufgehoben oder abgeschwächt werden.

Nach dem GWB dürfen Rabatte nicht gegen das Diskriminierungsverbot verstoßen, d. h. einzelne Abnehmer oder Gruppen dürfen nicht ohne ersichtlichen Grund höhere Rabatte erhalten als andere. Rabatte müssen sachlich begründet sein, wie z. B. der Mengenrabatt als Konsequenz aus den geringeren Transport- und Handling-Kosten pro Stück.

Die **Zugabeverordnung** verbietet prinzipiell alle Extrazugaben. Lediglich die Zugabe von Proben in der zur Erprobung des Produktes nötigen Menge ist erlaubt. Auch geringwertige Kleinigkeiten wie Kugelschreiber sind als Zugabe erlaubt. Der Wert einer Zugabe darf 3-5% des Wertes der Ware, der sie zugegeben wird, nicht überschreiten. In manchen Branchen, wie z.B. der EDV, wird dieses Verbot durch das sog. Bundling umgangen, bei dem verschiedene Produkte als Wareneinheit zu einem gemeinsamen Preis verkauft werden dürfen. Es ist also zulässig, einen Computer incl. bestimmter Software zu verkaufen, nicht aber, die Software zum Computer kostenlos dazuzugeben. Im Unterschied zum Rabattgesetz gilt die Zugabeverordnung auf allen Handelsstufen, also auch bei Wiederverkäufern. Sie greift aber nur bei einem endgültig wirksamen Vetragsabschluß, also nicht, wenn der Kunde, wie z.B. bei Zeitungsabonnements, noch die Möglichkeit des Widerrufs hat.

Bei **internationalen Geschäften** ist es generell empfehlenswert, im Vertrag den Gerichtsstand und das geltende Recht zu vereinbaren (z.B. "Gerichtsstand ist München; es gilt deutsches Recht"). Allein die Vertrautheit mit den Gesetzen und den Gepflogenheiten vor Gericht kann im Streitfall ein wichtiger Vorteil sein. Im Gegenteil kann ein Auslandsprozeß u.U. zu enormen Nachteilen führen. Dies gilt, abgesehen von der schlechteren Kenntnis des jeweiligen Rechts, auch für die Kostenseite, da ein zweiter Anwalt im Ausland nötig ist, Reisekosten und Übersetzungsgebühren entstehen usw. Fehlen Rechtsklauseln, wird die Rechtssituation unklar, da zuerst entschieden werden muß, welches Gericht zuständig ist. Nach dem (deutschen) Internationalen Privatrecht (geregelt in den Artikeln 7 - 31 des EGBGB, dem Einführungsgesetz des BGB) unterliegt ein Vertrag dem Recht desjenigen Staates, mit dem er die engsten Bindungen aufweist. Entscheidend hierfür sind z.B. die Frage, in welchem Land geworben wurde oder wo der Vertrag abgeschlossen wurde usw.

Wenn Streitigkeiten von vornherein ausgeschlossen werden sollen, kann auch das **UN-Kaufrecht** als Vertragsgrundlage vereinbart werden. Es enthät einige für den Käufer günstige Klauseln.

Die **Incoterms** sind keine Gesetze, sondern übliche Handelsklauseln. Sie wurden 1936 von der Internationalen Handelskammer in Paris aufgesetellt und 1980 zum letzten Mal modifiziert. Die Incoterms sollten im Vertrag als ausdrücklicher Bestandteil des Vertrages definiert werden, und zwar mit Angabe der jeweiligen Fassung. In der Praxis ist auch die Fassung von 1953 recht verbreitet. Da die Incoterms kein Gesetz, sondern allenfalls Vertragsbestandteil sind, wurden sie im Teil "Kontrahierungspolitik" bereits behandelt.

Weitere Rechtsnormen sollen in einer einführenden Darlegung nicht behandelt werden. Es sei jedoch darauf hingewiesen, daß sich vor allem auch aus speziellen Formen des Kreditkaufes (**Abzahlungsgesetz**) oder der Kreditsicherung (**Bürgschaft** in BGB und HGB, **Wechselgesetz**, **Eigentumsvorbehalt** im BGB) rechtliche Beschränkungen ergeben können. Auch die angesprochenen Gesetze konnten nicht vollständig dargestellt werden.

3. Distributionspolitik

3.1 Ziele, Aufgaben und Elemente der Distributionspolitik

3.1.1 Distribution als gesamtwirtschaftliche Aufgabe

Aus gesamtwirtschaftlicher Sicht kann die Distribution als ein Sektor der Volkswirtschaft betrachtet werden. Hier geht es um die Verbindung der Bereiche Produktion und Konsum. Da in der Regel die Produktion zu einer anderen Zeit an einem anderen Ort erfolgt als der Konsum, besteht die Aufgabe der Distribution in der Überwindung des Raumes (Transportleistung) und der Zeit (Lagerleistung).

3.1.2 Ziele und Elemente

Die Distributionspolitik umfaßt alle Entscheidungen, die im Zusammenhang mit dem Weg einer Marktleistung vom Produktionsort zum Endverbraucher oder -verwender gefällt werden müssen.

Die Hauptaufgaben der Distributionspolitik bestehen somit in Entscheidungen bezüglich der Absatzwege, der Absatzmittler und der Logistik. Teilweise wird auch zwischen physischer und akquisitorischer Distribution unterschieden. Als **physische Distribution** wird hierbei der eigentliche ("körperliche") Transport der Güter vom Anbieter zum Nachfrager verstanden. Dagegen wird die Gestaltung des Systems der Marktkanäle, also die Frage, auf welchem Weg die Aufträge zum Produzenten gelangen, sowie der Weg des Entgeltes als **akquisitorische Distribution** verstanden.

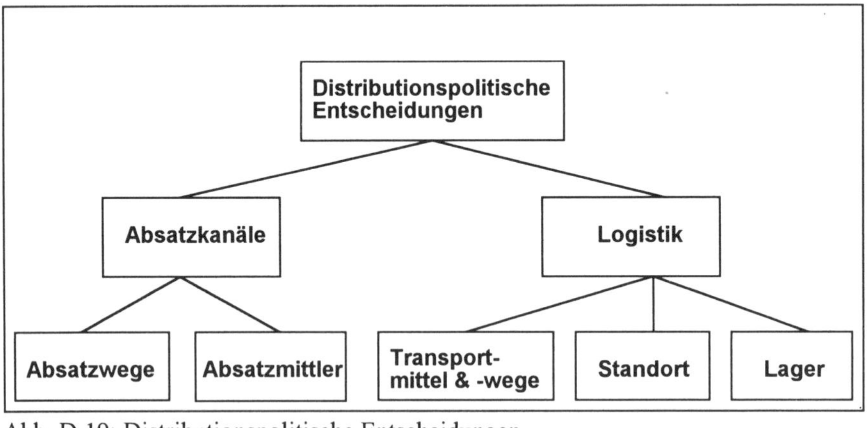

Abb. D.19: Distributionspolitische Entscheidungen

Das eigentliche Ziel der Distribution liegt darin, eine angemessene Verfügbarkeit der eigenen Leistung auf dem Markt zu erreichen. Vor allem bei Konsumgütern ist aus Sicht der Umsatzmaximierung Ubiquität anzustreben. Der Konsument soll das Produkt zu jeder Zeit an jedem Ort erwerben können, wenn er Lust darauf verspürt. Ein Unternehmen, das diese Strategie verfolgt, ist Coca-Cola. Je größer die Anzahl der Verkaufsstellen ist, desto aufwendiger und teurer gestaltet sich die Distribution des

Produktes. Letztlich gilt es daher, den gewinnoptimalen Kompromiß zu finden. Bei Produkten, deren Image im Bereich der Exklusivität angesiedelt ist, ist dagegen auf eine strikte Begrenzung der Verkaufsstellen zu achten. Als Zielgröße wird hierzu der Distributionsgrad (auch: Distributionsquote) eingesetzt.

$$\textbf{Distributionsgrad:}\quad \frac{\text{Anzahl aller Geschäfte, die das Produkt führen}}{\text{Anzahl aller Geschäfte, die derartige Produkte führen}}$$

Der Distributionsgrad kann also als Wahrscheinlichkeit, mit der in einem Geschäft der Branche ein bestimmtes Produkt angetroffen wird, interpretiert werden. Eng verbunden mit dem Distributionsgrad, der z.B. mit Hilfe eines Handelspanels ermittelt werden kann, sind die Fragen nach der Marktausschöpfung.

Teilweise wird auch ein **gewichteter Distributionsgrad** berechnet. Hierzu wird das Umsatzvolumen der Geschäfte mit in die Berechnung einbezogen. (Siehe auch im Abschnitt "Marktforschung".) Hier wird davon ausgegangen, daß ein Geschäft mit geringem Umsatzvolumen auch für das einzelne Produkt geringere Umsätze bedeutet. Dies ist zwar prinzipiell richtig, es darf aber auch nicht vergessen werden, daß Geschäfte mit geringem Umsatzvolumen in der Regel auch weniger Produkte führen, so daß dort das Angebot an Konkurrenzprodukten geringer ist.

Entscheidungen der Distributionspolitik können von strategischer oder operativer Bedeutung sein. Insbesondere die Wahl eines Standortes kann ein strategisches Problem sein, bei dem eine einmal gefällte Entscheidung kaum revidierbar ist und starke Einflüsse ausübt. Gleiches gilt für die Wahl zwischen direktem und indirektem Absatzweg. Zu beachten ist vor allem auch der Einfluß des Absatzweges auf die Marktbearbeitung oder die Preisgestaltung.

3.2 Absatzkanäle

3.2.1 Absatzwege

Die Möglichkeiten des Herstellers, seinen Absatzweg zu gestalten, sind vielfältig. Generell unterscheidet man zwischen **direktem Absatz** und **indirektem Absatz**.

Beim direkten Absatz bzw. Vertrieb wird auf die Einschaltung des Handels verzichtet; der Hersteller liefert direkt an den Endkunden. Dies geschieht beispielsweise über eigene Verkaufsniederlassungen (z.B. WMF, Daimler Benz), Vertreter (z.B. Avon, versch. Versicherungen) oder den Verkauf ab Werk. Die typischen Handelsfunktionen Lagerung, Sortimentsbildung, Finanzierung usw. werden hier vom Hersteller übernommen. Beim indirekten Vertrieb werden der Einzel- und/ oder der Großhandel in den Absatzweg eingeschaltet.

Generell gelten folgende Faustregeln:

Für **direkten Vertrieb** eignen sich Produkte,

- die stark erklärungsbedürftig sind, für die Garantie/Service vor Ort geleistet werden muß
- deren hoher Preis eine Lagerhaltung für den Handel wirtschaftlich untragbar werden läßt
- die transportempfindlich sind
- deren Abnehmerkreis klein ist
- deren Abnehmer regional stark konzentriert sind (z.B. Weinbau)
- die in größeren zeitl. Abständen gekauft werden
- die aus strategischen Gründen direkt vertrieben werden (z.B. Avon, Tupperware, Vorwerk)
- deren Endverkaufspreis vom Hersteller bestimmt werden soll.

Große Bedeutung hat der Direktabsatz daher vor allem in der Investitionsgüterindustrie und im Dienstleistungssektor (Banken, Versicherungen).

Die **Einschaltung des Handels (indirekter Absatz)** ist dagegen ratsam, wenn

- der Hersteller nicht in der Lage ist, ein zielbewußtes, effektives Marketing zu betreiben (z.B. Agrarsektor)
- eine flächenmäßig weit verteilte Nachfrage vorliegt
- die Einordnung in ein Sortiment zum Verkauf der Produkte nötig ist
- Kostengründe gegen eine direkte Belieferung sprechen (z.B. geringwertiges, verderbliches Gut).

Grundsätzlich gelten folgende Faustregeln über die Vor- und Nachteile der beiden Alternativen:

1. **Ein Absatzweg ist für den Hersteller umso kostspieliger, je direktere Verbindungen zwischen dem Produzenten und dem Endkäufer bestehen.**
2. **Direkter Vertrieb ist dann günstiger, wenn bei gleichen Endverkaufspreisen und Absatzmengen die zusätzlichen Vertriebskosten geringer sind als die Ersparnisse aus der Handelsspanne.**
3. **Je direkter ein Absatzweg ist, desto stärkere Einflußnahmen und Kontrollen sind möglich.**
4. **Je direkter ein Absatzweg ist, desto besser ist der Informationsfluß.**

Neben den erwähnten Kriterien sollten aber auch das Image des Absatzweges, die entstehenden Vertriebskosten, die Möglichkeit zu kurzfristigen Reaktionen (beispielsweise bei Fehlerhaftigkeit einer Lieferung, Preisänderungen der Konkurrenz oder erhöhter Nachfrage) und die Möglichkeiten der Einflußnahme berücksichtigt werden. Direkter Vertrieb kann vor allem nur dann in Frage kommen, wenn der Hersteller in der Lage ist, mit eigenen Mitteln den gewünschten Distributionsgrad zu erreichen.

Die Frage kann sich jedoch letztlich nicht nur auf die Wahl zwischen direkter und indirekter Distribution begrenzen. Im Falle der indirekten Distribution ist zu entscheiden, wie lang der **Marktkanal** des Produktes sein soll, m. a. W., wieviele Zwischenhandelsstufen eingeschaltet werden sollen.

3.2.2 Direkter Vertrieb

3.2.2.1 Direktvertrieb über unternehmenseigene Organe

Hierbei kommen im wesentlichen die folgenden Organe in Frage:

- Geschäftsleitung
- Verkäufer (im Haus oder in Niederlassungen; nicht reisend)
- Außendienststäbe
- Telefonverkauf und Direktmarketing.

a) Geschäftsleitung

Diese Form des Verkaufs ist vor allem in der Zulieferindustrie, aber auch bei Investitionsgütern und in der Bekleidungsbranche anzutreffen. Eine kleine, überschaubare Anzahl von Kunden oder außerordentlich große Aufträge sind typisch für die Einschaltung der Geschäftsleitung in den Verkauf. Außerdem ist die Geschäftsleitung natürlich auch bei besonders wichtigen Abschlüssen beteiligt.

b) Verkaufs- bzw. Vertriebsabteilung

Sie ist aus historischen Gründen zumeist eine "Abteilung zur Annahme und Abwicklung der Aufträge", während weitergehende Entscheidungen anderen Organen vorbehalten bleiben. Diese Form der Verkaufsbearbeitung wird jedoch mehr und mehr durch umfassende Marketing-Abteilungen abgelöst. Die Einrichtung einer einzigen Verkaufsabteilung ist nur dann möglich, wenn entweder ein regional begrenzter Kundenkreis bearbeitet wird oder Projekte im Investitionsgüterbereich verkauft werden sollen, die eine intensive Planung und Vorbereitung in Zusammenarbeit mit technischen Abteilungen erfordern.

c) Vertriebsniederlassungen

Sie werden errichtet, um dem Kunden näher zu sein, ohne Dritte einzuschalten, und ihn gezielter und besser beraten zu können. Die Vertriebsniederlassung wird meist als selbständige Einheit wahrgenommen, ist aber rechtlich nicht selbständig. Der Handlungsfreiraum einer Vertriebsniederlassung ist unterschiedlich und reicht von der Beschränkung auf die reine Auslieferung bis zur fast völligen Entscheidungsfreiheit. Typisch ist dieVertriebsniederlassung für die Pharma- und die chemische Industrie sowie für Investitionsgüter. Auch einzelne Hersteller von Gebrauchsgütern arbeiten aus strategischen Gründen mit Vertriebsniederlassungen, so z.B. WMF (Bestecke ...). Dieses Vorgehen wird gewählt, um die Qualität der Beratungsleistung besser kontrollieren und steuern zu können. Außerdem bietet dieser Weg die Möglichkeit, die Endpreise im Einzelhandel zu bestimmen und die eigenen Produkte aus Preisaktionen, die dem Qualitätsimage schaden könnten, herauszuhalten. Verkaufsniederlassungen sind jedoch nur dann möglich, wenn der Hersteller dem Kunden ein komplettes und vielfältiges Sortiment bieten kann.

d) Außendienststäbe ("Reisende")

Der **Außendienstmitarbeiter** ist ein Angestellter des Unternehmens ("eigener Außendienst") und an Anweisungen gebunden. Nicht immer besitzen die Reisenden auch *Abschluß*vollmacht. Wenn nicht, kommt ein Vertragsabschluß erst durch die Auftragsbestätigung des Unternehmens zustande. Der Reisende hat nur *Vermittlungs*vollmacht. Außendienstmitarbeiter betreuen i.d.R. ein bestimmtes Gebiet, in dem sie aktuelle und potentielle Kunden aufsuchen, Kontakte pflegen, Waren oder Dienstleistungen anbieten und Bestellungen entgegennehmen. Gelegentlich wird auch Regalpflege betrieben. Der Außendienstmitarbeiter ist ein wichtiger Übermittler von Informationen über den Markt an seinen Arbeitgeber.

Zu den klassischen Außendienst-Aufgaben gehören auch das Suchen potentieller Kunden, das Besuchen dieser Kaufinteressenten und deren Beratung sowie Pflege der Beziehungen zwischen Lieferant und Kunde.

Viele Unternehmen gehen dazu über, auf die Einrichtung von Außendienstbüros zu verzichten. Statt dessen arbeiten die Mitarbeiter in sogenannten "Home-Offices", also Büros in der eigenen Wohnung. Das Unternehmen zahlt hierfür den Mietanteil sowie Telefon, Fax usw. Die Investition in ein repräsentatives Büro läßt sich nicht rechtfertigen, da ein Außendienstler definitionsgemäß so oft wie möglich beim Kunden zu finden sein sollte. Der unterstützende Verkaufsinnendienst wird dann von der Zentrale vorgenommen. Die Außendienstmitarbeiter kommen dann regelmäßig alle 4 bis 6 Wochen in der Zentrale zur Information über neue Produkte und zu Ergebnisgesprächen zusammen. Der Nachteil eines solchen Verfahrens ist, daß die für ein gemeinsames Gebiet zuständigen Innen- und Außendienstverkäufer sich per Telefon abstimmen müssen, da sie sich nicht regelmäßig sehen.

e) Vertriebsgesellschaft

Eine Vertriebsgesellschaft ist ein rechtlich selbständiges Organ, das aber wirtschaftlich unselbständig ist. Die Aufgaben gleichen denen einer Vertriebsgesellschaft. Es kann jedoch aus steuerlichen oder handelsrechtlichen Gründen (Haftungsbegrenzung!) sinnvoll sein, die Vertriebsgesellschaft aus dem eigentlichen Unternehmen auszugliedern.

f) Direktmarketing und Telefonverkauf

Ergänzend zu diesen Formen darf das **Direktmarketing** nicht unerwähnt bleiben. Charakteristisch für das Direktmarketing ist die persönliche, individuelle Empfängeradressierung. Auch wenn Direktmarketing häufig vom Hersteller selbst vorgenommen wird, ist dies nicht zwingend. Auf diese Vertriebsform wird noch ausführlich eingegangen werden.

Unter **Telefonverkauf** versteht man eine Verkaufsmethode, bei der der Geschäftsabschluß aufgrund telefonischer Kontakte erfolgt. Der aktive Telefonverkauf, also das Anrufen potentieller Kunden, ist zwischen Kaufleuten zulässig, bei Privatpersonen aber nach §1 UWG verboten, sofern bisher keine Geschäftsbeziehung besteht. (BGH-Urteil vom 19. 6. 1970.) Aufgrund der hohen Kosten des Außendiensteinsatzes ist die Bedeutung des Telefonverkaufes im gewerblichen Bereich in den letzen Jahren erheblich gewachsen. Aber auch im Bereich des Versandhandels wird der passive Telefonverkauf (Anruf durch den Kunden) verstärkt eingesetzt. Der Telefonverkauf gehört zum Direktmarketing, weil eine individuelle und direkte Ansprache der Zielperson erfolgt.

g) Werksverkauf

Der Verkauf der eigenen Waren im Werksverkauf (auch: **Fabrikverkauf**) wird bei vielen Herstellern immer beliebter. Entstanden sind diese Verkaufsstellen (**Factory Outlet**) Anfang der 80er Jahre in den USA. In Deutschland hat diese Vertriebsform durchaus Tradition, erlebt aber in den letzten Jahren einen Aufschwung. Ziel der Hersteller war ursprünglich der Abverkauf ausgelaufener Modelle, überschüssiger Ware und minderwertiger 1b-Qualitäten. Inzwischen wird der Werksverkauf aber auch zum Absatz der aktuellen Kollektionen genutzt. Da die Margen des Handels wegfallen, kann der Hersteller hier weitaus günstiger anbieten und dennoch höhere Einnahmen erzielen als beim Verkauf über den Handel. Zu beachten ist aber, daß bei intensiver Nutzung dieses Weges dem Einzelhandel ernsthaft Konkurrenz bereitet wird. Dies kann dazu führen, daß dieser die Produkte des Herstellers aus dem Sortiment nimmt.

3.2.2.2 Direktvertrieb über selbständige Organe

Die Abgrenzung des Kriteriums "Selbständigkeit" birgt insofern Probleme, als manches Organ, das nach außen hin als unternehmensintern erscheint, in Wahrheit selbständig, aber vertraglich eng an die Unternehmung gebunden ist. Dies gilt für den Vertragshändler, den Handelsvertreter, den Franchisenehmer und den Kommissionär. Im Unterschied zum Handel erwerben die selbständigen Organe des Direktvertriebes kein Eigentum an den verkauften Produkten.

Der **Vertragshändler** ist rechtlich selbständig, tritt am Markt aber unter dem Namen und Markenzeichen des Herstellers auf. Er verpflichtet sich (i.d.R. exklusiv), die Produkte des Herstellers zu führen und sich dessen Marketingkonzeptionen zu unterwerfen. Häufig werden auch Kundendienst, Reparatur und Lagerhaltung durch den Vertragshändler übernommen (Beispiele: KfZ-Branche, techn. Produkte, Büromaschinen).

Der **Handelsvertreter** ist in seiner Funktion mit dem Reisenden vergleichbar. Er ist aber als selbständig Gewerbetreibender tätig und betreut häufig mehrere, nicht im Konkurrenzverhältnis stehende Unternehmungen. Er vermittelt für seine Vertragspartner Geschäfte oder schließt sie in deren Namen ab. Er wird über Provisionen, gegebenenfalls mit einem Fixum gekoppelt, entlohnt und ist in der Regel in einem abgegrenzten Gebiet tätig. In den "alten Bundesländern" gibt es ca. 50.000 Handelsvertreter, die meist Industrieunternehmen vertreten.

Der **Kommissionär** handelt - im Gegensatz zum Handelsvertreter - im eigenen Namen, aber auf Rechnung des Auftraggebers (des Kommittenten). Ein Kommissionär wird vom Konsumenten nur selten als solcher erkannt, der Konsument vermutet einen Angestellten des Unternehmens, mit dem er abrechnet. Der Kommissionär ist im Wertpapierhandel oder im Agrarsektor anzutreffen. Tankstellen sind häufig Kommissionsbetriebe und auch manche Franchisebetriebe im Gastronomiebereich arbeiten mit dem Status des Kommissionärs. Die Vergütung wird in der Regel über eine umsatzabhängige Kommission oder Provision geregelt.

Der **Makler** vermittelt zwischen zwei Parteien und hat beider Interessen zu wahren. Er ist im Grundstückshandel und bei Versteigerungen anzutreffen.

	auf eigene Rechnung	**auf fremde Rechnung**
in eigenem Namen	Vertragshändler	Kommissionär
in fremdem Namen	--	Abschlußvertreter, Vermittlungsvertreter

Abb. D.20: Übersicht zum Direktvertrieb über selbständige Organe

3.2.2.3 Beispiel eines Entscheidungsproblemes: Eigener Außendienst oder Handelsvertreter?

Die Frage, ob ein angestellter Außendienstmitarbeiter oder ein rechtlich selbständiger Handelsvertreter eingesetzt werden soll, stellt sich im Rahmen des Direktvertriebes häufig. Aber auch manches System des indirekten Vertriebes lebt von Leuten, die "draußen" die Produkte verkaufen - hier meist an den Handel. In diesem Zusammenhang stellt sich sehr häufig die Frage, ob einem angestellten Außendienstmitarbeiter oder einem auf Provisionsbasis arbeitenden Handelsvertreter der Vorzug zu geben ist.

Aus reinen Kostenaspekten läßt sich ein Break-Even-Punkt ermitteln. Unterhalb dieser Absatzmenge ist der Handelsvertreter die günstigere Variante, darüber der Vertriebsaußendienst. Grundsätzlich liegen bei einem Handelsvertreter die Fixkosten niedriger als bei einem Angestellten, der auch ohne Umsatz Gehalt bezieht. Dies wird durch höhere Provisionen des Handelsvertreters ausgeglichen. Häufig erhält der Angestellte sogar unterhalb einer minimalen Absatzmenge keine Provision. Dies ergibt das in Abbildung D.21 dargestellte Bild.

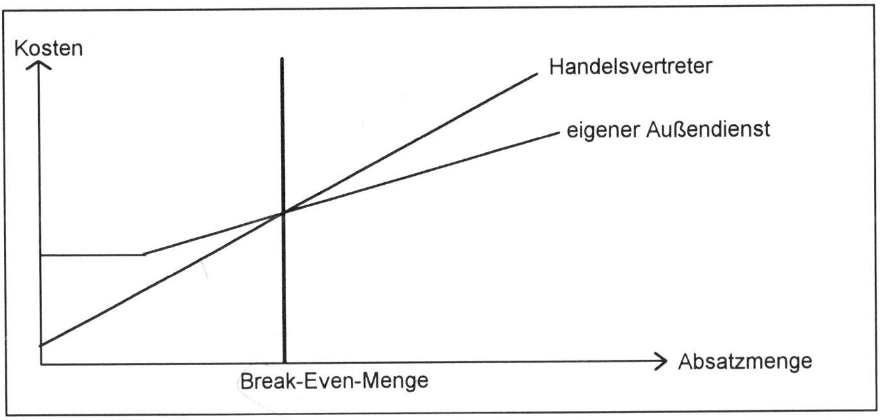

Abb. D.21: Handelsverteter oder eigener Außendienst - Betrachtung aus Kostensicht

Dies ist natürlich eine recht theoretische Kalkulation, da die Entscheidung vor der Markteinführung des Produktes fallen wird, wenn also die Absatzzahlen nur geschätzt werden können. Andererseits kann sich kaum ein Unternehmen den Aufbau eines Außendienstes für ein einziges Produkt leisten. Vor allem sollte jedoch berücksichtigt werden, daß manches Produkt erst durch die Einbindung in das Sortiment eines Vertreters gute Marktchancen bekommt. Andererseits kann ein eigener Außendienst enger geführt werden. Weisungen werden schneller umgesetzt, die Kontrollmöglichkeiten sind besser und der Kontakt zum Abnehmer ist enger. Auch aus psychologischer Sicht ist es positiv, vom Hersteller selbst betreut zu werden.

3.2.2.4 Ausgewählte Probleme im Verkaufsaußendienst

Unternehmen mit angestellten Außendienstmitarbeitern werden mit speziellen Problemen konfrontiert, die sich insbesondere daraus ergeben, daß der Außendienstmitarbeiter oft über Wochen nur in telefonischem Kontakt mit der Zentrale steht und weitgehend eigenständig arbeiten muß.

3.2.2.4.1 Aufgabenzuordnung

Als erstes stellt sich hierbei die Frage nach dem Kriterium der Aufgabenzuordnung. In den meisten Fällen ist ein Außendienstmitarbeiter für ein **bestimmtes Gebiet** zuständig (regionale Organisation). Bei technisch anspruchsvollem und breitem Sortiment ist es möglich, für **jede Produktgruppe** einen eigenen Außendienstspezialisten zu haben. In diesem Fall werden einzelne Kunden entweder von mehreren Vertretern des gleichen Unternehmens betreut, was zu Konfusionen führen kann, oder der allgemeine Kundenbetreuer erscheint zu den jeweiligen Gesprächen gemeinsam mit einem Fachkollegen. Diese Lösung ist personalaufwendiger, aber sie garantiert, daß der Kunde jederzeit einen einzigen zentralen Ansprechpartner hat. Das Hinzuziehen von Fachspezialisten ist beispielsweise im Versicherungsbereich üblich.

Im Rahmen des **Key-Account-Management** ist es möglich, daß ein Mitarbeiter einen einzigen Kunden betreut. Ein Key-Account-Manager betreut bei diesem Konzept einen oder wenige Groß- bzw. Schlüsselkunden. Key-Accounts sind beispielsweise Wiederverkäufer, deren Absatzpotential besonders groß ist, oder Kunden, die aus strategischen Gründen eine besondere Behandlung erfordern. Für jeden Kunden werden dann individuelle Vorgehensstrategien entwickelt. Meist ist das Festlegen von Key-Account-Kunden das Ergebnis einer **ABC-Analyse**.

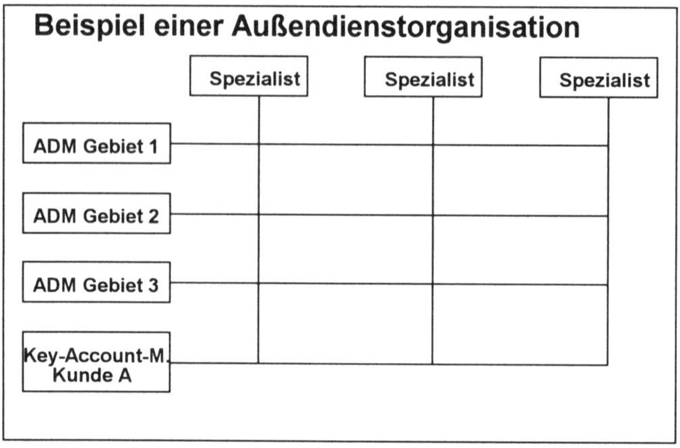

Abb. D.22: Beispiel einer Außendienstorganisation

3.2.2.4.2 Abgrenzung von Verkaufsgebieten und Tourenplanung

Die operative Gebietsplanung des **Außendienstes** teilt sich in drei Schritte:

- Festlegung der Zahl der Gebiete resp. der Zahl der benötigten Außendienstmitarbeiter
- Festlegung der Verkaufsgebiete
- Routenplanung im Einzelfall.

Im ersten Schritt muß also geklärt werden, wieviele Außendienstmitarbeiter (ADM) ein Unternehmen benötigt. In vielen Fällen ist die Außendienstorganisation historisch gewachsen, indem zusätzliche Mitarbeiter eingestellt wurden und die Gebiete der anderen ADM beschnitten wurden.

Zweckmäßiger ist es jedoch, zuerst den Besuchsbedarf zu ermitteln und anschließend zu errechnen, wieviele ADM benötigt werden. In der Regel werden nicht alle Kunden gleich häufig besucht werden müssen. Im optimalen Fall existiert eine ABC-Analyse, mit deren Hilfe festgelegt werden kann, wie häufig Kunden besucht werden sollen. Beispielsweise ist es denkbar, alle A-Kunden einmal pro Monat zu besuchen, B-Kunden alle 3 Monate und C-Kunden zweimal pro Jahr. Potentielle Kunden sollen noch einmal jährlich besucht werden.

Beispielsweise ist in einem Unternehmen folgende Kundenstruktur denkbar:

A-B-C - Einstufung	Kundenzahl	Besuche pro Jahr / Kunde	Besuche (Summe)
A	500	12	6.000
B	1.500	4	6.000
C	2.500	2	5.000
pot. Kunden	3.000	1	3.000
Summe	7.500		20.000

Geht man davon aus, daß jeder Außendienstmitarbeiter an 200 Tagen im Jahr Besuche durchführen kann (ein recht hoher Wert!) und pro Besuchstag vier Termine wahrnimmt, so ergibt sich eine Besuchskapazität von 800 Besuchen pro Außendienstmitarbeiter. Das Unternehmen benötigt somit 20.000 / 800 = 25 Außendienstmitarbeiter. Wenn für einzelne Key-Accounts noch zusätzliche Key-Account-Manager abgestellt werden sollen, sind diese hinzu zu zählen. (Ein Key-Account-Manager hat aber in der Regel weitergehende Aufgaben als ein gewöhnlicher ADM.)

Auch bei einer geplanten Umorganisation läßt sich mit Hilfe dieser Methode eine Auslastungsanalyse für jeden einzelnen ADM durchführen. Hierbei wird einfach berechnet, wieviele Besuche der Mitarbeiter bei der Struktur seiner Kunden durchführen müßte und dies in Relation zur theoretisch gegebenen Besuchskapazität gesetzt. Die Formel:

$$\text{Auslastungsgrad} = \frac{K_A \times B_A + K_B \times B_B + K_C \times B_C + K_{pot} \times B_{pot}}{\text{Besuchstage} \times \text{Anzahl Besuche pro Tag}}$$

Legende: K_A = Anzahl A-Kunden K_B = Anzahl B-Kunden

B_A = Besuche pro A-Kunde und Jahr usw.

Beispielsweise betreut ein Mitarbeiter 25 A-Kunden, 70 B-Kunden, 100 C-Kunden und 100 potentielle Kunden. Im Beispielfall muß der Mitarbeiter 25 • 12 + 70 • 4 + 100 • 2 + 100 = 880 Besuche pro Jahr absolvieren. Sein Auslastungsgrad beträgt somit 1,1 oder 110 %.

Die zweite Entscheidung betrifft das Kriterium, nach dem die Gebiete, die ein einzelner Außendienstmitarbeiter zu bearbeiten hat, abgegrenzt werden. Das Ziel ist es, möglichst "gleichwertige" Verkaufsgebiete zu schaffen. Denn zum einen soll der Markt möglichst gleichmäßig abgedeckt werden, zum anderen sollen alle Mitarbeiter gleiche Bedingungen vorfinden. Nur dann kann es zu einem positiven Wettbewerb zwischen den Mitarbeitern kommen. In der Praxis dominieren zwei Methoden: Das Potentialverfahren und das Arbeitslastverfahren. Beim Potentialverfahren wird versucht, die Gebiete so abzugrenzen, daß alle Gebiete gleiches Umsatzpotential aufweisen. Da bei vielen Produkten in Ballungsgebieten mehr Kunden zu finden sind als auf dem Land, ergeben sich bei gleichem Umsatzpotential unterschiedliche Gebietsgrößen und damit ein größerer Anteil unproduktiver Reisezeiten. Das Arbeitslastverfahren setzt hier an. Die Gebiete werden so aufgeteilt, daß alle etwa den gleichen Arbeitsaufwand verursachen. Die Folge sind jedoch unterschiedliche Umsatzpotentiale pro Gebiet. Wird die Provision auf den Umsatz bezogen, ergeben sich dadurch unterschiedliche Einkommenschancen der Außendienstmitarbeiter. Um dies zu kompensieren, ist die Provisonsregelung für jedes Gebiet individuell aufgrund des Umsatzpotentiales zu berechnen. Eine solche Regelung ist den Mitarbeitern zu erklären, da sonst Motivationsprobleme auftreten, denn manche Mitarbeiter erhalten bei gleicher Umsatzleistung höhere Provisionen. Dies scheint ungerecht.

Zusammenfassung:

Verfahren	Vorteil	Nachteil
Potential-verfahren	Direkter Wettbewerb zwischen den ADM, da jeder Mitarbeiter gleiche Chancen hat. Einfache Provisionsregelung.	Ungleiche Gebietsgröße und damit unterschiedlicher Reiseaufwand und damit unterschiedliche Arbeitslast.
Arbeits-lastver-fahren	Faire Verteilung der Arbeitslast.	Unterschiedliche Umsatzpotentiale, die in der Provisionsregelung zu berücksichtigen sind.

Abb. D.23: Vor- und Nachteile der Verfahren zur Gebietsbestimmung

Nachdem die Verkaufsbezirke festgelegt sind, müssen die jeweiligen Fahrtrouten geplant werden. Da nicht jeder Kunde gleich häufig besucht werden soll, ist die Routenplanung für jeden Tag individuell vorzunehmen. Grundsätzlich können hierbei Computerprogramme angewendet werden, die die entsprechenden Routen ermitteln. Ein Außendienstmitarbeiter, der sein Gebiet kennt, ist jedoch auch in der Lage, die jeweils optimale Fahrtstrecke zu ermitteln. Der kürzeste Weg ist schließlich nicht immer der angenehmste und schnellste. Bei der Zusammenstellung des Besuchsplanes ist dennoch auf örtliche Nähe der verschiedenen Tagestermine zu achten. Ein einfaches Hilfskriterium hierbei ist noch immer oft die Postleitzahl.

3.2.3 Indirekter Vertrieb

3.2.3.1 Beziehung und Probleme zwischen Industrie und Handel

Grundsätzlich benötigt der Handel Produkte, die von Herstellern geliefert werden, um seine Funktion auszuüben. Angesichts der Vielfalt des Angebotes besteht das größte Problem im Rahmen des Absatzes eines Produktes oft darin, es im Handel plazieren zu können. Wenn man sich beispielsweise überlegt, wie viele Marken von Nudeln es gibt und bedenkt, daß ein mittlerer Supermarkt 3-5 verschiedene Marken im Sortiment hat, verdeutlicht sich die Problematik. Der Handel benötigt ein bestimmtes Sortiment, wobei es vielfach unerheblich ist, ob "3 Glocken" oder "Birkel" angeboten wird. Entscheidend für den Handel ist, welches Produkt sich besser verkauft, bei welchem er eine bessere Marge hat und daß die Belieferung mit frischer Ware klappt. Bei Alltagsprodukten kann es passieren, daß der Handel die Markenware durch eigene Hausmarken oder No-Name-Produkte konkurrenziert. Hier und bei typischen Discount-Läden müssen jedoch auch Markenartikel im Sortiment sein, um das billige Angebot herauszustellen.

Gerade hier besteht ein besonderes Problem, das auch in die Preisgestaltung hineinreicht. Bestimmte Produkte, wie Kaffee oder Schokolade, werden vom Handel gerne genutzt, um mit Hilfe von Sonderangeboten zu demonstrieren, wie günstig dieses Geschäft Waren anbietet. Wird ein Produkt jedoch zu häufig in Sonderangeboten eingesetzt, läßt es sich später nicht mehr zum regulären Preis verkaufen. Die Kunden warten auf das nächste Sonderangebot, das nun der Produzent durch günstigere Abgabepreise an den Handel ermöglichen muß. Produkte, die einmal in derartige Kreisläufe hineingeraten sind, können kaum noch auf höhere Preise zurückgehoben werden. (Beispiele: bestimmte Kaffee- und Schokolade-Marken).

Auch bei der Produktplazierung orientiert sich der Handel an seinen eigenen Zielen. Hersteller versuchen, den Handel durch aufwendige Verkaufsförderungshilfen wie Ständer oder Displays zu einer besseren Plazierung des Produktes zu bewegen.

3.2.3.2 Handelsfunktionen

Unter indirektem Absatz versteht man den Absatz unter Einschaltung des Handels.

Die Funktionen des Handels im Distributionsprozeß sind die folgenden (grob nach Oberparleiter, zitiert nach Nieschlag/Dichtl/Hörschgen 1988, S. 252):

- Raumüberbrückungsfunktion: Der Handel schließt die räumlichen Unterschiede zwischen Hersteller und Verkäufer.
- Zeitüberbrückungsfunktion: Der Handel überbrückt die zeitl. Differenzen zwischen Herstellung und Verkauf.
- Quantitätsfunktion: Der Handel gleicht die Mengenunterschiede zwischen Herstellung und Verbrauch an.
- Qualitätsfunktion: Die Sortimentsfunktions des Handels bewirkt eine qualitative Änderung der Produkte durch die Einbindung in ein Sortiment. Teilweise entsteht auch durch die Lagerung eine Veränderung der Qualität des Produktes (z.B. Wein, Cognac oder abgehangene Steaks).
- Kreditfunktion: Es kann dann ein Verbrauch ermöglicht werden, wenn die nötigen Geldmittel nicht vorhanden sind und der Verbrauch deshalb unterbleiben würde.
- Werbefunktion: Es geht um die Weckung von Bedürfnissen und die zielgerechte Bedarfsbefriedigung.

Die **Betriebsformen des Handels** können der folgenden Systematik, die Weis entnommen wurde, unterschieden werden:

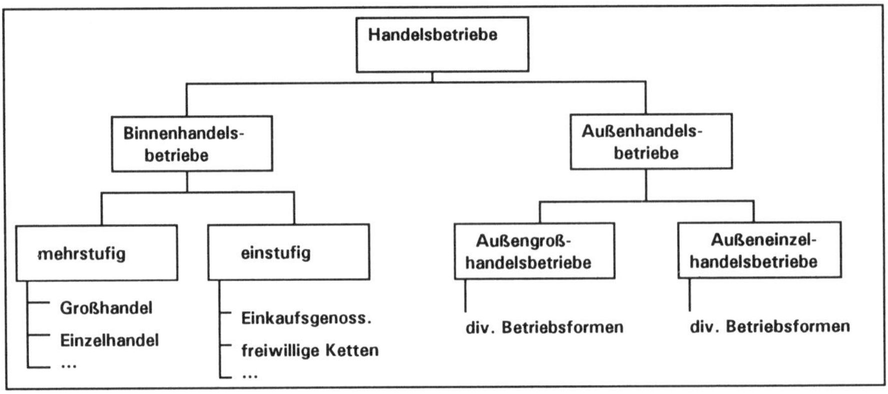

Abb. D.24: Betriebsformen des Handels (Weis 1990, S. 287)

Im folgenden sollen (kurz) einige Betriebsformen des Groß- und Einzelhandels vorgestellt werden.

3.2.3.3 Großhandel

Großhandelsunternehmen sind dadurch charakterisiert, daß sie Produkte ohne wesentliche Be- oder Verarbeitung bzw. ohne physische Veränderung an *Nicht-Konsumenten* weiterverkaufen. Auch industrielle Endverbraucher werden aufgrund ihres hohen Bedarfs oft direkt vom Großhandel bedient. Die Aufgaben des Großhandels bestehen in:

- der Zusammenfassung der Lieferungen von Produzenten und ausländischen Exporteuren
- der Verteilung dieser Waren an Wiederverkäufer und Einzelhändler
- gewissen Lagerhaltungsaufgaben
- einzelnen Bearbeitungstätigkeiten (z. B. Umpacken)
- der Absatzunterstützung und Beratung der Einzelhändler.

Großhändler arbeiten je nach Branche mit Handelsspannen um 10%. Oftmals sind sie auf ein sehr schmales, aber tiefes Sortiment spezialisiert. Beispielsweise gibt es im EDV-Bereich Großhändler, die (fast) ausschließlich externe Speichermedien vertreiben. Andere sind auf Zubehörteile spezialisiert usw.

Im wesentlichen lassen sich **Rack Jobber**, **Zustellgroßhandlungen** und "**Cash- und Carry-Betriebe**" unterscheiden.

Charakteristika der sogen. **Cash & Carry-Betriebe (C&C)** sind:

- Prinzip der Selbstbedienung
- Abtransport der Ware durch Käufer
- Barzahlung
- Verzicht auf Serviceleistungen
- Standorte in Randlagen (niedrige Grundstückspreise)
- dadurch: Rationalisierung und Kosteneinsparung.

Das C&C-System wird dadurch verwässert, daß immer mehr Endverbraucher die Märkte zur Deckung ihres Privatbedarf besuchen. Dies wird auch durch das Kundenausweissystem nicht effektiv verhindert.

Bei **Zustellgroßhandlungen** werden die bestellten Produkte an den Händler ausgeliefert. In der Regel werden hierzu Transportunternehmen eingesetzt, die in einigen Fällen auch das Inkasso übernehmen. Meist arbeitet der Zustellgroßhandel jedoch mit Rechnungen und erfüllt daher auch eine Kreditfunktion.

Der **Rack Jobber** (Regalgroßhändler) übernimmt wesentlich weiter gehende Funktionen. Die Ware wird dem Kunden nicht nur angeliefert, auch die Verkaufsregale werden vom Rack Jobber aufgefüllt. In den meisten Fällen mietet der Rack Jobber das Regal beim Handel, übernimmt alle Regalpflegearbeiten und verkauft auch auf eigene Rechnung. Der Handel trägt somit das Diebstahlrisiko, aber kein Lagerrisiko. Er übernimmt außerdem das Inkasso. Der Rack Jobber wird trotz der weit ausgedehnten Leistungspalette zu den Großhändlern gezählt. Typische Branchen für Rack Jobber sind Papier- und Tabakwaren.

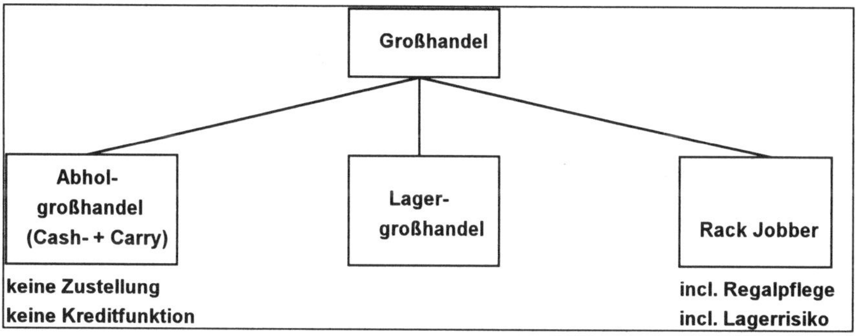

Abb. D.25: Verschiedene Betriebsformen des Großhandels

Relativ selten sind sog. **Streckengroßhändler** anzutreffen, die ohne Lagerrisiko Waren direkt vom Lieferanten zum Kunden schicken lassen.

3.2.3.4 Einzelhandel

Einzelhandel betreibt, wer

- Waren anschafft und sie unverändert oder nach üblicher Be- oder Verarbeitung ... zum Verkauf an *jedermann* anbietet
- Muster oder Proben zeigt, um Bestellungen entgegenzunehmen oder
- Waren versendet (...).

Die Anzahl der unterschiedlichen Betriebsformen und auch der Klassifikationen ist kaum zu überblicken. Im folgenden daher als Beispiel eine graphische Unterteilung:

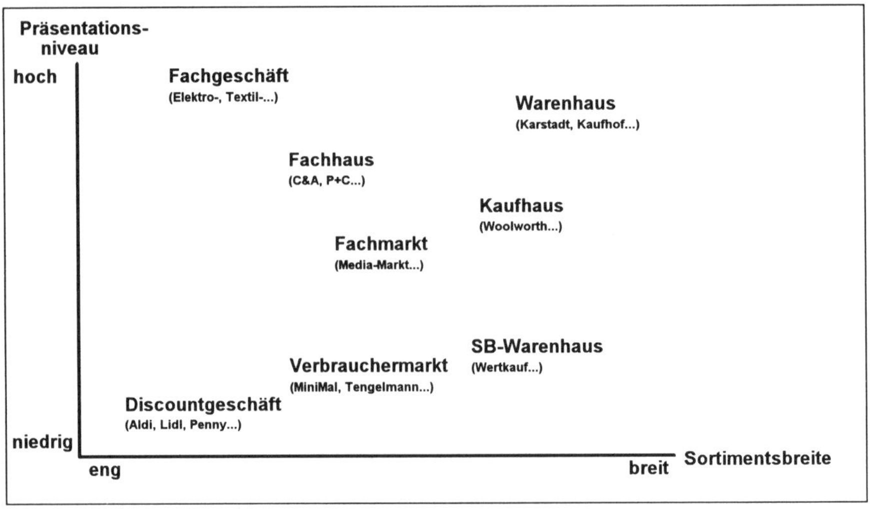

Abb. D.26 Einordnung verschiedener Betriebstypen des Einzelhandels

Nielsen unterscheidet dagegen für den Lebensmittel-Einzelhandel grob 6 Betriebstypen: (Quelle: Nielsen 1993, die Zahlen beziehen sich auf 1992 (Umsatz) bzw. 1.1. 1993 (Anzahl)):

Einzelhandelstyp	Größe	Anteil Anzahl	Anteil Umsatz	Umsatz pro Jahr in DM
SB-Warenhäuser	> 5.000 m²	0,6 %	14,4 %	52.273.000
Große Verbrauchermärkte	1.500 - 5000 m²	1,9 %	14,8 %	18.112.000
Kleine Verbrauchermärkte	800 - 1.500 m²	4,6 %	16,5 %	8.442.000
Discountmärkte	(Einstufung über Preis)	8,3 %	14,1 %	3.946.000
Supermärkte	400 - 800 m²	6,0 %	14,3 %	5.556.000
Restliche Geschäfte	< 400 m²	78,7 %	25,9 %	765.000

Abb. D.27: Kenngrößen verschiedener Betriebstypen im Einzelhandel (Nielsen 1993)

Die Bedeutung der einzelnen Betriebstypen wird nochmals durch Abb. D.28 verdeutlicht.

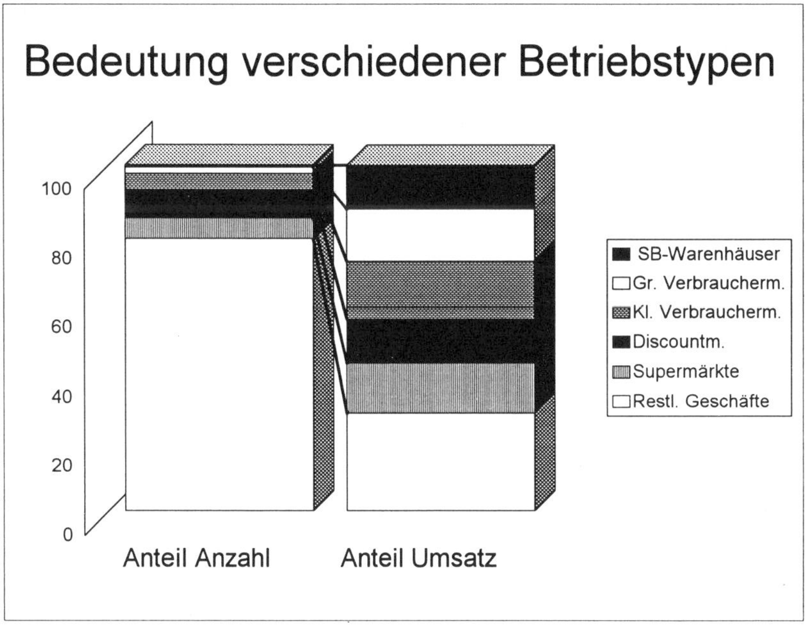

Abb. D.28: Anteil der verschiedenen Betriebstypen des Lebensmitteleinzelhandels an der Gesamtzahl der Geschäfte und am Umsatz (nach Nielsen 1993)

Es existieren mehrere Definitionen und Abgrenzungskriterien der einzelnen Betriebsformen. Im folgenden sollen kurz einige Formen beispielhaft beschrieben werden, ohne vollständig auf eine der existierenden Definitonen zurückzugreifen

Fachgeschäfte bieten Artikel *einer* Branche mit ergänzenden Dienstleistungen an. Fachgeschäfte arbeiten häufig noch mit individueller Kundenberatung oder einer Mischform aus Selbstbedienung und Bedienung. In manchen Bereichen gibt es zusätzlich zum Fachgeschäft noch Spezialgeschäfte mit sehr tiefem, auf wenige Produktbereiche beschränkte Sortimente. So gibt es beispielsweise zusätzlich zum Spielwaren-Fachgeschäft noch Spezialgeschäfte für Modellautos, Modelleisenbahnen oder Bastelbedarf. Auf der anderen Seite werden bei dieser und in anderen Branchen die Fachgeschäfte durch "Fachmärkte" mit Selbstbedienungsprinzip angegriffen.

Ein **Fachmarkt** liegt bezüglich der Sortiments*breite* relativ nahe am Fachgeschäft, bietet dafür eine große Sortiments*tiefe*. Oft werden in einem Fachmarkt jedoch auch flache Sortimente aus ergänzenden Produktbereichen angeboten. Bezüglich der Standortwahl (meist Stadtrand mit vielen Parkplätzen), Aufmachung und Fläche sind sie den Verbrauchermärkten ähnlich. Der Fachmarkt hat sich im Bereich der Unterhaltungselektronik ("Media-Markt", "Wom" etc.), des Gartenbedarfs (Gartencenter, z.B. Gartencenter Dinger bei Köln) oder des Heimwerkerbedarfs (Baumärkte wie Praktiker oder Hornbach) bereits durchgesetzt, bei Spielwaren ("Toy'R'us") und anderen Produktgruppen ist sie im Vormarsch. Die durchschnittliche Fläche eines

Baumarktes liegt beispielsweise um 4000 qm, aber auch Baumärkte mit mehr als 10.000 qm sind keine Seltenheit.

Der **Supermarkt** ist ein großer Einzelhandelsbetrieb mit vollem Lebensmittelsortiment und ergänzenden, problemlosen anderen Waren (Non-food) zu konventionellen Preisen. Die Artikelzahl ist auf ca. 5000 begrenzt, davon etwa 100 Artikel des Frischwarenbereiches und 1000-1500 Non-food-Artikel. Die Verkaufsfläche eines Supermarktes beträgt mindestens 400 m².

Verbrauchermärkte verfügen über mindestens 1000 qm Verkaufsfläche, die vorwiegend, aber nicht ausschließlich, für Artikel des Food-Sortimentes genutzt wird. Im Unterschied zum Supermarkt liegt der Verbrauchermarkt in der Regel am Stadtrand. Bekannte Beispiele sind "Esbella", "Massa", "Asko", "Continent", "Plaza" usw. Teilweise werden von den Verbrauchermärkten noch die **SB-Warenhäuser** abgegrenzt, deren Verkaufsfläche über 3000 qm liegt und die einen geringeren Anteil des Sortimentes im Nahrungsmittelbereich angesiedelt haben.

Einkaufszentren (Shopping Centers) sind dagegen Gebäude, in denen verschiedene kleinere Geschäfte untergebracht sind. Die einzelnen Geschäfte bleiben für den Konsumenten als eigenständige Läden erkennbar, werblich treten sie jedoch häufig in Form von Kollektivwerbung unter einem Dach auf. Bei Einkaufszentren mit verschiedenen Etagen gibt es jedoch häufig Probleme mit dem Passantenstrom in den oberen Stockwerken. Eine elegante Lösung hierfür bietet beispielsweise die Frankfurter Zeil-Galerie. **Passagen** in Einkaufsstraßen arbeiten prinzipiell nach dem gleichen Muster.

Nach Weinhold lassen sich die verschiedenen Betriebstypen auch in einem Profil anhand von 10 charakteristischen Eigenschaften darstellen. Als Beispiel sei hier das Profil eines Fachgeschäftes aufgezeigt.

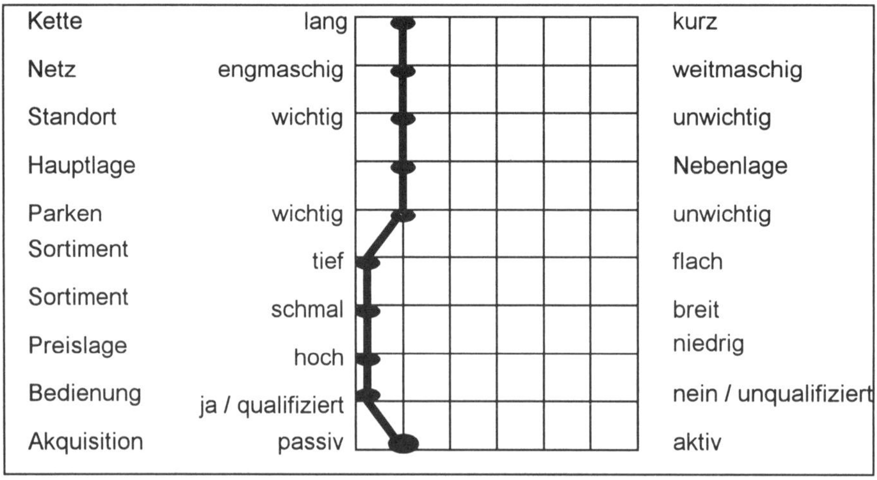

Abb. D.29: Profil eines Fachgeschäftes (Weinhold 1988, S. 365)

3.2.4 Marktveranstaltungen

Neben dem bisher gezeigten direkten und dem indirekten Vertrieb muß als dritte Form noch der Vertrieb über Messen und Märkte dargestellt werden, auch wenn - strenggenommen - diese Veranstaltungen nur *Anlässe* bieten, Waren oder Dienstleistungen zu verkaufen. Von einer Marktveranstaltung spricht man bei Anlässen, die unter räumlich und zeitlich festgelegten Bedingungen stattfinden und einen organisierten Rahmen haben. Dies hat auch Auswirkungen auf die Logistik.

3.2.4.1 Märkte

Zu unterscheiden sind die Jahrmärkte und die Wochenmärkte. Letztere dienen vor allem dem Absatz von landwirtschaftlich erzeugten Nahrungsmitteln. Obwohl heute auf den Märkten meist reine Händler und nicht mehr die Bauern selbst ihre Waren anbieten, haben Märkte das Image des "frisch, direkt vom Bauern" behalten.

3.2.4.2 Messen und Ausstellungen

Ausstellungen dienen dem Zweck der Information, Werbung und Aufklärung, weniger dem Verkauf. Zu Ausstellungen erhalten grundsätzlich alle Konsumenten Einlaß. Dies führt zu einer plakativeren Art der Produktpräsentation als bei einer Messe, bei der ein Fachpublikum angesprochen wird. Einen Mittelweg wählt beispielsweise die Buchmesse, die am Wochenende für das Publikum geöffnet ist, ansonsten nur für Fachbesucher. Beispiele bekannter Ausstellungen: Weltausstellung, Internat. Automobilausstellung, Hannover-Messe (!) und die Funkausstellung.

Messen wenden sich an gewerbliche Verwender oder Wiederverkäufer, dem allgemeinen Publikum wird der Einlaß oft verwehrt. Sie dienen dem Ziel, Geschäftsabschlüsse zu tätigen oder konkret vorzubereiten. Beispiele für Messen sind die DIMA (Direktmarketing-Ausstellung), die Networld (Computer-Netzwerk-Messe) oder die Internationale Lederwarenmesse. Für Messen ist charakteristisch, daß sie zeitlich begrenzt sind und in regelmäßigem Rhythmus meist am selben Ort stattfinden.

3.2.4.3 Auktionen

Bei Auktionen werden die angebotenen Produkte direkt präsentiert und sofort an den Meistbietenden verkauft. Auktionen gibt es im Bereich von Kunstgegenständen und Sammlerwaren, bei gerichtlich verordneten Versteigerungen zur Pfandverwertung und bei Rohstoffen und landwirtschaftlichen Erzeugnissen auf dem Großmarkt. Waren, die auf Auktionen gehandelt werden, sind nicht von konstanter Qualität wie Waren, die auf Börsen gemakelt werden. Daher ist die Möglichkeit der Besichtigung der Ware vor dem Kauf notwendig.

Die Submission wird teilweise als Sonderform der Auktion bezeichnet. Hierbei werden die Kaufangebote oder Preise, die für bestimmte, definierte Leistungen angeboten werden zu einem bestimmten Termin schriftlich hinterlegt (Baubereich!).

3.2.5 Trends der Betriebsformen und allgemeine, den Einzelhandel betreffende Trends

Im Rahmen des Einzelhandels ist in der Vergangenheit ein Aussterben der inhabergeführten Fachgeschäfte zu beobachten. Im Rahmen des Fachhandels dominieren Fachhandelsketten, Fachmärkte oder Franchise-Ketten die Ia-Lagen der Innenstädte. Die klassische Drogerie wird mehr und mehr von Drogeriemärkten (DM, Müller, Schlecker) ersetzt. Die Anzahl der Drogerien nahm zwischen 1992 und 1993 um 8,5% ab, die der Drogeriemärkte um 13,5% zu; in den neuen Bundesländern jeweils überdurchschnittlich. Ähnliche Tendenzen sind im Buchhandel zu beobachten. Sogar bei Apotheken gibt es erste erfolgreiche Versuche in diese Richtung. In anderen Branchen, wie Parfümerie oder Schmuck- und Uhrenhandel, in denen Fachmärkte aus Imagegründen nicht denkbar sind, dominieren Filialunternehmen (Parfümerie Douglas, Uhren Weiss usw.). Die Gründe für den Rückzug der kleinen Läden liegen vor allem in der geringen Einkaufsmacht. Da nur geringe Stückzahlen geordert werden können, erhalten die Einzelhändler nicht so günstige Preise wie die Ketten. Dies führt zu höheren Endverkaufspreisen und mangelnder Konkurrenzfähigkeit. Außerdem sind die Einzelhändler gegen die Managementkapazität einer Kette sowohl in fachlicher als auch in finanzieller Hinsicht z.B. bei Anfangsinvestitionen unterlegen.

Im Lebensmitteleinzelhandel steigt die Anzahl der SB-Warenhäuser weiterhin an. 1988 existierten nur 412 Geschäfte dieses Typs (alte Bundesländer), 1993 waren es bereits 528. Diese Zunahme ist allerdings im wesentlichen auf die neuen Bundesländer zurückzuführen, da in den Westländern die Kommunen oft sehr negativ gegenüber den Zentren auf der grünen Wiese eingestellt sind. Die Folge einer Verlagerung der Einkäufe an den Stadtrand können verwaiste und unattraktive Innenstädte sein. Der durchschnittliche Umsatz eines Warenhauses stieg zwischen 1989 und 1992 um 10,5%. Den größten Zuwachs des durchschnittlichen Umsatzes pro Geschäft verzeichneten in diesem Zeitraum Verbrauchermärkte (große: 17,2%, kleine: 16 %), den zahlenmäßig größten Anstieg gab es bei den Discountmärkten, deren Zahl von 5061 auf 6842 stieg, also um 35% (Zahlenangaben: Nielsen 1993).

Die demographischen und sozialen Trends in Deutschland können kurz so zusammengefaßt werden:

- Zunahme der Single-Haushalte
- Zunahme des Anteils der Rentner, viele davon mit hohen Rentenbezügen
- Zunahme der Arbeitslosenquote auch bei akademisch gebildeten Personen
- stärkere Polarisierung zwischen arm und reich, weniger Durchschnittsverdiener

Dies bedeutet im Handel gleichermaßen die Verstärkung einerseits von exklusiven Geschäften mit teuren Angeboten und andererseits die Forcierung von Läden mit starker Preisorientierung.

Die gesellschaftlichen Trends des Hedonismus führten zu den Konzepten des Erlebniseinkaufs, die jedoch neuerdings bereits wieder einer neuen Rationalität weichen.

3.2.6 Spezielle Formen der Distribution

3.2.6.1 Vertriebsbindungen, Selektiver Vertrieb

Die Systeme der **vertikalen Abnehmerbindungen** verfolgen verschiedene Ziele. In der Regel wird über diese Systeme verhindert, daß ein beliebiger Händler die Ware kaufen und anbieten kann. So soll bespielsweise aus Imagegründen ein Produkt nur bei wenigen, besonders exklusiven Händlern erhältlich sein oder es soll ausgeschlossen werden, daß neben dem eigenen Produkt auch Produkte der Konkurrenz vertrieben werden. Hierdurch erhoffen sich die Hersteller auch, die Preise zu kontrollieren, indem sie Händler, die die empfohlenen Verkaufspreise unterbieten, von der Belieferung ausschließen.

Als **selektiver Vertrieb** wird die vom Hersteller ausgehende Beschränkung des Absatzmittlerkreises verstanden. Andere, die Anforderungen der Hersteller nicht erfüllende Absatzmittler werden nicht beliefert. Hierbei werden die Einzelhändler entweder direkt vom Hersteller beliefert oder die Großhändler verpflichten sich im Rahmen einer Vertriebsbindung, nur an bestimmte Händler zu liefern. Allerdings sind solche Systeme rechtlich in manchen Fällen angreifbar, da in Deutschland resultierend aus § 26 II Satz 2 GWB (erweitertes Diskriminierungsverbot) ein Lieferzwang bestehen kann. Ein selektiver Vertrieb ist dann zulässig, wenn ein lückenloses System besteht, also kein unerwünschter Händler die Chance hat, das Produkt zu beziehen. De facto führt dies zum Verzicht auf den Großhandel und individuellen Codierungen an der Ware.

Beispiele für Anforderungen von Herstellern an Händler im Rahmen eines selektiven Vertriebssystems sind die Forderung nach jederzeitiger Bevorratung des gesamten Sortimentes des Herstellers oder regelmäßiger Schulung des Personals, evtl. in kostenpflichtigen Kursen mit Prüfung durch den Lieferanten. Da zur Erfüllung dieser Voraussetzungen eine gewisse personelle und finanzielle Kapazität erforderlich ist, wird die Belieferung de facto auf etablierte größere Händler beschränkt. Selektiver Vertrieb wird bei Parfums ebenso angewendet wie in der Unterhaltungselektronik, bei hochwertigen Gartengeräten oder einigen anderen Bereichen. In der Automobilbranche und bei Bier, das in Gaststätten geliefert wird, wird der selektive Vertrieb noch mit einer **Alleinbezugsbindung** kombiniert. Dem Händler bzw. Wirt ist es dann verboten, auch Konkurrenzprodukte zu führen. In Branchen, in denen eine solche Bindung nicht üblich ist, ist sie oft rechtlich angreifbar.

3.2.6.2 Franchising

Franchising ist ein sehr vielseitiges Vertriebssystem, das von nahezu völliger Abhängigkeit (z.B. McDonald's) bis hin zu weitgehender Selbständigkeit (z.B. Intersport) sehr variabel ist. Die Franchising-Betriebe zeichnen sich durch gemeinsame Namen, Warenzeichen und Symbole, sowie gleiche optische Gestaltung (z.B. Verkaufsräume) aus. Häufig werden auch gleiche Preise verlangt. Der Franchisegeber stellt dem Franchisenehmer die Waren sowie das notwendige Know-how zur Verfügung, berät den Franchisenehmer und sorgt für die überregionale Werbung. Hierfür erhält er eine vom Umsatz abhängige Vergütung sowie eine Abschlußgebühr (Fixbetrag). Franchise-Betriebe erscheinen nach außen i.a. wie Filialbetriebe.

Franchise-Geber	**Franchise-Nehmer**	
Betriebswirt. Konzeption insbes. Rentabilitätskalkulation Nutzungsrechte an Marken, Patenten... Unterstützung beim Betriebsaufbau, Mitarbeiterschulung etc. Unternehmenskonzept und indiv. Anpassung an Situation	Kapital Arbeitskraft und Einsatzwille Bereitschaft zur Eingliederung in die Struktur des Konzeptes teilw.: Vorbildung / handwerkliches Können o. ä.	Anfang der Partnerschaft
Kommunikationspaket (überreg. Werbung, VKF ...) Unterstützung in der Betriebsführung z.B. Buchführung, Controlling etc. ständiger Erfahrungstransfer Weiterentwicklung der Geschäftsidee und Anpassung an Marktveränderungen	Entrichtung der laufenden Franchise-Gebühren Arbeitskraft und Einsatzwille Einhaltung der Vertragsbedingungen insbes. CI, Sortiment, Preise usw. Führung des eigenen Betriebes und Überwachung des Personals	während Vertragsdauer

Abb. D.30: Typische Leistungen im Rahmen eines Franchise-Systemes

Vorteile des Franchise-Systemes:

für den Franchise-Geber:

- schnelle Expansion und Umsatzsteigerung
- geringer Eigenkapitaleinsatz
- Stärkung der Wettbewerbsposition
- höherer Einsatz durch selbständigen Franchise-Nehmer im Vergleich zum Angestellten
- geringerer Kontrollaufwand im Vergleich zum Filialsystem
- Überregionalität
- einheitliche Präsenz der Produkte auf dem Markt

für den Franchise-Nehmer:

- Know-how-Transfer vom Systemerfinder
- Vertrieb markterprobter Produkte
- Übernahme bestimmter Funktionen durch Systemzentrale
- Schulung und laufende Beratung durch Systemgeber
- statistisch wesentlich größere Erfolgschance im Vergleich zur Eigengründung
- relativ geringer Investitionsbedarf

Die großen Erfolge und der damit verbundene gute Ruf des Franchising hat dazu geführt, daß auch ungeeignete Konzepte angeboten werden oder unseriöse Unternehmen versuchen "abzukassieren". Als Hinweise auf Anforderungen an seriöse Franchisegeber können folgende Punkte dienen:

- Der Franchise-Geber ist der IHK und dem DFV (Deutscher Franchise-Verband) bekannt.
- Eine Auskunft über die Kreditwürdigkeit ist positiv.
- Der Gebietsschutz wird nicht in den Vordergrund gestellt. Er schützt nur vor weiteren Franchisenehmern des gleichen Systems, nicht vor Konkurrenz.
- Es gibt mind. 2-3 Pilotbetriebe, die der Franchise-Nehmer in eigener Regie führt und deren Bilanzen er offenlegt.
- Das Konzept ist sorgfältig zusammengestellt und sauber und systematisch aufgebaut. (Ein unsystematisches Konzept läßt auf eine undurchdachte Unternehmensstrategie schließen.)
- Der Franchise-Nehmer hat auf seinen Marken oder Produkte Schutzrechte wie Patente oder Warenzeichen - und nicht nur Anmeldungen.
- Es existiert eine Zentrale, die jederzeit ansprechbar ist und klar definierte Aufgaben übernimmt.
- Die Selbständigkeit des Franchise-Nehmers wird nicht zu stark eingeschränkt, insbesondere verkauft er in eigenem Namen auf eigene Rechnung.
- Die Preise für die vom Franchise-Geber zu beziehenden Waren sind marktgerecht und nicht überzogen. Gleiches gilt für die Endverkaufspreise, sofern sie dem Franchise-Nehmer vorgeschrieben werden.
- Das System wird individuell präsentiert und nicht in einer Show einer Masse von Interessenten angeboten.

Franchising eignet sich für fast jede Art von Produkten oder Dienstleistungen, wie die lange Kette von Beispielen zeigt:

- Aufina Immobilienmakler
- Benetton
- Bleyle (Mode)
- Burger King
- Call-a-Pizza (Pizza-Hausdienst)
- Candy & Company
- Car-Wash Palace Autowaschanlagen
- Cosy-Wash Autowaschanlagen
- Der Teeladen
- Domicil Möbelgeschäfte
- Essanelle Friseursalons
- Eismann Tiefkühlkost
- Foto-Quelle
- Holiday-Inn und Ramada-Inn Hotels
- Jacques Weindepot
- Jade Kosmetik
- Jede-Automaten für Heißgetränke (Vertrieb)
- Mc Donald's
- Mc Shirt T-Shirt-Läden
- Obi-Baumärkte
- Play it again Sports - Handel mit gebrauchten Sportartikeln
- Porst
- Portas
- Pro Buy - Preisagentur
- Renova - Renovierung von Türen, Treppen, Fenstern
- Service-MASTER Ledermöbel-Reinigung und -Restaurierung
- Spinrad (Kosmetik z. Selbermachen)
- Wendy (Hamburger)
- Wienerwald-Restaurants (teilw.)
- Winterthur-Versicherungsagenturen
- Yves Rocher (Kosmetik, Läden in "Konkurrenz" zum Versandgeschäft)
- Ziriakus - Vertrieb umweltfreundlicher Reinigungsprodukte

Die folgende Tabelle gibt eine Übersicht über die Kosten und Umsätze im Franchisebereich (o.V. 1993b, S. 40):

Firma	**Unternehmensidee**	**Anzahl Franchise-Nehmer**	**Einstiegsgebühr in DM**	**laufende Gebühr**	**Umsatzerwartung p.a. in DM**
Kleenothek	Reinigung	106	25.000	3% vom Nettoumsatz	200.000 - 350.000
Aufina Immobilien	Immobilienmakler	128	48.000	6% vom Provisionsumsatz	500.000 - 1.000.000
Candy & Company	Süßwaren - & Geschenkboutique	21	15.000	5% v. Nettoumsatz	250.000
Mc Donald's	Fast-Food	161	45.000	5% v. Nettoumsatz	3.600.000

Zu beachten ist, daß die Franchise-Nehmer die Vertragsprodukte beim Franchise-Geber kaufen müssen und dieser durch die Preisgestaltung seine Erträge beeinflussen kann.

3.3 Logistik

3.3.1 Aufgabe und Definition

Die Aufgabe der Marketing-Logistik ist es, dafür zu sorgen, daß das richtige Produkt in richtiger Menge zum richtigen Zeitpunkt am richtigen Ort angeboten wird.

Die Marketing-Logistik umfaßt alle Tätigkeiten, durch die Transport- und Lagervorgänge zur Auslieferung der Fertigprodukte eines Unternehmens an ihre Kunden gestaltet, gesteuert und überwacht werden.

Typische Fragen der Marketing-Logistik sind z.B.

- Soll ein Zentrallager und/oder Außenlager errichtet werden?
- Von welchem Außenlager sollen die Produkte geliefert werden?
- Wo und wie sollen die Produkte eingelagert werden?
- Welche Transportmittel sind in welchen Fällen einzusetzen?
- In welchen Mengen soll geliefert werden (Mindestauftragsgröße)?
- Welches ist der optimale Standort?
- Wird die Verpackung der Güter der Distribution gerecht?

Im folgenden sollen drei Hauptpunkte der Marketing-Logistik näher behandelt werden:

1. Entscheidungen über Transportmittel und Wege
2. Standortwahl
3. Lagerprobleme.

3.3.2 Transportmittel und -wege

Die Transportentscheidung teilt sich in drei grundsätzliche Entscheidungen:

1. Soll ein Transportunternehmen eingeschaltet oder die Ware in eigener Regie transportiert werden (**Transportträger**)?
2. Welches **Transportmittel** ist das optimale?
3. Welcher **Transportweg** ist der optimale?

Die Freiheit der Entscheidung wird durch begrenzende Faktoren eingeschränkt. Diese können sein:

- produktspezifische Besonderheiten (Sperrigkeit, Empfindlichkeit, Wert, Gefährlichkeit)
- Charakteristika des Herstellers (Größe, Sortiment)
- Marketing-bedingte Restriktionen (z.B. Versprechen eines 24-Stunden-Lieferservice).

Die Entscheidung über das gewählte Transportmittel wird durch einen Kostenvergleich erleichtert. Hierzu eignet sich eine graphische Darstellung der Transportkosten in Abhängigkeit von der Menge. Die jeweiligen Schnittpunkte der Kurven stellen die "kritischen" Mengen dar, ab denen ein Wechsel des Transportmittels aus Kostensicht sinnvoll ist.

Beispiel:

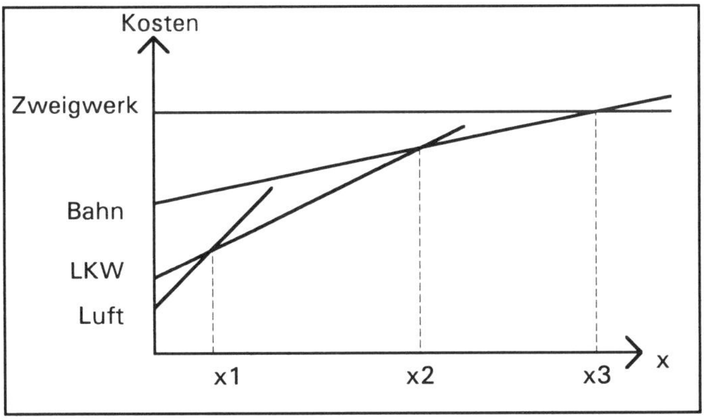

Abb. D.31: Kostenvergleich alternativer Transportmittel (Meffert 1986, S. 437)

Bei der Erstellung einer solchen Übersicht müssen zusätzlich folgende Kosten- und Imagefaktoren berücksichtigt werden:

- Kosten durch Beschädigung oder Verderb pro Transportmittel
- Lagerumschlagkosten und Lagerkosten pro Transportmittel
- entgangene Verkäufe durch "zu lange Lieferzeit"
- Kapitalbindung während der Lager- und Transportdauer
- evtl. Imageeinfluß ("Ware eingeflogen").

Es kann daher sinnvoll sein, den teuren Lufttransport dem Bahntransport vorzuziehen, da die Verluste durch die lange Lieferzeit (Kundenwünsche), Beschädigung und Kapitalbindung unter Umständen höher sind als die Preisdifferenz.

Fragen nach dem optimalen Transportweg werden als Aufgaben der linearen Optimierung mittels Computer beantwortet, wobei natürlich nicht-quantifizierbare Größen unberücksichtigt bleiben.

Die Frage, ob Eigen- oder Fremdtransport vorzuziehen ist, stellt sich in der Regel nur dann, wenn der Straßentransport gewählt wurde. Für Eigentransport sprechen die bessere Kontrolle, die größere Flexibilität und der Imagegewinn. Gegen ausschließlichen Eigentransport spricht die Tatsache, daß die vorgehaltenen Kapazitäten am Maximum orientiert sein müssen. Bei schwankendem Bedarf kommt daher allenfalls ein Mischsystem in Frage. Bei Fremdtransport ist es möglich, Liefertermine mit Konventionalstrafen abzusichern.

3.3.3 Standortwahl

Im Rahmen des logistischen Systems wird die Wahl des Standortes für Produktions- oder Lagerstätten betrachtet. Die Wahl des Standortes für ein Handelsgeschäft orientiert sich an gänzlich anderen Kriterien, wie Kaufkraft der Region, Einzugsbereich bzw. Passantenstrom, Größe des Ladens, Anbindung an Verkehrsmittel und Straßennetz, Parkmöglichkeiten usw.

Ein Lagerstandort kann dagegen in erster Linie nach Kostengesichtspunkten ermittelt werden. Beispiele für relevante Kosten sind:

- Grundstück- und Baukosten
- Transportkosten
- Be-, Ent- und Umladekosten
- Lohnkosten (evtl. regional unterschiedlich)
- Subventionen oder Steuervorteile
  (z.B. „Zonenrandförderung")
- Nähe zu Hauptabnehmer
- Image- und Goodwillgewinn.

Wichtig ist es, die Standortentscheidung als einen Faktor im System "Güterstrom" (Standort, Lagerhaltung, Transport) zu sehen, von denen keiner isoliert betrachtet werden kann.

Die Unternehmung kann sich weiterhin zwischen Eigen- und Fremdlagern entscheiden. Diese Entscheidung hängt i.a. von der Menge des zu lagernden Gutes ab. Je nach Menge können die Kosten des Eigenlagers (KE, zusammengesetzt aus fixen (fKE) und variablen Kosten (vKE)) größer oder kleiner sein als die Kosten des Fremdlagers (KF).

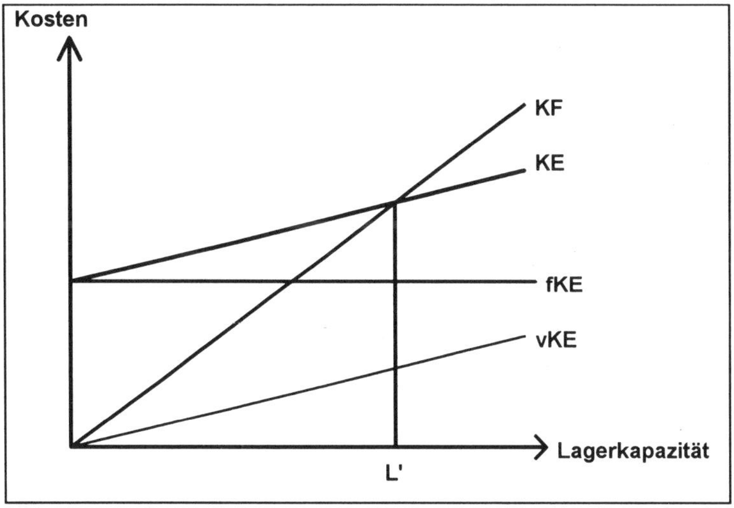

Abb. D.32: Eigen- oder Fremdlager? Beurteilung unter Kostenaspekten

Eigenlager eignen sich bei

- stabiler Nachfrage
- stark konzentrierten Märkten
- hohem Lagerdurchsatz
- der Notwendigkeit spezieller Materialien oder Kenntnisse zur Handhabung/ Lagerung
- der Notwendigkeit einer Behandlung während der Lagerung oder vor der Auslieferung.

Fremdlager sind dagegen geeignet für

- Produkte mit stark schwankender Nachfrage
- weit verstreute Märkte
- wechselnde Transportmittel
- Produkte in der Markteinführung (Risikoaspekt).

Die Lagerhaltung der Unternehmen (Produzenten, Händler) wird i.d.R. an Kostenkriterien ausgerichtet. Einflußgrößen sind:

- die durchschnittliche Bestellmenge
- der optimale Bestellzeitpunkt
- die Größe des Sicherheitsbestandes/der Lieferbereitschaft
- Opportunitätskosten durch Fehlmengen.

3.3.4 Lagerhaltung und Auftragsgröße

Für viele Hersteller stellt sich die Frage, auch Aufträge geringen Wertes auszuführen, oder wegen der damit verbundenen überproportional hohen Kosten darauf zu verzichten. Es bieten sich folgende Lösungsmöglichkeiten an:

- Keine Belieferung unterhalb der Mindestauftragsgröße
- Weiterleiten von Kleinkunden an bestimmte Händler
- Kleinmengenaufschlag
- "versteckter Kleinmengenaufschlag" (ab...DM portofrei").

Die Mindestgröße für wirtschaftlich sinnvolle Aufträge läßt sich nach folgender Formel ermitteln:

$$\text{Mindestauftragsgröße} = \frac{\text{Fixe Kosten pro Auftrag} \bullet 100}{(100 - \text{var HK} - \text{var VK})}$$

var HK = variable Herstellkosten in % vom Umsatz
var VK = variable Vertriebskosten in % vom Umsatz.

Beispiel:
Pro Auftrag entstehen einer Unternehmung fixe Kosten in Höhe von DM 75,-. Die variablen Herstellkosten betragen 40% vom Umsatz, die variablen Vertriebskosten 20%.

$$M= \frac{75 \bullet 100}{100-40-20} = 125,\text{--}$$

Die Unternehmung sollte aus Kostensicht also keine Aufträge unter 125,- DM annehmen. Die absolut unterste Grenze bilden die DM 75,- fixen Kosten. Dennoch kann es aus strategischen Überlegungen sinnvoll sein, gelegentlich auch kleinere Aufträge abzuwickeln (z.B. Erstkunden).

3.4 Rechtliche Einflußfaktoren auf die Distributionspolitik

Die im Rahmen der Distributionspolitik zu treffenden Entscheidungen (Absatzwegewahl, Transportmittelwahl, Standortwahl und Lagerhaltung) betreffen sehr spezielle rechtliche Regelungen, die hier nicht im Detail dargestellt werden können. So sind beispielsweise bei der Transportmittelwahl die jeweiligen Bestimmungen zu beachten. Insbesondere sei auf die speziellen und recht strengen Regelungen, die für den Güterverkehr auf der Straße gelten, hingewiesen. Bei gefährlichen Gütern gelten zusätzlich spezielle Gesetze und Verordnungen.

Wird der Transport an eine **Spedition** vergeben und nicht selbst durchgeführt, ist es von Bedeutung, ob dieser als Spediteur oder als Frachtführer tätig wird. Ein Spediteur übernimmt im rechtlichen Sinne die Besorgung der Güterversendung, der Frachtführer übernimmt gewerbsmäßig die Ausführung der Güterversendung. In der Praxis ist dies vor allem bei Haftungsfragen von Bedeutung, da ein Frachtführer auch ohne schuldhaftes Handeln für den Verlust oder die Beschädigung der Güter in der Zeit zwischen Annahme und Ablieferung handelt. Ein Spediteur haftet nach dem Gesetz (§§ 390, 407 II HGB) bei Verschulden in vollem Umfang. Die Allgemeinen Deutschen Spediteurbedingungen, eine Art AGB der Speditionen, schränken diese Haftung noch weiter ein. Die Höhe der Haftung wird auf maximal 59.000 DM je

Schadensfall begrenzt, Güter, deren Wert DM 59,-- je kg überschreiten, sind von der Haftung völlig ausgeschlossen usw. Diese Bedingungen gelten unter Vollkaufleuten ohne besondere Vereinbarung, können aber auch vertraglich ausgeschlossen werden. Ein Spediteur, der die Tätigkeiten eines Frachtführers übernimmt, hat jedoch auch dessen Rechte und Pflichten zu erfüllen. Es ist daher aus Sicht des Versenders sinnvoll, mit der Spedition einen Frachtvertrag, keinen Speditionsvertrag, abzuschließen.

In der Auswahl seiner Absatzkanäle ist der Hersteller nicht immer völlig frei. Durch das **Diskriminierungsverbot** (§26II S. 1 GWB) kann ein marktbeherrschendes oder relativ marktstarkes Unternehmen unter Umständen zur Belieferung eines einzelnen Händlers gezwungen werden. Entscheidend ist, ob das Produkt gleichartigen Händlern u.U. zugänglich ist und ob der Ausschluß von der Belieferung ohne sachlich gerechtfertigten Grund erfolgt. Die Belieferung kann z.B. jederzeit an den Nachweis einer notwendigen speziellen Qualifikation des Händlers gebunden werden. Die Beschränkung des Kreises der belieferten Händler ist dann legal.

In Handel ist die **Preisauszeichnungspflicht** zu beachten: Die Preisangabenverordnung regelt die Preisauszeichnungspflicht des Handels. Waren, die in Schaufenstern, Schaukästen oder innerhalb des Verkaufsraumes sichtbar ausgestellt werden, und Waren, die vom Verbraucher unmittelbar entnommen werden können, müssen ausgezeichnet werden. Gleiches gilt für Waren in Musterbüchern, Katalogen und Warenlisten.

4. Kommunikationspolitik

4.1 Abgrenzung

Das Instrument der Kommunikationspolitik unterteilt sich in Verkaufsförderung, Verkauf, Werbung und Öffentlichkeitsarbeit.

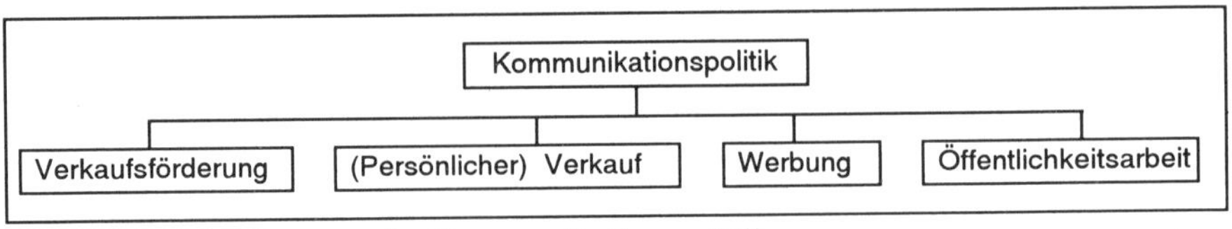

Abb. D.33: Die Elemente der Kommunikationspolitik

Moderne Kommunikationsmethoden wie "Sponsoring" (finanzielle Unterstützung von Persönlichkeiten und/oder Veranstaltungen in den Bereichen Sport, Kultur und Soziales) oder "Product Placement" (Plazierung der Produkte in Filmen oder Fernsehsendungen als Requisiten oder Preise) sollen in dieser Übersicht nur periphär betrachtet werden, da sie zu speziell sind, um ihnen in einer derartigen Einführung viel Raum zu widmen. Diese Formen beginnen jedoch - trotz aller Kritik insbesondere beim Product Placement - zur gängigen Marketingpraxis zu werden.

Ebenfalls nicht zur Kommunikationspolitik sollte das Direct Marketing gezählt werden, da es mehr ist als eine reine Kommunikationsform. Dies zeigt sich auch in einer kurzen Erwähnung dieser Form im Rahmen der Distributionspolitik.

Dennoch dürfen diese Instrumente in einer Marketing-Einführung nicht völlig fehlen. Sie werden daher am Ende dieses Kapitels im "Ausblick" kurz aufgezeigt.

4.2 Verkaufsförderung

4.2.1 Begriff und Abgrenzungen

Die Begriffe Verkaufsförderung (kurz: VKF) und "Sales Promotion" werden in vielen Fällen synonym gebraucht. Zur "**Sales Promotion**" gehört aber zusätzlich zu den Inhalten der Verkaufsförderung auch die Koordination zwischen Werbung und Verkauf. Verkaufsförderung hat die Aufgabe, den Absatz steigern zu helfen.

Verkaufsförderung wird in der Literatur unterschiedlich definiert: Meffert zitiert zu diesem Thema Luick und Ziegler. Sie sehen in der Verkaufsförderung "jene primär kommunikativen Maßnahmen, die der Unterstützung und Erhöhung der Effizienz der eigenen Absatzorgane, der Marketingtätigkeit der Absatzmittler und der Beeinflussung der Verwender bei der Beschaffung und Benutzung der Produkte dienen" (Meffert 1986, S. 490) .

Andere Autoren fassen Schulungsmaßnahmen ebenfalls unter den Begriff Verkaufsförderung: "Zur Verkaufsförderung zählt daher die Unterstützung, Information und Motivation aller am Absatzprozeß beteiligten Organe (Außendienst, Groß- und Einzelhandel). Zielgruppe der Verkaufsförderung kann aber auch der Endverbraucher direkt sein" (Weis 1990, S. 370) .

Während die "PR" der sehr langfristigen Meinungsbildung dient und i.d.R. auf die Unternehmung bezogen ist, hat die Werbung die Aufgabe, Lernprozesse zu fördern und die Produktprofilierung zu unterstützen. Die Verkaufsförderung ist dagegen meist auf kurzfristige, taktische Aktionen ausgelegt.

Die Marketing-Lehrbücher bleiben bei Fragen der Verkaufsförderung meist auf wenige Seiten beschränkt, doch der Etat, der für Verkaufsförderung ausgegeben wird, steht in vielen Fällen dem Werbeetat nicht nach.

Meffert (1986, S. 491) unterscheidet vier Bereiche der Verkaufsförderung:

1. Förderung des Hineinverkaufens
2. Förderung des Abverkaufs
3. Verkäuferförderung
4. Verbraucher-Förderung

Diese Aufgaben erfüllt die Unternehmung durch Verkaufsförderung, die auf den Handel gerichtet ist (1,2) bzw. durch Hersteller- (3) und konsumentenorientierte (4) Verkaufs-Förderung.

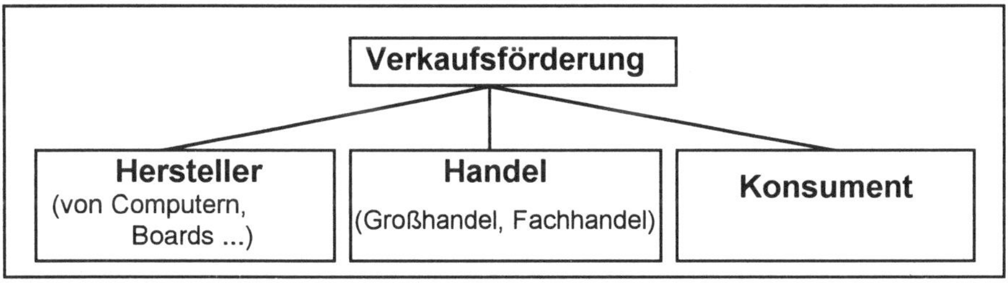

Abb. D.34: Zielgruppen der Verkaufsförderung am Beispiel „Hersteller von Computerchips“

4.2.2 Handelsorientierte Verkaufsförderung

Die handelsorientierten Maßnahmen zur Verkaufsförderung zielen in erster Linie darauf ab, den Händler zu befähigen, seine Verkaufsaufgabe besser (und im Sinne des Herstellers) zu erfüllen. Sie lassen sich in vier Bereiche unterteilen:

1. Ausbildung und Information des Handels
2. Beratung bei der Ausgestaltung der Verkaufsräume
3. Preisliche Beratung und Förderung
4. Motivation des Handels.

Typische Aktionen sind:

- Händlertreffen und -Tagung (1)
- Ausbildung und Schulung der Händler/Verkäufer (1)
- Preisaktionen wie Kaufnachlaß, Umsatznachlaß oder Naturalrabatte für Händler (3)
- Displays (Schaufensterstreifen, Packungsattrappen, Bodenkleber u.ä.) (2)
- Händlerwettbewerbe (Schaufenster, Produktplazierung, Verkauf ...) (4)
- Händlerpreisausschreiben (4)
- Produktdemonstrationen (4)
- kooperative Werbung (Werbekostenzuschuß ...)(4,3)

4.2.3 Konsumentenorientierte Verkaufsförderung

Die konsumentenorientierte Verkaufsförderung soll

- Konsumenten auf bestimmte Produkte aufmerksam machen (z.B. Displays)
- einen Kontakt zwischen Verbraucher und Produkt herstellen (z.B. Preisausschreiben)
- eine aktivere Auseinanderstezung des Konsumenten mit dem Produkt bewirken (z.B. Preisrästel)
- durch besondere Vorteile zum sofortigen Kauf veranlassen (Zugaben).

Typische Maßnahmen der konsumentenorientierten Verkaufsförderung sind:

- kostenlose Proben und Probieraktionen am POS (Point of Sales)
- Gutscheine, Coupons
- Sonderpreisaktionen (direkt oder über Bonusmenge)
- Prämien (z.B. Treueprämien)
- Preisausschreiben, gegebenenfalls mit Rätsel
- Vorführungen
- kleine Verlosungen vor Ort
- etc.

Es ist zu beachten, daß eine Bonusmenge, sofern sie technisch möglich ist, für den Hersteller kostengünstiger ist als ein entsprechender Preisabschlag, da viele Kostenfaktoren auf die Packungsgröße nur gering oder gar nicht reagieren. Auch bei Gutscheinen und Prämien kann die Einlösequote geschätzt und so ein relativ hoher Wert versprochen werden.

Böcker (1990, S. 369) gibt eine kurze Übersicht über fünf typische Maßnahmen der konsumentenorientierten Verkaufsförderung:

Promotions	Beschreibung	Wirksamkeit	Rechtslage
Produktproben	Kurzzeitige Probenverteilung des geförderten Produkts an der Haustüre, in Geschäften oder auf Anforderung der Verbraucher.	Wirkungsvoll bei bisherigen Nichtkäufern und bei der Einführung neuer Produkte.	Größe der Probepackung muß zur Erprobung tatsächlich notwendig sein, andernfalls unlauterer Wettbewerb.
Zugaben	Vergabe von Waren, Gutscheinen usw. beim Kauf des geförderten Produktes.	Durchschnittliche Umsatzerfolge ohne langfristige Wirkung.	Wert der Zugabe unterliegt gesetzlichen Bestimmungen.
Gewinnspiele	Der Produktkauf schließt die Teilnahme an einem Wettbewerb und die Chance eines Gewinns ein.	Schnelle Umsatzanstiege, aber kurzfristig (Erfahrungswert: bis zu 30% Umsatzanstieg in der ersten Woche).	Produktkauf als Voraussetzung zur Teilnahme am Wettbewerb ist gesetzwidrig.
Demonstrationsverkauf	Verkauf des Produktes durch Propagandisten, Passantenwerber sowie auf privaten und öffentlichen Verkaufsparties.	Gute Umsatzerfolge, aber nur kurzfristig.	Passantenwerbung verstößt gegen die guten Sitten und ist daher unzulässig.
Merchandising	Besondere Placierung und Hervorhebung des geförderten Produktes am Verkaufsort (PoP) durch Displays, Diaeinsatz u.a.m.	Umsatzsteigerungen von durchschnittlich 40 bis 50%	Bisher keine Probleme.

Abb. D.35: Typische Maßnahmen der konsumentenorientierten Verkaufsförderung (nach Böcker)

4.2.4 Verkaufspersonalorientierte Verkaufsförderung

Die verkaufspersonalorientierte Verkaufsförderung richtet sich an das eigene Verkaufspersonal mit dem Ziel, dessen Leistungsfähigkeit zu steigern.

Die Maßnahmen lassen sich ähnlich wie bei der handelsorientierten Verkaufsförderung unterteilen, lediglich preisbezogene Elemente entfallen.

1. Schulung

- Verbesserung des allgem. Bildungsstandes der Mitarbeiter
- Verbesserung des Mitarbeiterwissens über Markt, Produkte, Konkurrenz, usw.
- Verbesserung der kommunikativen Fähigkeiten der Mitarbeiter (Rhetorik, Verkaufspsychologie ...)

2. Unterstützung

- Unterstützung mit Material (Kataloge, Muster, Proben)
- Preislisten, Referenzlisten, Fachzeitschriften...
- Verkaufshandbücher
- mediale Unterstützung (Dias, Videos...)

3. Motivation

- gestaffeltes Vergütungssystem (Prämien)
- Wettbewerbe
- Boni
- Verkäufertreffen und -schulung (Erfahrungsaustausch).

4.3 Persönlicher Verkauf

4.3.1 Ziele und Aufgaben des persönlichen Verkaufs

Das Ziel des persönlichen Verkaufs ist es, durch Verkaufsgespräche einen **Verkaufsabschluß** zu bewirken. Da zwischen dem Kunden und dem Verkäufer eine interaktive Kommunikation stattfindet, ist der persönliche Verkauf auch sehr gut zur Gewinnung von Informationen über den Markt und die Kundenbedürfnisse geeignet.

Grundsätzlich lassen sich die **Aufgaben der Verkäufer** wie folgt unterteilen:

- Informationsbeschaffung (Information über Kunden, Markt, Konkurrenten)
- Planung und Vorbereitung (Tourenplanung, Verkaufsgesprächsvorbereitung (Taktik, Argumentation) und Besuchsplanung)
- Kundenkontakte (Kontaktaufnahme, Angebotsabgeabe, Verkaufsgespräche, Verkaufsverhandlungen und -abschlüsse, After-sales-Kontakte, Interessentenbesuche, Präsentationen)
- Einstellungs- und Imagebildung (Kooperationsverhalten, Informationsstil usw.)
- Auftragsabwicklung (Überwachung, Reklamationsbearbeitung).

Neben Waren werden natürlich auch Dienstleistungen "verkauft". Gerade Leistungen, die in den Privatbereich des Kunden eindringen, wie Kapitalanlagen, Kredite, aber auch viele Versicherungen, sind auf den persönlichen Verkauf angewiesen.

4.3.2 Verkaufspolitische Entscheidungen

Die Grundlage aller Entscheidungen im Bereich Verkauf ist die Gestaltung der Verkaufsorganisation. Es lassen sich vier Grundprinzipien unterscheiden:

- **Gebietsbezogener Verkauf**: Der Verkäufer bearbeitet alle Kunden in einem bestimmten Gebiet. Andere Verkäufer dürfen hier nicht tätig werden. Anwendung bei: tiefem Sortiment, Produkte ohne Erklärungsbedarf.

- **Kundenbezogener Verkauf**: Die Verkäufer werden auf Kundengruppen spezialisiert, um wirksamer verkaufen zu können. Anwendung bei: erklärungsbedürftigen Produkten, breitem Sortiment mit unterschiedlichen Verwendungszwecken oder hoher Machtkonzentration im Handel.

- **Produktbezogener Verkauf**: Der Verkäufer ist auf eine bestimmte Produktgruppe spezialisiert. Anwendung bei: Verkauf ganzer Systeme und Anlagen, großer Kundenzahl, erklärungsbedürftigen Produkten.

- **Funktionale Gliederung**: Diese Form wird angewendet, wenn nach Kundenauftrag gefertigt wird, ungelöste Kundenprobleme vorliegen oder lange Verhandlungen mit Kundengremien ("Buying-Center") nötig sind. Hier ist der Verkäufer am vielseitigsten gefordert.

Die hohen Kosten des persönlichen Verkaufs machen eine genaue Planung nötig. Es müssen die folgenden Größen festgelegt werden:

- Höhe des Verkaufsbudgets
- Zahl der Außendienstmitarbeiter (ADM)
- Beschäftigungsprinzipien für ADM (Haupt-/Nebenberuf, Vergütungssystem)
- Auswahl und Schulung der ADM
- Bildung der Verkaufsbezirke
- Besuchspolitik:
  - Besuchsfrequenz
  - Besuchsdauer (nach Kundengruppen o.ä.)
  - Kundenzahl je Verkäufer
- gegebenenfalls benutzte Verkehrsmittel
- Besuchsnormen (Verhalten beim Kunden, etc.).

Als Basis für diese Überlegungen erweist sich eine ABC-Analyse als sinnvoll. Sie ergibt Aussagen über die Kundenkonzentration. Es wird ermittelt, wieviel Prozent der Kunden wieviel Prozent vom Gesamtumsatz ausmachen, und in einer Lorenzkurve aufgezeichnet.

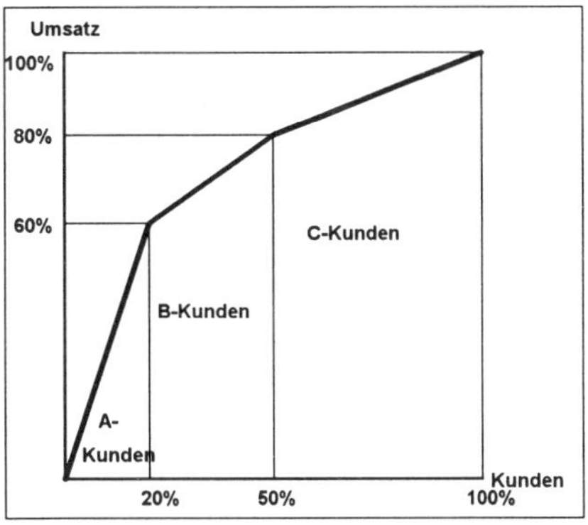

Abb. D.36: ABC-Analyse der Kundenstruktur: Ergebnis als Lorenzkurve

Anschließend muß die Besuchsreaktionsfunktion geschätzt werden. Sie gibt die Relation zwischen Besuchszeit (z.B. Stunden pro Monat) und Umsatz oder Auftragszahl an. Hieraus läßt sich die optimale Besuchsfrequenz errechnen.

Wenn die **Besuchsfrequenz** festgelegt wurde, wird die Anzahl der benötigten **Außendienstmitarbeiter** berechnet. Diese Berechnung wurde bereits in Abschnitt D.3, S. 160f. dargestellt.

4.3.3 Personenfreier Verkauf

Die Veränderung unserer Lebensgewohnheiten führt zum Ansteigen des personenfreien Verkaufes. Viele Käufer empfinden die Anwesenheit eines Verkäufers im Geschäft als aufdringlich oder unangenehm. Dies hat zur Entwicklung von Selbstbedienungskonzepten auch in eigentlich beratungsintensiven Branchen geführt (Beispiele: Baumärkte, Möbel, Bekleidung). Dennoch wird in diesen Konzepten Beratung geleistet, wenn es der Kunde wünscht.

Gleiches gilt für den **Versandhandel**, bei dem die Beratung telefonisch erfolgt. Hier ist jedoch der Kauf zu jeder Zeit und ohne Beratung möglich. Der Kunde muß allerdings Lieferfristen in Kauf nehmen.

4.3.3.1 Automatenverkauf

Dagegen laufen einige Verkaufskonzepte völlig personenfrei ab. Der Vorteil besteht auch darin, daß so Gesetze über die Öffnungszeiten umgangen werden können. Viele Banken haben heute mit stark eingeschränkter Dienstleistungspalette rund um die Uhr "geöffnet", in der Schaltervorhalle stehen Kontoauszugsdrucker, EC-Automaten, Wechselgeldautomaten und einiges mehr.

Allerdings konnte sich in Deutschland die völlig anonyme Form des Bankgeschäfts nicht bei allen Kundengruppen durchsetzen. Großer Beliebtheit erfreut sich statt dessen das von der Citibank eingeführte und von anderen Banken bereits kopierte **Telefonbanking**. Hier weist sich der Kunde am Telefon durch ein Kennwort aus und gibt dann seine Aufträge durch. Diese aus dem Direkt-Marketing abgeleitete Verkaufsform ist zwar nicht ohne menschliche Interaktion, ermöglicht aber eine enorme Rationalisierung des Bankgeschäftes.

Automaten ermöglichen Warenkäufe zu jeder Zeit. Hierbei sind in der Bundesrepublik allerdings bestimmte Gesetze zu beachten. So ist beispielsweise der Verkauf von Frischfleisch in solchen Automaten unzulässig, ihre Aufstellung an eine bestimmte Umgebung gebunden usw.

4.3.3.2 Teleselling

Durch neue Medien (Btx ...) ist es auch möglich, zu jeder Zeit Wertpapiere zu erwerben oder Versicherungen zu kaufen. Selbst Immobilienmakler arbeiten mit diesem Konzept, bislang aber ohne erwähnenswertem Erfolg.

Teleselling, auch electronic Marketing genannt, basiert auf elektronischen Medien, die eine Zwei-Wege-Kommunikation ermöglichen. Im wesentlichen sind dies Btx und Computer&Modem, neuerdings aber auch Fernsehen&Telefon. Die Distribution der verkauften Waren erfolgt mit den Mitteln des Versandhandels.

Teleselling arbeitet mit Bestellmedien, welche in Läden und Bestellcentern sowie an stark frequentierten Orten, wie Bahnhöfen, installiert sind, aber auch von der Wohnung oder dem Büro des Kunden aus. In Deutschland kommt hier Btx in Frage; das französische Gegenstück Teletel ist jedoch weitaus erfolgreicher.

Die **Vorteile** des Teleselling liegen für den Kunden:

- Bestellmöglichkeit bei völlig freier Zeiteinteilung - 24 Stunden-Service
- Zeitersparnis, da die Anfahrt zum Laden entfällt,
- aktueller Informationsstand, durch Zwei-Wege-Kommunikation sofortige Information z.B. bei Ausverkauf eines Artikels oder Lieferverzögerungen
- Verringerung der Falschlieferungen, die auf falsch gelesenen oder falsch übertragenen Bestellnummern basieren,
- keine Störung durch andere Kunden etc.
- Es besteht die Möglichkeit, Preisvergleiche von zu Hause aus und ohne lästige Verkäufer zu führen.

Eine weitere Variante, die erst seit der Einführung des Privatfernsehens größere Verbreitung erlangt hat, ist das **Teleselling via TV**. Hierunter versteht man in der Regel folgendes Vorgehen:

- Präsentation des Produktes innerhalb eines Werbespots oder einer Show
- Einblendung einer Telefonnummer, die zu Bestellzwecken direkt angerufen werden kann,
- Lieferung per Nachnahme (Deutschland) oder Bezahlung über Kreditkarte durch Angabe der Nummer (USA, in Deutschland noch wenig verbreitet und als "unsicher" angesehen)
- Das Produkt wird meist exklusiv auf diesem Weg vertrieben, es ist nicht über den Handel erhältlich.

Teleselling via TV ist in Deutschland allerdings nur mäßig erfolgreich: Die Gründe liegen einerseits in gewissen Einschränkungen durch das UWG, zum anderen auch daran, daß auf diesem Weg auch viele qualitativ minderwertige Produkte vertrieben werden.

4.4 Werbung

4.4.1 Definition, Abgrenzung, Ziele und Aufgaben

4.4.1.1 Definition und Arten der Werbung

Es gibt unzählige Definitionen des Begriffes „Werbung". Zur Erarbeitung des Begriffes einige Beispiele:

„Werbung umfasst alle möglichen Massnahmen, die über verschiedene Kommunikationskanäle auf *Distanz* und meist *ohne persönlichen Kontakt* eine bestimmte angebotsbezogene Information bei einer *bestimmten Zielgruppe* verbreiten sollen."(Jäggi 1987, S. 26; Hervorhebungen vom Autor).

„Gegenstand der Werbung ist (...) die Belegung von *Werbeträgern* mit Werbemitteln gegen ein *leistungsbezogenes Entgelt*, um *vorgegebene Werbeziele* zu erreichen." (Berndt 1992, S. 224; Hervorhebungen vom Autor)

Definition (Schweizerischer Werbeverband): "Werbung umfasst Kommunikationsmaßnahmen, die das Ziel haben, gleichzeitig bei einer *Vielzahl von Umworbenen* Aufmerksamkeit zu erzeugen, sie zu informieren und ihre Einstellungen und Verhaltensweisen zu steuern. Die Kommunikation erfolgt *ohne persönlichen Kontakt über Medien*, die nicht mit der Marktleistung verbunden sind und die der Werbetreibende *vollständig nach seinem eigenen Ermessen gestaltet oder einsetzt.*" (zitiert nach Weinhold 1988, S. 297; Hervorhebungen vom Autor)

Alle Definitionen zusammen ergeben folgende **Charakteristika** der Werbung:

- unpersönliche, mediale Kommunikation
- auf eine definierte Vielzahl von Menschen gezielt
- zur Erreichung vorgegebener Wirkungsziele eingesetzt
- auf Produkt, Produktgruppe, Dienstleistung oder Bedürfniskombination bezogen
- geplant und absichtlich
- vom Werbetreibenden gestaltet.

Zur Agrenzung der (Absatz-)Werbung seien folgende Begriffe unterschieden:

Bezug auf Unternehmung als Ganzes:	Öffentlichkeitsarbeit, PR.
Persönlich, am Verkaufsort:	Verkauf, Verkaufsförderung.
Erwähnung des Produktes in redaktionellen Berichten oder Unterhaltungsfilmen:	Public Relations, Product Placement.
Gezielte, auf Individualperson abgestimmte und an sie adressierte Werbung:	Direkt-Werbung (Direct Marketing)
Werbung für betriebl. Teilfunktionen:	z.B. Beschaffungswerbung, Personalwerbung

Abb. D.37: Abgrenzung des Begriffes „Werbung“

Die Arten der Werbung lassen sich nach vielfältigen Kriterien unterscheiden. Kriterien können die eingesetzten Werbemittel oder -träger sein, zeitliche Gesichtspunkte, Werbesubjekte, Werbeziele u.v. mehr. Exemplarisch seine die folgenden Unterscheidungen dargestellt (im wesentlichen nach Behrens 1970, S.5ff.):

...nach den **Zielen** der Werbung:

- **Expansionswerbung**: Erhöhung des Umsatzes
- **Erhaltungswerbung**: Umsatzrückgang vermeiden, Bekanntheitsgrad, Image, etc. erhalten
- **Reduktionswerbung**: Versuch, den Umsatz eines Produktes herabzusetzen, um den Absatz auf ein anderes Produkt zu verlagern oder die Nachfrage zu verteilen
- **Einführungswerbung**: Werbung für neues Produkt bzw. bei neuer Zielgruppe. Ähnlich der Expansionswerbung.

...nach der **Wirkung auf das Bewußtsein der Werbesubjekte**:

- **Informationswerbung**: Appelle an den "rationalen Bereich"
- **Suggestivwerbung**: Appelle an das Emotionale

...nach **Erkennbarkeit und Zahl der Werbetreibenden**:

- **Namentliche Einzelwerbung**: Ein Anbieter wirbt unter Nennung seines Namens; typische Form der Absatzwerbung
- **Namentliche Kollektivwerbung**: Mehrere Anbieter werben mit einer gemeinsamen Werbemaßnahme unter Nennung ihrer Namen für ihre jeweiligen Leistungen. Häufig handelt es sich um Anbieter homogener Leistungen oder sich ergänzender Leistungen. Neuerdings wird diese Form auch von PR-Agenturen durchgeführt, die große Kontingente in wichtigen Zeitschriften wie "Der Spiegel" oder "Focus" aufkaufen, diese in kleine "Portionen" aufteilen und an Ihre Kunden weitergeben.
- **Anonyme Einzelwerbung**: Ein Anbieter wirbt ohne Nennung seines Namens. Selten angewendet. Beispiel: das "A" am Geschäftsraum einer Apotheke
- **Anonyme Kollektivwerbung**: Beim Zusammenschluß gleichartiger Unternehmen bleibt der einzelne anonym. Beispiel: die Kampagne der Milchunternehmen: "Die Milch macht's!"

4.4.1.2 Ziele der Werbung

Die Ziele der Werbung müssen mit der Marketing-Strategie (die bekanntlich von der Unternehmungsstrategie abhängt) in Einklang stehen. Um später überprüfen zu können, ob die Ziele erreicht wurden, sind die Werbeziele zu operationalisieren, also in bezug auf Zielkategorie, Ausmaß und Zeit, sowie die Zielgruppe festzulegen.

In der Praxis werden häufig untaugliche Ziele festgelegt. Ökonomische Ziele (Umsatzsteigerung im Bereich ... um 15% innerhalb von 12 Monaten) sind in der Regel nicht genau zurechenbar.

Der **Werbegewinn** stellt die Differenz zwischen der durch Werbung erzielten Umsatzänderung und den angefallenen Werbekosten dar.

In den seltenen Fällen, in denen der Werbegewinn zumindest relativ exakt bestimmt werden kann, ist er als Zielgröße geeignet. Fast nie kann jedoch eine Umsatzveränderung alleine auf Werbeaktivitäten zurückgeführt werden, denn der gesamte Marketing-Mix beeinflußt den Umsatz. Beispielsweise haben Preisänderungen häufig sehr direkte Folgen bezüglich der Abverkäufe. Weitere Einflußfaktoren sind Trends bei den Konsumenten (Beispielsweise ist der Absatzrückgang bei Spirituosen auf einen Trend in der Bevölkerung zurückzuführen), andere Umwelteinflüsse (Wetter bei Ski oder Sonnencreme, gesetzliche Veränderungen...) oder Aktivitäten der Konkurrenten.

Weiterhin kann nicht genau geklärt werden, ob eine Kaufreaktion auf die aktuelle oder vorherige Werbekampagne zurückzuführen ist (**Carry-over Effekt**). Wenn gleichzeitig mehrere Werbekampagnen eingesetzt werden, ist die Zurechnung ebenso problematisch wie bei der gemeinsamen Werbung für mehrere Produkte. Daher muß davon abgeraten werden, den Werbeerfolg direkt an der Umsatzveränderung zu messen.

Die geschilderten Probleme der Werbeerfolgskontrolle führen derzeit zu erheblichen Steigerungen im Direct Marketing, das viele Einflußfaktoren ausschaltet.

Als Alternative bieten sich **kommunikative Werbeziele** an. Natürlich wird auch hier versucht, den Kunden zum Kauf zu bewegen. Die kommunikativen Werbeziele gehen meist von der psychologischen **Werbewirkungstheorie** aus. Es gibt eine Vielzahl von Stufenmodellen der Werbewirkung. Wir orientieren uns am bekanntesten, dem AIDA-Schema von Lewis. Hiernach durchläuft das Individuum, nachdem der *Kontakt* mit der Werbebotschaft erreicht wurde, folgende Stufen:

1. Attention (Aufmerksamkeit)
2. Interest (Interesse)
3. Desire (Wunsch)
4. Action (Aktion, Handlung).

In der Wissenschaft dominieren jedoch weitaus komplexere Modelle der Werbewirkung, auf deren Darstellung aber an dieser Stelle verzichtet werden soll.

Ausgehend von der AIDA-Regel können nun **operationalisierte Werbeziele** festgelegt werden. Beispiele sind:

- Die **gestützte Bekanntheit** des Produktes soll bis zum 31.12.1991 um 15% erhöht werden (gestützte Bekanntheit: Produkt ist bekannt, wenn Name genannt wird).
- Die **ungestützte Bekanntheit** des Produktes soll bis zum 31.12.1991 um 15% erhöht werden (ungestützte Bekanntheit: Proband muß Marke nennen).
- Das Image unseres Produktes soll verbessert werden (Angabe der Imagedimension).
- 75% der Befragten sollen das Produkt "sympatisch" finden.
- 55% der Zielgruppe sollen den USP des Produktes kennen.
- 15% aller potentiellen Konsumenten sollen das Produkt versuchen oder versuchen wollen (Kaufbereitschaft).
- Unsere Werbung soll 75% der Zielgruppe mindestens drei mal erreichen.

Natürlich bestehen auch bei derartigen Zielen gewisse Zurechnungsprobleme, aber in geringerem Maß als bei ökonomischen Zielen.

Die gesetzten Ziele müssen auf die später eingesetzten Mittel der Werbeerfolgskontrolle abgestimmt werden.

4.4.2 Kommunikationstheoretische Grundlagen

Zur Analyse der Werbung ist es sinnvoll, gewisse kommunikationstheoretische Grundlagen zu kennen.

Die Grundelemente einer Kommunikation sind:

- Kommunikationspartner (Sender, Empfänger)
- Mittler (Medium), Kanal
- Botschaft
- Ver- und Entschlüsselungsstation

Meffert zeigt ein Modell der einstufigen Kommunikation:

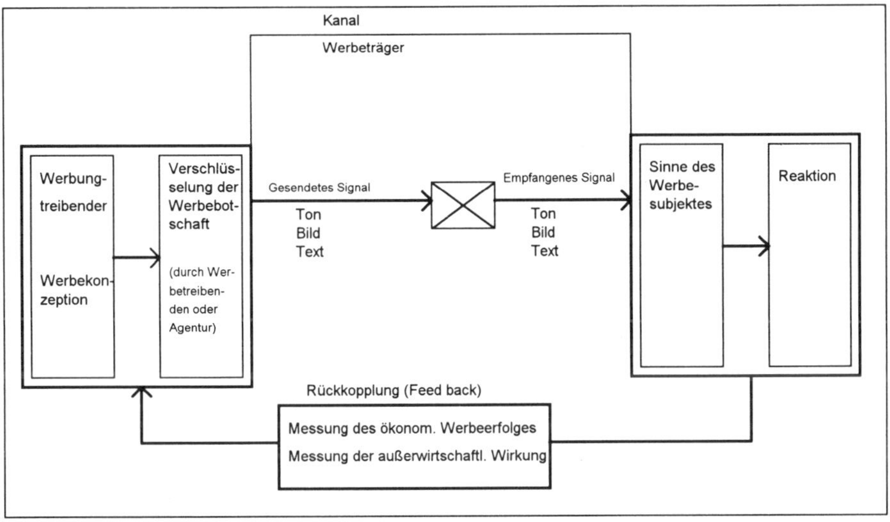

Abb. D.38: Modell der einstufigen, direkten Kommunikation - Kommunikationstheoretische Interpretation der Werbung (Meffert, 1986, S.447)

Im Falle der **zweistufigen Kommunikation** sind zwischen der Zielperson und der Unternehmung andere Elemente (z.B. **Opinion Leaders** = Meinungsführer, also Personen, die andere in deren Meinung beeinflussen können) geschaltet. In der ersten Stufe erreicht die Botschaft über das Medium den ersten Empfänger, der sie dann in persönlichen Gesprächen an den letzten Botschaftsempfänger weiterleitet (zweite Stufe).

Diese Modelle sind hilfreich bei der Zielsetzung, der Konzeption der Werbung und vor allem der Analyse von Mißerfolgen.

4.4.3 Der Werbeetat

Obwohl Werbeetats enorme Summen verschlingen, dominieren in der Praxis bei der Bestimmung des Etats eindeutig untaugliche Methoden.

Mehr als zwei Drittel der Unternehmungen machen ihre Werbeanstrengungen vom geplanten Umsatz oder vom Umsatz der Vorperiode abhängig. Fast alle übrigen Unternehmen verwenden für die Werbung jene Mittel, die sonst nicht gebraucht werden ("All you can afford") und nur ein kleiner Teil nutzet quantitative Modellansätze.

Insbesondere die Verknüpfung von Umsatz und Werbeausgaben ("percentage of sales") muß strikt abgelehnt werden, da sie in Zeiten zurückgehender Umsätze einen Rückgang der Werbeanstrengungen verursacht. Es gilt auch als erwiesen, daß antizyklische Werbung (also eine Erhöhung des Etats in der Rezession) mehr Erfolg verspricht als prozyklische Werbung. Der Prozentsatz, über den Umsatz und Werbung verknüpft werden, kann ohnehin nicht sinnvoll bestimmt werden. Er wird meist nach Gutdünken festgelegt.

Weis gibt eine Übersicht über gängige Methoden zur Aufstellung des Werbetats.

Methode	**All-you-can-afford-Method**	**Competitive-Parity-Method**	**Percentage of Sales-Method**	**Percentage-of-profit-Method**	**Per-unit-Method**	**Objective-and Task-Method**
Vorgehen	Bei der Festlegung des Werbeetats sind die vorhandenen finanziellen Mittel ausschlaggebend.	Die Festlegung des Werbeetats orientiert sich an den Gepflogenheiten der Konkurrenz.	Der Werbeetat wird in Prozentanteilen des vergangenen, des künftigen oder eines arithmetischen Durchschnitts der Umsätze festgelegt.	Der Werbeetat wird aufgrund eines bestimmten Prozentsatzes vom Gewinn festgelegt.	Je Produkteinheit wird ein bestimmter Betrag für Werbezweck geplant. Multipliziert mit der Anzahl Verkaufseinheiten ergibt sich die Höhe des Werbeetats.	Die Höhe des Werbeetats wird nach den angestrebten Zielen festgelegt.
Vorteil	Einfache Methode, mit der die Höhe des Werbe-Etats schnell ermittelt werden kann. Werbeetat kann als Instrument der Steuereinsparung fungieren.	Auch das ist eine recht unproblematische Art, den Werbeetat festzulegen. Man kann dadurch der Gefahr krasser Fehlentscheidungen bei der Festlegung des Werbe-Etats entgehen.	Einfaches Verfahren, wenn der Werbeetat sich am vergangenen Umsatz orientiert.	Einfaches Verfahren, das u. U. zu großer Sparsamkeit bei den Werbeaufwendungen führen kann.	Eine Methode, die bei Unternehmen mit begrenztem Produktionsprogramm und bei gemeinsamer Werbung kooperierender Firmen der gleichen Branche angebracht ist.	Das ist die einzig logisch einwandfreie Methode der Festlegung des Werbeetats. Die Werbung ist, sofern sich die Werbeziele von den Marketing-Zielen herleiten, in das Marketing des Unternehmens integriert.

Nachteile und Bedenken	Es besteht kein sachlich begründeter Zusammenhang zwischen Werbezweck und Finanzmitteln. Deshalb ist diese Methode sinnlos. Die Werbung erscheint nicht als Teil des Marketing	Sinn dieser Methode ist, die Werbeanstrengungen der Konkurrenz zu neutralisieren. Daher führt diese Methode dazu, daß die Werbung unproduktiv ist. Vor allem besteht kein sachlicher Zusammenhang zwischen den Werbeausgaben der Konkurrenz und dem eigenen Werbeetat.	Das Kausalprinzip wird auf den Kopf gestellt: Werbung soll ja gerade den Umsatz beeinflussen und nicht umgekehrt. Volkswirtschaftlich hat diese weit verbreitete Methode den Nachteil, daß sie prozyklisch wirkt. Schließlich: Der Umsatz ist das Resultat verschiedener Marketing-Parameter, nicht nur der Werbung.	Der Gewinn wird auch betriebsfremden und außerordentlichen Aufwendungen und Erträgen beeinflußt. Er ist kein sinnvolles Maß für die Höhe des Werbeetats. Auch hier wird die Kausalität auf den Kopf gestellt: Werbung soll über den Umsatz den Gewinn erhöhen, nicht umgekehrt.	Auch bei dieser Methode orientiert sich die Höhe des Werbeetats an den Umsätzen. Eine ökonomisch sinnvolle Feststellung des pro Erzeugniseinheit anzusetzenden finanziellen Betrages bereitet große Schwierigkeiten.	Diese Methode erfordert die präzise Festlegung von Werbezielen. Das bereitet, wo es noch nicht geschehen ist, kurzfristig Schwierigkeiten. Langfristig dürfte sich dieser Nachteil jedoch immer zum Vorteil wenden.
Methode	**All-you-can-afford-Method**	**Competitive-Parity-Method**	**Percentage of Sales-Method**	**Percentage-of-profit-Method**	**Per-unit-Method**	**Objective-and Task-Method**

Abb. D.39: Methoden zur Bestimmung des Werbeetats (Weis 1990, S.330).

Einzig eine Ausrichtung des Budgets an den Werbezielen ist empfehlenswert, da nur hier auf die **Ursache-Wirkungs-Beziehung** (Werbung-Zielerreichung) eingegangen wird. Problematisch bleibt, daß Informationen über diese Ursache-Wirkungsbeziehung nicht exakt sein können. Der Etat kann erst festgelegt werden, wenn die Werbemittel- und -trägerkosten bekannt sind.

Zur Errechnung des Werbebudgets existieren verschiedene Modelle, denen aber wirklichkeitsfremde Annahmen zugrunde liegen. Daher soll auf der Darstellung hier verzichtet werden.

4.4.4 Werbemittel und Werbeträger

4.4.4.1 Das Werbemittel

Das **Werbemittel** ist die Ausgestaltung der Kommunikationsmittel, mit denen die Werbebotschaft dargestellt wird, also z.B. die Anzeige, das Plakat oder der Werbespot. Das Werbemittel ist die Erscheinungsform der Werbung gegenüber dem Werbeempfänger, der Werbeträger das Medium des Werbemittels. Das Werbemittel ist wiederum Medium zur Übermittlung der Botschaft.

Werbemittel und Werbeträger können in einzelnen Fällen identisch sein, z.B. bei der Kundenzeitschrift.

Die Auswahl des Werbemittels wird bestimmt durch die beworbenen Produkte, die Zielgruppe und gegebenenfalls den Werbeträger.

Exkurs: Hinweise zur Gestaltung der Werbemittel

Versuche, diejenigen Elemente eines Werbemittels und einer Botschaft zu erkennen, welche die Wirksamkeit des Werbemittels steigern. Es gibt aber keine andere Möglichkeit, als Werbebotschaften und -mittel zu kreieren und sie anschließend zu beurteilen.

Dennoch gibt es einige Erkenntnisse, die unter ansonsten unveränderten Bedingungen die Wirkung eines Werbemittels erhöhen. Beispiele hierfür sind (Böcker 1990, S. 394; Nieschlag/Dichtl/Hörschgen 1988, S. 551):

- farbige Werbemittel sind besser als schwarz-weiße Werbemittel
- größere Formate erzielen bessere Wirkungswerte, als Keinformate
- originelle Botschaften erreichen c.p. mehr Aufmerksamkeit
- sexuelle Anreize erhöhen die Aufmerksamkeitswirkung bei Männern
- leichte Vertändlichkeit verbessert die Wirkung
- Musik kann Botschaften transportieren
- fette, kursive und negative Schrift ist schlecht lesbar
- eine kurze Satzlänge erleichtert die Aufnahme der Botschaft
- ein leicht erhöhtes Sprechtempo erhöht die Aufmerksamkeit (Radiospot).

4.4.4.2 Die Werbeträger

Werbeträger sind die Medien, die die Werbemittel an die Zielpersonen herantragen. Die Werbeträger werden auch "Streumedien" genannt, da sie die in den Werbemitteln enthaltenen Werbebotschaften auf die Empfänger "streuen".

Im folgenden soll auf einige Werbeträger kurz eingegangen werden. Weiterhin werden auch einige Kostengrößen (Stand Ende 1993/Anfang 1994) angegeben, um die Auswahl des Werbeträgers (**Inter-Media-Selektion,** s. Abschnitt 4.4.4.3) zu erleichtern.

Zeitungen:

Zeitungen haben den Vorteil, fast unbegrenzt verfügbar zu sein und eine Selektion der Zielgruppe in gewissem Maße zu ermöglichen (Bsp.: Die Leserschaft von Bild, FAZ und Rheinpfalz unterscheidet sich!) Man vergleicht Werbeträger anhand des "1000-Leser-Preises". Dieser liegt beispielsweise bei der Neuen Zürcher Zeitung bei sFr 50,80. für 1/1 Seite. Zusätzlich ist es möglich, Prospekte beilegen zu lassen. Je nach dem, wieviele Personen eine Zeitung im Mittel lesen, kann der 1000-Exemplar-Preis entsprechend höher liegen. Im Durchschnitt liegt der 1000-Exemplar-Preis einer Tageszeitung bei 110-120 DM (1/1 Seite sw). Sie sind damit erheblich teurer als Zeitschriften. 1992 wurden 32% des gesamten Werbebudgets für Tageszeitungen ausgegeben, wobei dieser Anteil jedoch rückläufig ist (ZAW 1993, S. 17).

Publikumszeitschriften:

Zeitschriften bieten eine hohe Reichweite, sind regelmäßig verfügbar und vor allem für nationale Kampagnen für Konsum- und Gebrauchsgüter geeignet. Die 1000-Kontaktpreise für Publikumszeitschriften liegen im Durchschnitt bei etwa 16 DM, wobei aktuelle Illustrierte und Programmzeitschriften unter 13 DM liegen und in Special Interest Medien im Schnitt über 23 DM zu bezahlen sind (Basis: 1/1 Seite 4-farbig. Quelle: o.V. 1993b). Da Zeitschriften i.d.R. mehrere über Tage verteilt gelesen werden, ergeben sich Kontakte wiederholt. (Dies ist aus lerntheoretischen Gründen sehr vorteilhaft.) 11% des gesamten Werbevolumens wurden 1992 für Publikumszeitschriften ausgegeben, ebenfalls mit fallender Tendenz (ZAW 1993, S. 17).

Fachzeitschriften:

Fachzeitschriften eignen sich als Werbeträger für zielgruppenspezifische Ansprache. Der Marktanteil von Fachzeitschriften unter den Werbeträgern liegt bei 7% (ZAW 1993, S. 17).

Fernsehen:

Durch das Medium Fernsehen kann der Zuschauer "multisensorisch" (Bild, Ton, ev. Text) angesprochen werden. Negativ wirken sich die hohen Streuverluste und die Tendenz zum "Zapping" (Umschalten während der Werbung) aus. TV-Werbung ist geeignet, um Images aufzubauen und den Verkauf von Produkten des tägl. Bedarfs zu fördern. Das Privatfernsehen ermöglicht es, auch jene Zuschauer zu erreichen, die aus Zeitgründen (Werbung nur bis 20.00 Uhr) in ARD und ZDF nicht erreicht werden konnten. Außerdem schreiben ARD und ZDF die Mindestlänge des Werbespots vor. Als Kalkulationsbasis dienen hier die Zuschauerzahlen. Bei Privatsendern ist es jedoch möglich, durch die Koppelung der Werbung an bestimmte Sendungen die Zielgruppe genauer zu selektieren. (Beispiel: Werbung während der Übertragung eines Tennisturnieres.) Neuerdings ist es auch in ARD und ZDF möglich, eine Sendung als "Sponsor" zu unterstützen, was de facto jedoch die Ausstrahlung eines Werbespots mit den Satz:"Diese Sendung widmete Ihnen..." (oder ähnlich) vor und nach der Sendung bewirkt.

Als 1000-Kontaktpreis kann man bei einem TV-Spot von zwischen 10 DM und knapp über 20 DM ausgehen. Je nach Sendezeit kostet beispielsweise ein 30-Sekunden-Spot bei der ARD zwischen 24.000 DM und 82.000 DM. Bei RTL liegen die Preise zwischen 1.000 und 120.000 DM. Beim DSF kann man bereits mit 1665 DM für einen 30 Sekundenspot einsteigen. Für die Zukunft werden jedoch sinkende Preise erwartet, da einerseits starke Konkurrenz unter den Sendern herrscht und andererseits die Preise in Deutschland im internationalen Vergleich sehr hoch sind. 1922 wurden für Fernsehspots in Deutschland insgesamt 4,3 Mrd DM ausgegeben. Dies entspricht ca. 14% der gesamten Werbeausgaben. (ZAW 1993, S.13, 17) Die Produktionskosten eines TV-Spots dürfen jedoch nicht unterschätzt werden. Internationale Unternehmen produzieren daher oft nur einen einzigen Spot, der für jedes Land neu vertont wird.

Radio:

Der Werbefunk ist nur für Botschaften geeignet, die sich akustisch umsetzen lassen. Emotionale Appelle können im Hörfunk kaum transportiert werden. Das Erinnerungsvermögen wird häufig durch musikalisch übermittelte Botschaften unterstützt. Da die Werbezeiten exakt buchbar sind, kann spekuliert werden, zu welcher Zeit die Zielgruppe gerade Radio hört (z.B. im Auto).

Als 1000-Kontaktpreis kann hier von ca. 3 DM ausgegangen werden. Ein 30-Sekunden-Spot kostet beispielsweise bei Radio FFH 1660 DM, bei RPR 960 DM (Sätze für eine durchschnittliche Stunde zwischen 6 und 20 Uhr). 1992 wurden für Hörfunkwerbung 981 Mio DM ausgegeben, etwa 3% des Gesamtvolumens (ZAW 1993, S. 13, 17).

Kino:

Kinowerbung eignet sich vor allem, wenn eine junge Zielgruppe angesprochen werden soll. Etwa 80% aller Kinogänger sind zwischen 14 und 29 Jahre alt. Zudem kann Kinowerbung lokal genau gezielt eingesetzt werden. Somit eignet sich Kinowerbung auch für kleinere Unternehmen aus der näheren Umgebung des Kinos. Die preisgünstige Dia-Text-Kombination macht Kinowerbung erschwinglich. Hier kann von einem Preis von etwa 150 DM pro Kino und Monat ausgegangen werden. Ein weiterer Vorteil ist die gute Aufmerksamkeit des Publikums, das die Werbung wesentlich besser wahrnimmt als im Fernsehen. Für Tabakwaren gilt im Kino kein generelles Werbeverbot. In Deutschland gab es 1993 3241 Kinos.

Anzeigenblätter:

Anzeigenblätter ermöglichen häufig eine lokale Abgrenzung des Werbegebietes. Es gibt Anzeigenblätter, die sich auf bestimmte Vororte einer Stadt beschränken. Sie erreichen theoretisch jeden Haushalt, werden aber - je nach redaktioneller Qualität - häufig nicht gelesen. Anzeigenblätter eignen sich in erster Linie für den Einzelhandel.

Adressbücher:

Hierzu zählt auch das Branchenfernsprechbuch ("Gelbe Seiten"). Sie verbleiben lange im Haushalt und eignen sich vor allem für Handwerksbetriebe und Dienstleistungsunternehmen.

Disketten:

Computerdisketten können in der Werbung als Träger großer Informationsmengen eingesetzt werden. Sie werden beispielsweise verwendet als Hilfsmittel zur Produktauswahl im Sinne einer Datenbank des Anbieters. Bei größeren Auflagen kostet eine Diskette mit Etikett und Software weniger als DM 1,--. Hinzu kommen die Erstellungskosten des Programmes bzw. des Datenbestandes, sofern dieser nicht "als Abfallprodukt" anfällt.

Als **Advertainment** (Advertising+Entertainment) bezeichnet man Computerspiele, die zu Werbezwecken entworfen wurden. Bekannte Beispiele sind der "Calippo-Fresser" von Langnese-Iglo oder das vom Bundesumweltamt in Auftrag gegebene Umweltschutz-Spiel "Das Erbe". Advertainment gilt als ein hervorragendes Werbemittel bei 9-18-jährigen. Es zeichnet sich durch einen geringen Streuverlust und relativ geringe Kosten aus, zumal ähnlich wie bei Raubkopien ein Schneeballeffekt durch die Vervielfältigung der Programme entsteht. Andere Zielgruppen sind mit diesem Mittel jedoch kaum zu erreichen.

Romane:

(Liebes-)Romane sind ein preisgünstiges und zielgruppengenaues Medium für die Zielgruppe "Frauen von 14 bis 29 Jahren“.

Verkehrsmittel (vor allem Busse und Straßenbahnen):

Die Aufbringung von Werbebotschaften an Bussen, etc. ist relativ preisgünstig (z.B. ab DM 400,-- pro Bus und Monat bei etwa DM 4.000.-- einmaligen Produktionskosten in Ludwigshafen) und hat den Vorteil, daß die erreichte Zielgruppe über die Auswahl der Buslinie in gewissem Umfang gesteuert werden kann. In manchen Städten ist es auch möglich, für die Werbung bestimmte Buslinien zu wählen. So bietet es sich z.B. bei Ladengeschäften jene Linie an, die potentielle Kunden benutzen müssen. Für Aushänge im A4-Format eignet sich der Businnenraum, da die Zielgruppe dort lange mit der Botschaft konfrontiert wird und sie schon aus Langeweile liest.

Plakate:

Plakate sind ein Werbemittel mit langer Tradition. In Deutschland standen 1993 insgesamt 317.700 Anschlagstellen zur Verfügung. Der Stellenpreis liegt zwischen 10 und 24 DM je Tag, je nach Qualität der Plakatstelle.

Neuerdings vermieten auch Speditionsunternehmen die Abdeckplanen von ihrer LKWs für Werbezwecke. Werbung auf Taxis ist bekannt und verbreitet.

Auf weitere Werbeträger, wie zum Beispiel die Plakatwand oder die Anschlagsäule soll hier nicht näher eingegangen werden.

4.4.4.3 Selektion der Werbeträger

Neben der Gestaltung des Werbemittels ist die **Auswahl der Werbeträger** die zweite wesentliche Entscheidung.

Neben Betrachtungen von Kosten und Kontaktzahlen darf nicht vergessen werden, daß

- das "Image" des Werbeträgers die Botschaft beeinflussen kann
- der Werbeträger die Möglichkeiten und Grenzen des Werbemittels festlegt
- der Zeitpunkt und die Dauer der Werbung vom Werbeträger abhängen.

Unter der **Inter-Media-Selektion** versteht man die Auswahl der Werbeträgergruppe, also die Entscheidung, welche Medien zum Transport der Botschaft eingesetzt werden sollen. Im vorangegangenen Abschnitt wurden die verschiedenen Werbeträger mit den jeweiligen Preisen vorgestellt, weitere Kriterien zur Auswahl des Werbeträgers sind:

- die Funktion des Werbeträgers (Nutzung zur Information, Unterhaltung etc.)
- die Situation des Werbekontaktes (Ort, Zeit, Stimmung)
- Darstellungsmöglichkeiten
- Wunsch bestimmter Werbemittel (Film=> Kino, TV)
- zeitliche Verfügbarkeit, Erscheinungshäufigkeit
- Streuverluste, Erreichung der Zielgruppe
- Kosten (auch der Produktion)
- räumliche Reichweite (lokal bis national).

Als **Intra-Media-Selektion** bezeichnet man die Wahl zwischen einzelnen Elementen der Werbeträgergruppe, also den Vergleich von Werbeträgern einer Gattung (z.B. versch. Fachzeitschriften).

Kerngröße der Intra-Media-Selektion ist die Reichweite. Zur Beurteilung der Anzeigenpreise bei Zeitungen und Zeitschriften werden folgende Größen ("Reichweiten") herangezogen:

"**Tausenderpreis**": Kosten pro 1000 Zeitungen (Anzeigenkosten/Auflagenhöhe)

Tausend-Leser-Preis: Kosten pro 1000 Leser der Zeitung (berücksichtigt Nutzauflage und Anzahl Leser/Exemplar)

Tausend-Kontakte-Preis: Berücksichtigt die Nutzungsgewohnheiten der Leserschaft; zielgruppenbezogen.

Die **qualitative Reichweite** drückt aus, inwieweit ein Werbeträger genau die Zielgruppe der Werbemaßnahme erreicht. Bei der Kombination mehrere Werbeträger berechnet man die Brutto- und Nettoreichweite.

Die Informationen, welche zur Berechnung der Reichweiten dienen, liefern die **Media-Informationen** der Zeitschriften, die von den Anzeigenvertriebsabteilungen Interessenten kostenlos zur Verfügung gestellt werden. Allerdings sind nicht alle Media-Informationen gleichermaßen informativ. Zusätzliche Probleme bei der Berechnung der zielgruppenspezifischen Reichweite (1000-Kontakte-Preis) ergeben sich dadurch, daß die Leser-Analysen die einzelnen Segmente unterschiedlich definieren oder unterschiedliche Gliederungskriterien verwenden. So unterscheiden beispielsweise einzelne Zeitschriften nach der beruflichen Stellung des Lesers, andere nach seiner Schulbildung.

4.4.4.4 Auswahl des Werbezeitraumes

Grundsätzlich bestehen folgende Möglichkeiten der Verteilung der Werbeeinsätze im Zeitablauf:

- einmalige Werbeaktionen mit großem Budget
- kontinuierliche Aktionen (z.B. wöchentlich)
- intermittierende Werbeaktionen (kurze, intensive Aktionen in unregelmäßigen Zeitabständen)
- eine Kombination dessen.

Bezüglich der zeitlichen Verteilung des Budgets ist eine gleichmäßige Streuung der Werbemittel über die gesamte Periode günstiger als eine kurze, geballte Werbung. Im Einzelfall, z.B. zur Produkteinführung können andere Ziele dominieren. Als optimal gilt beim Werbedruck das Muster des „aufsteigenden Sägeblattes" (vgl.: o.V. 1994, S. 110):

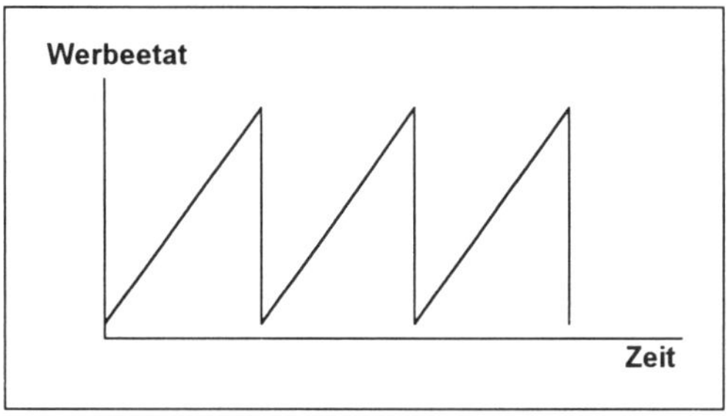

Abb. D.40: Verteilung des Werbebudgets im Zeitablauf (Werbedruck)

Bezüglich der Anzahl der Kontakte mit dem Werbemittel und dem Werbeerfolg hat sich gezeigt, daß der Werbeerfolg bei Überschreiten der maximalen optimalen Kontaktzahl wieder abnimmt (Übersättigung), wobei als grobe Faustregel ca. 7 - 10 Kontakte als optimal angesehen werden.

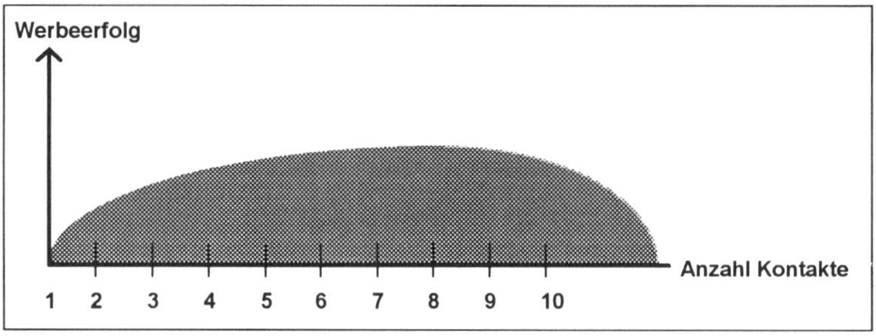

Abb. D.41: Zusammenhang zwischen Werbeerfolg und der Anzahl der Kontakte mit der Botschaft

4.4.5 Die Zusammenarbeit mit den Agenturen

4.4.5.1 Auswahl der Agentur

Im ersten Schritt ist zu überlegen, ob mit einer sogen. Full-Service-Agentur zusammengearbeitet werden soll. Eine **Full-Service-Agentur** bietet Spezialisten aller Bereiche (Text, Graphik, Fotografie usw.) sowie die komplette techn. Ausstattung. Sie betreut den Kunden von der Werbevorbereitung bis zur Werbeerfolgskontrolle in allen Phasen, wie Planung der Werbemittel, Gestaltung, Herstellung, Streuung usw. Im Vergleich zu einer Part-Service-Agentur, die bei Spezialaufgaben auf externe Spezialisten zurückgreifen und zur Kreativagentur, die nur Text und Graphik erstellt, ist die Full-Service-Agentur meist erheblich teurer.

Die **Auswahl der Agentur** erfolgt dann meist über eine **Präsentation** von zwei bis vier in Frage kommenden Agenturen. Diese Präsentationen werden in der Regel vom Auftraggeber bezahlt. In der Präsentation zeigt die Agentur, wie sie sich die Umsetzung des Auftrages vorstellt. Hierzu ist es nötig, der Agentur bereits ein grob gefaßtes Briefing zukommen zu lassen.

Free-Lancer, also freie Graphiker oder Texter, werden meist anhand von Arbeitsproben ausgewählt.

Neben der Werbeagentur wird für Public-Relations häufig eine PR-Agentur beauftragt, die dann auch die Aufgabe der Kontrolle der Medienkontakte übernimmt.

4.4.5.2 Briefing

Unter dem „Briefing" versteht man die Arbeitsgrundlage der Werbeagentur. Hier werden in kurzen Worten alle Informationen zusammengefaßt, die für die Bearbeitung des Auftrages nötig sind. Das Briefing enthält daher zwei **Hauptelemente**: Die Schilderung der Ausgangslage und die Darstellung des Auftrages an die Agentur. Das Briefing wird vom Auftraggeber erstellt und sollte unbedingt in schriftlicher Form erfolgen, um auch später zur Kontrolle und zum Nachschlagen vorzuliegen. Die wichtigsten **Inhalte eines Briefings** sind in der folgenden Aufzählung dargestellt:

- Informationen über das werbende *Unternehmen*, v.a. über das bisherige Marketing (Zielgruppen, Strategie, bisherige Werbung) und die organisatorischen Zuständigkeiten
- Informationen über den Markt und die Stellung des werbenden Unternehmens (Marktgrößen und spezifische Informationen)
- Informationen über das zu bewerbende *Objekt* (Name, Logo, USP, Eigenschaften, Einsatzmöglichkeiten, Preise usw.) und die Zielgruppe(n) sowie die Entscheidungsabläufe. Kurzfassung des Marketingkonzeptes, soweit nötig.
- Marktstellung des zu bewerbenden Objektes und Konkurrenzsituation
- Werbeziele und Kontrollgrößen
- Budget- und Zeitplanung.

4.4.5.3 Die Botschaft

Hauptelement der Werbung ist die Botschaft, die die Erreichung der Ziele sicherstellen soll. Dier Botschaft enthält den **Nutzen für den Käufer** in rationaler oder emotionaler Hinsicht. Die Botschaft wird häufig in Form von „**Schlüsselsignalen**" vermittelt, die den Nutzen in kurzer, merkfähiger Form transportieren. Sie sollte die Leistung des Produktes deutlich darstellen, was nicht unbedingt in verbaler Form geschehen muß. Gute Beispiele sind der knackige Apfel-Biß von Blend-a-med oder die in ein weiches Handtuch fallende Lenor-Flasche, aber auch der Slogan „Coke adds life".

4.4.6 Werbe-Forschung

4.4.6.1 Pre-Tests

Die Werbeforschung ist eine Untergruppe der Marketingforschung. Entsprechend gelten die dort aufgestellten Grundsätze. Pre-Tests versuchen eine Prognose der Wirkung von Werbemitteln. In Frage kommen folgende Techniken:

Testmarkt:

Dem Vorteil der realistischen Prüfsituation steht der Nachteil entgegen, daß die Konkurrenz vor dem eigentlichen Start der Kampagne über diese informiert wird.

Über aktualgenetische Verfahren (Tachistoskop etc.) sollen Hinweise auf die optimale Gestaltung der Werbemittel gefunden werden.

Blickaufzeichnung:

Basis dieses Verfahrens ist die Tatsache, daß nur bei Fixationen des Blickes Information aufgenommen und weitergeleitet wird. Es wird aufgezeichnet, wie der Proband das Werbemittel mit den Augen abtastet (Plazierung der Kernelemente etc.).

Psychobiotische Verfahren:

Basierend auf der Theorie der Aktivierung werden Gehirnströme, Hautreaktionen oder Blutdruck während der Betrachtung des Werbemittels gemessen.

4.4.6.2 Post-Tests (Erfolgskontrolle)

Als Post-Tests können eingesetzt werden:

Umsatzmessungen:

Nur sinnvoll, wenn der Umsatzeffekt der Werbemaßnahme isoliert werden kann.

Kundenfrequenzzählung:

Es gilt das gleiche wie bei der Umsatzmessung.

Einschaltmessung:

Bei Radio- und TV-Spots kann gemessen werden, wieviel Prozent der Geräte eingeschaltet waren. Die Messung beruht auf einer Stichprobe und ist gerade für kurze Werbeeinblendungen nicht sehr zuverlässig. Zapping, also das kurzfristige Umschalten während Werbeeinblendungen, wird nicht berücksichtigt.

Lesermessung/-befragung:

Feststellung, wieviele Leute zu welchem Zeitpunkt welche Zeitschrift lesen, und wie die Leserschaft strukturiert ist. Bsp.: Profil 3-Untersuchung von Gruner&Jahr.

Recall-Tests:

Befragung einer Versuchsperson, an welche Werbebotschaften in einer Zeitschrift bzw. im Werbeblock sie sich erinnern kann. Der Recall-Test kann gestützt (aided recall, es wird eine Erinnerungshilfe, wie Produktname oder Branche, gegeben), oder ungestützt durchgeführt werden.

Recognition-Test:

Hier wird nach dem Wiedererkennen von Werbemitteln oder Gestaltungskomponenten gefragt.

Einstellungsmessung:

Messung der Veränderung bestimmter Einstellungskriterien. (Nur sinnvoll, wenn der Werbeeinfluß extrahierbar ist.)

Ermittlung der Werbe-Awareness:

Sie wird **für laufende Kampagnen** verwendet und gibt an, wieviele Personen einer Zielgruppe Aussagen mit dem Namen eines Anbieters oder einer Marke verbinden. Durch die Messung der Werbe-Awareness zu verschiedenen Zeitpunkten läßt sich eine Entwicklung ersehen. Der Prozentwert der Werbe-Awareness kann nun auch in Relation zum Werbeetat gesetzt werden. Letztlich läßt sich errechnen, wieviel DM pro Prozentpunkt Werbe-Awareness ausgegeben werden mußten. Allerdings darf nicht übersehen werden, daß die Werbe-Awareness, ähnlich wie der Recall- und Recognition-Test, in der Wirkungskette (z.B. AIDA-Formel) ganz am Anfang steht.

Inhaltsanalyse:

Ergänzend zur ursprünglichen Werbe-Awareness geben neuere Ansätze dieser Methode auch Hinweise auf die inhaltliche Qualität der Werbe-Awareness. Hierbei wird das Involvement des Umworbenen, also seine persönliche Beziehung zum Spot oder zur Anzeige, analysiert. Hierzu wird untersucht, ob der Befragte Inhalte der Handlung, Produkteigenschaften, Slogans oder Songs erinnert. Derartige Erinnerungen lassen auf eine aktive Verarbeitung der Inhalte und somit auf eine gute Werbewirkung schließen.

4.4.7 Werbeethik

Es ist unbestreitbar, daß Werbung auch negative Wirkungen haben kann, indem sie möglicherweise

- zu übermäßigem Konsum verführt
- labile Personen mehr manipuliert als informiert
- Produkte durch Werbeausgaben verteuert
- als störend empfunden werden kann (z.B. während eines Films)
- gelegentlich verletzend sein kann.

Hieraus lassen sich einige Grundsätze ableiten, die für gute Werbung gelten sollte:

- Die Werbeaussage muß wahr sein.
- Unerwünschte Zielgruppen sollten deutlich nicht angesprochen werden (Kinder-Alkoholika).
- Der Werbezweck muß ethisch vertretbar sein (Bsp. Spendenkampagnen)
- Subliminale (unterschwellige)Werbung ist sittenwidrig (und wahrscheinlich wirkungslos).
- Die Konkurrenz sollte nicht schlechter gemacht werden, als sie ist (Recht: Verbot vergleichender Werbung).
- Werbung sollte nicht in die Privatssphäre eindringen (Telefonwerbung an Privathaushalte ist sehr umstritten und weitgehend unzulässig).

Gerade die "Wahrheit" der Werbung ist eine großes Problem. Wie sind Kampagnen zu beurteilen, die künstliche oder imaginäre Produktvorteile schaffen? Viele Produkte "leben" heute von Status und Snob-Appeal, von bestimmten Images. Was passiert, wenn sich scheinbare Vorteile als nicht vorhanden oder nachteilig erweisen (z.B.: Top-Job)? Dürfen beworbene Produkte teurer verkauft werden als gleichartige unbeworbene (vgl. Arzneimarkt)?

4.5 Öffentlichkeitsarbeit - Public Relations

Öffentlichkeitsarbeit ist die systematische Pflege der Beziehungen zur Öffentlichkeit. Ziel dieser Anstrengungen ist es, das *Unternehmen* und seine Produkte in der Öffentlichkeit zu präsentieren und sie so darzustellen, daß die Öffentlichkeit ihnen möglichst positiv gegenübersteht. Letzlich hat die Öffentlichkeitsarbeit also die Schaffung eines positiven Firmenimages zum Ziel, wobei die Zielgruppe nicht auf Personen beschränkt ist, mit denen das Unternehmen in Interaktion steht. Vielmehr ist die Gesamtbevölkerung Zielgruppe der Öffentlichkeitsarbeit.

Instrumente im Rahmen der Öffentlichkeitsarbeit sind beispielsweise:

- Imageanzeigen (ohne Produktbezug!)
- Pressekonferenzen
- Presseabteilungen, die den Kontakt zur Presse pflegen,
- schriftliche Presse-Informationen
- Geschäftsberichte, Jubiläumsbroschüren, Sozialbilanzen oder Ökobilanzen
- Werkszeitschriften, Kundenzeitschriften etc.
- Betriebsbesichtigungen und Tage der offenen Tür
- Vorträge, Diskussionsbeiträge (Abstellung von Teilnehmern an TV-Diskussionen)
- Redaktionelle Beiträge in Fachzeitschriften
- Stiftungen, Kultursponsoring und Wissenschaftssponsoring (s.u.)

Zu den wichtigsten Instrumenten gehört die **Pressekonferenz**. Sie dient sowohl dem Image des Unternehmens (PR-Funktion) als auch dem jeweils präsentierten Produkt (Werbeaspekt).

4.6 Übersicht über weitere Formen der Marktbearbeitung

4.6.1 Sponsoring

Sponsoring entwickelte sich aus der Tradition des Mäzenatentums, bei dem der Geldgeber jedoch für seine Leistung keine Gegenleistung forderte. Beim Sponsoring unterstützt der Geldgeber (Sponsor) eine Person, Personengruppe, Vereinigung, Veranstaltung oder Einrichtung mit Geld, Sachmitteln oder Dienstleistungen und erhält dafür eine Gegenleistung, in der Regel Möglichkeiten zur medialen Kommunikation.

Sponsoring kann die übrigen Instrumente der Kommunikationspolitik ergänzen und die Wahrnehmung dieser Instrumente verbessern. In der Regel unterscheidet man drei Bereiche des Sponsoring:

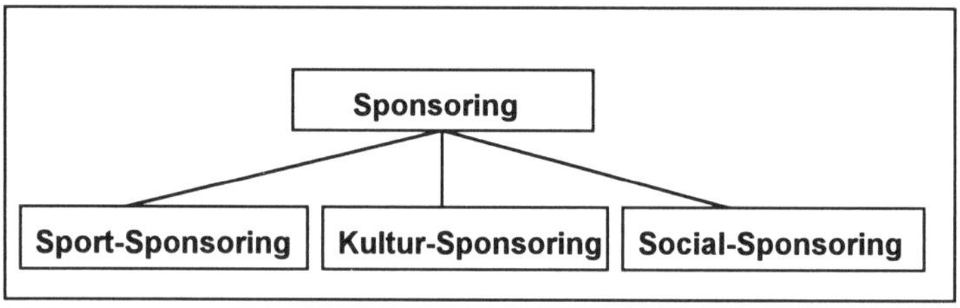

Abb. D.42: Bereiche des Sponsoring

Im **Sport-Sponsoring** werden Sportler, Mannschaften, Verbände oder Veranstaltungen unterstützt. Viele Sportveranstaltungen wären ohne Sponsoren nicht möglich. Dies gilt insbesondere für Tennis- und Golfturniere mit sehr hohen Preisgeldern.

Im **Kultur-Sponsoring** werden Musikveranstaltungen, Theater, bildende Kunst und Literatur unsterstützt. Kultur-Sponsoring wird in der Regel weniger aggressiv dargestellt als Sport-Sponsoring.

Social-Sponsoring fördert in den Bereichen Umwelt und Gesundheit, aber auch in Lehre und Forschung. Diese Form des Sponsoring ist erst in den letzen jahren in Deutschland aufgekommen.

Ziele des Sponsoring sind insbesondere:

- Steigerung des Bekanntheitsgrades des Unternehmens bzw. der Marke
- Verbesserung bestimmter Imagedimensionen in der Produktwahrnehmung durch einen Imagetransfer von der gesponsorten Person bzw. Veranstaltung auf die Marke oder Unternehmung.
- Verbesserung des Goodwills gegenüber dem Unternehmen
- Ansprache der Zielgruppe in "nichtkommerzieller Umgebung"
- Umgehen bestehender Werbebeschränkungen (Tabakwerbung auf Formel1-Fahrzeugen)
- Motivation der eigenen Mitarbeiter
- individuelle Ziele im Rahmen der Marketing-Strategie.

Gefahren des Sponsoring liegen vor allem in der Gefahr eines Image-Einbruches der gesponserten Person (Michael Jackson + Pepsi!) oder der Fehleinschätzung des Images der gesponsorten Veranstaltung. Die Wahrnehmung und Wirkung des Sponsoring ist nach wie vor schwierig zu beurteilen, seine Preiswürdigkeit somit kaum zu kalkulieren.

4.6.2 Product Placement

Unter Product Placement versteht man die gezielte Darstellung ausgewählter Produkte im Rahmen von Fernsehsendungen, Kinofilmen oder anderen redaktionellen Umgebungen eines Mediums. Diese Darstellung wird vom Unternehmen dadurch erreicht, daß das Produkt kostenlos zur Verfügung gestellt oder ähnlich einer Werbeeinblendung bezahlt wird. Die Darstellung des Produktes ist untrennbarer Bestandteil der Handlung und wird als "dazugehörig" wahrgenommen. Die **Vorteile des Product Placement** im Vergleich zur Werbung sind jedoch vielfältig:

- Es werden gesetzliche Werbebeschränkungen umgangen. So wird beispielsweise das Produkt auch nach 20.00 Uhr in öffentlich-rechtlichen Kanälen gezeigt oder Tabakwaren werden überhaupt erst auf den Fernsehschirm gebracht.
- Das Product Placement wirkt beim Empfänger unterschwelliger als Werbung. Durch die glaubwürdige Darstellung des Produktes in der realen Konsumsituation werden keine kognitiven Barrieren aufgebaut wie bei Werbesendungen.
- Ein einmaliges Placement kann - im Gegensatz zu Werbefilmen - zu mehrfachem Kontakt mit der Zielgruppe führen, die den Film im Kino und später (mehrmals) im Fernsehen betrachtet oder ihn als Video abspielt.
- Zielgruppen, die Werbung bewußt ausweichen (**Zapping**), werden durch Product Placement erreicht.
- Die Exklusivität der Präsentation kann vertraglich garantiert werden. Es kann verhindert werden, daß kurz vor oder nach dem Produkt ein Konkurrenzprodukt präsentiert und die Botschaft überlagert wird.
- Sofern die Darstellung im Zusammenhang mit einem Leitbild erfolgt, können sich zusätzlich noch Nachahmungseffekte einstellen.
- Werden die Kosten für das Product Placement mit jenen der klassischen Werbung verglichen, erreicht das Product Placement einen wesentlich günstigeren Preis pro Minute.

Das Product Placement ist auch für Dienstleistungen anwendbar. Da in diesem Zusammenhang das gesamte Unternehmen präsentiert wird, spricht man auch von "Corporate Placement".

Rechtlich betrachtet stößt das Product Placement dort an Grenzen, wo die Produktplazierung bezahlt wird. In diesem Fall könnte es als Werbung ausgelegt werden, die gemäß Rundfunkstaatsvertrag deutlich vom übrigen Rundfunkprogramm zu trennen ist und dieses nicht beeinflussen darf.

Berndt zeigt einige bekannte Beispiele für Product Placemets, die auszugsweise wiedergegeben werden sollen:

Filmtitel	Schauspieler	Product Placement
Im Angesicht des Todes	Roger Moore als James Bond 007	ca. 2 Dutzend verschiedene Markenartikel, darunter Cartier-Brillen, Koffer von Louis Vuitton und Whiskas
Zahn um Zahn	Götz George als Schimanski	fährt Citroen und wühlt 17 Sekunden in einem Kasten mit der Aufschrift "Paroli".
Traumschiff (ZDF)	div.	TUI-Gruppe

Abb. D.43: Beispiele des Product Placement (nach Berndt 1992, S. 286)

Anmerkung zu „Zahn um Zahn": Götz George wurde später auch in der TV-Werbung des Herstellers als Testimonial eingesetzt - mit eindeutigem Bezug auf die Rolle des Kommissar Schimanski.

Der Film "Im Angesicht des Todes" dürfte der bisher am meisten durch Product Placement unterestüütze Film sein. Insgesamt wurden hier mehr als sieben Mio. DM für Product Placement ausgegeben. In Deutschland sind bei einer Filmproduktion jedoch Summen um 50.000 DM üblich.

4.6.3 Direktmarketing

Das Direktmarketing wird in vielen Marketing-Büchern nicht oder nur nebensächlich behandelt. Dabei handelt es sich um einen wichtigen und wachsenden Teilbereich des Marketing.

4.6.3.1 Was ist "Direktmarketing"?

Um eine Definition des Direktmarketing zu erarbeiten, sollen zuvor einige Aspekte dieser Vorgehensweise aufgezeigt werden:

- Direktmarketing umfaßt sämtliche strategischen, operativen und taktischen Zielsetzungen, Instrumente und Maßnahmen bei "adessierter" (auf Individium "gezielter") Ansprache des Absatzpartners.
- Hauptinstrument des Direktmarketing ist das sogenannte "Direct Mailing", der Werbebrief.
- Das Prinzip des Direktmarketing ist "digitales" Zielgruppendenken. Jede Person der Zielgruppe ist dem Marketer mit seiner Adresse bekannt, also digital (d.h. im Computer) erfassbar. Direktmarketing arbeitet konsequent mit der Empfängeradressierung, wobei Massenmedien durchaus flankierend eingesetzt werden können.
- Direktmarketing bezieht sich auf systematisch, oft mit multivariaten statistischen Analyseverfahren ausgewerteten Feedbacks früherer Aktionen und Umsetzung dieser Erkenntnisse in aktuelle Angebote. Gegner der Direktmarketing sprechen daher vom quantitativen "Erbsenzähler"-Absatz.
- Direktmarketing ist multimedial: Es nutzt Medien wie: Brief, Prospekt, Katalog, Diskettenversand, Telefon, BTX etc.

- Typisch für das Direktmarketing ist auch die Nutzung moderner Technologien, wie Card-Money, Electronic Banking, usw.

Hieraus läßt sich folgende Definition ableiten:

Direktmarketing ist der Teilbereich des Marketing, der die interaktiven Methoden umfaßt, bei welchen aus Datenbasen abgerufene, nach gespeicherten Kriterien definierte und selektionierte Zielpublika durch eines oder mehrere Medien kontaktiert werden und meßbare Reaktionen bzw. Auftragsquoten resultieren (nach Weinhold 1988, S. 464 in Anlehnung an Walter Schmid.).

Elemente:

- Interaktive Marketing-Methoden
- Bestand von Datenbasen
- Kriterien der Zielgruppenselktion
- Kontaktmöglichkeiten durch ein oder mehrerer Medien
- meßbare Reaktion bzw. Auftragsquote.

4.6.3.2 Meßbarkeit des Erfolges

Der große Vorteil des Direktmarketing besteht darin, daß der Erfolg genau meßbar ist.

Beispiel: Im Rahmen einer Kampagne werden gleiche Briefe verschickt, darin jedoch als Belohnung für den Antwortenden drei verschiedene Nutzenelemente ausgelobt:

a) 5 ,- DM Rabatt auf die Bestellung
b) Verlosung eines Autos
c) Ring (im Wert von 2,- DM)

Von jeder Briefversion wird eine größere Anzahl verschickt, wobei die Empfänger zufällig und aus dem gleichen Datenbestand ausgewählt werden. Aus der statistischen Auswertung der Rückläufe kann nun festgestellt werden, welches der drei Nutzenelemente die meisten Empfänger zur Antwort bewegt hat.

Aber auch der **Break-Even-Point** der Kostendeckung ist genau berechnenbar:

Beispiel:
100 Mailings verursachen Kosten von 170,-- DM incl. Personal, Material, Porto usw. Der durchschnittliche Rohertrag pro Reaktion, also pro Antwortendem beträgt 65,-- DM. Daraus ergibt sich folgende Kalkulation:

BEP:

$$\frac{\text{Direktwerbekosten pro Stück: } 1{,}70}{\text{Rohertrag pro Reaktionen: } 65{,}-} = 2{,}6\%\ \text{Responsequote!}$$

Wenn also mehr als 2,6% der angeschriebenen Personen eine Bestellung tätigen, hat sich das Mailing gelohnt. Es gibt kein Instrument in der klassischen Werbung, bei dem eine derartige Kalkulation möglich wäre.

Da eine Direktmarketing-Aktion auf die Reaktion des Empfängers angewiesen ist, kann sie nur solange wirken, wie das Mailing sich in den Händen des Empfängers befindet. Drei bis vier Wochen nach dem Versand des Mailings kann nicht mehr mit einer Reaktion gerechnet werden.

4.6.3.3 Phasen des Direktmarketing

Der Ablauf des Direktmarketing läßt sich in in folgende Phasen gliedern:

1. Kundensuche
2. Kundenpflege
3. Gate-Opening
4. Verkaufsprozeß
5. After-Sales Kommunikation
6. Kundendienste.

1. Kunden bzw. Interessentensuche

Ziel: Anknüpfen von Beziehungen zu neuen potentiellen Kunden oder (im Business-to Business-Bereich) Entscheidungsträgern.

- breite Streuung mit gemieteten oder gekauften Adressen.
  Hier bestehen Selektionsmöglichkeiten, da Adressbroker die Adressen bereits nach bestimmten Kriterien wie Beruf oder Wohnort selektiert anbieten. Der Preis pro Tausend Adressen zur einmaligen Nutzung (Miete) liegt je nach Lieferform und Selektion zwischen 150,-- und 400,-- DM.
- "Postwurfsendungen" in bestimmten Gebieten
- Trägeradressierte Medien (Inserate, Fachzeitschrift etc.) mit Rückantwortcoupon oder Kennziffernsystem

2. Kundenpflege

Unterteilung in Neukunden, Stammkunden, potentielle Kunden und Absatzhelfer. Auswahl einer speziellen, auf die Zielgruppe abgestimmten Ansprache. Hierzu sollten alle Informationen verwendet werden, die für Empfänger "neu" sind.

3. Gate-Opening

Die betrifft vor allem Firmenkontakte mit dem Ziel, ein persönliches Verkaufsgespräch zu erreichen. Aber auch bei Privatkunden kann, je nach Angebot (Versicherungen, größere Anschaffungen etc.), die Vereinbarung eines Gesprächstermines das Ziel sein.

4. Verkaufsprozeß

Je nach Vorgehensweise und Produkt besteht der Verkaufsprozeß im

- Versand des Angebotsmailings und Rücksendung der Bestellung durch den Kunden
- Telefonat bei Inbound- bzw. Outbound-Telefonmarketing (Inbound: Der Kunde ruft an, die Gespräche gehen ein; Outbound: Die Interessenten werden vom Verkäufer angerufen.)
- Verkaufsgespräch zum vereinbartem Termin

5. After-Sales-Kommunikation

Um Probleme wie auftretende Kaufreue (siehe auch Abschnitt "Konsumverhalten") zu verhindern und weitere Verkäufe anzuregen, ist die Aufrechterhaltung des Kontaktes auch nach dem Kauf sinnvoll:

- Nachfaßbrief zur Bestätigung
- Anküpfung für neue Käufe, Zusendung weiterer Angebote etc.
- evtl. Hinweis auf Service etc.

4.6.3.4 Methoden des Direktmarketing

Direktmarketing arbeitet mit folgenden Methoden:

Telefon-Marketing

Zu den Hauptvorteilen dieses Mediums gehören seine Schnelligkeit, Kostengünstigkeit, Wirksamkeit und leichte Einsetzbarkeit für viele Produkte. Seine Grenze findet das Telefon-Marketing bei stark erklärungsbedürftigen Produkten. Zumindest passives Telefonmarketing (Entgegennahme der Kundenresponse via Telefon) ist heute schon eines der vielversprechendsten Akquisitions-Instrumente.

Direct-Mailing

Briefversandaktionen verlangen ein detailliertes Eingehen auf die spezifische Zielgruppe. Klare Regeln müssen dabei beobachtet werden: zu viel Kreativität geht zu Lasten der Lesbarkeit. Das Beschaffen von qualitativ hochstehendem Adressenmaterial ist mitentscheidend für den Erfolg.

Elektronische Medien

Videotext und andere elektronische Medien konnten sich bis jetzt kaum durchsetzen. Anwendungen werden insbesondere in den Bereichen Telebanking, Wirtschaftsinformationen, Versicherungsanwendungen und Bestellsystemen gesehen ("Screen-Shopping").

Ein- oder zweistufiges Direktmarketing

Einstufiges Direkt-Marketing "überspringt" den Außendienst, zweistufiges **Direktmarketing** unterstützt ihn, zum Beispiel in der Adressenbeschaffung.

Grundsätzlich ist die Kombinationsmöglichkeit dieses Instruments mit anderen Distributionskanälen ein großer Vorteil.

4.7 Besonderheiten der Werbung bei bestimmten Gütern

4.7.1 Werbung für Markenartikel

Der klassische Fall der Werbung betrifft den Markenartikel. Ziel der Markenartikelwerbung ist das Erreichen einer Differenzierung von der Konkurrenz und die Schaffung eines **Markenimages**. Die Marke soll zu diesem Zweck mit bestimmten Eigenschaften „belegt" werden, die der Konsument im Zusammenhang mit dem Namen des Produktes assoziieren soll. Ein Beispiel für eine solche Assoziation ist der Zusammenhang zwischen der Marke „Nivea" und dem Einsatzbereich „Körperpflege". Erst durch die Umpositionierung von „Creme" auf „Pflege" konnte die Marke Nivea auch für andere Produkte wie Haarshampoo und After-Shave genutzt werden. Der Einsatzbereich einer Marke in anderen Produktgruppen stellt einen **finanziellen Wert** dar, da die Marke durch Lizenzvergabe zusätzliche Einnahmen bewirken kann und - auch bei Nutzung durch den Rechteinhaber - einen Vertrauensvorschuß gegenüber einer neuen Marke genießt (sogen. Markentransfer). Ein typisches Beispiel ist die Marke Mövenpick, die von Restaurants auf Eiscreme, Kaffee, Tee, Marmelade und andere Produkte ausgedehnt wurde (Hätty 1989, S. 181). Weitere bekannte Marken, die stark ausgedehnt wurden, sind beispielsweise Milka (keine Lizenzierung), Davidoff oder Boss.

4.7.2 Werbung für Dienstleistungen

Im Unterschied zu Konsumgütern wird bei Dienstleistungen etwas Immaterielles verkauft, ein Leistungspaket, das erst im Moment des Konsums erstellt wird. Da der Konsument nicht testen und die Qualität der Leistung durchaus schwanken kann (auch abhängig von der „Tagesform" der Mitarbeiter), muß hier vor allem Vertrauen erzielt werden. Im Vordergrund stehen nicht einzelne Leistungen, sondern das Image des *Unternehmens*. Das Unternehmen steht hinter dier Dienstleistung und garantiert mit seinem Namen für die Qualität der Leistung. Es muß daher als Problemlöser für den Kunden positioniert werden (Beispiel: „Wir machen den Weg frei"). Da sich hier das Unternehmen als Ganzes präsentiert, kommt auch der PR eine noch größere Bedeutung bei.

In vielen Fällen liegt das Ziel der Dienstleistungswerbung auch in der Vereinbarung eines Beratungstermines. Zu diesem Zweck eignet sich eine Kombination von Imagewerbung (Bsp.: „Hallo, Herr Kaiser!") und Direktmarketing.

4.7.3 Werbung für Investitionsgüter

Investitionsgüter werden im gewerblichen Bereich häufig über einen längeren **Evaluationsprozeß** ausgewählt, an dem verschiedene Personen beteiligt sind. Da Investitionsgüter meist in persönlichen Gesprächen verkauft werden, liegen die Aufgaben der Werbung in den frühen Phasen des Verkaufsprozesses.

Die Werbung muß Aufmerksamkeit für das beworbene Produkt erreichen, damit es in die Auswahl der untersuchten Produkte gelangt. Sie kann weiterhin Maßstäbe setzen. Besondere Eigenschaften (USP) sollten hervorgehoben werden, damit diese in den Anforderungskatalog des Kunden einfließen und das Produkt dadurch im Vorteil ist. Außerdem bildet die Werbung das Firmenimage und das Image der Marktleistung.

4.8 Rechtliche Einflußfaktoren auf die Kommunikationspolitik

Im Rahmen der Kommunikationspolitik ist eine Vielzahl von Gesetzen und Urteilen zu beachten, wobei Werbung, Verkaufsförderung, Verkauf und Direktmarketing von verschiedenen Rechtsgebieten tangiert werden. Daher sollen im folgenden einzelne Bereiche der Kommunikationspolitik separat behandelt werden.

4.8.1 Werbung

Häufig wird Werbung wegen in ihr enthaltener Unwahrheiten angegriffen. Bezüglich der Bewerbung der Eigenschaften der Ware oder ihrer Herkunft gibt es jedoch sehr enge Vorschriften. Eigenschaften einer beworbenen Leistung müssen wahr sein, ansonsten gelten sie nach § 3 **UWG** als irreführend und daher unzulässig. Wenn "ein nicht unerheblicher Teil der beteiligten Verkehrskreise" (i.d.R. die Kunden) einer Irrtumsgefahr unterliegt, liegt eine Irreführung vor. Bereits 10% der Verbraucher können ein "nicht unerheblicher Teil" sein.

Irreführung liegt beispielsweise bei unrichtigen Angaben oder beim Verschweigen wichtiger Fakten vor. Fehlerhafte Ware muß daher immer als solche gekennzeichnet werden. Aber auch mehrdeutige Angaben können ebenso irreführend sein wie Werbung mit Selbstverständlichkeiten, da diese den Eindruck erweckt, diese Eigenschaft sei bei anderen Produkten nicht gegeben.

Werbung mit **Superlativen** ("Größter deutscher Spielwarenhersteller") muß natürlich ebenfalls dem Wahrheitsgebot entsprechen. Es verlangt, daß der Abstand zur "Nummer Zwei" deutlich und auf Dauer gesichert ist. Die **Spitzenklassewerbung** ("Einer der größten...") ist ebenfalls dann zulässig, wenn sie den Tatsachen entspricht. **Komperativwerbung** enthält einen Vergleich entweder mit den eigenen Produkten (zulässig) oder mit Konkurrenzprodukten ("Besser als das Produkt XY der Z-AG"; tendenziell unzulässig). Ein negativer Komperativ ("Es gibt kein besseres Bier") ist gleich zu beurteilen wie die Superlativwerbung, denn zumindest der flüchtige Betrachter wird kaum erkennen, daß es auch ebenbürtige Produkte gibt.

Strenge Vorschriften sind auch bei **vergleichender Werbung** anzulegen. Grundsätzlich sind Hausvergleiche ("unser Bestes") zulässig, anlehnende Vergleiche, bei der die Vorzüge der Konkurenz für die eigenen Produkte genutzt werden ("Nicht teuer als XY, aber besser") aber unzulässig, da die Gefahr der Rufausbeutung besteht. Gleiches gilt für kritisierende Vergleiche, welche die Konkurrenz herabsetzen. Auch das Disqualifizieren eines Wettbewerbers mit sachfremden Argumenten ist als Verstoß gegen die guten Sitten unzulässig.

Maßeinheiten müssen in der Werbung in den gesetzlichen Einheiten angegeben werden (§1 des Gesetzes über Einheiten im Maßwesen). Die Angabe von "PS"-

Stärken bei Autos ist daher unzulässig. Auch in der Computerbranche bewirken Abmahnvereine derzeit schrittweise die Umstellung von Zoll-Angaben (bei Bildschirmdiagonalen, Disketten usw.) auf Zentimeter-Angaben. Angaben in ausländischen Maßeinheiten sind nur dann nicht zu beanstanden, wenn kein einziger Marktteilnehmer die deutschen Maßeinheiten verwendet und dadurch im rechtlichen Sinne benachteiligt ist. Daher werden bisher beispielsweise auch Schuhgrößen noch nicht in "cm" angegeben.

Für die Werbung mit Ergebnissen aus Warentests (insbesondere der "Stiftung Warentest"), die von Konsumenten stark beachtet werden, gelten strenge Vorschriften. Als *Faustregel* kann gelten, daß zusätzlich zum Ergebnis des beworbenen Produktes noch angegeben werden muß, wieviele Produkte getestet wurden und wieviele davon besser bzw. genauso gut abgeschnitten haben wie das beworbene Produkt. Außerdem empfehlen Praktiker, die Quelle der Veröffentlichung anzugeben.

Für Zeitschriften und Zeitungen gilt, daß Werbung und redaktionelle Beiträge deutlich voneinander zu unterscheiden sein müssen. Werbung, die im redaktionellen Teil einer Zeitschrift erscheint, wie ein redaktioneller Beitrag aufgemacht und nicht als Anzeige gekennzeichnet ist, verletzt den Wahrheitsgrundsatz aus §1 UWG und verstößt gegen das Verbot der Irreführung aus §3 UWG.

Auch bezüglich der **Werbung mit Preisen** gibt es spezielle Vorschriften. Insbesondere wird die Werbung mit durchgestrichenen "alten Preisen" auch innerhalb des Verkaufsraumes stark eingeschränkt. Der direkte Vergleich eines durchgestrichenen "alten Preises" mit einem neuen Preis an der Ware selbst kann unter Beachtung recht strenger Bedingungen jedoch zulässig sein. Prinzipiell ist es zulässig, einen vom Hersteller empfohlenen Preis dem effektiv verlangten gegenüberzustellen. Auch allgemein gehaltene Prozentangaben ("bis zu 50% reduziert") sind zulässig, sofern sie den Tatsachen entsprechen und sich auf mehr als nur einzelne, aus dem gesamten Angebot hervorgehobene Waren beziehen. Als Zulässigkeitsbedingung für die Aussage "bis zu 50% reduziert" gilt, daß mindestens 10% der reduzierten Ware um diesen Höchstsatz reduziert wurde. Es liegt auf der Hand, daß sich bei dieser Rechtslage stark reduzierte Ladenhüter mit anderen, wesentlich weniger verbilligten Artikeln in einem Korb befinden können.

Die werbliche Darstellung der günstigen Preise durch Schlagwörter enthält für den Werbenden ebenfalls einige Fallstricke. Worte wie "Preisnachlaß" oder "Höchstrabatt" sind unzulässig, auch von einem "regulären Preis" darf nicht generell gesprochen werden.

Selbst die **Auswahl der Werbemittel und der Werbeträger** wird teilweise reglementiert. Am bekanntesten sind hier die Verbote für die Tabakwarenindustrie. Gemäß der Vereinbarung zur freiwilligen Selbstbeschränkung der Zigarettenindustrie sind beispielsweise Plakate im Umkreis von hundert Metern um Schulen und Jugendzentren untersagt. Der Warnhinweis zur Gesundheitsgefährdung muß zehn Prozent der Plakatfläche füllen und auch auf Kinospots folgen. Fernsehwerbung ist für

Zigaretten ohnehin nach dem Lebensmittel- und Bedarfsgegenständegesetz verboten. Die Zulässigkeit von Plakaten, Leuchtreklamen und anderen körperlichen Werbeträgern ist maßgebend im Bau- und Straßenrecht des Bundes und der Länder geregelt. Daher sind hier auch von Land zu Land leicht unterschiedliche Vorschriften anzuwenden.

Weiterhin ist zu beachten, daß die an anderen Stellen aufgezeigten Vorschriften wie Rabattgesetz oder Zugabeverordnung auch im Rahmen der Werbung beachtet werden müssen. Diese Aufzählung umfaßt auch nur die wichtigsten Vorschriften

4.8.2 Verkauf

Im Verkauf ist vor allem das **Ladenschlußgesetz** von Bedeutung. Es bezieht sich auf Ladengeschäfte aller Art und sonstige Verkaufsstände, also auch Kioske etc., in denen *Waren* zum Verkauf an *jedermann* feilgeboten werden. Auch Warenautomaten und Bahnhofsverkaufsstellen werden hier ausdrücklich erfaßt. Ausgenommen vom Ladenschluß ist der Verkauf an einen beschränkten Teil von Käufern, wie beispielsweise bei Veranstaltungen an die Teilnehmer. Vom Feilhalten sind Werbemaßnahmen wie z.B. die Aushändigung von Prospekten zu unterscheiden, die zulässig ist. Das Offenhalten von Geschäften z.B. am Tag der offenen Tür ist zulässig, wenn eine Geschäftsanbahnung ausgeschlossen ist. Schon das Auslegen von Bestellkarten kann daher einen Verstoß bedeuten. Warenautomaten können dagegen jederzeit benutzbar sein. Für Verkaufsstellen auf Personenbahnhöfen (auch innerhalb eines Verkehrsknotenpunktes wie einer Bahnhofspassage) gelten besondere Bestimmungen mit erweiterten Öffnungszeiten. Hier dürfen Waren des täglichen Ge- und Verbrauchs verkauft werden, nicht nur Reisebedarf. Diese günstigeren Bedingungen sind jedoch im wesentlichen auf Städte über 200.000 Einwohner beschränkt. Auf Flughäfen gelten wieder andere Regelungen, die sich von jenen für Bahnhöfe, vor allem bezüglich der zugelassenen Waren, unterscheiden (relativ weit gefaßter Begriff des Reisebedarfes, aber keine Gegenstände des allgemeinen Lebensbedarfes). Das Ladenschlußgesetz enthält noch weitere Ausnahmeregelungen, z.B. für Blumengeschäfte auf Friedhöfen, Konditorwaren an Sonntagen und andere, auf die hier nicht näher eingegangen werden kann.

Im Verkaufsgespräch gelten selbstverständlich auch die Vorschriften des UWG, wodurch insbesondere irreführende Angaben unzulässig sind.

4.8.3 Direktmarketing

Im Rahmen des Direktmarketing unterliegt vor allem das aktive (Outbound-)Telefonmarketing rechtlichen Schranken. Aber auch bei sogenannten Faxmailings und Werbebriefen sind Grenzen zu beachten.

Werbebriefe sind generell als Einzelsendung oder auch als Postwurfsendung zulässig. Mailings, die als private Briefe "getarnt" werden, stellen eine unzumutbare Belästigung dar, da der Empfänger durch den privaten Charakter zum Lesen der Werbung veranlaßt wird. Ein derartiges Vorgehen ist daher wettbewerbswidrig. Eine unerlaubte Verletzung des Persönlichkeitsrechts (§ 823 I BGB) stellt die Zusendung von Werbebriefen dar, wenn der Umworbene in die sog. **Robinson-Liste** aufgenommen wurde. Diese Liste ist eine Sammlung der Adressen jener Personen, die ausdrücklich erklärt haben, keine Werbebriefe etc. zu wünschen.

Die **Telefonwerbung** wird wesentlich stärker reglementiert. Anrufe des Umworbenen beim Werber stellen in rechtlicher Hinsicht bisher kein Problem da. Es sind jedoch bereits Anzeigen geschaltet worden, die den Leser auffordern, nähere Informationen unter einer "0190-..." Nummer einzuholen. In diesem Fall zahlt der Interessent für den Anruf mehr als DM 1,-- Telefongebühr pro Minute. Hier könnten Probleme entstehen, wenn der Anrufer nicht über die ihm entstehenden Kosten aufgeklärt wird.

Anrufe durch das werbende Unternehmen bei *Privat*personen sind nur zulässig, wenn der Interessent dazu ausdrücklich sein Einverständnis erteilt hat. Als Einverständniserklärung gilt auch die Bekanntgabe der Telefonnummer. Die bloße Anforderung von Informationsmaterial auf dem Postweg ohne Angabe einer Telefonnummer erlaubt noch keinen Anruf. Als belästigend und daher wettbewerbswidrig gelten Anrufe bei Privatpersonen ohne deren ausdrückliche Genehmigung auch dann, wenn der Werber seinen Anruf zuvor brieflich avisiert oder am Telefon nichts verkaufen, sondern nur einen Gesprächstermin vereinbaren möchte. Zulässig sind derartige Anrufe auch dann, wenn mit der Person bereits eine Geschäftsbeziehung besteht.

Im *geschäftlichen Bereich* darf der Werber dann unaufgefordert anrufen, wenn sich der Anruf auf die geschäftliche Tätigkeit des Angerufenen bezieht. Hier kann der Werber stillschweigend davon ausgehen, daß der Angerufene mit einer Anbahnung eines Geschäftskontaktes per Telefon einverstanden ist.

Werbung per **Telefax**, die durch die Kombination von Faxkarte und Serienbriefsoftware im PC einfach und kostengünstig ist, unterliegt entgegen der verbreiteten Meinung noch strengeren Kriterien als die Telefonwerbung. Hier muß davon ausgegangen werden, daß die Werbung das Faxgerät des Empfängers unnötig blockiert und ihm Kosten entstehen (Thermopapier!). Telefaxwerbung ist daher nur dann zulässig, wenn ein sachlicher Grund für die Wahl dieses Mediums gegeben ist. Zulässig ist die Telefaxwerbung also beispielsweise bei besonders wichtigen oder eiligen Informationen. Generell ist Bedingung für die Telefaxwerbung, daß eine geschäftliche Beziehung zum Umworbenen bereits besteht.

E. Marketing-Controlling

1. Grundbegriffe der Kostenrechnung

An dieser Stelle sollen nur die wichtigsten Begriffe aus der Kostenrechnung, soweit sie für das Verständnis der Verfahren des Marketing-Controlling notwendig sind, erläutert werden. Für weitergehende Erklärungen und Beispiele sei auf die Literatur zum Bereich Rechnungswesen verwiesen.

1.1 Teilbereiche der Kostenrechnung

Nach dem Bezugsobjekt, also der Frage, welches das Gliederungskriterium der Rechnung ist, können Kostenarten-, Kostenstellen- und Kostenträgerrechnung unterschieden werden. Die **Kostenartenrechnung** beantwortet die Frage: *Welche* Kosten sind insgesamt angefallen? Beispiele dafür sind Personalkosten, Materialkosten, Mieten usw. Es ist somit mit Hilfe der Kostenartenrechnung beispielsweise möglich, Angaben über den Umsatz in Abhängigkeit vom Personaleinsatz zu machen (zugrundeliegende Fragestellung: Wie effektiv ist der Personaleinsatz?) oder etwa zu ermitteln, ob sich die Anschaffung eines Firmenwagens lohnt (Vergleich Fahrzeugkosten mit der Kostenart "Reisekostenerstattungen").

Jedes Unternehmen ist in Abhängigkeit von seiner organisatorischen Gliederung in Kostenstellen eingeteilt. Damit ist es möglich, die Entstehung von Kosten zu lokalisieren, z.B. die Effizienz von Abteilungen mit ähnlichem Tätigkeitsgebiet miteinander zu vergleichen. Hierzu wird eine **Kostenstellenrechnung** durchgeführt. Beispiele für Kostenstellen sind Produktmanagement X, Werbeabteilung, Auftragsannahme usw. Die Tatsache, daß es sich jeweils um organisatorisch abgegrenzte Teilbereiche eines Unternehmens handelt, macht es möglich, den Kostenstellen bzw. ihren Verantwortlichen Budgets zuzuweisen (z.B. Personal- oder Büromaterialbudget für die Abteilung Marktforschung). Dadurch entsteht auch Kostenverantwortung auf unteren Ebenen.

Die **Kostenträgerrechnung** schließlich verfolgt die Aufgabe der Kalkulation. Die zugrundeliegende Frage lautet: wofür sind welche Kosten in welcher Höhe pro Stück angefallen? Bezugsobjekt sind hier die betrieblichen Leistungen, also Produkte oder Dienstleistungen. Jedes Produkt und jede Leistung ist ein Kostenträger. Die Höhe der Kosten sowie die Gewinnvorstellung sind die Entscheidungsgrundlagen für die Bemessung des Preises aus Unternehmenssicht. So wichtig die Kostenträgerrechnung für das Marketing auch ist, so groß sind die Probleme, sie verursachungsgerecht durchzuführen. So besteht z.B. die Frage, wie Gehälter für Vorstand oder Geschäftsführung verursachungsgerecht auf einzelne Produkte verrechnet werden sollen. Hierfür wurden verschiedene Verfahren entwickelt, die im Abschnitt "Kostenanalyseverfahren" dargestellt werden.

1.2 Prinzipien der Kostenverrechnung

Während einige Kosten, z.B. bestimmte Fertigungsmaterialien, direkt ihren Kostenträgern zugerechnet werden können (Einzelkosten), ist dies bei anderen, z.B. Managementkosten, nicht möglich (Gemeinkosten). Eine Verrechnung nach dem Prinzip der **Kostenverursachung** (Kosten werden der Kostenstelle zugerechnet, die sie verursacht hat) ist aufgrund von Erfassungsproblemen in der Regel nicht zu gewährleisten. Dafür wäre es erforderlich, daß für jede Tätigkeit ein Nachweis über den jeweiligen Kostenträger geführt wird. Dies mag dann noch funktionieren, wenn ein Produktmanager jede Tätigkeit für nur ein Produkt ausübt, handelt es sich aber um eine Aktivität, die eine ganze Produktgruppe betrifft, wird es schon schwieriger.

Das **Tragfähigkeitsprinzip** ist eine Möglichkeit der Zurechnung nicht verursachungsgemäß zurechenbarer Kosten. Die Gerechtigkeit der Verrechnung wird hierbei aber nicht auf der Seite der Kostenverursacher (Produktmanagement, Werbung, Marktforschung usw.) gesucht, sondern auf der Seite der Kostenträger. Der Kostenträger, der die höchsten Kosten "tragen" kann, muß dies entsprechend tun. Die Zurechnung erfolgt proportional zu den Absatzpreisen oder variablen Kosten. Es werden also prozentuale Zuschlagssätze gebildet (z.B. für Öffentlichkeitsarbeit: 0,2%), so daß Produkte mit unterschiedlichen Preisen in unterschiedlichem Maße zur Deckung dieser Kosten beitragen.

Das Prinzip der **Durchschnittsbildung** schließlich geht von der vereinfachenden Vorstellung aus, daß jeder Kostenträger in absolut gleicher Höhe nicht direkt zurechenbare Kosten verursacht. Der Gesamtbetrag der zuzurechnenden Kosten wird danach durch die Gesamtproduktionsmenge geteilt und jedem einzelnen Kostenträger zugeschlagen.

Beispiel: Zwei Produkten A und B sollen Fixkosten (gesamt 2,40) nach dem Tragfähigkeits-(T) bzw. Durchschnittsprinzip (D) zugerechnet werden.

Produkt:	**A(D)**	**A(T)**	**B(D)**	**B(T)**
variable Kosten:	5,00	5,00	7,00	7,00
fixe Kosten:	1,20	1,00	1,20	1,40
Gesamtkosten:	6,20	6,00	8,20	8,40

Die Höhe der Gesamtkosten hängt vom Verrechnungsprinzip ab. Die Anwendung des Durchschnittsprinzips (je DM 1,20 Fixkostenanteil) führt für das Produkt A zu höheren Gesamtkosten als bei Anwendung des Tragfähigkeitsprinzips (je 20% Zuschlag für Fixkosten), bei Produkt B zu geringeren.

1.3 Kostenrechnungssysteme

Nach dem Zeitbezug der Kostenerfassung kann in Ist-, Normal- und Plankostenrechnung unterschieden werden. Bei der **Istkostenrechnung** werden alle tatsächlich angefallenen Kosten einer Periode bzw. bis zu einem Stichtag verrechnet. Diese Vorgehensweise hat zwar den Vorteil der aktuellen Kostenermittlung, aber auch einige Nachteile. So führen kurzfristige Preisschwankungen bei Vorprodukten (z.B. durch Wechselkursänderungen) zu entsprechenden Schwankungen bei den Angebotspreisen. Ständig schwankende Preise führen aber nicht zu einer Stabilisierung der Kundenbeziehung, weil Planungsunsicherheit entsteht. Es handelt sich um eine vergangenheitsorientierte Rechnung, die nicht für Planungszwecke einsetzbar ist. Weiterhin entsteht ein erheblicher Kalkulationsaufwand und schließlich wird die Kostenkontrolle mangels entsprechender Vergleichswerte erschwert.

Die **Normalkostenrechnung** basiert auf dem Durchschnitt der Istkosten vergangener Perioden. Es wird versucht, längerfristig stabile Werte zu erhalten, die unabhängig sind von aktuellen Schwankungen. Damit werden sowohl die Vor- als auch Nachteile der Istkostenrechnung vermindert.

Die **Plankostenrechnung** schließlich legt Kostenvorgaben fest, die durch technische Berechnungen und Verbrauchsstudien ermittelt wurden. Es handelt sich um ein zukunftsgerichtetes Verfahren, das von aktuellen Preisschwankungen weitgehend unabhängig ist und durch den Vergleich mit den jeweiligen Istkosten eine Kostenkontrolle ermöglicht. Erfolgt eine Anpassung an Beschäftigungsänderungen, handelt es sich um eine flexible Plankostenrechnung, erfolgt keine Anpassung, um eine starre.

1.4 Fixe und variable Kosten, Einzel- und Gemeinkosten

Die Kosten selbst werden anhand zweier Kriterien unterschieden: nach der Mengenabhängigkeit und Zurechenbarkeit zu einem Produkt. Kosten, die unabhängig von einer bestimmten Produktionsmenge (also auch bei einer Produktion von Null) entstehen, sind **fixe Kosten**. Bei einer Produktionsausweitung über eine Kapazitätsgrenze hinaus müssen z.B. neue Produktionsanlagen beschafft werden. Dabei handelt es sich dann um **sprungfixe Kosten**, letztlich also um eine Mischung aus fixen und variablen Kosten. Kosten, die proportional zur Produktionsmenge entstehen, sind **variable Kosten**. **Einzelkosten** sind einem einzelnen Produkt zurechenbar, **Gemeinkosten** müssen über Zurechnungsverfahren verrechnet werden. Alle Kosten lassen sich, wie die Beispiele, einem Feld in folgendem Schema zuordnen:

		Zurechenbarkeit zu einem Produkt	
		ja (Einzelkosten)	**nein (Gemeinkosten)**
Mengenabhängigkeit	**ja (variable Kosten)**	Materialkosten bei Einzelfertigung, Vertreterprovision	Energiekosten, best. Transportkosten
	nein (fixe Kosten)	Kosten für Sondermaschinen, Produktwerbung	Kosten der Unternehmensleitung, Firmenwerbung

In der Kalkulation werden folgende Kosten addiert:

Einzelkosten	**Gemeinkosten**	**Summe**
Fertigungsmaterial	+ Materialgemeinkosten	= Materialkosten
+ Fertigungslohn	+ Fertigungsgemeinkosten	
+ Sondereinzelkosten der Fertigung		= Fertigungskosten

		= Herstellkosten
	+ Verwaltungsgemeinkosten	
+ Vertriebseinzelkosten	+ Vertriebsgemeinkosten	= **Selbstkosten**

Sondereinzelkosten sind nicht einem bestimmten Kostenträger, sondern einem einzelnen Auftrag zuzurechnen.

1.5 Voll- und Teilkostenrechnung

Die **Vollkostenrechnung** betrachtet alle Kosten, d.h. es werden immer nur sämtliche Kosten vollständig berücksichtigt. Bei der **Teilkostenrechnung** erfolgt eine Teilung der Kosten in Abhängigkeit von der Entscheidungssituation. Geht es z.B. nur um eine kurzfristige Preisentscheidung, werden die Fixkosten außer acht gelassen, da sie von der Entscheidung nicht betroffen und kurzfristig nicht zu beeinflussen sind. Die Auswirkung des Rechnungsverfahrens soll anhand folgenden Beispiels gezeigt werden, wobei längerfristige Auswirkungen (z.B. Bedeutung von Preiszugeständnissen für die Preispolitik) hier nicht betrachtet werden sollen.

Die Vertriebsabteilung soll über die Annahme oder Ablehnung eines Zusatzauftrags entscheiden. Der Kunde ist allerdings nicht bereit, den Listenpreis von DM 8 zu zahlen. Er meint, eine gute Verhandlungsbasis zu haben, und bietet an, DM 7 zu zahlen.

Die Kostensituation ist wie folgt: variable Kosten pro Stück = DM 5, fixe Kosten des Betriebs = DM 50.000/Jahr und Produktionsmenge = 20.000 Stück/Jahr. Bei Anwendung der Vollkostenrechnung ergeben sich pro Stück Gesamtkosten in Höhe von DM 7,50 (5 DM variable Kosten + 2,50 fixe Kosten (= 50.000 DM : 20.000 St.)). Die Teilkostenrechnung berücksichtigt hier nur die variablen Kosten, allerdings unter der Voraussetzung, daß freie Kapazitäten für die zusätzliche Produktion vorhanden sind. Dann liegt der vom Kunden gebotene Preis von 7 DM um 2 DM über den variablen Kosten von 5 DM, die auf jeden Fall entstehen. Diese 2 DM werden als **Deckungsbeitrag** bezeichnet, d.h. sie tragen zur Deckung der bereits vorher entstandenen Fixkosten bei. In dieser konkreten Situation macht das Unternehmen zwar bei Vollkostenbetrachtung keinen Gewinn durch den Verkauf, steht aber besser da als im Falle der Ablehnung des Auftrags.

Die Teilkostenrechnung ist durchaus eine alltägliche Angelegenheit. Die Überlegung, ob eine Fahrt mit dem eigenen Fahrzeug oder etwa der Bahn durchgeführt werden sollte, wird regelmäßig auf Teilkostenbasis durchgeführt. Da das Fahrzeug bereits vorhanden ist und damit entscheidungsirrelevante Fixkosten darstellt, werden nur die variablen Betriebskosten dem Bahnfahrpreis gegenübergestellt.

In einer einmaligen Entscheidungssituation über ein Verkehrsmittel führt die Teilkostenbetrachtung zur richtigen Entscheidung. Erhält der Reisende z.B. eine Fahrtkostenerstattung in Höhe der Bahnkosten, ist die Autofahrt solange ökonomisch sinnvoll, wie die variablen Betriebskosten darunter liegen. Wird diese Entscheidung kontinuierlich auf Teilkostenbasis wiederholt, entsteht das Problem, daß das Fahrzeug irgendwann abgenutzt ist, aber keine Rücklagen für eine Neuanschaffung vorhanden sind.

Die Einführung der BahnCard bewirkte eine Veränderung der Kostenstruktur, die zu einer Kombination aus Fixkosten und geringeren variablen Kosten führte. Die Teilkostenbetrachtung bezieht nun auch beim Bahnpreis einen geringeren variablen Satz ein. Dadurch fällt die Entscheidung häufiger für die Bahn, obwohl der Kostenvorteil bei Vollkostenbetrachtung durch die Fixkosten relativ gering ist.

Folgende Übersicht verdeutlicht einige Begriffe der Kostenrechnung anhand eines fiktiven Beispiels. Die Istkosten wurden jeweils für die Perioden 1-4 berechnet, für die Ermittlung der Normalkosten wurden diese Werte mit den Produktionsmengen gewichtet. Zur Berechnung der Plankosten wurde eine durchschnittliche Steigerungsrate von 20% verwendet. Diese ergibt sich aus der Steigerung der Istkosten von 2/94 nach 3/94 und von 3/94 nach 4/94. Zu den variablen Kosten zählen Papier und Farbe, zu den fixen Kosten Maschine und Verwaltung.

Vergleich der Kostenrechungssysteme: Beispiel Druckerei

	1/94	2/94	3/94	4/94	5/94	6/94
Produktion (Blatt/Periode)	500.000	600.000	500.000	300.000	400.000	600.000
Papier	5000	6000	5000	3000	3500	5250
(DM/Blatt)	(0,01)	(0,01)	(0,01)	(0,01)	(0,00875)	(0,00875)
Farbe	1000	1200	1000	600	800	1200
(DM/Blatt)	(0,002)	(0,002)	(0,002)	(0,002)	(0,002)	(0,002)
Maschine (DM/Periode)	3000	3000	3000	3000	3000	3000
Verwaltung (DM/Periode)	6000	6000	6000	6000	6000	9000
Gesamtkosten (DM/Per.)	15000	16200	15000	12600	13300	18450
Umsatz bei DM 0,04/Blatt	20000	24000	20000	12000	16000	24000
Gesamtgewinn (DM/Per.)	**5000**	**7800**	**5000**	**- 600**	**2700**	**5550**
Istkosten (DM/Blatt)	0,03	0,027	0,03	0,042		
Normalkosten (DM/Blatt)		0,031 (gewichtet)				
(Plankosten (DM/Blatt)					0,0504	0,06048)
Deckungsbeitrag			0,04-0,012 =0,028		0,04-0,01075 =0,02925	0,04-0,01075 =0,02925

Ist-, Normal- und Plankostenrechnung wurden auf der Basis der Perioden 1-4 durchgeführt. In der Periode 5 konnte der Bezugspreis für Papier gesenkt werden, in der Periode 6 stiegen die Verwaltungskosten.

2. Aufgaben des Marketing-Controlling

Das Controlling geht in seinem Verantwortungsbereich über die eigentliche Kontrolle hinaus und umfaßt die Bereiche

- Planung
- Kontrolle
- Informationsversorgung.

Es ist damit ein **ganzheitliches Steuerungsinstrument** sowohl für ein ganzes Unternehmen als auch einen einzelnen Funktionsbereich. Da der Bereich Informationsversorgung stark von der Datenverarbeitungstechnik abhängt, wird er hier nicht weiter betrachtet.

Wozu eigentlich Planung und Kontrolle? Bei beiden Funktionen handelt es sich um reine Managementaufgaben und damit nicht um Tätigkeiten, die direkt zur Umsatzerzielung beitragen. Theoretisch wäre es auch möglich, ein Unternehmen zu betreiben, ohne zu planen und zu kontrollieren (es wären allerdings Rechtsvorschriften für das Rechnungswesen - Buchhaltungs- und Bilanzierungspflicht - zu berücksichtigen). Controlling-Aktivitäten, soweit sie nicht aufgrund rechtlicher Vorschriften durchgeführt werden, sollten sich daher selbst finanzieren. Betrachtet man die Entwicklung des Controlling in den Unternehmen in den letzten Jahrzehnten, scheint dies tatsächlich der Fall zu sein.

Neben dem Ergebnisbeitrag, also z.B. konkreten Kostensenkungs- und Rationalisierungsmaßnahmen, hat Controlling, dabei insbesondere die Kontrolle, auch qualitative Funktionen. Es ermöglicht nämlich eine Bewertung unternehmerischen Handelns auf relativ objektiver Grundlage. Ein geschlossenes Konzept von Planung und Kontrolle stellt sicher, daß beide Tätigkeiten aufeinander abgestimmt sind, die Planerfüllung tatsächlich auch kontrolliert wird und umgekehrt nur kontrolliert wird, was auch geplant wurde. Die Rückkopplung durch Kontrollen, die letztlich auch das Ziel verfolgen, die Planung zu verbessern, ermöglicht schließlich das Lernen aus Planabweichungen. Kontrolle übernimmt somit auch eine pädagogische Funktion.

Konkret auf das Marketing bezogen lassen sich folgende **Aufgaben des Controlling** identifizieren:

- Informationsversorgung (z.B. aus Marktforschung, Rechnungswesen)
- Strategische Marketing-Planung (z.B. Auswahl von Märkten und Marktsegmentierung)
- Operative Marketing-Planung (Schätzung der Wirkung von Maßnahmen)
- Abstimmung der Marketing-Planung mit der Gesamtunternehmensplanung
- Ergebniskontrollen der Marketing-Aktivitäten
- Querschnittskoordination der Organisationseinheiten im Marketing
- Organisationsprüfung.

Das Spektrum der **Methoden des Marketing-Controlling** ist vielfältig und reicht von der Analyse der Kundenkartei bis zum Strategien-Audit. Ein Teil davon ist dem

Funktionsbereich Marktforschung zuzuordnen (z.B. Panelanalysen) und wird dort behandelt.

3. Organisatorische Verankerung des Marketing-Controlling

Die organisatorische Verankerung des Marketing-Controlling steht vor dem Problem, zwei unterschiedliche Funktionsbereiche (nämlich Marketing und Controlling) miteinander zu vereinbaren. Die Stelleninhaber befinden sich an einer Schnittstelle, die eine eindeutige Zuordnung zumindest erschwert. Die möglichen Lösungen verwenden denn auch diese Zuordnung als Parameter:

Verankerung
- im Marketing
- im Controlling
- sowohl im Marketing als auch im Controlling
- außerhalb beider Funktionsbereiche.

3.1 Integriertes Marketing-Controlling

Das integrierte Marketing-Controlling gliedert die Stelle in den Marketing-Bereich ein (Abb. E.1). Das Marketing-Controlling ist genauso eine Instanz in der Marketing-Abteilung wie etwa das Produktmanagement, die Marktforschungsabteilung usw. Vorteile dieser Lösung sind die enge Zusammenarbeit mit dem Marketing und ein vereinfachter Informationsfluß. Das Controlling sitzt sozusagen an der Quelle. Nachteile sind die Gefahr der Isolierung als "Wachhund", weil die Tätigkeit auch in der Kontrolle der Aktivitäten der Kollegen besteht, sowie die Abhängigkeit von der Marketing-Leitung. Es ist in diesem Fall u.a. die Aufgabe des Controlling, die vorgesetzte Instanz zu kontrollieren, was regelmäßig zu Problemen führen dürfte.

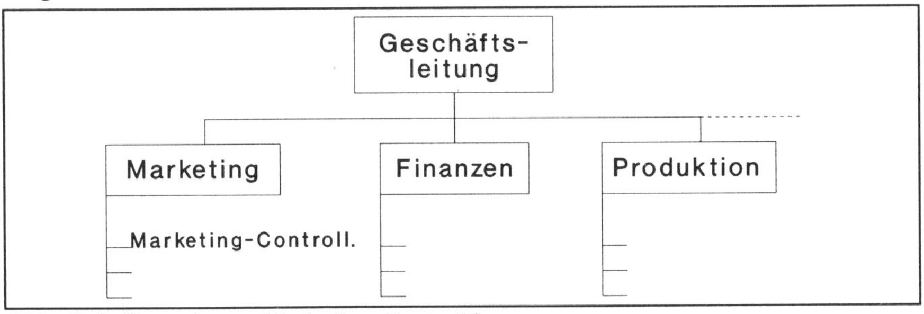

Abb. E.1: Integriertes Marketing-Controlling

3.2 Marketing-Controlling als Stabsstelle

Hier wird eine Stabsstelle bei der Geschäftsleitung eingerichtet (Abb. E.2). Vorteile dieser Regelung sind die hohe informelle Kompetenz und der direkte Kontakt zur obersten Entscheidungsebene. Dem steht aber die fehlende eigene funktionale Kompetenz gegenüber. Eine Stabsstelle hat keine Weisungsbefugnis und ist auf die Handlungsbereitschaft der Geschäftsführung angewiesen. Weiterhin besteht das

Problem der Informationsversorgung. Die fehlende Einbindung in die Marketing-Abteilung macht es erforderlich, als Außenstehender Informationen zu beschaffen. Inwieweit hier eine effektive Zusammenarbeit möglich ist, hängt in hohem Maße von der Kommunikationsbereitschaft der beteiligten Stellen ab.

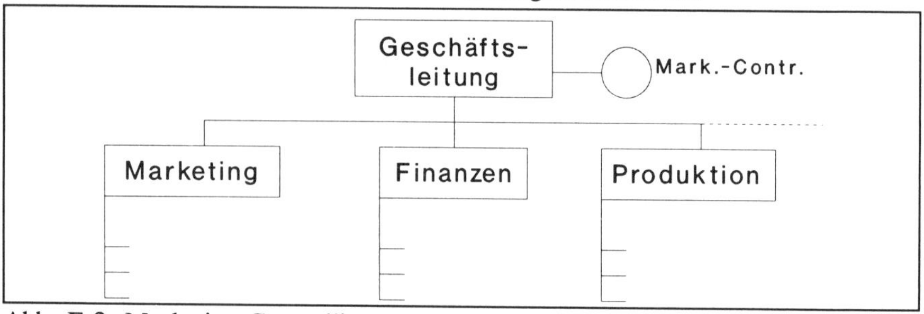

Abb. E.2: Marketing-Controlling als Stabsstelle bei der Geschäftsleitung

3.3 Institutionalisiertes Marketing-Controlling

Institutionalisiertes Marketing-Controlling beschreibt die Verankerung der Abteilung innerhalb des Unternehmensbereichs Finanzen/Rechnungswesen (Abb. E.3). Hierbei kann beispielsweise innerhalb einer Abteilung "Controlling" die Stelle "Marketing-Controlling" gebildet werden. Die Vorteile dieser Regelung bestehen in einer hohen funktionalen Kompetenz und der Unabhängigkeit von der Marketing-Leitung. Letzteres führt allerdings wieder zum Nachteil der erschwerten Informationsbeschaffung und der Gefahr einer kommunikativen Isolierung vom Marketing.

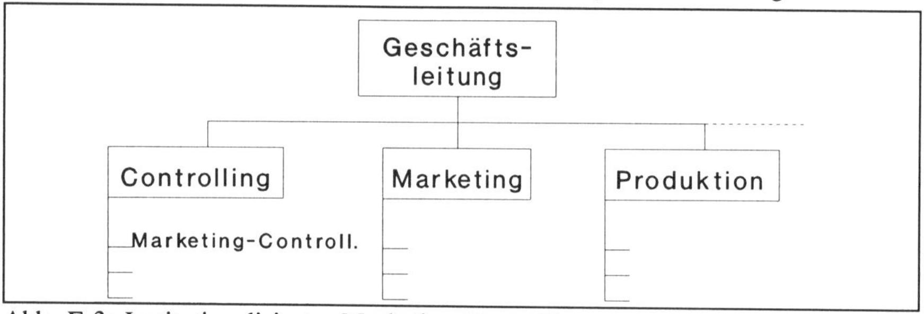

Abb. E.3: Institutionalisiertes Marketing-Controlling

3.4 Dotted-Line-Prinzip

Das Dotted-Line-Prinzip versucht, die Nachteile der eindeutigen Zuordnung zu einem Funktionsbereich zu mindern, indem es eine Schnittmengenlösung vorsieht. Das Marketing-Controlling wird dabei disziplinarisch der Marketing-Leitung, funktional dem zentralen Controlling unterstellt (Abb. E.4). Dabei entsteht als Vorteil die Kombination aus einer gewissen Unabhängigkeit vom Marketing und der Einbindung in den Marketing-Entscheidungsprozeß. Nachteilig kann sich jedoch der entstehende Konflikt zwischen Controlling und Marketing auswirken. Grundsätzlich muß damit gerechnet werden, daß in beiden Bereichen gegensätzliche Interessen bestehen, so daß das Marketing-Controlling genau in diesem Konfliktfeld angesiedelt ist.

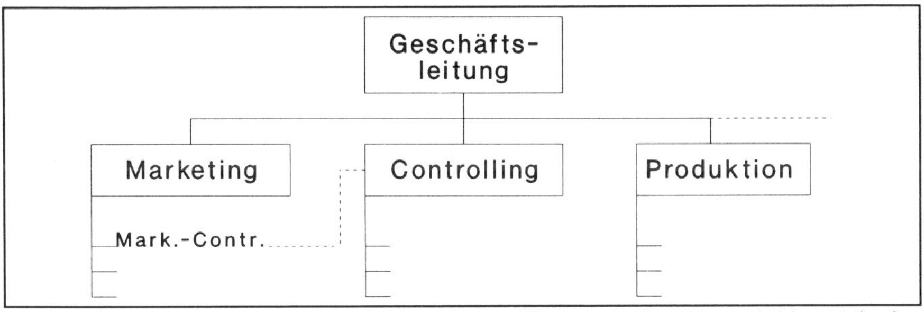

Abb. E.4: Organisation des Marketing-Controlling nach dem Dotted-Line-Prinzip

3.5 Projektmanagement

Im Gegensatz zu den anderen vorgestellten organisatorischen Konzepten wird beim Projektcontrolling keine dauerhafte Lösung angestrebt. Vielmehr geht es darum, die Beteiligung des Marketing-Controlling an Marketing-Projekten zu gewährleisten und somit für eine frühzeitige Einbindung in den Entscheidungsprozeß zu sorgen. Gerade im Bereich bedeutsamer Projekte wie Neuproduktentwicklungen kann die frühzeitige Nutzung der Fachkompetenz des Controlling spätere Korrekturmaßnahmen vermeiden helfen. Es besteht jedoch auch die Gefahr, daß der Controller als "Fremdkörper" in den Projektteams wahrgenommen wird, sich die anderen Projektmitglieder in der Ideenentwicklung gebremst fühlen. Zudem stellt sich die Frage, wie eine Kontinuität in der Beschäftigung gewährleistet werden kann.

Zusammenfassende Übersicht über charakteristische Merkmale:

Organisations-form:	**dauer-haft**	**projekt-bezogen**	**funktionale Kompetenz**	**Integration in Marketing**	**Integration in Controlling**
integriert	ja	-	eingeschränkt	ja	nein
Stabsstelle	ja	-	keine	nein	nein
institutionalisiert	ja	-	hoch	nein	ja
Dotted Line	ja	-	hoch	ja	ja
Projekt-management	-	ja	eingeschränkt	ja	nein

4. Marketing-Planung

4.1 Überblick über den Planungsprozeß im Marketing

Die Möglichkeiten, den komplexen Planungsprozeß zu strukturieren, sind vielfältig. So werden Abläufe mit und ohne Rückkopplungen, für Dienstleistungs- und Produktionsunternehmen usw. vorgeschlagen. Der im folgenden zugrundegelegte Ablauf (Abb. E.5) berücksichtigt insbesondere den strategischen Aspekt und betrachtet die Zielplanung als einen kontinuierlichen Vorgang, der ständige Rückkopplungen mit den einzelnen Phasen benötigt. Dabei wird hervorgehoben, daß Ziele letztlich auch ein Resultat der Kontrolle sind, denn Abweichungen von den ursprünglichen Zielen, die im Rahmen der Kontrolle festgestellt werden, führen zu neuen Zielen bzw. Zielkorrekturen. Die Budgetierungsphase wird der Marketing-Mix-Planung nachgeordnet, obwohl natürlich beide Tätigkeiten voneinander abhängig sind und insofern parallel durchgeführt werden müssen. Mit dieser Anordnung soll jedoch hervorgehoben werden, daß inhaltliche Fragen (welche Maßnahmen sollen durchgeführt werden?) Vorrang haben sollten vor der Frage, wieviel Geld dafür zur Verfügung steht.

4.2 Situationsanalyse

Sämtliche Planungaktivitäten sollten auf einem möglichst genauen Bild von der aktuellen Lage des Unternehmens und seiner Umwelt basieren. Da es hier in erster Linie darauf ankommt, möglichst genau zu beobachten und die relevanten Informationen zu selektieren, können als Anhaltspunkte für die Analyse nur Quellen und Checklisten dienen, die die wichtigsten Kriterien verzeichnen.

Als Informationsquellen für die Situationsanalyse stehen z.B. zur Verfügung:

unternehmensexterne Quellen

- Wirtschaftszeitungen/-zeitschriften
  z.B. Handelsblatt, Börsen-Zeitung, manager magazin
- Fachzeitschriften
  z.B. absatzwirtschaft, Betriebs-Berater, Wirtschaftsdienst
- Geschäftsberichte
- Statistiken
  z.B. statistisches Jahrbuch, Zahlungsverkehrsstatistiken
- Fachbücher
- Verbandsinformationen
  z.B. Institut für Handelsforschung, Europäisches Handels-Institut
- Marktforschungsstudien
  z.B. Omnibusbefragungen, Panelanalysen
- Kammerinformationen
  z.B. Industrie- und Handelskammer, Handwerkskammer
- Datenbanken
  z.B. Unternehmensdatenbanken, Literaturdatenbanken

Abb. E.5: Planungsprozeß im Marketing (verändert nach Köhler/Krautter 1989)

unternehmensinterne Quellen

- Buchhaltung/Rechnungwesen
- Kundendienst
- Vertrieb/Außendienst
- Einkauf
- Marktforschung.

4.2.1 Marktanalyse

Ziel der Marktanalyse ist es, die Struktur des aktuellen und ggfs. potentiellen Absatzmarktes zu erfassen und vor allem auf zu erwartende Änderungen aufmerksam zu machen. Im Mittelpunkt stehen das Konsumentenverhalten sowie die darauf einwirkenden Faktoren.

Konsumentenverhalten, z.B.
- verfügbares Einkommen/Kaufkraft
- Ausgabenstruktur
- Haushaltsgröße/Lebensformen
- Werte/Wertewandel
- Einstellungen gegenüber Produkten
- Einkaufsstättenwahl
- Preissensibilität
- Reklamationsverhalten
- Verschuldungsbereitschaft

Einflußfaktoren auf das Konsumverhalten, z.B.
- Entwicklung der Einkommen
- Beschäftigung/Arbeitslosigkeit
- Betriebsformenentwicklung im Handel
- rechtliche Vorschriften
- Marketing-Maßnahmen der Wettbewerber

Insbesondere bei industriellen Kunden (Investitionsgüter-Marketing) sind zusätzlich die Machtverhältnisse auf dem Absatzmarkt zu berücksichtigen. Hier sind z.B. Zusammenschlüsse in Verbänden bedeutsam.

4.2.2 Konkurrentenanalyse

Die Konkurrentenanalyse bezieht sich auf Eigenschaften und Potentiale der Wettbewerber. Sie kann sich an den einzelnen Funktionsbereichen der Unternehmen orientieren, z.B.:

Produktionsbereich
- Kapazität
- Technologien
- Kostenstruktur

Finanzbereich
- Eigenkapitalquote
- Cash Flow
- Liquiditätsreserven

Personalbereich
- Qualifikation der Mitarbeiter
- Führungsstil
- akquisitorisches Potential bei der Personalbeschaffung

Unternehmensstruktur
- Beteiligungen
- Diversifikationsgrad
- Rechtsform
- Standorte

Forschungs-/Entwicklungsbereich
- Patente
- Entwicklungspotential
- F+E-Investitionen

Absatzbereich
- Werbeetat
- Produkt-/Firmenimage
- Distributionswege

4.2.3 Distributionsanalyse

Die Distributionsanalyse bezieht sich auf die Strukturen der Distributionsorgane und deren Nutzung. Im Konsumgüterbereich wird der Schwerpunkt in der Regel auf der Analyse des Handels liegen.

Zur Verfügung stehende Distributionsformen, z.B.
- Großhandel
- Einzelhandel
- Versand
- Absatzmittler

Konkurrenzverhältnisse unter den Distributionsorganen, z.B.
- rechtliche/wirtschaftl. Abhängigkeiten
- Marktanteile
- Preisniveau

Distributionskosten, z.B.
- übliche Handelsspannen
- "Einstiegskosten"
- Transportkosten

bisherige Distribution, z.B.
- Vertriebsverträge
- Exklusivbindungen
- Distributionskennziffern

4.2.4 Gewinn- und Verlustquellenanalyse

Die Gewinn- und Verlustquellenanalyse bezieht sich auf das quantitative Ergebnis des eigenen Unternehmens. Ziel ist es, Schwachstellen und Erfolgsquellen zu identifizieren, um etwa zu Eliminationsentscheidungen oder Schwerpunktsetzungen für die Zukunft zu kommen. Das wichtigste Instrument hierfür ist die Absatzsegmentrechnung, die eine Ergebnisermittlung nach Produkten, Produktgruppen oder Vertriebsbereichen ermöglicht. Es können sich damit z.B. folgende Gewinn- und Verlustquellen identifizieren lassen:

- einzelne Produkte
- Produktgruppen/-linien
- einzelne Kunden
- Kundengruppen
- Vertriebsgebiete
- einzelne Außendienstmitarbeiter
- einzelne Marketing-Aktionen.

4.2.5 Wettbewerbsintensitätsanalyse

Die Wettbewerbsintensitätsanalyse bezieht die Interaktionen zwischen den Unternehmen, Lieferanten und Abnehmern und die Marktdynamik ein. Porter (1983, S. 27ff.) unterscheidet fünf Faktoren der Wettbewerbsintensität:

- Markteintritte
- Rivalität unter den bestehenden Wettbewerbern
- Gefahr durch Ersatzprodukte
- Verhandlungsstärke von Lieferanten und
- Verhandlungsstärke von Kunden.

Je geringer die Wettbewerbsintensität ist, desto attraktiver ist der Markt für die Anbieter. Hohe Intensität kann zu der Entscheidung führen, nicht in den Markt zu gehen, oder einen Markt zu verlassen. Weiterhin entsteht in der Regel ein erheblicher Preisdruck sowie der Zwang zu kontinuierlicher Innovation.

Die Gefahr neuer Markteintritte hängt zunächst von der Existenz und Höhe von **Eintrittsbarrieren** ab. Diese sind um so höher (Porter 1983, S. 29ff.),

- je höher die Kostendegressionseffekte der bestehenden Hersteller sind und je höher damit ihr Produktionskostenvorteil ist
- je stärker die bestehenden Produkte differenziert sind und je stärker dadurch die Bindung zur Zielgruppe erfolgt ist
- je höher der für die Produktionsaufnahme erforderliche Kapitalbedarf ist
- je höher die Kosten für den Lieferantenwechsel eines Abnehmers zu einem neuen Lieferanten sind
- je schwieriger der Zugang zu den bestehenden Vertriebskanälen ist
- je besser die bestehenden Produkte/Hersteller durch Schutzrechte abgesichert sind und damit Imitationen und me-too-Produkte verhindert werden können
- je schwieriger der Zugang für neue Produzenten zu den bestehenden Rohstoffquellen ist
- je günstiger die Standorte der etablierten Unternehmen gelegen sind
- je stärker die bestehenden Unternehmen staatlich subventioniert werden und dadurch Subventionsmittel blockieren
- je stärker die zu erwartende Reaktion seitens der etablierten Anbieter ist (z.B. Preiskampf)
- je höher der kritische Preis für das neue Unternehmen ist, bei dem ein Gewinn erwirtschaftet wird.

Beispiele für Märkte mit hohen Eintrittsbarrieren sind etwa Luftverkehr, Mineralöl oder Taxibetriebe. Geringe Eintrittsbarrieren gibt es bei Anwendungssoftware, Unternehmensberatungen oder im Handel.

Die **Rivalität** unter den bestehenden Wettbewerbern ist typischerweise besonders intensiv, wenn (Porter 1983, S. 42ff.)

- es zahlreiche oder gleich gut ausgestattete Wettbewerber gibt
- das Branchenwachstum gering ist
- hohe Fix- oder Lagerkosten bestehen, also die Kosten für ein zusätzlich hergestelltes Produkt (Grenzkosten) relativ gering sind
- der Grad der Produktdifferenzierung gering ist oder geringe Umstellungskosten auf andere Produkte bestehen
- es zu erheblichen Erweiterungen der Kapazitäten kommt, die dann ausge-

lastet werden sollen

- die strategischen Einsätze (z.B. Kapitaleinsatz, fehlende Risikostreuung) hoch sind, also der Markterfolg um jeden Preis gesucht wird
- wenn die Marktaustrittsbarrieren hoch sind.

Der **Druck durch Substitutionsprodukte** ist ein weiterer Wettbewerbsfaktor. Hier spielen einerseits mögliche preisliche Vorteile eine Rolle, wenn etwa ein Ersatzprodukt kostengünstiger hergestellt werden kann, andererseits mögliche neue Leistungsmerkmale, die mit den bestehenden Produkten nicht erreicht werden können. Beispiele für solche Substitutionsprozesse lassen sich etwa im Bereich der Bürotechnik finden (Ablösung der Typenhebelschreibmaschine durch die Kugelkopf-, dann Typenradschreibmaschine, schließlich durch Textsysteme und Personal Computer), im Bereich der Bekleidung (partielle Substitution von Naturfasertextilien durch atmungsaktive Kunstfasertextilien), und in allen umweltrelevanten Bereichen (partielle Substitution von weißem Schreibpapier durch Recyclingpapier).

Die **Verhandlungsstärke der Abnehmer** ist dann besonders groß, wenn (Porter 1983, S. 50ff.)

- es nur wenige marktstarke Abnehmer gibt
- die Produkte für den Anbieter eine hohe Bedeutung haben
- der Standardisierungsgrad der Produkte hoch ist
- die Kosten des Abnehmers für die Umstellung auf einen anderen Lieferanten gering sind
- die Gewinne der Anbieter niedrig sind
- mit Rückwärtsintegration gedroht werden kann, d.h. der Abnehmer selbst die Produktion aufnehmen will
- die Produkte für den Abnehmer relativ unwichtig sind
- vollständige Information der Käufer vorliegt.

Für die **Verhandlungsstärke von Lieferanten** gelten diese Kriterien spiegelbildlich.

4.2.6 Potentialanalyse

Während die Gewinn- und Verlustquellenanalyse den status quo verdeutlicht, ist die Potentialanalyse zukunftsgerichtet. Es geht darum, die individuellen Stärken des Unternehmens aufzuzeigen, um somit auch die strategischen Standbeine zu erkennen. Auch hier bietet es sich an, sich an den Funktionsbereichen zu orientieren.

Produktionsbereich, z.B.

- fachliche Kompetenzen in Produktionsverfahren
- vorhandene, ggfs. nicht ausgelastete Produktionsanlagen
- Produktionskosten

Forschungs- und Entwicklungsbereich, z.B.

- vorhandene und ggfs. noch nicht genutzte Patente
- vorhandene F+E-Technologie
- Qualifikation der Mitarbeiter

Marketingbereich, z.B.

- Produkt- und Firmenimages
- Altersstruktur der Produkte
- Produktqualität
- Qualität und Umfang der Vertriebsorganisation
- genutzte Distributionswege

Finanzbereich, z.B.

- Liquidität
- Finanzierungsmöglichkeiten
- Verschuldungsgrad

Personalbereich, z.B.

- Anzahl, Auslastung und Qualität der Mitarbeiter
- Attraktivität als Arbeitgeber
- Lohnniveau

Unternehmensstruktur, z.B.

- zentral/dezentral
- Niederlassungen
- Beteiligungen.

4.3 Planungstechniken

Abb. E.6 gibt einen Überblick über die dargestellten Planungstechniken.

4.3.1 Netzplantechnik

Die Netzplantechnik ermöglicht die Koordination komplexer Arbeitsabläufe, wie sie im Marketing-Bereich z.B. im Rahmen der Neuprodukteinführung vorkommen. Das Planungsproblem entsteht dadurch, daß aus Gründen der Zeitersparnis und der besseren Ausnutzung von (personellen) Kapazitäten verschiedene Tätigkeiten parallel ausgeführt werden. Es gilt dann zu bestimmen, wann welche Tätigkeiten begonnen bzw. beendet sein müssen, um einen reibungslosen Ablauf des gesamten Prozesses zu gewährleisten.

Netzpläne sind wiederum ein durchaus alltägliches Phänomen. So wird z.B., wenn zwei oder mehrere Personen zusammen einkaufen, häufig unbewußt ein Netzplan aufgestellt. Beim Kauf von Frischfleisch beispielsweise müssen regelmäßig Wartezeiten einkalkuliert werden, so daß es sinnvoll ist, daß sich eine der beteiligten Personen an der Theke anstellt, während eine andere zwischenzeitlich andere Produkte aus den Regalen heraussucht. Darüber hinaus wird, was auch Element der Netzplantechnik ist, häufig eine Abfolge von Einkäufen festgelegt. So ist etwa der Einkauf von Zutaten abhängig von der gekauften Fleischsorte. Entsprechend ist die zeitliche Reihenfolge festzulegen.

Weiterhin macht die Netzplantechnik auf **Pufferzeiten** aufmerksam. Dabei handelt es sich um Zeitreserven, die entweder als Risikoabsicherung bewußt beibehalten

Bezeichnung	**Anwendungsgebiet**	
Netzplan-technik	Zeitplanung von parallel verlaufenden, komplexen Tätigkeiten	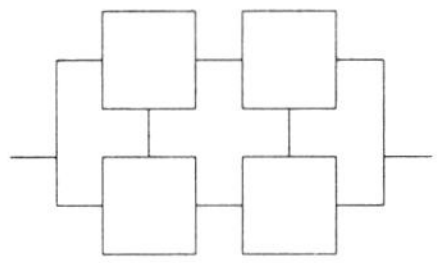
Projekt-struktur-plan	Zeitplanung von parallel verlaufenden Tätigkeiten	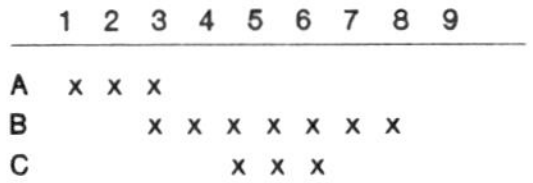
Entscheidungs-baum	Planung von Entscheidungen unter Berücksichtigungen von Ungewißheit und Reaktionen	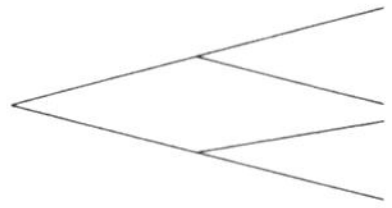
Checkliste	Problemstrukturierung und Sammlung von Entscheidungs-kriterien	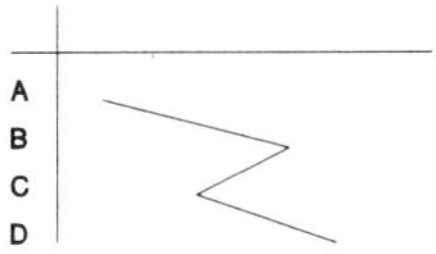
Netzwerk-analyse	Erfassung und Strukturierung komplexer Zusammenhänge und Analyse von Wechsel-wirkungen	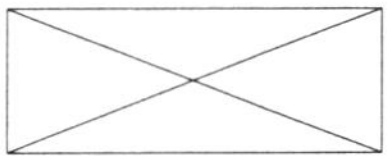
Budgetierung	Planung der Zuweisung von Finanzmitteln	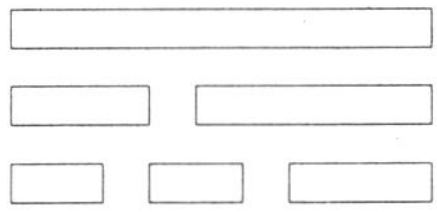
Lineare Pro-grammierung	Optimierung des Einsatzes zweier Größen	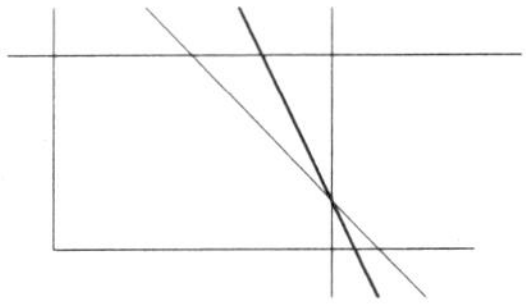

Abb. E.6: Übersicht über Planungstechniken

oder für andere Tätigkeiten eingeplant werden können. Puffer entstehen immer dann, wenn eine Tätigkeit früher beendet ist als eine andere, auf deren Ergebnis gewartet werden muß.

Die Vorgehensweise der Critical Path Method (CPM, es gibt eine Reihe weiterer Verfahren) soll an folgendem **Beispiel** (Zahlen nach Ehrmann 1991, S. 244ff.) dargestellt werden.

Problemstellung: Es soll ein Marktforschungsprojekt durchgeführt werden, das aus zwei parallelen Befragungen (eine bei Verbrauchern, eine bei Händlern) besteht. Für diese Schritte stehen zwei Sachbearbeiter zur Verfügung. Mit Hilfe der Netzplantechnik soll ermittelt werden, wann das Projekt abgeschlossen werden kann. Dabei sind einige Restriktionen und das Ziel der schnellstmöglichen Erledigung zu beachten.

Daten: Die beiden Sachbearbeiter zeichnen sich durch unterschiedliches Arbeitstempo aus. Die einzelnen Aktivitäten werden mit A-G bezeichnet. Die Zahlen geben die Bearbeitungszeit in Tagen an:

	I	II
A (Konzeption Verbraucherbefragung)	13	9
B (Durchführung Verbraucherbefragung)	12	10
C (Konzeption Händlerbefragung)	3	7
D (Durchführung Händlerbefragung)	6	9
E (Auswertung Verbraucherbefragung)	7	5
F (Auswertung Händlerbefragung)	3	5
G (Vorstandsvorlage Händlerbefragung)	1	3
Summe	**45**	**48**

Um eine aufeinander abgestimmte Durchführung des Projekts zu gewährleisten, sollen die Befragungen erst beginnen, wenn beide Konzepte fertig sind. Die Auswertungen sollen erst beginnen, wenn beide Befragungen fertig sind. Schließlich ist die Vorstandsvorlage der Händlerbefragung zu berücksichtigen:
D kann immer erst nach A durchgeführt werden, E nach D, F nach B, G nach F.

Der Planungsablauf vollzieht sich nun in folgenden Schritten:

1. Schritt: Auswahl der Sachbearbeiter: Für jede Tätigkeit wird der Sachbearbeiter gewählt, der sie am schnellsten ausführen kann. Es ergibt sich folgende Verteilung:
A, B, E: II
C, D, F, G: I.

2. Schritt: Aufstellung der Termintabelle:

Tätigkeit	**A**	**B**	**C**	**D**	**E**	**F**	**G**
Sachbearbeiter	II	II	I	I	II	I	I
Zeitbedarf	9	10	3	6	5	3	1
FAZ	0	9	0	9	19	19	22
FEZ	9	19	3	15	24	22	23
SAZ	0	9	11	14	19	20	23
SEZ	9	19	14	20	24	23	24
Puffer	0	0	11	5	0	1	1

FAZ = frühester Anfangszeitpunkt, FEZ = frühester Endzeitpunkt
SAZ = spätester Anfangszeitpunkt, SEZ = spätester Endzeitpunkt
Puffer = SEZ - FEZ

Es zeigt sich, daß die gesamte Bearbeitungsdauer durch Auswahl des schnellsten Sachbearbeiters und Parallelbearbeitung auf 24 Tage reduziert werden konnte. Würde ein einziger Sachbearbeiter sämtliche Tätigkeiten nacheinander durchführen, bräuchte er knapp bzw. genau die doppelte Zeit.

Die Berechnung der Gesamtzeit erfolgt auf diesem Weg:

a) Berechnung der FAZ/FEZ:

- Es wird mit A begonnen (FAZ = 0). A dauert 9 Tage, so daß die Tätigkeit frühestens am 9. Tag beendet ist (FEZ = 9).

- Da B für andere Tätigkeiten Voraussetzung ist und auch von II erledigt wird, schließt sie sich an A an. Der FAZ ist 9, aufgrund der Dauer von 10 Tagen ist der FEZ 19.
- Da C immer durchführbar ist und von I erledigt wird, beginnt sie parallel zu A (FAZ = 0). Die Dauer beträgt 3 Tage, so daß FEZ = 3.
- D ist Voraussetzung für E und schließt sich an A an. I übernimmt nun D mit FAZ = 9 (wg. A: FEZ = 9), der FEZ ist 15.
- E kann nun von II angeschlossen werden. D war zwar schon am 15. Tag abgeschlossen, B aber noch nicht (B wird auch von II erledigt). Daher: FAZ von E = 19, FEZ = 24.
- Da B Voraussetzung für F ist, kann F am 19. Tag beginnen, FEZ ist 23.
- Schließlich folgt G mit einem Tag, so daß das Projekt am 24. Tag abgeschlossen wird.

b) Berechnung der SAZ/SEZ:

Die gleiche Rechnung wird nun von hinten beginnend vorgenommen. Dabei ergeben sich dann die vorhandenen Pufferzeiten, die angeben, welche Tätigkeit um wieviel Tage später begonnen werden kann.

- G muß am letzten Tag, dem 24., abgeschlossen sein (SEZ). Sie dauert einen Tag, muß also spätestens am 23. begonnen werden (SAZ). Da der FEZ = 23, entsteht ein Puffer von 1 Tag.
- Der SEZ von F ist 23, so daß sich bei drei Tagen Bearbeitungsdauer SAZ = 20 ergibt. Der Puffer beträgt wieder 1.
- SEZ von E ist 24 (= FEZ), SAZ = FAZ, so daß sich hier kein Puffer ergibt.
- D muß nun als Voraussetzung von F spätestens am 20. Tag abgeschlossen sein (SEZ = 20), der FEZ war aber 15. D.h. der Beginn dieses Arbeitsgangs könnte um max. 5 Tage verschoben werden (Puffer = 5).
- C wird vor D durchgeführt und muß spätestens am 14. Tag fertig sein (SEZ). Da es sich um die erste Tätigkeit von I handelt, entsteht hier ein Puffer von 11 Tagen. Es ist nämlich gleichgültig, ob C zum Zeitpunkt 0 begonnen wird oder am 11. Tag.
- B muß als Vorläufer von E am 19. Tag fertig sein. Spätester Anfangs- und Endzeitpunkt entsprechen FAZ und FEZ.
- Gleiches gilt für A.

Die Puffer sind für A, B und E jeweils 0. Man spricht dabei vom kritischen Pfad. Kritisch ist er deswegen, weil bei dieser Reihe von Arbeitsabläufen keine weitere Verzögerung eintreten darf. Anderenfalls würde der Endtermin hinausgeschoben. Die Tätigkeitsabfolge von Sachbearbeiter I ist nicht kritisch, da Pufferzeiten vorliegen.

c) Vorgangsknotennetz:

Das Vorgangsknotennetz wird erstellt, indem Vorgangsknoten (Boxen), die die relevanten Daten enthalten, durch Linien miteinander verbunden werden. Diese Linien zeigen die Reihenfolge der Tätigkeiten an. Eine dick gezeichnete Linie gibt den kritischen Weg an. Zwischen den einzelnen Knoten werden ggfs. sog. Scheinaktivitäten eingeführt (hier: mit Sternen gezeichnet), die zeigen, daß eine Aktivität von einer anderen abhängig ist, also deren Ergebnis verwertet. So ist D vom Ergebnis von A abhängig und F vom Ergebnis von B.

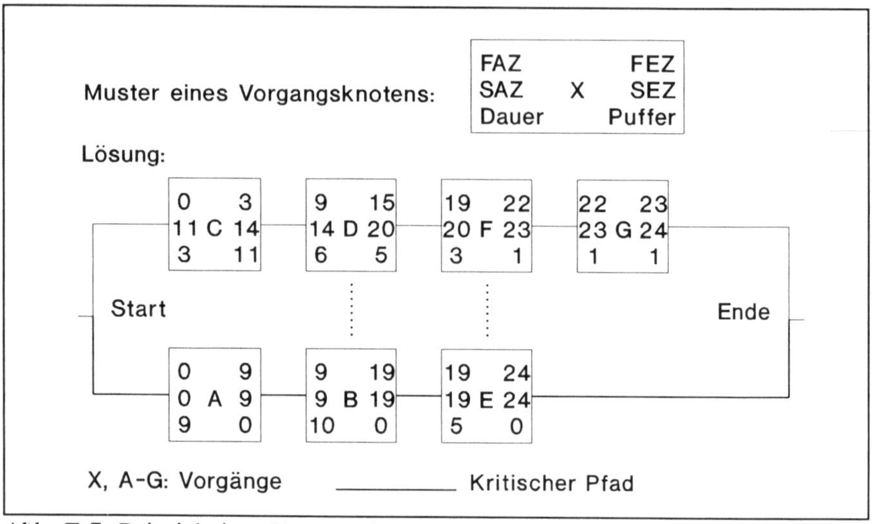

Abb. E.7: Beispiel eines Vorgangsknotennetzes

Der kritische Weg ist A - B - E. Die Puffer sind hier stets = 0. Die Dauer des Projekts ergibt sich aus der Summe der einzelnen Zeitbedarfe von A, B und E. Auf dem Weg C - D - F - G besteht ein Gesamtpuffer von 11, da die Summe der Zeitbedarfe bei 13 liegt. Dieser Puffer kann aufgebraucht werden, wenn C erst am 11. Tag begonnen wird.

4.3.2 Projektstrukturplan

Da die Aufstellung eines solchen Netzplanes nicht nur recht kompliziert ist, sondern auch genaue Daten benötigt, wird in der Praxis häufig eine einfache Version, der Projektstrukturplan, verwendet. Dabei werden in einer Spalte sämtliche zu ordnenden Aktivitäten aufgeführt. In der Horizontalen werden dann in Abhängigkeit von der Dauer der Tätigkeiten Linien für die Zeit der Durchführung abgetragen (meist in Kalenderwochen). Ist eine Aktivität von einer anderen abhängig, fängt ihre Linie entsprechend nach dem Ende der anderen an. Das Beispiel auf der nächsten Seite verdeutlicht das Verfahren anhand einer fiktiven Produkteinführung, die folgende ausgewählte Daten berücksichtigt:

- Die "GO"-Entscheidung fällt in der Kalenderwoche (KW) 1. Die Produktdaten (Leistung, Eigenschaften usw.) liegen bereits fest.
- Die Lieferzeit für Produktions-Werkzeuge liegt bei 20 Wochen, wobei nur 8

Wochen auf die Herstellung entfallen. Innerhalb der ersten 12 Wochen können demnach noch die Konstruktionszeichnungen erstellt werden.

- Die Stücklistenerstellung dauert 2 Wochen.
- Die Herstellung eines Prototyps, der für Tests benötigt wird, dauert 8 Wochen.
- Der Test des Prototyps dauert 2 Wochen. Nach Abschluß kann die Entscheidung über die Werkzeugproduktion gefällt werden.
- Beim Einkauf von Produktionsmaterial sind 8 Wochen Lieferzeit zu berücksichtigen.
- In der KW 18 finden Listungen bei Großvertriebsformen statt. Bis dahin muß der Prototyp für Demonstrationszwecke zur Verfügung stehen und die Produktionsentscheidung gefällt sein. Die anfängliche Produktionsmenge, die für den Materialeinkauf wichtig ist, wird erst im Anschluß an die Listungsgespräche festgelegt.
- Die Verpackungsentwicklung nimmt 2 Wochen in Anspruch und ist abhängig von der inhaltlichen Gestaltung der Werbung.
- Die Herstellung der Verpackungen dauert 5 Wochen.
- Die Werbekonzeption wird innerhalb von 7 Wochen von einer Agentur erstellt. Vorher ist eine Auswahl einer neuen Agentur erforderlich, die 3 Wochen dauert.
- Die Mediaplanung wird im Anschluß an die Präsentation der Werbeagentur durchgeführt und dauert 2 Wochen. Da Informationen über Werbemaßnahmen für den Handel wichtig sind, muß der Mediaplan bis zum Verkaufsstart feststehen.
- In den ersten 3 Wochen nach dem Verkaufsstart werden Verkaufsförderungsmaßnahmen durchgeführt.

Aus diesen Daten ergibt sich nun folgender Projektplan:

											1										2										3				
Aktivität	**Dauer**	1	2	3	4	5	6	7	8	9	0	1	2	3	4	5	6	7	8	9	0	1	2	3	4	5	6	7	8	9	0	1	2	3	4
Entscheidung "GO"		x																																	
Werkzeuge	12+8										x	x	x	x	x	x	x	x	x	x	x	x	x	x	x	x	x	x	x	x					
Stücklisten	2		x	x																															
Prototyp	8				x	x	x	x	x	x	x	x																							
Produkttest	2												x	x																					
Materialeinkauf	8																							x	x	x	x	x	x	x	x				
Listung KW 18																			x																
Verpackg.entw.	2																								x	x									
Verpackg.herst.	5																										x	x	x	x	x				
Agenturauswahl	3														x	x																			
Werbung Konz.	7																x	x	x	x	x	x	x												
Mediaplanung	2																							x	x										
Verkaufsförd.	3																																x	x	x
Verkaufsstart																																	x		

4.3.3 Entscheidungsbaumtechnik

Entscheidungsbäume sollen helfen, unterschiedliche Situationen und Entwicklungen bei einer Entscheidung zu berücksichtigen. Es wird dabei nicht mehr von einem bestimmten Zustand ausgegangen, sondern von mehreren möglichen, für die eine Eintrittswahrscheinlichkeit geschätzt werden kann. Bei einer deterministischen (nur einen Zustand berücksichtigenden) Planung würde bspw. als Umsatzerwartung ein bestimmter Wert angegeben. Mit Hilfe der Entscheidungsbaumtechnik können mehrere Umsätze, die mit ihrer Wahrscheinlichkeit bewertet sind, berücksichtigt werden. Es läßt sich dann ein Umsatz-Erwartungswert errechnen.

Beispiel:
deterministische Planung:

Umsatz in Periode 1 = 100.000 DM

stochastische Planung:

Umsatz in Periode 1 = 120.000 DM mit einer Wkt. von 30%
Umsatz in Periode 1 = 100.000 DM mit einer Wkt. von 30%
Umsatz in Periode 1 = 080.000 DM mit einer Wkt. von 20%
Umsatz in Periode 1 = 070.000 DM mit einer Wkt. von 20%
Erwartungswert: 120.000 x 0,3 + 100.000 x 0,3 + 80.000 x 0,2 + 70.000 x 0,2 = 96.000 DM

Das Verfahren kann über beliebig viele Perioden durchgeführt werden, der Baum verzweigt sich dann immer weiter. Abb E.8 zeigt einen einfachen Baum, der nur Verzweigungen für eine Periode enthält.

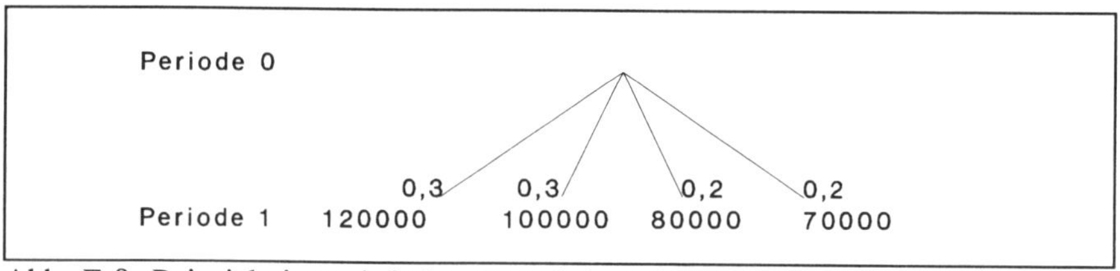

Abb. E.8: Beispiel eines einfachen Entscheidungsbaums

Das folgende Beispiel (Abb. E.9) gibt einen Entscheidungsbaum zur Bestimmung eines Angebotspreises wieder. Folgende Daten liegen der Analyse zugrunde:

- Es gibt zwei Unternehmen auf dem Markt: das eigene (Untern.) und einen Konkurrenten (Konkurr.). Die variablen Kosten liegen bei DM 60. Das Konkurrenzunternehmen verlangt z.Zt. DM 100 pro Stück. Es wird erwogen, entweder diesen Preis zu übersteigen (DM 110) oder ihn zu unterbieten (DM 90).

- Auf die eigene Preisentscheidung hin werden jeweils zwei mögliche Reaktionen angenommen: Beim eigenen Preis von DM 110 wird das Konkurrenzunternehmen mit einer Wahrscheinlichkeit von 40% den Preis ebenfalls auf DM 110 anheben, mit einer Wkt. von 60% bei DM 100 lassen. Beim eigenen Preis von DM 90 wird das Konkurrenzunternehmen mit einer Wkt. von 60% bei DM 100 bleiben, ihn mit einer Wkt. von 40% auf DM 90 senken.

- Auf diese Konkurrenzreaktionen hin besteht wiederum die Möglichkeit, den Preis zu ändern. Entsprechend ergeben sich Konsequenzen bezüglich des Marktvolumens, der eigenen Absatzmenge und des Deckungsbeitrags. Für die sich ergebenden Preiskombinationen lassen sich dann die Gesamt-Deckungsbeiträge errechnen.

Der oberste Strang des Entscheidungsbaums ist wie folgt zu interpretieren: Das Konkurrenzunternehmen erhöht den Preis ebenfalls auf DM 110, so daß ein einheitlicher Preis zustande kommt. Das Marktvolumen beträgt 100.000 Stück, die eigene Absatzmenge 50% davon. Der DB beträgt DM 50, so daß sich ein Gesamt-DB von DM 2.500.000 ergibt. Der unterste Strang bedeutet: Das Konkurrenzunternehmen schließt sich dem neuen, niedrigeren Preis an. Es entsteht wieder eine Preisgleichheit, das Marktvolumen steigt auf 130.000 Stück. Auf jedes Unternehmen entfallen 65.000 Stück. Bei einem DB von DM 30 entsteht ein Gesamt-DB von DM 1.950.000.

Was die eigene Reaktion auf die Konkurrenzreaktion angeht, so wird man sich für die Möglichkeit entscheiden, die den höchsten DB erbringt. Es wird also die DB-maximale Preisvariante ausgewählt, wobei unterstellt wird, daß die Preise dann stabil sind. Dann lassen sich die Erwartungswerte für den Gesamt-DB bei den einzelnen Preisvarianten berechnen. Es stellt sich heraus, daß die Strategie, zunächst DM 110 anzusetzen und dann auf die Konkurrenzreaktion seinerseits zu reagieren, den höheren DB erbringt. Erhöht der Konkurrent seinen Preis, ist es sinnvoll, ihn bei DM 110 zu belassen, behält er den alten Preis bei, bringt eine Preissenkung keine Vorteile.

4.3.4 Checklisten

Checklisten sind Sammlungen von relevanten Kriterien, die im Zusammenhang mit einer bestimmten Problemstellung betrachtet werden. In ihrer einfachsten Form handelt es sich um reine "Kreuzchen-Listen", bei denen nur angegeben wird, ob ein Kriterium/eine Eigenschaft vorhanden ist oder nicht. Anspruchsvollere Checklisten erfordern bei den einzelnen Kriterien Recherchen (z.B. nach Umsatzzahlen, Produkteigenschaften, Marktanteilen). Problematisch ist dann jeweils die Auswertung dieser Informationen, da in der Regel diese Vielzahl von Daten zu *einer* Entscheidung führen soll.

Häufig werden auf der Basis von Checklisten daher Profile erstellt, die den Vergleich mehrerer Unternehmen, Produkte, Geschäftseinheiten usw. anhand einer größeren Zahl von Kriterien zulassen. Dazu muß die einzelne Beurteilung in einen Skalenwert umgesetzt werden, der dann aussagt, ob eine besonders gute oder schlechte Beurteilung erreicht wurde. Das folgende kleine Beispiel verdeutlicht die Erstellung eines Profils von zwei Unternehmen, die anhand von drei Kriterien

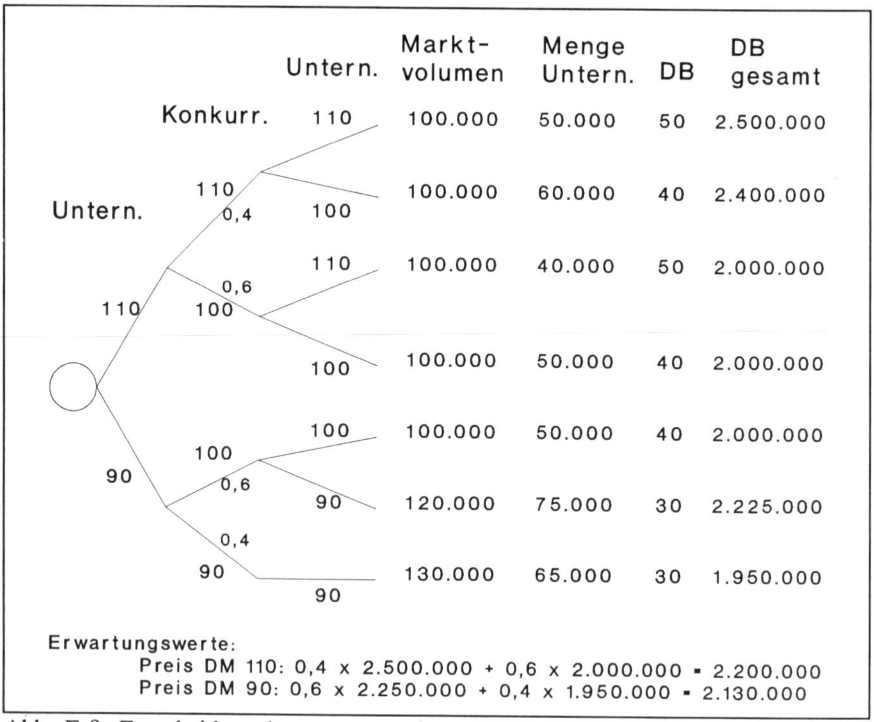

Abb. E.9: Entscheidungsbaum zur Bestimmung eines Preises

beurteilt werden (die Skala reicht von 1 bis 7 mit 1 = schlecht,..., 7 = sehr gut):

Kriterium	Beurteilung Unt. A	Beurteilung Unt. B	Punktwert Unt. A	Punktwert Unt. B	Profil 1 2 3 4 5 6
Anzahl Produkte	25	40	4	6	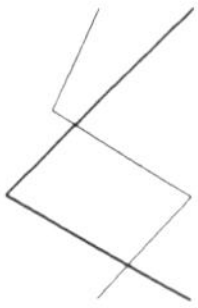
Werbebudget	2 Mio	3 Mio	3	4	
Anzahl Patente	30	5	6	2	
Standort			4	6	

——— Unt. B ——— Unt. A

Abb. E.10: Beispiel einer Checkliste

Eine wesentliche Aufgabe bei der Checklisten-Erstellung besteht in der Strukturierung im Hinblick auf wichtigere und unwichtigere Kriterien. Eine besonders gute Bewertung bei einem unwichtigen Kriterium sollte nicht dazu führen, daß eine schlechte Beurteilung bei einem wichtigen Kriterium ausgeglichen wird. Diese Strukturierung kann auf zwei Arten erfolgen: 1. Die Kriterien werden in der Reihenfolge ihrer Wichtigkeit angeordnet, also wichtige zuerst, unwichtige zuletzt. Das

Problem dabei ist jedoch, daß der inhaltliche Zusammenhang einzelner Kriterien, wie er bei der Zusammenstellung noch gegeben ist, verloren geht. 2. Die Punktwerte werden entsprechend der Bedeutung der Kriterien gewichtet und zu einem Gesamtpunktwert addiert. Dann geht allerdings die Möglichkeit einer grafischen Profildarstellung verloren.

Die inhaltliche Zusammenstellung einer Checkliste kann sich an den Kriterien orientieren, die unter "Situationsanalyse" bereits aufgeführt wurden.

4.3.5 Netzwerkanalyse

Netzwerke sind komplexe Darstellungen von Zusammenhängen. Wie sich bereits unter "Checklisten" zeigte, besteht ein wesentliches Problem des Planens in der Bewältigung von Komplexität. Vielfach wird die Problemsituation auf eine lineare Prozeßabfolge reduziert, die die Abhängigkeit einer Situation von immer nur einer anderen darstellt. In der Realität sind die Zusammenhänge jedoch wesentlich vielfältiger, jeder Einflußfaktor hängt wiederum von verschiedenen anderen ab und beeinflußt sie selbst auch. Solche Zusammenhänge können in Form von Netzwerken dargestellt werden. Abb. E.11 zeigt einige Einflußfaktoren auf den Absatz von PCs.

Es wird deutlich, daß es keinen definitiven Anfang mehr gibt; es existiert kein Faktor, von dem nur Pfeile weggehen. Im Mittelpunkt des Netzwerks steht der PC-Absatz. Er ist abhängig von der Nachfrage (1) und hat direkte Auswirkungen auf den Gewinn (2) sowohl eines einzelnen Unternehmen als auch der gesamten Branche. Der Kauf von PCs hat entsprechende Kostenwirkungen (3). Zum einen werden Kosten verursacht, die das verfügbare Einkommen senken, zum anderen können Kosten im betrieblichen Einsatz gesenkt werden, die das verfügbare Einkommen erhöhen (4). Die aus dem PC-Absatz erzielten Gewinne haben Einfluß auf die Konkurrenz auf dem Markt (hohe Gewinne locken neue Anbieter an, geringe Gewinne schrecken neue Anbieter ab) (5). Intensive Konkurrenz führt zu hohem Wettbewerbsdruck, der Produktinnovationen als Profilierungsintrument notwendig macht (6). Gleichzeitig entsteht ein Preisdruck (7), der seinerseits die Nachfrage beeinflußt (8). Produktinnovationen steigern die Leistungsfähigkeit der PCs (9) und stimulieren damit die Nachfrage (10). Gewinne haben neben der Wettbewerbsseite auch Einfluß auf die wirtschaftliche Lage (11), die über die verfügbaren Einkommen (12) wieder die Nachfrage beeinflußt (13). Von der wirtschaftlichen Situation ist aber auch die technologische Entwicklung abhängig (z.B. durch steigende oder sinkende Investitionen in Forschung und Entwicklung) (14). Diese wiederum hat Einfluß auf konkrete Produktinnovationen (15). Schließlich wirken sich die Kostenveränderungen durch PC-Einsatz auf die Nachfrage direkt aus (16).

Dieses Netzwerk ließe sich fast beliebig weiter fortführen, so könnten z.B. weitere Einflußgrößen auf die wirtschaftliche Lage, technologische Entwicklung oder die verfügbaren Einkommen berücksichtigt werden. Außerdem können die Pfeile differenziert werden in Haupt- und Nebeneinflüsse sowie in positive und negative Beziehungen.

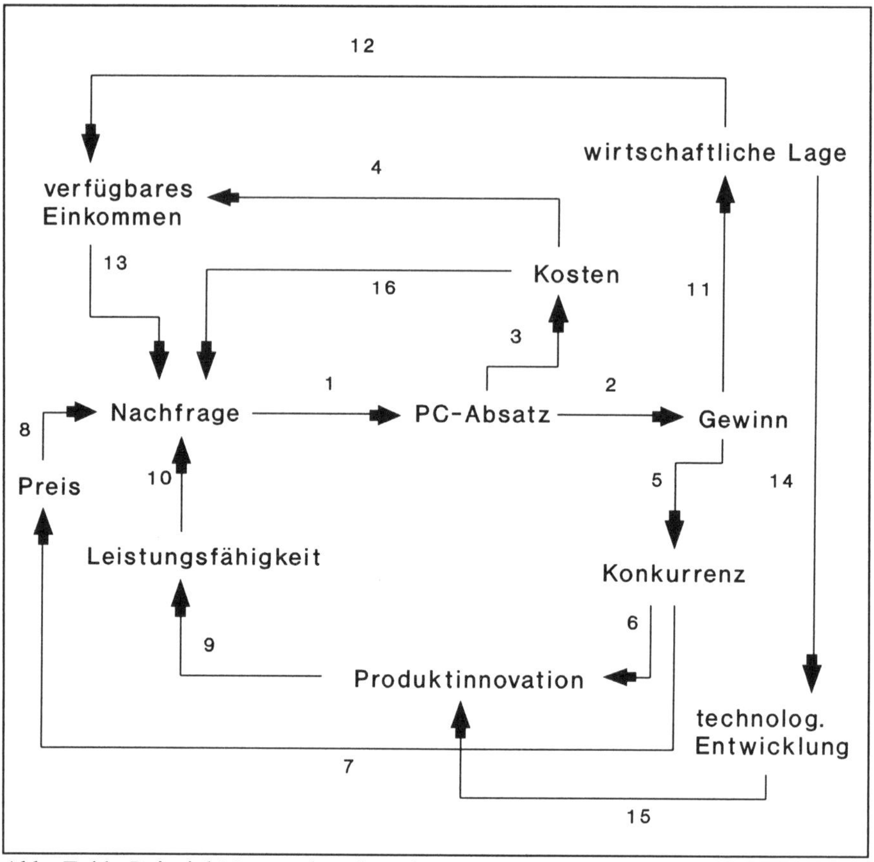

Abb. E.11: Beispiel Netzwerkanalyse für den PC-Markt

Bei der Aufstellung eines solchen Netzwerks wird üblicherweise mit einer zentralen Beziehung zwischen zwei Faktoren begonnen (z.B. Absatzmenge und Erlöse, Preis und Absatzmenge usw.). Im Laufe der gedanklichen Beschäftigung ergeben sich dann immer weitere Beziehungen, die zusätzlich berücksichtigt werden können. Unter anderem folgende Faktoren sollten bei umfangreicheren Netzwerkanalysen grundsätzlich einbezogen werden:

- Einstellungen der Konsumenten
- verfügbare Einkommen
- Produktionskosten
- Konkurrenzangebote
- Technologie
- Produktqualität
- öffentliche Diskussionen
- Reglementierungen des Marktes

Diese Analyse enthält noch keine Angaben über die Stärke des Einflusses der einzelnen Größen. Mit Hilfe eines sogenannten **Papiercomputers** ist es möglich, aktive und kritische Elemente zu identifizieren. Dazu ist jeweils der Einfluß eines Faktors auf jeden anderen zu bewerten. Im vorliegenden Beispiel zum PC-Absatz ergibt dies eine 16x16-Matrix. Aus Gründen der Übersichtlichkeit soll hier nur ein Netzwerk mit 4 Elementen zugrundegelegt werden (zur Methode z.B. Gomez 1983, S. 45ff.):

Wirkung von ↓ auf →	**Preis**	**Nachfrage**	**Gewinn**	**Konkurrenz**	**AS**	**Q**
Preis	0	3	3	2	**8**	**1,60**
Nachfrage	2	0	2	3	**7**	**1,75**
Gewinn	1	0	0	3	**4**	**0,50**
Konkurrenz	2	1	3	0	**6**	**0,75**
PS	**5**	**4**	**8**	**8**		
P	**40**	**28**	**32**	**48**		

0 = keine, 1 = schwache, 2 = starke, 3 = sehr starke Wirkung
AS = Aktivsumme, PS = Passivsumme
P = Passivsumme x Aktivsumme, Q = Aktivsumme/Passivsumme
höchster Q-Wert: aktives Element niedrigster Q-Wert: passives Element
höchster P-Wert: kritisches Element niedrigster P-Wert: träges Element

Abb. E.12: Beispiel eines Papiercomputers

In diesem Beispiel ist die Nachfrage das aktive Element, der Gewinn das passive. Die Konkurrenz ist das kritische Element, die Nachfrage das träge Element. Das aktive Element ist dasjenige, bei dem das Verhältnis von abgegenem Einfluß zu aufgenommenem (Aktivität zu Passivität) am größten ist. Das kritische Element ist dasjenige, das sowohl viel Einfluß abgibt als auch aufnimmt, das Produkt aus Aktivität und Passivität ist hier am größten. Es befindet sich daher im Mittelpunkt des Interesses, weil hier sozusagen die Fäden zusammenfließen.

4.3.6 Budgetierung

Die Budgetierung stellt vielfach die Konkretisierung der Planung in ökonomischen Größen dar. Budgets eröffnen und begrenzen Handlungsspielräume bei der Umsetzung des Marketing-Mix. Neben den konkreten Marketing-Aktivitäten sind aber auch Budgets für das Management zu planen, etwa Personalaufwendungen im Produktmanagement oder Marktforschungsausgaben. Die Verfahren der Budgetierung können nach folgenden Kriterien unterschieden werden:

- nach der Orientierungsgröße (Deckungsbeiträge oder Ziele)
- nach der Kalkulationsrichtung (progressiv oder retrograd)
- nach dem Zeitbezug (vergangenheits- oder zukunftsorientiert)
- nach dem Unternehmensbezug (unternehmens- o. wettbewerbsbezogen)
- nach der Bestimmung der Budgethöhe (absolut oder marginalistisch)

Darüber hinaus ist der Aspekt der zeitlichen Verteilung innerhalb der Periode zu berücksichtigen. Hier kann nach dem Verhältnis zum Umsatz in zyklische, antizyklische, nivellierende und pulsierende Budgetierung unterschieden werden. Da hiervon insbesondere die Werbung betroffen ist, wird auf diese Verfahren im Teil Kommunikationspolitik eingegangen.

Nach der Orientierungsgröße:

a) Budgetierung anhand von Deckungsbeiträgen. Die Deckungsbeitragsrechnung unterscheidet fixe und variable sowie Einzel- und Gemeinkosten. Da sich die Budgetierung auf Fix- bzw. Gemeinkosten bezieht, sind hier zunächst die zu erwartenden Deckungsbeiträge I (Verkaufserlös - variable Kosten) relevant. Diese werden auf der Basis geschätzter Verkaufspreise und Absatzmengen prognostiziert. Der entstehende Deckungsbeitrag kann dann von den einzelnen Budgetpositionen aufgezehrt werden, sofern nur das Ziel Kostendeckung verfolgt wird.

Die zu budgetierenden Kostenarten sind dann entsprechend ihrer Zurechenbarkeit zu einzelnen Produkten, Produktgruppen oder dem Gesamtunternehmen zu ordnen. Bei der Kostenart "Produktmanagement: Personal" ist z.B. eine Zurechnung zu einem Produkt in der Regel nicht möglich, so daß sinnvollerweise kein produktspezifischer Budgetposten gebildet werden sollte. Statt dessen muß hier der Budgetposten lauten "Personal Produktgruppe X".

Der prognostizierte Gesamt-Deckungsbeitrag ist dann auf die einzelnen Positionen zu verteilen. Das Beispiel in Abb. E.13 berücksichtigt produktspezifische Budgets (Werbung), produktgruppenspezifische (Produktmanagement) und unternehmensweite (Vertrieb). Es wird hier unterstellt, daß in der Planungsperiode ein Gesamt-DB von 0 erreicht werden soll. Ggfs. können für die DB II und III Zwischenziele festgelegt werden. Hier wären nun sechs Einzelbudgets zu planen, wofür eines oder mehrere der unten dargestellten Verfahren anzuwenden sind.

b) Budgetierung nach Zielen. Diese auch als "Objective and Task" bekannte Methode geht von den für die Erreichung der Ziele notwendigen Kosten aus. Im ersten Schritt sind die Maßnahmen aufzulisten, die zur Zielerreichung erforderlich sind, z.B. eine bestimmte Anzahl von Anzeigenschaltungen oder Verkaufsförderungsaktionen, bestimmte Marktforschungsuntersuchungen usw. Die dafür aufzuwendenden Beträge werden gesammelt und zum erforderlichen Budget addiert. Sofern ein vorzugebendes Maximum (z.B. erwarteter Deckungsbeitrag) überschritten wird, wird der Vorgang unter Berücksichtigung möglicher Sparmaßnahmen wiederholt.

Nach der Kalkulationsrichtung:

a) Progressive Budgetierung geht von einem zur Verfügung stehenden Gesamtbudget aus. Dieses wird "von oben verteilt", wodurch z.B. Koordinationsprobleme vermieden werden, da eine zentrale Stelle verantwortlich ist. Außerdem wird auch nur das verteilt, "was wirklich da ist". Der Flaschenhals der Budgetierung, das Gesamtbudget, ist hier nämlich der Ausgangspunkt. Problematisch ist allerdings die möglicherweise fehlende Sachkenntnis. Interessen der unteren Ebenen (Verantwortlichkeiten für einzelne Produkte oder Marketing-Maßnahmen) können kaum adäquat

	A	B	C	Summe
Verkaufspreis	10.000	40.000	200.000	
- var. Kosten	4.000	25.000	140.000	
= DB I	6.000	15.000	60.000	81.000
- Werbebudget				
= DB II	-----	-----	-----	
- Produkt-management				
= DB III	-----		-----	
- Vertriebs-budget				
= Gesamt-DB				0

Abb. E.13: Beispiel Budgetierung nach Deckungsbeiträgen

berücksichtigt werden.

b) Retrograde Budgetierung verfolgt den entgegengesetzten Weg. Die Budgetierung nach Zielen ist z.B. ein retrogrades Verfahren, da hier von der untersten Ebene ausgegangen wird.

In der Praxis werden häufig beide Vorgehensweisen zu einem **Gegenstromverfahren** kombiniert. Dabei erfolgt zunächst eine top down-Budgetallokation im Sinne der progressiven Budgetierung. Diese Budgets werden von den Kostenstellenverantwortlichen überprüft. Stimmen die Budgets nicht mit den eigenen Anforderungen überein, werden Gegenrechnungen bottom-up durchgeführt. Dieses Verfahren wird so lange wiederholt, bis ein Abgleich der jeweiligen Erfordernisse erfolgt ist.

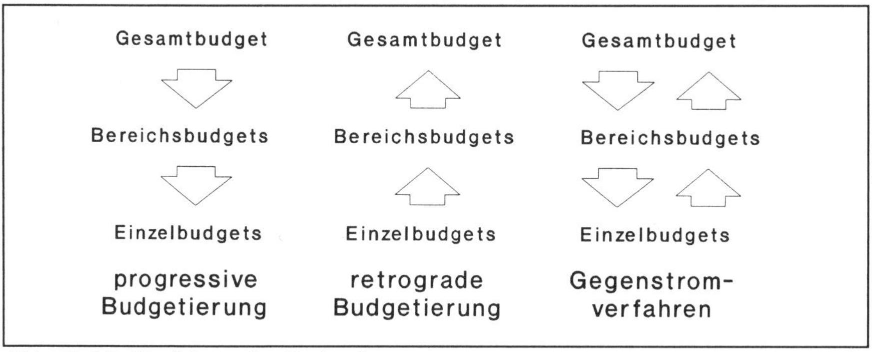

Abb. E.14: Verfahren der Budgetierung

Die einzelnen Schritte des Gegenstromverfahrens lassen sich wie folgt beschreiben (Weber 1993, S. 133):

1. Suche nach Veränderungen im Unternehmen und seiner Umwelt gegenüber dem Vorjahr
2. Prognose der Einflußfaktoren auf die Budgets in der nächsten Periode
3. Festlegung von grundlegenden Budgetzielen
4. Erstellung von Vorschlägen für Gesamt- und Bereichsbudgets
5. dezentrale Planung der Einzelbudgets
6. Beantragung von Budgets durch die Kostenstellenverantwortlichen
7. Prüfung der Budgetanträge durch die Genehmigungsinstanzen
8. Koordination der Teilpläne und -budgets
9. Genehmigung der Budgets durch die Unternehmensleitung

Nach dem Zeitbezug:

a) Vergangenheitsorientierte Budgetierung baut auf den Budgets der Vergangenheit auf. Dieses Prinzip ist z.B. auch in der öffentlichen Verwaltung zu finden. Es führt mitunter dazu, daß kurz vor dem Stichtag der Budgetperiode hohe Ausgaben getätigt werden, um in der nächsten Periode ein möglichst hohes Budget zugewiesen zu bekommen. Abgesehen von dieser Manipulationsmöglichkeit besteht aber auch das Risiko, daß Einflüsse, die in der Vergangenheit wirkten, in der Zukunft nicht mehr relevant sind und somit die Budgetvorgabe auf falschen Voraussetzungen beruht.

b) Zukunftsorientierte Budgetierung vermeidet diese Probleme, ist aber im Gegenzug dem Problem der Ungewißheit ausgesetzt. Bei der zielorientierten Budgetierung handelt es sich um ein zukunftsorientiertes Verfahren.

Eine besondere zukunftsorientierte Budgetierungstechnik ist das **Zero Base Budgeting**. Es basiert auf einer völligen (gedanklichen) Neukonstruktion eines Aufgabengebiets, vornehmlich im Bereich der (Verwaltungs-)Gemeinkosten. Sämtliche Tätigkeiten sind neu zu begründen und die Kosten/Nutzen-Relation offenzulegen. Damit soll verhindert werden, daß Anachronismen, unrentable Tätigkeitsbereiche und Strukturen vergangener Perioden übernommen werden.

Horváth (1992, S. 279ff.) unterscheidet folgende Phasen:

1. Formulierung der Ziele, Abgrenzung der zu budgetierenden Bereiche
2. Aufteilung in Entscheidungseinheiten und Ableitung von Teilzielen
3. Bestimmung der Leistungsniveaus (Menge und Qualität der Arbeitsergebnisse)
4. Suche nach alternativen, wirtschaftlicheren Verfahren
5. Beschreibung der Leistungsniveaus und Zusammenfassung zu Entscheidungspaketen
6. Bildung einer Prioritätenrangfolge unter den Entscheidungspaketen
7. endgültige Festlegung der Rangfolge und Budgetbestimmung
8. Festlegung der konkreten Maßnahmen, um die beschlossenen Veränderungen zu realisieren
9. Festlegung der Einzelbudgets.

Nach dem Unternehmensbezug:
a) Bei **unternehmensbezogener Budgetierung** wird allein das eigene Unternehmen betrachtet.

b) **Wettbewerbsbezogene Budgetierung** dagegen orientiert sich an den Budgets der Konkurrenzunternehmen. Dabei wird unterstellt, daß ein Zusammenhang zwischen Budgethöhe und Unternehmenserfolg bzw. Wettbewerbsposition besteht. Hat ein Konkurrenzunternehmen z.B. aktuell die gleiche Wettbewerbsposition, so sollte das eigene Budgetvolumen für Marketing-Maßnahmen mindestens auf dem gleichen Niveau liegen, um nicht an Marktstärke zu verlieren. Bei dieser Vorgehensweise sind allerdings zwei Problembereiche zu berücksichtigen. Zum einen ist nicht geklärt, ob die Budgets in allen Unternehmen gleichermaßen effizient eingesetzt werden, zum anderen müssen die Budgets der Konkurrenz erst einmal ermittelt werden. Für Werbung ist dies noch annähernd möglich (Auswertungen von Nielsen Schmidt & Pohlmann), Informationen über Aufwendungen für Verkaufsförderung oder Marktforschung gibt es jedoch nicht. Anhaltspunkte können sich aber aus dem Umfang einzelner Maßnahmen, der Personalstärke einzelner Abteilungen, Gehältern, Provisionen für Außendienstmitarbeiter usw. ergeben.

Nach der Bestimmung der Budgethöhe:
a) Die bisher dargestellten Methoden gehen davon aus, daß die Höhe des Budgets als **absoluter Wert** festgelegt wird. Dabei wird nicht berücksichtigt, daß z.B. eine Budgeterhöhung in bestimmten Fällen zu einer konkreten Ertragssteigerung führen könnte, sich insofern also selbst finanziert.

b) Diesen Gedanken verfolgt die **marginalistische Budgetierung**. Dabei wird die Höhe des Budgets letztlich durch den Grenznutzen bestimmt. Solange etwa ein Budget von 1000 DM einen zusätzlichen (marginalen) Deckungsbeitrag von mehr als 1000 DM erzielt, lohnt es sich, das Budget weiter zu erhöhen, und zwar so lange, bis die Kosten dem Nutzen entsprechen.

4.3.7 Lineare Programmierung

Mit Hilfe der Linearen Programmierung ist es möglich, Produktions- und Absatzmengen für mehrere Produkte unter Berücksichtigung von Nebenbedingungen (wie Kapazitätsbeschränkungen bei gemeinsam genutzten Anlagen, Budgetrestriktionen usw.) zu planen. Aufgrund der mathematischen Komplexität soll hier nur die grafische Lösungsmethode dargestellt werden.

Das folgende Beispiel demonstriert die Anwendung für die Mediaselektion. Als Werbeträger stehen zwei Zeitschriften zur Verfügung (a und b). Eine Schaltung bei a kostet DM 10.000 und bringt 400.000 Kontakte, eine Schaltung bei b kostet DM 15.000 und bringt 500.000 Kontakte. Das Werbebudget beträgt DM 10.000.000 und soll ausgeschöpft werden.

Zusätzlich sind folgende Restriktionen zu berücksichtigen: die Zahl der Schaltungen bei a muß zwischen 100 und 400 einschließlich, bei b zwischen 200 und 600 liegen.

Ziel des Verfahrens ist es, die Summe der Kontakte zu maximieren.

Folgende Gleichungen können aufgestellt werden:

Zielfunktion:

$K = 400.000\ a + 500.000\ b \rightarrow max!$

Die Summe der Kontakte K setzt sich zusammen aus 400.000 Kontakten pro Schaltung bei a plus 500.000 Kontakten pro Schaltung bei b.

Budgetrestriktion:

$10.000\ a + 15.000\ b \leq 10.000.000$

Die Kosten für die Schaltungen bei a und b zusammen (Preis x Menge) dürfen maximal DM 10.000.000 betragen.

Mengenrestriktionen:

$100 \geq a \leq 400$

$200 \geq b \leq 600$

Die Bedingungen werden nun in Form von Geraden in ein a,b-Koordinatensystem eingetragen (Abb. E.15). Dazu ist es sinnvoll, die Zielfunktion und Budgetrestriktion nach b aufzulösen. Zunächst werden die Restriktionen für a eingezeichnet (je eine Senkrechte bei a = 100 und a = 400, je eine Waagerechte bei b = 200 und b = 600). Das durch diese Geraden eingeschlossene Rechteck ist der zulässige Lösungsbereich. Danach wird die Budgetgerade eingezeichnet. Nach b aufgelöst lautet sie:

$$b = 666{,}67 - 2/3\ a.$$

Das Gleichzeichen kann hier verwendet werden, weil das Budget maximal ausgeschöpft werden soll. Diese Gerade mit der negativen Steigung von 2/3 kann als nächstes eingezeichnet werden, ausgehend von einem Achsenabschnitt der Senkrechten bei 666,67. Sie führt zu einer weiteren Einschränkung des Lösungsraums.

Schließlich wird die Zielfunktion eingezeichnet. Sie lautet:

$$K = 4\ a + 5\ b \quad \text{mit } K = 100.000 \text{ Kontakte} \quad \text{oder: } b = K/5 - 4/5\ a$$

Da diese Gleichung drei Unbekannte enthält, kann sie nicht exakt eingezeichnet werden. Bekannt ist nur die Steigung von -4/5. Man kann nun über Parallelverschiebung mit einem Lineal, das mit dieser Steigung auf dem Koordinatensystem liegt, das Optimum bestimmen. Dazu ist das Lineal so weit vom Nullpunkt wegzuschieben, bis es gerade noch einen Punkt des Lösungsraums schneidet. Dies ist in der rechten oberen Ecke der Fall. Die Koordinaten dieses Punkts sind a=400 und b=400. Für K ergibt sich ein Wert von 3600, was dann 360.000.000 Kontakten (mit Überschneidungen zwischen den Medien und Mehrfachkontakten) entspricht.

Alternativ kommt man zur optimalen Lösung, indem man für K verschiedene Werte einsetzt, die entsprechende Gerade einzeichnet und prüft, ob der Lösungsraum am äußersten Ende geschnitten wird.

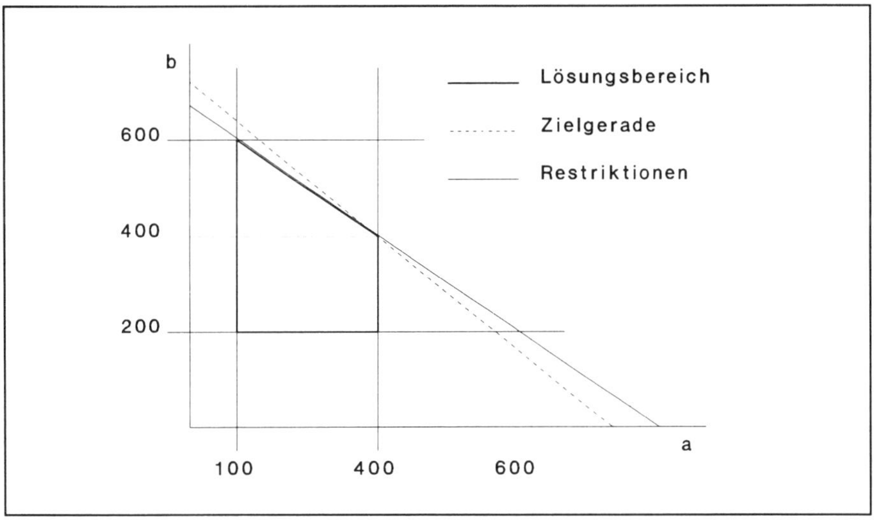

Abb. E.15: Grafische Lösung des Lineare-Progammierungs-Ansatzes

4.4 Prognoseverfahren

4.4.1 Qualitative Verfahren

Die Unterscheidung qualitativer und mathematischer (oder: quantitativer) Verfahren bezieht sich nicht alleine auf die Frage, ob die prognostizierten Größen in Zahlen ausgedrückt werden können oder nicht. Vielmehr geht es auch darum, auf welcher Grundlage die Prognose erfolgt. Quantitative Verfahren benötigen als Ausgangsbasis quantitative Größen aus der Vergangenheit, die letztlich in eine Art mathematisch/ statistisches Korsett gesteckt werden. Es wird dabei versucht, in den vorliegenden Daten eine mathematisch beschreibbare Grundentwicklung (z.B. eine Gerade mit einer best. Steigung) zu finden, die in die Zukunft verlängert wird. Dies setzt voraus, daß die Einflußfaktoren, die in der Vergangenheit wirkten, auch in der Zukunft wirksam sind.

Die qualitativen Verfahren dagegen ermöglichen es, bewußt neue Entwicklungen in die Prognose einzubeziehen. Will man z.B. eine Entwicklung prognostizieren, die von einer in Kürze stattfindenden Wahl abhängig sind, so helfen Verfahren, die auf Vergangenheitsdaten basieren, nicht weiter. Qualitative Verfahren können aber mögliche Wahlausgänge berücksichtigen und dann alternative Entwicklungslinien beschreiben.

4.4.1.1 Delphi-Prognosen

Bei der Delphi-Prognose handelt es sich um ein sogenanntes ereignisorientiertes Verfahren. Ziel ist es in der Regel, den Eintritt eines Ereignisses oder Zustands vorherzusagen. Die Prognose selbst erfolgt argumentativ, durch eigene Einschätzung der Entwicklung, Abwägung und Vergleich mit anderen Schätzungen. Dazu wird ein

Kreis von Teilnehmern, in der Regel Experten aus den relevanten Fachgebieten, zusammengestellt, der sich eingehend mit der Problemstellung auseinandersetzt. Das Verfahren ist so angelegt, daß die Kommunikation schriftlich erfolgen kann, so daß der Kreis der Teilnehmer wesentlich größer werden kann, als dies bei einer ortsgebundenen Veranstaltung der Fall wäre. Der Ablauf vollzieht sich folgendermaßen:

1. Definition des Prognoseproblems
2. Auswahl der Teilnehmer der Befragung
3. erster Befragungsdurchgang - Versand der Unterlagen, Bitte um erste Prognose
4. Sammlung der Antworten und Auswertung
5. Versand der Ergebnisse der ersten Runde mit Bitte um Kommentierung der eigenen Antwort vor dem Hintergrund der Argumente der anderen Teilnehmer
6. Sammlung der Kommentare, Auswertung und Zusammenfassung
7. Versand der Ergebnisse der zweiten Runde mit der Bitte um neuerliche Kommentierung der eigenen Antwort
8. ggfs. Wiederholung, bis eine Konvergenz der Antworten erreicht ist.

Dadurch, daß die Befragten immer wieder mit anderen Argumenten konfrontiert werden und diese in ihre Antwort einbeziehen müssen, entsteht ein hohes Maß an Problemdurchdringung. Die Wahrscheinlichkeit, daß es zu einem wenig fundierten, extremen Ergebnis kommt, ist dadurch gering. Ein weiterer Vorteil liegt darin, daß dieses Verfahren anonym durchgeführt werden kann. Somit entsteht z.B. kein Druck, sich der Meinung eines bekannten Fachvertreters anzuschließen, in der Annahme, er werde schon Recht haben. Durch den in der Regel postalischen Versand und den fehlenden Druck auf die Befragten entsteht allerdings ein hoher Zeitbedarf. Grundsätzlich kann dann von mindestens mehreren Wochen Dauer ausgegangen werden.

4.4.1.2 Szenario-Technik

Die Szenario-Technik ist ebenfalls langfristig ausgerichtet und arbeitet mit Expertenschätzungen. Ziel ist es hier, mögliche Umfeldentwicklungen im Unternehmen zu antizipieren und Reaktionsstrategien zu entwickeln. Der Ablauf vollzieht sich idealtypischerweise wie folgt (Schub von Bossiazky 1992, S. 137ff., Hentze/Brose/Kammel 1993, S. 268ff.):

1. Definition des Untersuchungsfeldes - Was soll prognostiziert werden? Wie ist die Ausgangssituation?
2. Identifizierung der wichtigsten Einflußfaktoren auf das Untersuchungsfeld - Wovon hängt die Entwicklung ab? Bestehen Abhängigkeiten zwischen diesen Einflußfaktoren?
3. Ermittlung der kritischen Größen (Deskriptoren) für die identifizierten Einflußfaktoren - Woran lassen sich die Einflußfaktoren messen, wie sind sie operationalisierbar?

4. Bildung von (theoretischen) Umfeldzuständen durch Bestimmung von möglichen Ausprägungen der kritischen Größen. Diese müssen untereinander konsistent sein, dürfen sich also nicht gegenseitig ausschließen oder widersprechen. Auswahl von (in der Regel) zwei konsistenten und gegensätzlichen Bündeln von Umfeldzuständen/Szenarien.
5. Interpretation und Bewertung der Szenarien.
6. Einführung von signifikanten Störereignissen auf diese Zustände. Die prognostizierten Auswirkungen dieser Störereignisse zeigen, wie stabil die angenommenen Szenarien sind.
7. Erarbeitung von Strategien zur Bewältigung dieser Störereignisse.
8. Konzeption von Handlungsanweisungen für das Unternehmen.

Das besondere Merkmal der Szenario-Technik liegt in der Berücksichtigung von in der Regel zwei möglichen Entwicklungslinien. Es ist dadurch möglich, im Sinne eines strategischen Spielbretts, Alternativstrategien für das Unternehmen zu entwickeln und diese, zumindest gedanklich, zu testen. Das wohl bekannteste, publizierte Beispiel für eine Szenario-Analyse ist die Studie der Deutschen Shell AG zur Entwicklung des Ölgeschäfts in Deutschland. Dabei wurden aufgrund verschiedener Verhaltensannahmen, z.B. über die Ölpreisentwicklung und Energieinvestitionen, die Szenarien "Strukturwandel" und "Lethargie" entwickelt und ihre Auswirkung auf die Ölnachfrage geschätzt (Nieschlag/Dichtl/Hörschgen 1991, S. 807ff.).

Bei der Auswahl der zu verfolgenden Szenarien sollte neben der Konsistenz (also auch der Angreifbarkeit durch Widersprüchlichkeit oder unrealistische Annahmen) darauf geachtet werden, daß es sich um möglichst entgegengesetzte Szenarien handelt. Je weiter sie inhaltlich auseinanderliegen, desto größer ist die Wahrscheinlichkeit, daß die tatsächliche Entwicklung innerhalb des damit gesteckten Rahmens verlaufen wird.

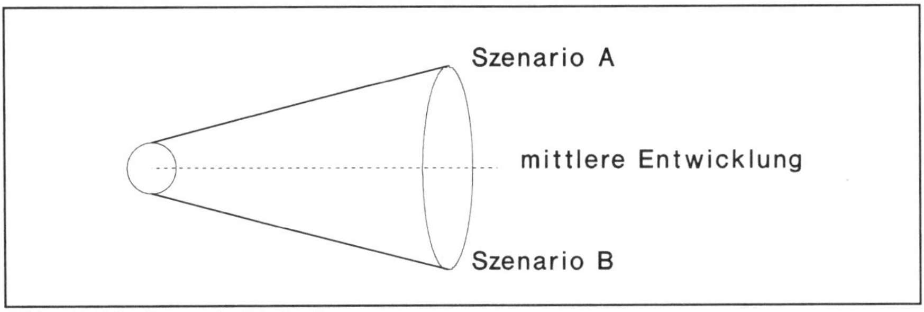

Abb. E.16: Szenario-Technik

4.4.1.3 Leitreihenanalyse

Die Leitreihenanalyse beruht auf der Analyse von Entwicklungen bei anderen Objekten (Produkten, Gestaltungselementen usw.), die Indikatorfunktion für das konkret zu untersuchende Objekt übernehmen können. Koppelmann und Küthe (1987) haben mit Hilfe des Leitreihenverfahrens Präferenzwellen bei Farben für einen Hersteller von Sanitärkeramik ermittelt. Es stellte sich heraus, daß im Architekturbereich eine offensichtlich stabile Abfolge von Farbpräferenzen existiert. Die Folge beginnt mit den Spektralfarben, die, da man sich an diesen Farben irgendwann satt sieht, von abgedunkelten Farben abgelöst werden. Diese relativ kurze Phase wird abgelöst durch die Erdfarben (braun, dunkelgrün), die nach längerer Zeit dann in den Pastellbereich übergehen. Es folgen die unbunten Farben (grau, weiß), dann violett und schließlich die Neue Farbigkeit (z.B. Memphis-Stil):

- Spektralfarben
- abgedunkelte Farben
- Erdfarben
- Pastellfarben
- unbunte Farben
- Violett
- Neue Farbigkeit

Farbzyklus im Architekturberich (Koppelmann/Küthe 1987)

Mit Hilfe dieses Schemas ist es dann möglich, zu prognostizieren, welche Farben in Zukunft besonders stark gefragt sein werden. Dabei darf jedoch nicht übersehen werden, daß in diesem speziellen Fall zwar eine Leitreihe gefunden wurde, dies bei Auto-Farben jedoch nicht gelang. Folgende Problembereiche sind daher bei der Analyse zu berücksichtigen:

- Die Prognoseeignung der Leitreihe für das zu untersuchende Objekt muß plausibel, sie muß tatsächlich als Indikator einsetzbar sein. Während dieser Zusammenhang zwischen Architektur und Sanitärkeramik nachvollziehbar ist, ist dies etwa bei Architektur und Bekleidung nicht der Fall.
- Es müssen hinreichende Daten über die Leitreihe vorliegen. Bei den von Koppelmann und Küthe untersuchten Präferenzwellen handelte es sich um mehrjährige Phase, so daß insgesamt ein Zeitraum von mehr als 20 Jahren zu betrachten war. Voraussetzung ist, daß über diesen Zeitraum hinweg qualitativ gleichwertige Dokumentationen vorliegen (Kataloge, Prospekte usw.).
- Die Stabilität der Zyklen ist abhängig von ihrer theoretischen Fundierung. Es ist also die Frage zu stellen: Welche Gründe sprechen dafür, daß es sich in Zukunft wieder so verhält? Je eher sich Begründungen oder bestehende Erkenntnisse darüber finden lassen, desto sicherer ist die Prognose mit diesem Verfahren.

Indikatorvariablen lassen sich jedoch auch im jeweils zu untersuchenden Produkt-/Themenbereich finden. Ein Indikator für künftige Umsätze können z.B. Anfragen beim Vertrieb sein. Insbesondere in den modeabhängigen Produktbereichen existieren Messen, auf denen Produkte und Trends präsentiert werden, die ein halbes bis ein Jahr später verkaufswirksam werden.

Ein interessantes Beispiel ist etwa auch die Bildungsplanung, die auf dem Indikator "Geburtenzahl" basiert. Die Kapazität für Grundschulen läßt sich leicht ermitteln, wenn die Geburtenzahlen vor x Jahren abzüglich einer Sterberate und zuzüglich einer Zuwanderung aus dem Ausland errechnet wird. Für die Planung der Kapazitäten in Oberschulen sind zusätzlich Annahmen über die Verteilung auf die einzelnen Schultypen erforderlich. Für den Hochschulbereich sind dann noch Annahmen über die Studierquote der Abiturienten erforderlich. Da diese langfristig nicht stabil war, sondern gestiegen ist, ist es zu keiner angemessenen Kapazitätsentwicklung gekommen. Dies macht deutlich, daß der Versuch der monokausalen Erklärung den tatsächlichen Verhältnissen nicht gerecht wird. Vielmehr handelt es sich hier wie auch in anderen Bereichen um ein Netzwerk von Einflußfaktoren.

4.4.2 Mathematisch/statistische Verfahren

4.4.2.1 Lineare Regressionsanalyse

Ziel der linearen Regressionsanalyse ist es, einen Zusammenhang zwischen zwei Variablen zu ermitteln. Dabei kann eine Variable mit Hilfe der anderen prognostiziert oder die Stärke des Zusammenhangs zwischen beiden Variablen ermittelt werden. Bei der mehrfachen (multiplen) Regression werden mehr als zwei Variablen berücksichtigt, worauf hier jedoch nicht näher eingegangen wird.

Mathematisch gesehen wird bei der linearen Regressionsanalyse eine Gerade in eine Punktwolke gelegt mit der Maßgabe, die Summe der quadrierten Abweichungen zwischen Punktwerten und Kurve zu minimieren. Die Kurve soll also "mittendrin" liegen und zeigen, ob und in welcher Richtung ein Zusammenhang zwischen beiden Variablen besteht. Konkret können dies z.B. Werbeausgaben und Umsatz sein. Ist ein Zusammenhang nachzuweisen, kann, ausgehend von einem vorgegebenen Werbebudget, der zu erwartende Umsatz prognostiziert werden.

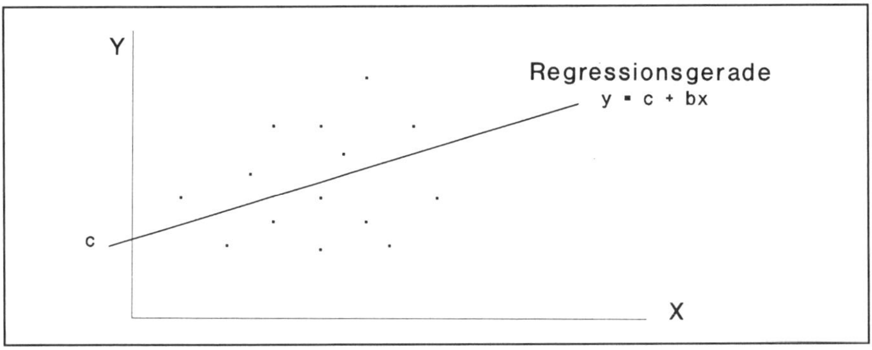

Abb. E.17: Regressionsanalyse

Die Grundform einer linearen Regressionsgerade ist:

$$\hat{y} = c + b \cdot x$$

Oder: geschätzter Y-Wert = Schnittpunkt mit der Y-Achse + Steigung der Geraden multipliziert mit dem unabhängigen X-Wert. X steht stets für die unabhängige Variable, also den Einflußfaktor, y für die abhängige, zu prognostizierende Variable.

Das Ziel "Minimierung der Summe der quadrierten Abweichungen" wird formuliert durch:

$$\sum_{i=1}^{m} (y_i - \hat{y}_i)^2 \rightarrow \mathit{Min!}\ \mathit{mit}\ y_i = \mathit{Beobachtungswert},\ \hat{y}_i = \mathit{Schätzwert}$$

Daher auch der Name "Methode der kleinsten Quadrate". Die für die Aufstellung der Geradengleichung erforderlichen absoluten Glieder werden durch folgende Formeln bestimmt:

$$b = \frac{\sum (y_i - \bar{y})(x_i - \bar{x})}{\sum (x_i - \bar{y})} \quad \mathit{oder} \quad \frac{\frac{1}{m}\sum xy - \overline{xy}}{\frac{1}{m}\sum x^2 - \bar{x}^2}, \quad c = \bar{y} - b\bar{x}$$

$$\mathit{mit}\ m = \mathit{Anzahl\ der\ Beobachtungswerte};\ \bar{y}, \bar{x} = \mathit{Mittelwerte}$$

Die Qualität einer Regression kann mit Hilfe des Korrelationskoeffizienten r bestimmt werden. Er liegt stets zwischen -1 und +1 (einschließlich). -1 bedeutet dabei eine stark negative, +1 eine stark positive und 0 keine Korrelation zwischen den Variablen. Die Formel lautet:

$$r = \frac{\sum (x - \bar{x})(y - \bar{y})}{\sqrt{\sum (x - \bar{x})^2 \sum (y - \bar{y})^2}}$$

Neben dieser linearen Einfachregression existieren auch weitere Methoden, die mehrere Variablen berücksichtigen oder den Zusammenhang statt mit einer Geraden mit Kurven (z.B. Sättigungskurven mit abnehmender Steigung oder exponentielle Kurven mit zunehmender Steigung) zu erklären versuchen.

4.4.2.2 Exponentielle Glättung

Die exponentielle Glättung ist ein reines Zeitreihenanalyse-Verfahren, das keine ursächlichen Zusammenhänge berücksichtigt, wie etwa die Regressionanalyse. Es wird grundsätzlich die Entwicklung einer Größe in Abhängigkeit von der Zeit betrachtet. Die Besonderheit des Verfahrens liegt darin, daß ältere Vergangenheitswerte weniger stark berücksichtigt werden als jüngere. Dadurch erfolgt eine wählbare, mehr oder weniger starke Anpassung der geglätteten Kurve an die tatsächliche Entwicklung. Die Grundgleichung der exponentiellen Glättung lautet:

$$\overline{x_n} = (1 - \alpha)\overline{x_{n-1}} + \alpha x_n$$

α ist dabei der sogenannte Reaktionsparameter, der zwischen 0 und 1 liegt. Je kleiner der Wert ist, desto langsamer erfolgt die Anpassung, d.h. desto träger reagiert die geglättete Kurve auf die tatsächlichen Werte und desto weniger wird sie von einmaligen, extremen Ausschlägen beeinflußt. Ein großes α führt im Gegensatz dazu zu einer schnellen Anpassung. Die o.g. Grundgleichung lautet in Worten: Der geglättete Wert ergibt sich aus dem mit 1 - α gewichteten geglätteten Wert der letzten Periode + dem mit α gewichteten aktuellen, tatsächlichen Wert. n ist der Periodenindex. Der damit errechnete Wert geht bei der Berechnung des Schätzwertes in der nächsten Periode in die Berechnung ein. Die Summe der Gewichte liegt immer bei 1. Eine Erhöhung von α führt stets zu einer stärkeren Betonung des aktuellen Beobachtungswertes und damit verbunden automatisch zu einer geringeren Berücksichtigung des Vergangenheitswertes. Folgendes Beispiel zeigt die Auswirkung der Wahl von α:

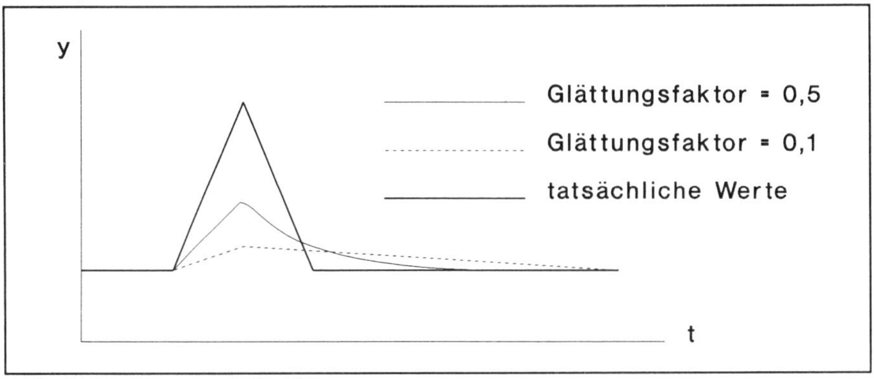

Abb. E.18: Exponentielle Glättung

Der Glättungsfaktor von 0,5 führt zu einer schnelleren Anpassung an die tatsächliche Entwicklung, und zwar genauso an den einmaligen Ausschlag nach oben wie an das stabile Niveau. Beim Glättungsfaktor von 0,1 wird dagegen dem Ausschlag nur in geringem Maße gefolgt, dafür erfolgt aber auch die Anpassung an das stabile Niveau langsamer.

Dementsprechend verhält sich auch die Anpassung an fundamentale Entwicklungen, wenn also beispielsweise ein dauerhaftes höheres Niveau der Beobachtungswerte erreicht wird. Der Anwendungsbereich dieses Verfahrens liegt bei der Analyse von Zahlenreihen auf das Vorliegen von Trends und der Prognose für kurze Zeiträume. Es verringert zufällige, nicht fundamentale Schwankungen.

4.4.2.3 Trendanalyse

Trendanalysen arbeiten wie die exponentielle Glättung mit der Zeit als unabhängiger Variabler, bewerten die einzelnen Beobachtungswerte aber unabhängig von ihrem Alter gleich, wie bei der Regressionsanalyse. Sofern eine Zahlenreihe auf einen linearen Trend (eine Gerade) hin untersucht werden soll, entspricht das Verfahren mathematisch der linearen Einfachregression mit der Zeit als unabhängiger Variabler. Darüber hinaus sind auch nichtlineare Verläufe denkbar (Abb. E.19).

4.5 Strategische Planung

Der Strategiebegriff wird zwar häufig verwendet, ist aber letztlich aufgrund kontinuierlicher Weiterentwicklungen noch immer relativ unklar. Das wichtigste Ele-

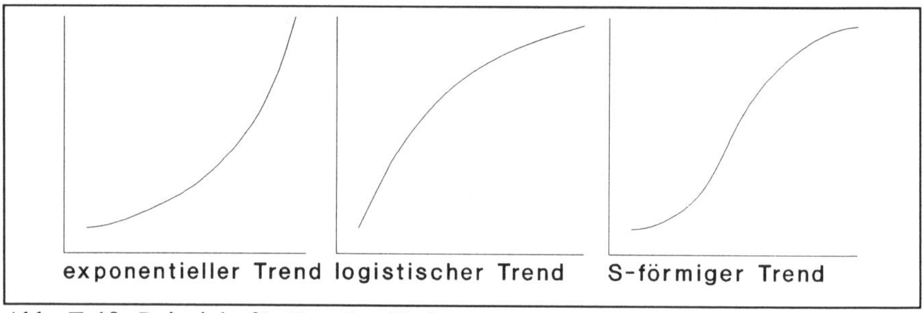

Abb. E.19: Beispiele für Trendverläufe

ment ist sicher die Langfristigkeit, wobei in der Theorie Planungshorizonte von mindestens 5 Jahren angesetzt werden. Da die Praxis damit regelmäßig überfordert ist, insbesondere, wenn die strategischen Pläne halbwegs konkret sein sollen, wird oft auch eine Ein- und Zwei-Jahresplanung als strategisch bezeichnet. Zur Fristigkeit kommen noch weitere Kriterien hinzu (vor allem Hofer/Schendel 1978, S. 25):

- Orientierung an den **Erfolgspotentialen**, d.h. Ermittlung und Nutzung individueller Stärken des Unternehmens
- **Synergieorientierung**, d.h. Nutzung aller Potentiale der Koordination und Kooperation im Unternehmen, etwa zwischen einzelnen Funktionsbereichen oder innerhalb der Bereiche
- **Kräftekonzentration**, d.h. Bildung von Prioritäten, Auswahl einiger bedeutsamer Produkt-Markt-Kombinationen, Vermeidung des Verzettelns in unattraktiven Bereichen
- Schaffung eines **Risikoausgleichs**, d.h. Schaffung eines ausgeglichenen Leistungsprogramms in bezug auf neue/alte Produkte, wachsende/stabile Märkte usw.
- Verfolgen einer **konzeptionellen Gesamtsicht** für das Unternehmen, d.h. Verpflichtung aller Unternehmensbereiche und -aktivitäten auf ein einheitliches Zielsystem
- Schaffung und Ausbau von **Wettbewerbsvorteilen**, d.h. Differenzierung gegenüber Wettbewerbern und Verfolgung einer möglichst einzigartigen Strategie.

4.5.1 Strategische Analyseverfahren

4.5.1.1 Produkt-Lebenszyklus-Analyse

Der Produkt-Lebenszyklus beschreibt die Umsatz-, Deckungsbeitrags- und/ oder Gewinnentwicklung eines Produktes im Zeitablauf. Auf der Basis von Verhaltensannahmen der Marktpartner läßt sich folgendes Modell darstellen (Abb. E.20).

Produktlebenszyklen für konkrete Produkte sind individuell verschieden, hierbei handelt es sich nur um ein Modell, das auf Entwicklungsrichtungen für den Fall aufmerksam macht, daß sich Hersteller, Konsumenten, Handel und Konkurrenten an die zugrundeliegenden Annahmen halten.

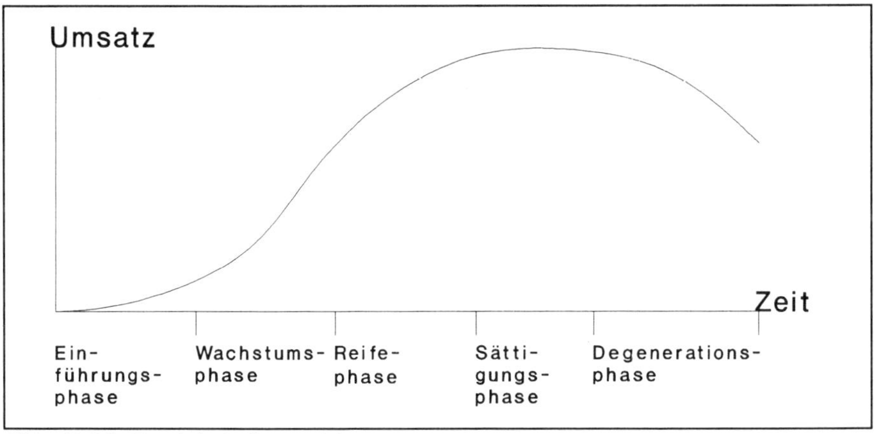

Abb. E.20: Produkt-Lebenszyklus

Die einzelnen Phasen lassen sich wie folgt beschreiben:

Phase	**Merkmale**	**Produkt**	**Konsumenten**	**Distribution**	**Wettbewerber**
Einführungsphase	geringes Umsatzwachstum Verlust durch hohen Marketingaufwand und Investitionen	Marktneuheit, hoher Produktvorteil, keine Bekanntheit	Zurückhaltung, Kauf nur durch Innovatoren	Pipeline-Filling, Aufbau neuer Distributionswege, Warten auf Listungen	noch kein vergleichbares Angebot vorhanden
Wachstumsphase	hohes Umsatzwachstum positive Deckungsbeiträge	noch innovativ, steigende Bekanntheit	steigende Kaufbereitschaft, Kauf durch Adopter	Ausbau der Vertriebswege, steigende Akzeptanz im Handel	einsetzende Gegenmaßnahmen: Preissenkungen, Produktinnovationen
Reifephase	nachlassende Umsatzsteigerungen, Gewinne	hohe Bekanntheit, nachlassende Innovativität	Gewinnung großer Käuferschichten, Produktvertrautheit, Wiederkäufe	Steigerung der Distributionsdichte, feste Listungen	Einführung von konkurrierenden Produkten mit Leistungsvorteilen
Sättigungsphase	Konstanz des Umsatzes, hohe Gewinne	beginnende Veralterung, Relaunches	Gewinnung auch der Nachzügler	Etablierung im Handel, neue Distributionswege	Schaffung von Wettbewerbsvorteilen, Marktanteilsgewinne
Degenerationsphase	sinkende Umsätze	Elimination, Klassikerversionen	Gewinnung der Traditionalisten	Auslistungen, Verramschungen	steigende Wettbewerbsvorteile

Aus diesen allgemeinen Merkmalen lassen sich einige Konsequenzen für das Marketing ableiten. In der Einführungsphase ist ein hoher Werbeetat sinnvoll, um in möglichst kurzer Zeit möglichst viele potentielle Kunden ansprechen zu können. Außerdem ist der Werbedruck ein Argument für den Handel, ein Produkt überhaupt neu in das Sortiment aufzunehmen. Der Schwerpunkt wird dabei auf informativer Werbung liegen, da noch konkrete Produktvorteile gegenüber der Konkurrenz bestehen.

In der Wachstumsphase kommt dem Handel die Schlüsselrolle zu. Von der Ausweitung der Distribution hängt es ab, welche Käuferschichten angesprochen werden können. Werbung sollte jetzt durch handelsgerichtete Maßnahmen ergänzt werden, insbesondere durch Verkaufsförderungsmaßnahmen, Zweitplazierungen usw.

Ein Nachlassen des Umsatzwachstums in der Reifephase sollte auf neuerlichen Innovationsbedarf hindeuten. So sollten bereits jetzt Produktmodifikationen oder ggfs. Relaunches vorbereitet werden. Sättigungserscheinungen sollten dann zum Anlaß für gezielte Maßnahmen zur Ansprache neuer Zielgruppen, Steigerung der Produktattraktivität o.ä. genutzt werden. Mitunter sind auch preispolitische Maßnahmen sinnvoll, um das Preis-Leistungsverhältnis zu verbessern.

In der Degenerationsphase muß die Eliminationsentscheidung gefällt werden. Ggfs. kann die Produktion auch auf niedrigem Niveau fortgeführt werden, um eine "Klassik-Version" herzustellen.

4.5.1.2 PIMS-Projekt

PIMS steht für Profit Impact of Market Strategies. Es handelt sich dabei um empirische Erhebungen über erfolgsrelevante Größen von ca. 2000 strategischen Geschäftseinheiten (SGE). Diese Daten werden vom Strategic Planning Institute in Massachusetts (USA) bei den am Projekt beteiligten Unternehmen erhoben. Abhängige Variable ist der Return on Investment (ROI). Die Auswertungen geben an, welchen Einfluß ausgewählte Erfolgsfaktoren und Kombinationen solcher Faktoren auf den ROI haben, z.B.: Produktqualität, Aufwand für Forschung und Entwicklung, Lebenszyklusstadium, Sortimentsbreite (Buzzell/Gale 1989, S. 3ff.; Dunst 1989). Abb. E.21 zeigt einige Beispiele für PIMS-Auswertungen (die Zahlen in den Zellen geben den ROI an).

Definitionen:

ROI = Gewinn vor Steuern und Schuldzinsen : Eigenkapital

Produktqualität = Umsatzanteil überlegener Produkte - Umsatzanteil unterlegener Produkte (bezogen auf Konkurrenzprodukte, Konsumentenurteile, ohne Berücksichtigung des Preises)

Relativer Marktanteil = Marktanteil der SGE : Marktanteil der drei größten SGEs

SGE = Strategische Geschäftseinheit (umfaßt in der Regel eine Produktgruppe oder Sparte)

Lebenszyklusstadium	rel. Breite der Produktlinie: eng		breit
früh	11	16	27
mittel	13	18	29
spät	23	18	23

Lebenszyklusstadium	Marktanteil: 13%	27%	
früh	6	20	33
mittel	11	20	29
spät	15	19	27

relative Produktqualität	Marketingausgaben:Umsatz: 5%	10%	
(-1%)	13	13	9
(40%)	22	21	16
	33	30	26

Markteintritt	Produktwert: -	o	+
Pionier	24	23	27
	18	18	26
Nachzügler	7	20	23

Abb. E.21: Beispiele für PIMS-Auswertungen (The Strategic Planning Institute 1980)

Produktwert:

—: hoher relativer Preis und schlechte relative Qualität

+: geringer relativer Preis und gute relative Qualität

Die PIMS-Erkenntnisse haben aufgrund ihrer empirischen Fundierung erhebliche Beachtung gefunden. Einige Probleme schränken jedoch ihre Aussagekraft ein:

- Bei den veröffentlichten Daten handelt es sich um Branchendurchschnitte. Abweichungen bei einzelnen Unternehmen sind durchaus möglich.
- Es handelt sich um amerikanische Begriffsabgrenzungen.
- Es werden max. zwei unabhängigen Variablen berücksichtigt.
- Teilweise ist keine objektive Wertermittlung möglich (z.B. bei der Produktqualität).
- Die Betrachtung erfolgt nur relativ, konkurrenzbezogen.

4.5.1.3 Portfolio-Analysen

4.5.1.3.1 Marktanteil-Marktwachstum-Portfolio

Portfolios sind Darstellungen der strategischen Geschäftseinheiten eines Unternehmens anhand zweier Dimensionen. Der Grundgedanke der Portfolio-Technik kommt aus dem Finanzbereich, konkret von den Wertpapier-Portefeuilles. Sie verfolgen das Ziel, einen Risikoausgleich zwischen Wertpapieren bzw. hier SGEs zu erreichen. Darüber hinaus lassen sich sog. Normstrategien daraus ableiten, die die strategische Richtung bestimmen sollen.

Das Marktwachstum-Marktanteil-Portfolio wurde von der Boston Consulting Group entwickelt. Grundlegende Erkenntnis war die Erfahrungskurve, ein empirisch belegter Zusammenhang zwischen dem kumulierten Absatz eines Produktes und dem Verlauf der Wertschöpfungskosten. Es stellte sich heraus, daß ein Kostensenkungs**potential** von 20-30% bei jeder Verdopplung des kumulierten Absatzes entsteht. Wird also die Produktionsmenge (seit Produktionsbeginn) von 2000 auf 4000 erhöht, **können** die Wertschöpfungskosten um 20-30% gesenkt werden. Dies setzt voraus, daß die entstehenden Kostensenkungsmöglichkeiten auch tatsächlich genutzt werden. Bei logarithmischer Darstellung verläuft die Stückkostenkurve dann als Gerade (Abb. E.22).

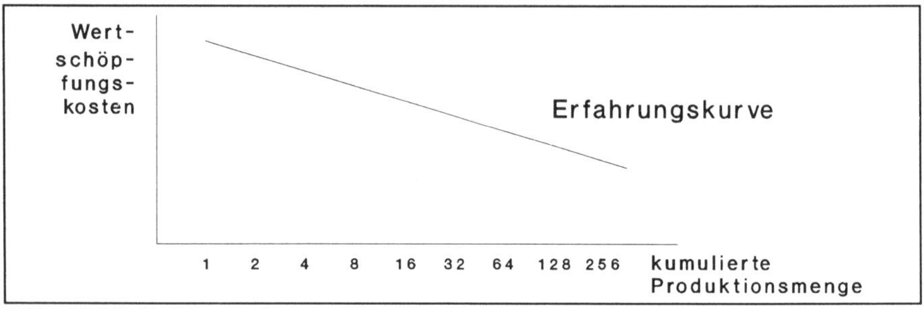

Abb. E.22: Erfahrungskurve

Dieses Kostensenkungspotential ist als alltägliches Phänomen beobachtbar. Jeder stellt bei einer dauernden Wiederholung immer der gleichen Tätigkeit fest, daß die einzelne Verrichtung mit steigender Erfahrung immer schneller geht und z.B. auch die Fehlerquote sinkt. Im Unternehmen werden die Erfahrungen genutzt, um Arbeitsabläufe zu vereinfachen, Arbeitsplätze anders anzuordnen, Fehlerquellen zu eliminieren usw.

Die Erfahrungskurve belegt die herausragende Bedeutung des Marktanteils. Unternehmen, denen es gelingt, durch einen schnellen Anstieg der Produktion Kostensenkungspotentiale zu erzielen und zu realisieren, eröffnen sich Preisspielräume nach unten und können damit die Eintrittsbarrieren auf diesen Markt erhöhen. Bei konstanten Preisen führen Kostensenkungen zu Gewinnsteigerungen, die z.B. auch höhere Marketing-Investitionen möglich machen.

Die Einordnung der SGEs in die Felder (Abb. E.23) führt zu allgemeinen Handlungsempfehlungen, z.B.:

Fragezeichen:	Elimination oder Ausbau des Marktanteils durch hohe Marketing-Investitionen
Stars:	Stabilisierung des Marktanteils, konstante Investition in Marketing
Melkkühe:	Marktanteil so lange wie möglich halten, Rückführung der Marketing-Investitionen, Ertragsabschöpfung
Arme Hunde:	je nach Ertragssituation Elimination oder "sich selbst überlassen"

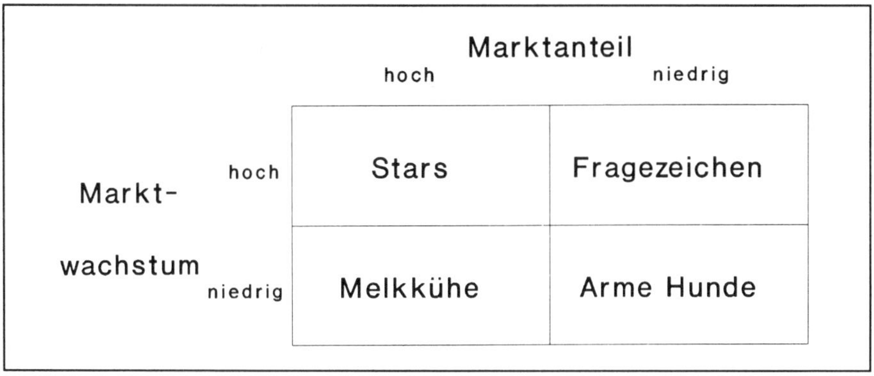

Abb. E.23: Marktwachstum-Marktanteil-Portfolio

SGEs in den beiden oberen Feldern erfordern aufgrund des Marktwachstums einen hohen Marketing-Investitionsbedarf, SGEs in den unteren Feldern liefern dagegen Überschüsse, die anderen SGEs zur Verfügung gestellt werden können. Da Neuprodukte üblicherweise in Märkten mit hohem Wachstum eingeführt werden, symbolisiert das Portfolio auch einen Lebenszyklus. Bei der Einführung handelt es sich um ein Fragezeichen, im Erfolgsfall wird das Produkt dann zum Star. Läßt das Marktwachstum, z.B. aufgrund technologischer Entwicklungen, nach, wird es zu einer Melkkuh und bei zunehmender Veralterung zum Armen Hund.

4.5.1.3.2 Marktattraktivität-Wettbewerbsposition-Portfolio

Das Marktattraktivität-Wettbewerbsposition-Portfolio stammt von McKinsey und berücksichtigt zahlreiche "Soft-Facts". Die beiden Beurteilungsdimensionen setzen sich aus Bewertungen anhand umfangreicher Kriterienkataloge zusammen (Hinterhuber 1992, S. 114):

Marktattraktivität, z.B.
- Marktwachstum und Marktgröße
- Marktqualität
  Know-how-Schutzmöglichkeiten
  Wettbewerbsintensität
  Abnehmerstruktur
  Marktzutrittsbeschränkungen
  Bedrohung durch Substitutionsprodukte
  Elastizität der Nachfrage
  Struktur des Absatzmarkts
  Spielraum für Preispolitik
- Energie- und Rohstoffversorgung
  Beschaffungsmarkt
  Versorgungsrisiken
  Substitutionsmöglichkeiten
  Struktur des Beschaffungsmarkts
- Umweltsituation
  Konjunkturabhängigkeit
  Inflation
  gesetzgeberische Eingriffe
  öffentliches Interesse
  Umweltschutz

Wettbewerbsposition, z.B.
- relative Marktposition
  Marktanteil
  Rentabilität
  Image
- relatives Produktionspotential
  Wirtschaftlichkeit der Produktion
  Standortvorteile
  Produktivitätspotentiale

Erfahrung
- relatives Forschungs- und Entwicklungspotential
Stand der Forschung und Entwicklung
Innovationsfähigkeit

Kapazitätspotentiale
- relative Qualifikation der Mitarbeiter
Professionalität
Innovationsklima
Qualität der Führungssysteme

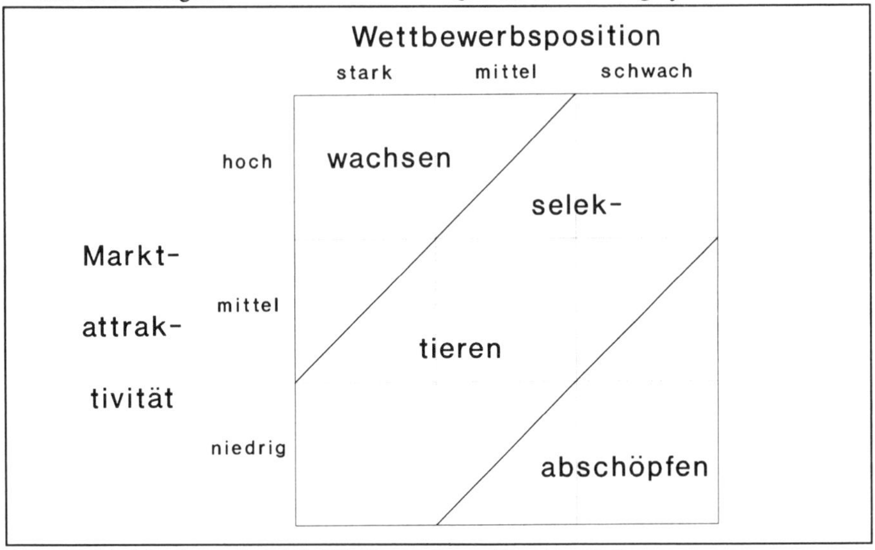

Abb. E.24: Marktattraktivität-Wettbewerbsposition-Portfolio

Die daraus ableitbaren strategischen Verhaltensweisen sind:

Wachsen:	Ausbau bzw. Verteidigung des Marktanteils bei hohen Marketinginvestitionen
Selektieren:	Auswahl von SGEs, in die weiter investiert wird, Beschränkung des Sortiments
Abschöpfen:	Ausnutzen eventueller Gewinnmöglichkeiten, keine Investitionen, Eliminierung

4.5.1.4 Wertketten

"Die Wertkette gliedert ein Unternehmen in strategisch relevante Tätigkeiten, um dadurch Kostenverhalten sowie vorhandene und potentielle Differenzierungsquellen zu verstehen" (Porter 1986, S. 59). Durch Wertaktivitäten (oder auch Wertschöpfungsprozesse) entsteht die unternehmensspezifische Leistung. Porter unterscheidet primäre und unterstützende Aktivitäten. Primäre Aktivitäten sind solche, die konkret mit der Leistungserstellung zu tun haben. Die betrieblichen Produktionsprozesse vom Wareneingang bis zum Kundendienst stellen solche primären Aktivitäten dar. Unterstützende Aktivitäten wirken auf sämtliche Prozesse im Unternehmen ein, sie begleiten sozusagen die Leistungserstellung. Dazu gehört beispielsweise die Personalwirtschaft, die Personal genauso für den Wareneingang wie den Vertrieb bereitstellt (vgl. Porter 1986, S. 63ff.).

Die Analyse der Wertkette ist die Grundlage für die Ermittlung und Definition individueller Wettbewerbsvorteile. Es entsteht ein differenziertes Bild von den Aktivitäten im Unternehmen, das einen Vergleich mit den Aktivitäten in Wettbewerbsunternehmen ermöglicht und Anknüpfungspunkte für Differenzierungen und die Schaffung von Wettbewerbsvorteilen zeigt (Abb. E.25).

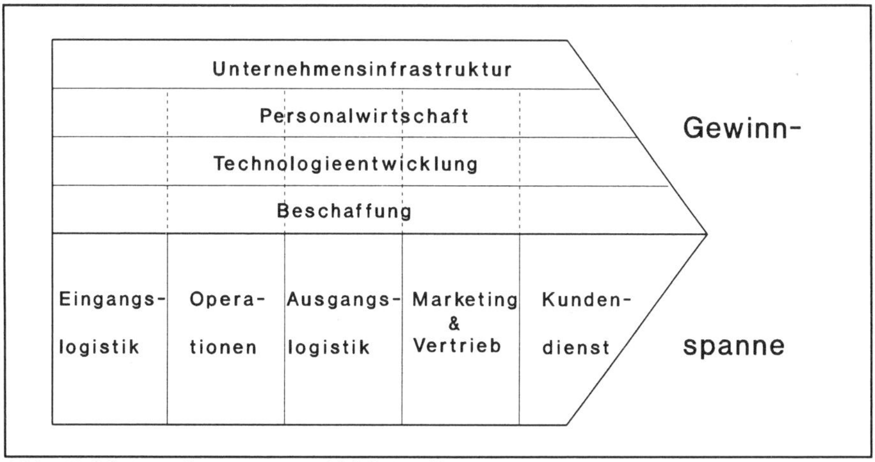

Abb. E.25: Wertkette (Porter 1986, S. 62)

Wertketten stellen den Wertschöpfungsprozeß im Unternehmen dar, d.h. die Wert erzeugenden und Preise rechtfertigenden Aktivitäten. Sie können unternehmens- bzw. auch branchenspezifisch aufgebaut werden, je nach Leistungsspektrum und Integrationsgrad. Ebenfalls kann der Detaillierungsgrad variieren. Geht es z.B. um den Vergleich grundlegender Unternehmensstrategien, ist eine weniger detaillierte Wertkette zu ermitteln, als wenn zwei direkte Konkurrenten mit ähnlicher strategischer Ausrichtung analysiert werden sollen. Esser (1989, S. 199) führt folgenden Vergleich zwischen IKEA und einem herkömmlichen Möbelanbieter als Beispiel für den Einsatz der Wertketten an:

Aktivität	**herkömmlicher Möbelanbieter**	**IKEA**
Rohmaterial	geringe bis hohe Kosten	geringe Kosten
Herstellung	kleine Mengen - hohe Kosten	große Mengen - geringe Kosten
Montage	arbeitsintensiv: hohe Kosten	durch Kunden: keine Kosten
Transport	Luft: hohe Kosten	kompakt zerlegt: geringe Kosten
Showroom	zentrale Lage: hohe Kosten	außerhalb: geringe Kosten
Lieferzeit	kleines Lager: lang	großes Lager: kurz
Anlieferung	Luft: hohe Kosten	Abholung: keine Kosten

Während sich diese Wertketten fast ausschließlich auf die Kostensituation beziehen, sollten normalerweise auch weitere Differenzierungsfaktoren betrachtet werden, etwa der Einfluß der einzelnen Aktivitäten auf die Qualität, Kundenzufriedenheit, die Geschwindigkeit der Leistung usw.

Die Auflistung der Aktivitäten stellt bei dieser Analysemethode das gedankliche Grundgerüst dar, so daß ihr besondere Aufmerksamkeit zukommen muß. Die einzelnen Aktivitäten sollten möglichst weiter untergliedert werden in Teilprozesse, zumal sich dort zusätzliche Differenzierungs- und Wettbewerbsvorteilspotentiale ergeben können. So sollte etwa die primäre Aktivität "Marketing & Vertrieb" weiter untergliedert werden in Werbung, Verkaufsförderung, Öffentlichkeitsarbeit, Corporate Identity, Verkaufspersonal usw. Auch innerhalb dieser Bereiche ist eine weitere Differenzierung denkbar. So besteht möglicherweise innerhalb des Verkaufsbereichs z.B. durch die Einrichtung eines Key-Account-Managements ein Wettbewerbsvorteil, was im Rahmen einer globalen Analyse als Wert-Faktor übersehen werden könnte.

Die Wertkettenanalyse sollte in zwei Richtungen vorgenommen werden: zum einen im Vergleich mit den Wettbewerbern, um Wettbewerbsvor- und -nachteile zu ermitteln, zum anderen in bezug auf Lieferanten und Abnehmer. Letzteres ist wichtig, weil die Wertkette des Lieferanten jeweils die des Abnehmers beeinflußt. Ein Abnehmer, der auf Zuverlässigkeit und Schnelligkeit Wert legt, benötigt Lieferanten, die ihrerseits Stärken im Bereich der pünktlichen Auslieferung haben.

4.5.2 Früherkennungssysteme

Früherkennungssysteme sollen helfen, Zeit zu gewinnen. Ein entscheidender Wettbewerbsfaktor ist es, schneller als Konkurrenzunternehmen zu agieren bzw. zu reagieren. Dabei geht es sowohl um neue Gefahrenquellen als auch um sich ergebende Chancen, etwa für Neuprodukteinführungen oder Marktausweitungen. Zu diesem Zwecke werden Verfahren und Analyseschemata entwickelt, die in der Gegenwart Anzeichen (schwache Signale) für Veränderungen in der Zukunft aufgreifen.

Dazu existieren zum einen **Methoden** der Verarbeitung solcher Informationen und zum anderen Kataloge von relevanten **Indikatoren**. Zunächst werden hier einige der zum Einsatz kommenden **Methoden** vorgestellt, um dann auf die Herkunft dieser Früherkennungsindikatoren einzugehen (Wiedmann 1985; Brixle/Haag 1993).

1. Gap-Analyse: Die Gap-Analyse nimmt einen Vergleich von geplanter und tatsächlicher Entwicklung einer Größe vor. So könnte hier z.B. eine geplante Entwicklung des Marktanteils für ein neues Produkt in ein Koordinatensystem eingetragen und mit der tatsächlichen Entwicklung verglichen werden. Wird dann auf der Basis der tatsächlichen Daten eine Prognose vorgenommen, zeigt sich die mehr oder weniger stark ausfallende zu erwartende Abweichung vom Plan. Diese Abweichung verdeutlicht den Gegensteuerungsbedarf.

2. Disaggregation von Zielgrößen: Veränderungen der relevanten Zielgrößen wie etwa Umsatz oder Gewinn lassen sich durch Veränderungen einzelner ihrer "Bausteine" vorhersehen. So ist davon auszugehen (man denke z.B. an die Diffusionstheorie), daß der Umsatz durch Käufer mit unterschiedlicher Innovationsbereitschaft erfolgt. Innovative kaufen dieses Produkt damit schon seit längerer Zeit, Nachzügler erst seit kurzem. Somit werden die Innovativen auch wieder als erste zu einem neuen Produkt wechseln, das z.B. technische Vorteile besitzt. Kann diese Zielgruppe identifiziert und aus der Umsatzzahl herausgelöst werden, ist ein Indikator für einen zu erwartenden Umsatzrückgang gefunden.

3. **Kausalanalyse:** In einigen Fällen lassen sich zwischen Entwicklungen kausale Beziehungen feststellen. Ein banaler aber einleuchtender Fall ist etwa der Zusammenhang zwischen Auftragseingang und Absatzmenge in einem Unternehmen. Etwas globaler wäre die Auswirkung von OPEC-Beschlüssen über Öl-Fördermengen auf den Benzinpreis. Auf diese Weise lassen sich vielfach Verbindungen herstellen, die für Prognosezwecke tauglich sind.

4. **Inhaltsanalyse:** Zahlreiche Medien beschäftigen sich damit, Trends aufzuspüren oder allgemein über neue Entwicklungen und Erkenntnisse zu berichten. Die Inhaltsanalyse ist nicht anderes als die systematische Auswertung geeigneter Medien unter einem gewissen Aspekt. Dabei können Andeutungen über mögliche Pläne eines Konkurrenzunternehmens, politische Unsicherheiten in einem Abnehmerland, Diskussionen über mögliche gesetzgeberische Maßnahmen usw. für ein Unternehmen als Früherkennungsindikatoren relevant sein. Besondere Bedeutung hat auch die Auswahl des Mediums. Es muß z.B. sichergestellt sein, daß die Informationen nicht erst dann veröffentlicht werden, wenn dies bereits anderswo geschehen ist. Wesentliche Faktoren sind auch Innovationsbereitschaft der Redaktion und Erscheinungsweise. Tages- und Wochenzeitungen sind hier natürlich im Vorteil gegenüber Fachzeitschriften und insbesondere Büchern.

5. **Diskontinuitätenbefragung:** Methodisch handelt es sich hierbei um eine Delphi-Analyse. Verschiedene Experten werden um ihre Einschätzung möglicher relevanter Einflußfaktoren auf das eigene Betätigungsfeld gebeten. Die Bezeichnung Diskontinuität verdeutlicht, daß es um solche Faktoren geht, die die bisherige Entwicklung stören könnten oder dies bereits tun. Die Hinzuziehung von externen Personen soll sicherstellen, daß keine relevanten Gebiete etwa aufgrund von Betriebsblindheit außer acht gelassen werden.

6. **Szenario-Technik:** Die bereits oben dargestellte Szenario-Technik ist in der Lage, Störgrößen bei der Prognose zu berücksichtigen. Sie ist jedoch weniger dazu geeignet, solche systematisch ausfindig zu machen. Daher kommt ihr Einsatz in einer späteren Phase in Frage, wenn es um die Auswirkungen von bereits identifizierten Ereignissen geht.

Wo lassen sich nun die schwachen Signale finden und wie können sie aussehen? Das **Beobachtungsfeld** kann in folgende Gebiete unterteilt werden: Markt, Technologie, Handel/Distribution, Konsumenten. Es können an dieser Stelle jeweils nur einige Beispiele möglicher Signale angeführt werden (ausführlich: Köhler 1991).

Markt

Markteintrittsbarrieren: Je geringer die Eintrittsbarrieren sind, desto größer ist die Wahrscheinlichkeit, daß neue Konkurrenten auf den Markt kommen. Die Beobachtung der Barrieren (z.B. Handelsbeschränkungen, gesetzliche Vorschriften, Zugang zu Rohstoffquellen) kann also die Gefahr eines Markteintritts signalisieren.

Gesetzgeberischer Einfluß: In zunehmendem Umfang wird staatlicherseits auf Märkte Einfluß genommen. Dies zeigt sich etwa im Bereich der Umweltpolitik (Verpackungsverordnung, Chemikaliengesetz usw.) oder des Verbraucherrechts (Produkthaftpflichtgesetz, Verbraucherkreditgesetz usw.). Solche Initiativen durchlaufen lange Genehmigungsverfahren, so daß sie frühzeitig erkennbar sind, z.B. durch Referentenentwürfe, Beschlüsse von Parteitagen, Forderungen von Interessenverbänden.

Konkurrenzaktivitäten: Hierbei handelt es sich sicherlich um die bedeutendsten Einflußfaktoren. Relativ frühzeitig kündigen sich Übernahmen von anderen Unternehmen an, was auf Marktausweitungen hindeuten kann. Weiterhin ist etwa die Errichtung von neuen Produktionsstätten relevant.

Technologie

Patente: Die Anmeldung von Patenten ist ein deutlicher Hinweis auf konkrete Neuproduktentwicklungen von Konkurrenzunternehmen. Aufgrund der steigenden Produktentwicklungszeiten besteht zwar ein gewisser Reaktionszeitraum, doch sind auch im eigenen Unternehmen diese Entwicklungszeiten zu berücksichtigen. Interessant ist auch eine Auswertung von Patentanmeldungen in bezug auf Technologietrends.

Substitutionstechnologien: Jedes Produkt ist nicht nur von qualitativ besseren und preiswerteren Produkten bedroht, sondern auch von Substitutionsprodukten und Substitutionstechnologien. Beispiele dafür sind vor allem in der Bürotechnik und im Textilbereich zu finden. Die technologische Entwicklung muß daher auch auf mögliche Substitutionsmöglichkeiten hin untersucht werden. Es ist zu fragen, ob neue Materialien, Konstruktionsweisen usw. so eingesetzt werden können, daß eine Konkurrenz für bestehende Produkte entsteht.

Forschungsergebnisse: Z.B. in Max-Planck-Instituten wird Grundlagenforschung betrieben, die nicht unmittelbar auf bestimmte Produkte oder Produktionsverfahren bezogen ist. Die Ergebnisse zeigen aber, in welche Richtung die technologische Entwicklung geht und wo Innovationspotentiale entstehen.

Handel/Distribution

Sortimentsentwicklung: Der Handel kann wesentlich schneller auf aktuelle Entwicklungen reagieren als der Hersteller. Damit schrumpft allerdings auch der Vorlauf vor dem Eintreten einer dauerhaften Entwicklung. Sortimentsverschiebungen bzw. Absatzmengen allgemein können Nachfrageveränderungen ankündigen. Problematisch ist allerdings die Absicherung dieser Erkenntnisse gegen zufällige Einflüsse.

Entwicklung von Handelsformen: Nachfrageverhaltenstrends gehen häufig einher mit der Entwicklung bestimmter Handels- oder Distributionsformen. So hat etwa das Entstehen zahlreicher Verbraucher- und Fachmärkte konkrete Auswirkungen auf Produkt- und Preispolitik. Die Hersteller reagierten auf diese Entwicklung z.B. mit handelsspezifischen Produkttypen, besonderen Konditionsgestaltungen usw. Im Personal Computer-Bereich hat die Herausbildung von spezialisierten Handelsketten mit eigenen Marken erhebliche Bedeutung.

Listungen/Jahresgespräche: Insbesondere die großen Handelsketten und Warenhäuser führen ihre Sortimentsentscheidungen nur noch im Halbjahresrhythmus durch. Hier zeigt sich möglicherweise schon frühzeitig, daß Änderungen der Absatzchancen vermutet werden.

Konsumenten

Soziodemografische Trends: Einige Kaufentscheidungen sind abhängig von soziodemografischen Faktoren wie Alter, Einkommen, Wohnort, Familiengröße usw. Diese Informationen lassen sich z.B. amtlichen Statistiken und Informationsdiensten von Marktforschungsinstituten entnehmen. Insbesondere Altersstruktur und Haushaltsgröße haben erheblichen Einfluß auf das Konsumverhalten und lassen sich über die Veröffentlichungen des Statistischen Bundesamtes beobachten.

Wertewandel: Werte bzw. Lebenseinstellungen unterliegen Wandlungen. Diese wirken sich auch auf Konsumentscheidungen aus. So führt z.B. das gestiegene Gesundheitsbewußtsein zu einer stärkeren Nachfrage nach Vollwertkost, das Interesse an Bewußtseinserweiterung und neuen Lebensformen zu einer stärkeren Nachfrage nach Esoterik-Kursen, Literatur über fremde Religionen usw.

Anspruchsniveaus: Zunehmende Marktsättigung und sinkende Differenzierung zwischen den einzelnen Produkten führt zu höheren Ansprüchen seitens der Konsumenten. Während früher häufig der Gedanke im Vordergrund stand, ein Produkt mit einem bestimmten Leistungsangebot überhaupt zu besitzen, werden heute gewisse Qualitätsniveaus und Lebensdauern erwartet. Ein Indikator hierfür können Reklamationen sein, die in den Kundendienst-Abteilungen eingehen. Sie zeigen, was konkret erwartet wurde und inwieweit das Produkt diesen Erwartungen nicht entsprach.

Diese beiden angesprochenen Bereiche der Früherkennung (Methoden und Indikatoren) müssen zu einem geschlossenen System kombiniert werden. Dazu ist es sinnvoll, von einem festen Stamm von Indikatoren, die für das betreffende Unternehmen potentiell relevant sind, auszugehen und nach dem Grad der Konkretisierung des Signals als relevante Einflußgröße den Methodeneinsatz festzulegen. Solange kein konkreter "Verdacht" besteht, also erst nach möglichen Signalen gesucht wird, sind z.B. Inhaltsanalysen in innovativen Medien vorzunehmen und die betriebliche Zielerreichung mit Hilfe von Gap-Analysen zu beobachten. Umfangreiche Vorarbeiten (Ermittlung der ursächlichen Zusammenhänge) erfordern Kausalanalysen, die aber dann langfristig als Indikatorensystem auf verschiedenen Konkretisierungsstufen einsetzbar sind. Diskontinuitätenbefragungen können sowohl auf einen konkreten Verdacht hin als auch zur Suche nach Verhaltensmomenten eingesetzt werden. Die Disaggregation von Zielgrößen ist sicher nicht immer möglich (Problem der Datenbeschaffung), macht aber auf sich bereits abzeichnende Entwicklungen aufmerksam. Ebenso setzt die Szenario-Technik die Identifikation von Einflüssen voraus.

4.5.3 Marketing-Strategien

Während bislang die Techniken und Vorgehensweisen zur Planung und Entwicklung von Strategien vorgestellt wurden, geht es in diesem Abschnitt um deren **inhaltliche Ausgestaltung**. Die Erkenntnisse über strategisches Marketing werden mit den Marketing-Instrumenten zu konkreten Marketing-Strategien verarbeitet. Da letztlich jedes Unternehmen eine individuelle Strategie verfolgt, können hier nur einzelne Strategietypen dargestellt werden.

Folgende Strategietypen-Raster sollen im folgenden betrachtet werden:

Bezeichnung	Dimensionen	Strategien
Ansoff-Matrix	Produkte Märkte	- Marktdurchdringung - Produktentwicklung - Marktentwicklung - Diversifikation
Kotler-Matrix	Preis Qualität	- Präferenz-Strategie - "Schlag-zu-und-verschwinde"-Strategie - Preis-Mengen-Strategie - Preis-Leistungs-Strategie
Gebiets-orientierung	Region	- regional - national - selektiv international - global
Porter-Matrix	Strateg. Vorteil Strateg. Zielobjekt	- Differenzierung - Kostenführerschaft - Konzentration auf Schwerpunkte
BCG-Matrix	Marktanteil Marktwachstum	- Desinvestition - Selektion - Abschöpfung - Investition
McKinsey-Matrix	Wettbewerbsstärke Marktattraktivität	- Investition - Desinvestition - Selektion
BCG-Matrix (neu)	Größe des Vorteils Zahl der Vorteile	- Fragmentierung - Spezialisierung - Volumen - Patt

Im folgenden werden die einzelnen Typen kurz charakterisiert und es wird auf Einsatzsituationen und Ausprägungen der Marketing-Instrumente eingegangen.

4.5.3.1 Produkt-Markt-Strategien

In die Gruppe der Produkt-Markt-Strategien fallen diejenigen, die sich aus einer Kombination von neuen und gegenwärtigen Produkten und Märkten ergeben. Diese Einteilung geht auf Ansoff zurück, der damit vier **Wachstumsstrategien** definierte (Abb. E.26).

		Märkte	
		alt	neu
Produkte	alt	Markt-durchdringung	Markt-entwicklung
	neu	Produkt-entwicklung	Diversifikation

Abb. E.26: Produkt-Markt-Matrix nach Ansoff

4.5.3.1.1 Marktdurchdringung

Mit der Strategie der Marktdurchdringung soll das Marktpotential mit dem bestehenden Produktprogramm besser ausgenutzt werden. Dazu stehen drei grundsätzliche Möglichkeiten zur Verfügung (z.B. Becker 1992, S. 125ff.):

a. Steigerung der Verwendungsintensität

Der Gesamtabsatz für ein Produkt kann dadurch gesteigert werden, daß Anreize geschaffen werden, dieses häufiger als bisher zu verwenden und dadurch schneller nachzukaufen. Bei dieser Strategie sind grundsätzlich Ge- und Verbrauchsgüter zu unterscheiden und marketingethische Grenzen zu beachten.

Im Fall der **Gebrauchsgüter** ist ein beschleunigter Wiederkauf vor allem dadurch zu erzielen, daß die Lebensdauer des Produkts künstlich begrenzt wird (geplante Obsoleszenz). Dies geschieht über weniger widerstandsfähige Materialien, Einsatz nicht reparierbarer oder ersetzbarer Teile, Beschleunigung des modischen Wandels usw. Gestiegenes Bewußtsein der Verbraucher für solche Probleme, die Existenz von Verbraucherschutzinstitutionen und nicht zuletzt auch die verschärfte Produkthaftung lassen diese Strategie als nicht sinnvoll einsetzbar erscheinen.

Bei **Verbrauchsgütern** läßt sich die Verbrauchsintensität z.B. dadurch steigern, daß schädliche Nebenwirkungen der Verwendung abgebaut werden. So findet etwa die Anwendung von Körperpflegemitteln ihre Grenzen durch die gleichzeitig gewünschte Hautschonung, die Zahl der gefahrenen Kilometer mit einem Auto wird begrenzt durch die damit verbundenen Kosten. Geht man davon aus, daß Konsumenten über "Budgets" für Gesundheitsbeeinträchtigungen und Kosten verfügen, kann die Ausschöpfung solcher Budgets durch geringere Nebenwirkungen und Folgekosten optimiert werden. Beispiele dafür sind Light-Produkte mit weniger Kalorien, Kraftfahrzeuge mit geringerem Kraftstoffverbrauch, alkoholarmes/-freies Bier u.a.

Weitere Möglichkeiten zur Steigerung der Verwendungsintensität bestehen z.B. in der Verbesserung der Erhältlichkeit des Produkts (d.h. Ausweitung der Distribution) und Schaffung von Anreizen zu einer stärkeren Bevorratung (z.B. durch Mengenrabatte, Großpackungen), die einen höheren Verbrauchsdruck ausübt.

b. Gewinnung neuer Kunden von Konkurrenzprodukten

Die Absatzsteigerung erfolgt hier durch eine Umverteilung des Marktvolumens. Ziel ist es, den eigenen Marktanteil zu Lasten des Marktanteils der Wettbewerber zu steigern. Die einzelnen Maßnahmen ergeben sich aus dem Spektrum des Marketing-Instrumentariums.

Im Rahmen der Produktpolitik können Modifikationen vorgenommen werden, die das Produkt attraktiver als Konkurrenzprodukte erscheinen lassen. Beispiele sind zusätzliche Ausstattungsmerkmale, Design-Änderungen, wertvollere Verpackung usw. In preispolitischer Hinsicht können Preissenkungen oder Preisdifferenzierungen geprüft werden (maßgebend für die Wirksamkeit ist die Preiselastizität der Nachfrage). Distributionspolitisch ist an eine Ausweitung der Zahl der Vertriebsstellen und an eine engere Bindung des Handels an den Hersteller zu denken. Dazu bieten sich Schulungsmaßnahmen und verbesserte Konditionen an, die Händler veranlassen, bestimmte Produkte besonders zu forcieren. Schließlich können im Rahmen der Kommunikationspolitik Präferenzen aufgebaut werden, indem Vorteile gegenüber Konkurrenzprodukten hervorgehoben werden.

c. Gewinnung von bisherigen Nichtkäufern als Käufer

Hierbei geht es um die Ausweitung des Marktvolumens in Richtung auf das Marktpotential. Dazu sollen Personen, die bestimmte Produkte bisher nicht kauften, als Käufer gewonnen werden. Die Aufgabe besteht generell in der Kommunizierung des Produkts/Angebots gerade gegenüber solchen Personen, die es bisher nicht kannten, und in der attraktiveren Gestaltung, so daß das Produkt für weitere Personen interessant wird. Die einzelnen Maßnahmen werden wiederum aus einem Bündel von Ausprägungen des Marketing-Instrumentarium zusammengesetzt.

Die Übersicht auf der nächsten Seite zeigt beispielhaft den Einsatz der Marketing-Instrumente zur Marktdurchdringung.

4.5.3.1.2 Marktentwicklung

Ziel der Marktentwicklungsstrategie ist der Absatz des bestehenden Produktprogramms auf neuen Märkten. Dabei kann es sich sowohl um neue Absatzregionen als auch neue Verwendungszusammenhänge und neue Kundengruppen handeln. Da der räumliche Aspekt im Zusammenhang mit der Internationalisierung der Wirtschaft von überragender Bedeutung ist, wird auf ihn weiter unten separat eingegangen.

Die Übertragung eines Produkts in neue Verwendungszusammenhänge erfordert regelmäßig die Variation mehrerer oder aller Marketing-Instrumente. Ein **Beispiel**

Marketing-Instrument	Steigerung der Verwendungsintensität	Gewinnung neuer Kunden	Gewinnung von Nichtkäufern
Produkt-politik	Senkung der Folgekosten	wertvollere Ausstattung	Service-verbesserung
Kontrahie-rungspolitik	Mengenrabatte	Preissenkung und -differenzierung	Preisstruktur-änderung
Distributions-politik	Ausweitung der Distribution	engere Bindung Hersteller/Handel	Verringerung der Transportwege
Kommunikati-onspolitik	Nachkauf-werbung	informative Werbung	Probieraktionen

hierfür ist die Übertragung eines Produktes für professionelle Anwendung auf private Nutzung. Personal Computer waren ursprünglich reine Büromaschinen, sind heute aber in vielen Privatwohnungen und insbesondere Kinderzimmern zu finden. Distributionspolitisch spielte etwa die Ausweitung des Vertriebs auf Discount-Geschäfte mit wenig Beratung und den Versand eine wesentliche Rolle. Der klassische Computer- oder Büromaschinenhandel ist weder von der Konditionengestaltung noch vom Verkaufsraum her auf den Verkauf an Privatleute ausgerichtet. Während berufliche Nutzer auf Beratung, Zahlungsfristen, Anlieferung u.a. Wert legen, dafür Liefertermine akzeptieren und tendenziell höhere Preise zahlen, erwarten private Käufer die sofortige Verfügbarkeit, günstige Preise und eine verkehrsgünstige Lage des Ladenlokals. In preispolitischer Hinsicht sind im Privatkundengeschäft niedrige Festpreise erforderlich, während bei Geschäftskunden höhere Listenpreise angesetzt und durch individuelle Rabatte je nach Geschäftsbeziehung variiert werden können. In der Kommunikation ist der Einsatz anderer Medien erforderlich. Während Geschäftskunden z.B. über Fach- oder Branchenzeitschriften und Direktwerbung am effektivsten erreicht werden, sind bei Privatpersonen eher Publikums- oder Tageszeitungen zu belegen. In der Produktpolitik schließlich bieten sich Differenzierungen in bezug auf Stabilität und Leistungsvermögen der Geräte an. So kann in der Regel von unterschiedlichen Nutzungsdauern und damit Belastungen für Verschleißteile ausgegangen werden. Weiterhin sind Folgekosten für die Käufer zu berücksichtigen. Bei Privatpersonen ist daher die Kombination mit preisgünstigen Anwendungsprogrammen sinnvoll. So werden mittlerweile Personal Computer in der Regel in Verbindung mit Betriebssystemen und Programmpaketen angeboten.

Andere Beispiele für Marktentwicklungsstrategien finden sich z.B. in der Automobilindustrie. Fahrzeuge, die ursprünglich für den Warentransport vorgesehen waren, werden nunmehr auch in "familientauglichen" Varianten angeboten, vgl. etwa den VW Bus Caravelle. Bei Elektrorasierern wird z.B. der Markt ausgedehnt durch spezielle Rasierer für Jugendliche mit jugendlichem Design und günstigerem Preis, durch Reisevarianten mit Batteriebetrieb oder besonders geringer Größe und durch Damenrasierer. Die zugrundeliegende Technik ist die gleiche, es finden jedoch leistungs- und designspezifische Modifikationen statt. Brauereien erweitern ihren Markt durch alkoholarmes oder -freies Bier. So können auch diejenigen Käufer gewonnen werden, die z.B. als Autofahrer sonst Limonaden oder Wasser trinken. Die Brauerei Bitburger beispielweise führt nun drei Marken: Bitburger Pils, Bitburger Light und Bitburger Drive. Der Übergang zur Kategorie "neue Produkte", so deutet sich hier schon an, ist durchaus fließend.

In diesen Beispielen zeigt sich aber auch schon ein wesentlicher Unterschied in der **Motivation zur Marktentwicklung**. Im Falle der Computer (genauso z.B. auch bei Mobiltelefonen) entsteht durch die technologische Entwicklung und Fertigungsart ein erheblicher Preisdruck auf die Hersteller, der nur durch eine erhebliche Ausweitung der Absatzmärkte zu erreichen ist. Somit entsteht vor allem im Bereich der "modernen" Technologien (Mikroelektronik, Kommunikation u.ä.) ein grundlegendes Strategiemuster: Die Produkteinführung findet im Geschäftsmarkt statt, wo sich hohe Preise durch hohe Kostensenkungspotentiale rechtfertigen lassen. Mit steigender Produktionsausweitung werden dann zunehmend Privatpersonen angesprochen. Im Falle der anderen Beispiele handelt es sich um systematisch geplante Ausdehnungen auf weitere Zielgruppen.

4.5.3.1.3 Produktentwicklung

Bei der Produktentwicklungsstrategie handelt es sich im Grunde um das "Basisgeschäft" jedes Unternehmens. Das Konzept des Produktlebenszyklus machte bereits deutlich, daß besonders aufgrund von Konkurrenzaktivitäten mit einer Alterung der Produkte zu rechnen ist und insofern Produktinnovationen zur Ertragssicherung erforderlich sind. Die strategische Aufgabe der Produktentwicklung ist die Schaffung und Erhaltung von Innovationspotentialen. Die Produktentwicklungsstrategie wird damit auch zu einer technologischen Strategie. Nur wenn in bestimmten Bereichen kontinuierlich Forschung betrieben wird und gleichzeitig Fertigungsverfahren weiterentwickelt werden, ist der Erhalt des Innovationspotentials möglich.

Folgende Aspekte sind im Rahmen einer Produktentwicklungsstrategie zu berücksichtigen:

a. Problemlösungsbereiche

Unter strategischem Blickwinkel ist es wenig sinnvoll, das Angebot des Unternehmens nur über eine Auswahl von Produkten oder Leistungen zu definieren. Damit würde die unternehmerische Perspektive unnötig eingeschränkt. Vielmehr sind kundenorientiert Problemlösungsbereiche zu definieren, für die marketing- und produktionsbezogen Kompetenzen aufgebaut werden. Die Art und Weise, wie die ausgewählten Kundenprobleme gelöst werden, unterliegt in Abhängigkeit von der technologischen, mitunter auch rechtlichen oder gesellschaftlichen Entwicklung einem ständigen Wandel. Ein Hersteller von Fotoapparaten beispielsweise könnte sich als Produzent von Spiegelreflex-Kameras oder als Löser des Kundenproblems

"Wie schaffe ich mir Erinnerungen an Familienfeiern, Urlaube usw.?" definieren. Die Nachfrage nach Fotoapparaten hat sich seit Ende der achtziger Jahre erheblich hin zu vollautomatischen Kompakt-Sucherkameras entwickelt. Der Spiegelreflex-Kamera-Hersteller sieht sich damit einem stark schrumpfenden Markt gegenüber, während der Problemlöser bei seinem Bestreben, sein Angebot zu verbessern, selbst zu den technologischen Vorreitern gehören wird. Der eine perfektioniert seine anspruchsvollen, aber komplizierten und teueren Geräte, der andere analysiert die dabei entstehenden Probleme der Kunden und vereinfacht seine Kameras.

In den meisten Branchen beschränkt sich die Problemlösung jedoch nicht auf nur ein einziges Produkt. Zum Kundenproblem gehören in diesem Fall auch Filme, Fotopapier, Entwicklungsleistungen, Zubehörteile usw. Es entsteht damit eine Problemlösungsfamilie mit erheblichen Marketing-Synergien. Die Werbung für einen Film ist beispielsweise auch gleichzeitig Werbung für die Kameras dieses Herstellers, weil sie dessen Kompetenz unterstreicht und seine Bekanntheit steigert.

b. Sortimentsgestaltung

Mit diesem Beispiel wird auch die Verbindung zur Sortimentsgestaltung deutlich. Die strategischen Fragen sind hierbei, ob innerhalb eines Problemlösungsbereichs ein vollständiges Programm angeboten werden und aus welchen Problemlösungsbereichen sich das gesamte Absatzprogramm des Unternehmens zusammensetzen soll. Die Entscheidung, einen Problembereich vollständig abzudecken, zieht u.a. produktionsstrategische Konsequenzen nach sich. Die Fertigungstechnologie für Kameras beispielsweise ist nicht für die Herstellung von Filmen zu verwenden. Andererseits lassen sich mitunter andere Problembereiche finden, die sich mit der vorhandenen Technologie bearbeiten lassen (hier etwa die Medizin- oder Wehrtechnik).

Kompetenzen in einem Produktbereich sind daher als Ressourcen für andere Bereiche zu betrachten. Ein strategisches Prinzip ist es, solche Ressourcen zu nutzen. Unter Berücksichtigung langfristiger Kapazitäts- und Finanzplanungen wird im Rahmen der Produktentwicklungsstrategie die langfristig angestrebte Besetzung der Problemlösungsbereiche festgelegt. Auf dieser Basis werden dann einzelne Sortimente bestimmt, wobei es regelmäßig zu einem fließenden Übergang zu operativen, d.h. eher kurzfristigen und konkreten Fragestellungen kommt.

c. Markierung

Markierungsentscheidungen sind zwar in aller Regel Detailentscheidungen, doch ist ergänzend auch hier eine strategische Leitlinie erforderlich. Eingeführte und erfolgreiche Marken stellen gewissermaßen das Marketing-Kapital eines Unternehmens dar. Betrachtet man die bekanntesten Marken auf dem Markt, zu denen sicher Persil, Nivea, Milka, UHU usw. gehören, stellt man fest, daß es sich um alte Marken handelt, die häufig seit mehreren Jahrzehnten existieren. Ihre Gemeinsamkeit besteht auch in ihrer strategischen Führung. Hinter dem Markennamen Persil steht etwa die Strategie, nur ein Produkt unter diesem Namen zu vertreiben, während die Marke Milka im Laufe der Zeit auf immer mehr Produkte übertragen wurde. Die Firma Procter & Gamble beispielsweise verzichtet grundsätzlich darauf, auf sich als Hersteller eines Produktes aufmerksam zu machen und stellt einen individuellen Markennamen in den Vordergrund. Der Wettbewerber Henkel tritt dagegen neben dem Markennamen deutlich in Erscheinung.

d. Entwicklungskooperationen

Kooperationen im Rahmen der Produktentwicklung gewinnen vor allem in den Branchen an Bedeutung, in denen hohe Innovationskosten (Entwicklungsdauer, Investitionen in Fertigungsanlagen usw.) bestehen. So setzte etwa in der Autoindustrie in den achtziger Jahren eine gezielte Suche nach Kooperationspartnern ein, die zu zahlreichen Allianzen zwischen europäischen/amerikanischen und japanischen Herstellern führte.

Die Vorteile der kooperativen Produktentwicklung liegen in der gegenseitigen Know how-Nutzung und Kostensenkung. Nachteilig kann sich jedoch die Ähnlichkeit der entstehenden Produkte auswirken. Der Erfolg einer solchen Kooperationsstrategie hängt daher wesentlich davon ab, inwieweit es gelingt, Gemeinsamkeit der Produkte und Differenzierung voneinander miteinander in Einklang zu bringen.

e. Fremdentwicklung

In einer Reihe von Fällen ist die Eigenentwicklung entweder nicht möglich oder ökonomisch nicht sinnvoll, z.B. wenn

- keine eigene Entwicklungsabteilung vorhanden ist
- die erworbene Produktinnovation wesentlich früher zur Verfügung steht
- eine Innovation auf dem Markt verfügbar ist, die das Unternehmen selbst nicht geplant hatte
- der Zukauf kostengünstiger ist als die Eigenentwicklung
- das Entwicklungsrisiko vermindert werden soll.

Hier können zwei grundsätzliche Fälle unterschieden werden, nämlich der der Lizenznahme, die dann in Frage kommt, wenn bereits ein Schutzrecht (Patent, Gebrauchsmuster, eingetragenes Warenzeichen) an einer Ware besteht, und der des Zukaufs der Entwicklungstätigkeit bei entsprechenden Dienstleistern.

Im Rahmen einer **Lizenz** erhält ein Unternehmen die Erlaubnis, eine geschützte Erfindung entweder in einem definierten Umfang oder unbegrenzt zu nutzen. Grundlegende Unterschiede ergeben sich für den Fall, daß es sich um ein eigenständiges Produkt oder einen Teil davon handelt (Patent, Gebrauchsmuster) und für den Fall, daß ein eingeführter Markenname (Warenzeichen oder durch Verkehrsgeltung geschützter Name) verwendet werden darf.

Technische Erfindungen werden durch die Offenlegung im Rahmen des Patentanmeldeverfahrens publik gemacht. Da der Erfinder nicht grundsätzlich an der wirtschaftlichen Nutzung seines Patents interessiert oder dazu in der Lage ist, besteht ein Anreiz, Lizenzen zu vergeben. Lizenzen können aber auch für bereits wirtschaftlich genutzte Patente vergeben werden, solange die Laufzeit noch nicht abgelaufen ist. Der Vorteil dieser Strategie liegt in der erheblichen Risikominderung, da vorher bekannt ist, wie die Absatzchancen für das Produkt sind. Für den Abnehmermarkt handelt es sich dann jedoch nicht mehr um eine Innovation.

Der Erwerb des Rechts, einen eingeführten Namen verwenden zu können, kann ebenfalls für Produktinnovationen genutzt werden. So verwendet etwa die Firma Schöller den Namen Mövenpick, um eine hochwertige Eiskrem-Range zu vermarkten. Markennamen, die einmal mit einer bestimmten Imagewirkung erfolgreich eingeführt sind, reduzieren das Produkteinführungsrisiko für den Lizenznehmer und erlauben es, sich auch in einem neuen Produktbereich als kompetent und glaubwürdig zu präsentieren. Die Alternative wäre jeweils die eigenständige Etablierung eines Markennamens, was gerade im Rahmen einer Niveausteigerung mit erheblichem Zeitaufwand verbunden wäre.

Auch bei der **Fremdentwicklung** lassen sich zwei Fallgruppen unterscheiden. Zum einen besteht die Möglichkeit, die Entwicklungsleistung auf dem freien Markt als Dienstleistung zu beziehen und damit das alleinige Nutzungsrecht zu erwerben, zum anderen können im Rahmen des Benchmarking nicht geschützte Ideen kopiert werden. Was den Zukauf von Ideen angeht, ist in den letzten Jahren insbesondere die Entwicklung von Markennamen und Produktdesign durch externe Berater/ Designer in den Vordergrund des Interesses gerückt.

Benchmarking bezeichnet ein "Abkupfern" von Ideen anderer Hersteller und deren Übertragung auf eigene Produkte. Dieser Prozeß geht aus rechtlichen Gründen nicht so weit, daß Produkte exakt nachgebaut werden (dabei handelt es sich um Plagiate), es werden jedoch bestimmte Elemente und Prinzipien übernommen. Wird die gesamte Konzeption eines Produktes übernommen, spricht man von einem Me-too-Produkt. Beispiele für diese Strategie lassen sich in nahezu jedem Ladenregal finden. Besonders prägnant mag die Design-Entwicklung bei Kaffeemaschinen sein. Die Firma Braun führte das zylindrische Design 1984 ein, das in der Folge regelmäßig von Wettbewerbern in jeweils leicht veränderter Form übernommen wurde.

4.5.3.1.4 Diversifikation

Als Diversifikation wird das Engagement mit neuen Produkten auf neuen Märkten bezeichnet. Sie erfolgt häufig durch den Zukauf von Unternehmen. Bekannte Beispiele für diversifizierte Unternehmen sind Daimler-Benz mit Tochtergesellschaften in den Bereichen Automobil, Flugzeugbau, Elektro, Unternehmensberatung u.a. oder Procter & Gamble, die in den Bereichen Getränke, Waschmittel, Windeln, Körperpflege u.a. tätig sind.

Die **Motivation** zur Diversifikation kann bestehen in
- der Streuung des Geschäftsrisikos auf mehrere Branchen
- der Nutzung von Gewinnchancen in anderen Bereichen
- der Steigerung des Einflußbereichs des Unternehmens

- der Sicherstellung einer umfangreichen Bindung an die Kunden durch Ausweitung des Angebots
- der Nutzung von Entwicklungs- oder Management-Ressourcen zur Erzielung von Synergie-Effekten usw.

Diversifikationen verursachen jedoch auch erhebliche zusätzliche **Probleme**. So sind zu berücksichtigen:

- der zusätzliche Aufwand zur Steuerung und Kontrolle des neuen Unternehmensteils
- häufig zu geringe Kenntnisse in der neuen Branche
- im Falle des Unternehmenskaufs möglicherweise Widerstand seitens der Mitarbeiter
- die mitunter erhebliche finanzielle Belastung bei der Übernahme/dem Aufbau des neuen Unternehmensbereichs usw.

Während es vor allem in den siebziger und achtziger Jahren in erheblichem Umfang zu Diversifikationen durch Unternehmenskäufe kam, ist zwischenzeitlich die Stimmung wesentlich kritischer geworden. So wurde die Erfahrung gemacht, daß es durchaus nicht leicht ist, in einem unternehmerischen Gemischtwarenladen sämtliche Geschäftsbereiche mit gleicher Aufmerksamkeit zu steuern. Schließlich entstehen Probleme bei der Kompetenzwahrnehmung durch die Konsumenten, die nicht mehr einem Spezialisten für einen bestimmten Produktbereich gegenüberstehen, sondern einem nicht mehr überschaubaren Mischkonzern.

Es werden grundsätzlich drei Richtungen der Diversifikation unterschieden:

Horizontal: Die horizontale Diversifikation beschreibt die Ausweitung des Angebots in verwandte Bereiche bzw. den Kauf eines Unternehmens der gleichen Branche. Es handelt sich dabei um Ergänzungen des bestehenden Sortiments.

Vertikal: Die vertikale Diversifikation beschreibt die Ausweitung des Angebots in vor- oder nachgelagerte Wirtschaftsstufen. Dies ist beispielsweise dann der Fall, wenn ein Produktionsunternehmen auch den Verkauf an Endverbraucher oder die Herstellung von Vorprodukten übernimmt.

Lateral: Unter lateraler oder konglomerater Diversifikation schließlich wird die Expansion in völlig neue Bereiche verstanden, die in keiner Beziehung zum bisherigen Betätigungsfeld stehen.

In marketingspezifischer Hinsicht lassen sich u.a. folgende **Vorteile** der Diversifikation erkennen:

- Diversifizierte Unternehmen vergrößern ihre Verhandlungsmacht gegenüber dem Handel. Je mehr unterschiedliche Produkte eines Herstellers ein Handelsunternehmen führt, desto größer ist seine Abhängigkeit von diesem Hersteller und desto geringer ist seine Bereitschaft, mit Auslistung zu drohen.
- Durch vertikale Diversifikation lassen sich Absatzwege sichern. Ein Beispiel ist die Fa. Herlitz, die unter dem Namen McPaper Schreibwarenfachge-

schäfte betreibt und in diesen schwerpunktmäßig die eigenen Produkte verkauft.

- Über Diversifikationen lassen sich unterschiedliche Zielgruppen differenziert ansprechen. Ein Beispiel hierfür ist die Metro-Gruppe, die neben ihrer Betätigung im Großhandel im Einzelhandelsbereich Warenhäuser (Kaufhof), Kaufhäuser (Kaufhalle), Fachmärkte (Media Markt) und Fachgeschäfte (Vobis) betreibt.
- Mit Diversifikation kann eine Kontrolle der **Substitutionskonkurrenz** erreicht werden. Zahlreiche Produkte unterliegen nicht nur der Konkurrenz durch gleiche Produkte anderer Hersteller, sondern auch durch solche, die als Substitutionsprodukte in Frage kommen. Es ist daher im strategischen Interesse jedes Herstellers, sich gegen diese Konkurrenz abzusichern. Gerade wenn aus technologischen Gründen keine vergleichbaren Produkte hergestellt werden können, bietet sich der Kauf dieser Unternehmen an. Die Firma Gillette (Naßrasierer-Hersteller) hatte beispielsweise in den sechziger Jahren die Firma Braun, die u.a. Elektrorasierer herstellt, übernommen und damit die Kontrolle über einen der wichtigsten Substitutionskonkurrenten übernommen.

4.5.3.2 Preis-Qualität-Strategien

In Anlehnung an Kotler (1982, S. 90) kann ein weiteres Strategietypen-Raster aus der Kombination der Marketing-Dimensionen Preis und Qualität gewonnen werden. Beschränkt man sich auch hier auf die Ausprägungen hoch und niedrig, ergeben sich folgende vier Typen:

Preis \ Qualität	hoch	gering
hoch	Präferenz-strategie	Schlag-zu-und-verschwinde-Strat.
niedrig	Preis-Leistungs-Strategie	Preis-Mengen-Strategie

Abb. E.27: Preis-Qualität-Strategien (in Anlehnung an Kotler)

Während die oben dargestellte Ansoff-Matrix wachstumsorientierte Entwicklungslinien für das Unternehmen klassifizierte, bei der es u.a. um die Frage der Betätigungsfelder ging, geht es bei der Preis-Qualität-Matrix um die marketingpolitische Gestaltung eines gegebenen Sortiments. Insofern können beide Ansätze miteinander kombiniert werden. Wenn feststeht, welche Produkt-Markt-Kombination angestrebt wird, kann genauer das Preis-Qualität-Verhältnis festgelegt werden.

4.5.3.2.1 Qualitäts- oder Präferenz-Strategie

Die Kombination aus hoher Qualität und hohem Preis führt zu einer Qualitäts- oder Präferenzstrategie. Der Begriff Qualitätsstrategie zielt dabei stärker auf die tatsächliche Produktleistung ab, während Präferenzstrategie eher auf die Art der Vermarktung hinweist. Wichtig ist die Wahrnehmung als hochwertiges Produkt durch die Konsumenten. Die zentralen Fragen dieser Strategie beziehen sich daher auf die der Erzielung höchstmöglicher Qualität und höchstmöglicher Präferenz.

a. Qualität

Qualität kann aus zwei Perspektiven betrachtet werden. Zum einen hat sie eine technische Dimension, bei der z.B. die mechanischen Eigenschaften, die Stabilität usw. im Vordergrund stehen. Zum anderen hat sie eine anwendungsbezogene Dimension, bei der es um die Eignung zur Lösung eines Kundenproblems geht. Es kann bei einem Produkt zu unterschiedlichen Qualitätsbeurteilungen kommen, je nach dem, welche Perspektive zugrundegelegt wird.

Eine Qualitätsstrategie basiert auf der genauen Analyse der Anwenderbedürfnisse. Ein qualitativ hochwertiges Produkt hat sich an diesen Bedürfnissen auszurichten und nicht etwa an den Erfordernissen einer kostengünstigen Produktion, einer größtmöglichen Zielgruppe o.ä.

Eine wesentliche Aufgabe ist auch die **Kommunikation der Qualität**. Dies kann geschehen über

- den Preis, der in der Regel mit einer Qualitätswahrnehmung verbunden ist,
- Werbemaßnahmen, die bestimmte Qualitätsmerkmale herausstellen,
- Werbestile, die die Qualitätswahrnehmung unterstützen,
- Distributionswege, die qualifizierte Beratung und Serviceleistungen gewährleisten,
- Serviceleistungen wie Schulungen, Produkttests, Garantien durch den Hersteller.

b. Präferenz

Hier steht, wie bereits angedeutet, die Vermarktung im Vordergrund. Es wird dabei versucht, eine emotionale Hinwendung der Konsumenten zum Produkt zu erreichen. Das Produkt soll dabei als Objekt des Vertrauens und mit deutlicher Differenzierung zu Wettbewerbsprodukten dargestellt werden. Beispiele für solche Strategien sind etwa die Marken Boss oder Nivea. Bei hohem Qualitätsniveau wird versucht, über Markenbildung und Kommunikation Präferenzen für diese Marken zu erzielen.

In den letzten Jahren wurden verschiedentlich, vor allem im Lebensmittel-Bereich, Premium-Marken kreiert. Ziel ist es, die Marke über den Begriff Premium in Verbindung mit aufgewerteter Verpackungsgestaltung, adaptierter Werbung usw. als besonders hochwertig darzustellen. Als problematisch erweist sich jedoch die Tatsache, daß der Begriff "Premium" nicht schutzfähig ist und daher für jedes Produkt verwendet werden kann, ohne daß bestimmte Qualitätserfordernisse zu erfüllen wären.

4.5.3.2.2 Preis-Leistungs-Strategie

Die Kombination aus hoher Produktqualität und niedrigen Preisen stellt aus Verbrauchersicht zwar die wünschenswerte Strategie dar, ist jedoch umso schwieriger durchzuhalten, da die gegenüber der Qualitäts- oder Präferenzstrategie verringerten Einnahmen auf anderem Wege kompensiert werden müssen. Diese Kompensation stellt den Schlüsselfaktor für diese Strategie dar. Sie kann z.B. erfolgen durch:

Vertikale Integration: Durch die Übernahme vor- oder nachgelagerter Stufen können deren Gewinne in das Unternehmen einbezogen werden, so daß sich insgesamt Kostensenkungseffekte ergeben. Als ein Beispiel hierfür kann die Firma Vobis gelten, die Computer sowohl produziert als auch verkauft. Die Unternehmensstrategie ist sowohl auf günstige Preise als auch hohe Produktqualität ausgerichtet.

Absatzmengenausweitung: Hohe Produktqualität (und damit verbunden tendenziell höhere Produktionskosten) führt bei niedrigen Preisen zu geringeren Gewinnspannen. Der absolute Unternehmensgewinn kann jedoch durch eine Erhöhung der Absatzmenge gesteigert werden. Wichtig sind hier Maßnahmen zur Sicherung des Absatzes, etwa durch vertragliche Regelungen mit Handelsketten, die bestimmte Absatzmengen garantieren.

Gewinnkompensation innerhalb des Sortiments: Hochwertige Produkte zu günstigen Preisen stellen Imageträger für Sortimente dar. Sie eignen sich daher besonders für Kommunikationsmaßnahmen. Insofern könnte es lohnend sein, ein Produkt gezielt zu einem Preis anzubieten, der nicht die übliche Gewinnspanne gewährleistet. Voraussetzung ist, daß der Einnahmeverlust durch andere Produkte ausgeglichen werden kann und daß der günstige Preis vom Handel weitergegeben wird.

4.5.3.2.3 "Schlag-zu-und-verschwinde"-Strategie

Eine solche Strategie ist zwar vom Analyseraster her möglich, entspricht jedoch nicht dem modernen Marketing-Verständnis. Ihr Ziel ist es, kurzfristig mit überteuerten Produkten auf dem Markt aufzutreten und diesen dann wieder schnell zu verlassen. Wenn dieses Verhalten auch aufgrund von Seriösitätsüberlegungen abzulehnen ist, findet es sich doch häufiger in Situationen, in denen aufgrund unvorhergesehener Ereignisse kurzfristig Nachfrage entsteht, die anderweitig nicht ausreichend befriedigt werden kann.

4.5.3.2.4 Preis-Mengen-Strategie

Diese vierte Strategiealternative verfolgt das Ziel, über einen niedrigen Preis die Absatzmenge zu maximieren. Grundlage dafür sind entsprechend niedrige Produktions-, Verwaltungs- und Vertriebskosten. Diese können beispielsweise erreicht werden durch

- weitgehende Standardisierung der Produktion
- geringe Zahl unterschiedlicher Typen
- seltenere Modellwechsel
- Reduzierung des Verpackungsaufwands auf das minimal erforderliche Maß (z.B. Postvorschriften)
- Reduzierung des Serviceangebots auf das gesetzlich vorgeschriebene Maß (Gewährleistung)
- Rationalisierung des Vertriebs durch Mindestabnahmemengen, Verzicht auf Einzelauslieferung, Abholung statt Auslieferung usw.
- Beschränkung der Kommunikationsaufwendungen zugunsten von Preissenkungen.

Eine Niedrigpreisstrategie bringt für das Unternehmen einige **Risiken** mit sich. So führt die geringe Zahl von Produkttypen zu einer größeren Abhängigkeit vom Erfolg der einzelnen Typen, besteht eine größere Anfälligkeit gegenüber Konkurrenzmaßnahmen, weil nur noch der Preis das herausragende Differenzierungskriterium ist und nicht mehr eine ganze Reihe von Marketing-Instrumenten. Besonders auch ausländische Konkurrenz aus sog. Niedriglohnländern kann zu einer Bedrohung werden. Deren Kostenvorteile können in der Regel nicht durch Kostensenkungsmaßnahmen bei der inländischen Produktion ausgeglichen werden. Da die Niedrigpreisstrategie stark preisorientierte Käufer anspricht, ist mit einem raschen Wechsel der Käufer zu einem billigeren Anbieter zu rechnen. Die Wettbewerbsposition kann daher häufig nur gehalten werden, wenn die Produktion rechtzeitig in Niedriglohnländer verlagert wird.

Beispiele für Niedrigpreisstrategien sind Handelsmarken bzw. "No-Names" (Die Weissen, A & P, elite, Bestar usw.). Für solche Produkte wird in der Regel außerhalb des Handels nicht geworben, der Aufwand für Verpackung und Präsentation im Regal wird weitestmöglich reduziert. Das Preisniveau liegt erheblich unter dem vergleichbarer bzw. dem der entsprechenden Hersteller-Marken. Häufig handelt es sich dabei auch um Zweitmarken. Das gleiche Produkt wird dann auch unter der Hersteller-Marke zu einem höheren Preis angeboten. Es kommt insofern zu einem Strategie-Split in Präferenz- und Preis-Mengen-Strategie (dazu: Becker 1992, S. 207ff.). Das Angebot als Handelsmarke sichert gleichzeitig ein gewisses Mengenniveau, da eine Art partielles Monopol in einem Geschäft/einer Handelskette entsteht. Jede Produktart wird unter der Handelsmarke nur einmal geführt und konkurriert i.d.R. nur mit teureren Herstellermarken.

Preis-Mengen-Strategien finden sich häufiger in Zusammenarbeit mit dem Handel, entweder, wie oben gezeigt, durch Vermarktung als Handelsmarke oder durch enge Bindung an eine Handelskette, wie etwa im Fall der Firma Aldi. Betrachtet man einzelne Produktgruppen, so zeigt sich, daß die Zahl der "Preis-Mengen-Strategen" regelmäßig wesentlich geringer ist als die der "Qualitäts- bzw. Präferenz-Strategen". Die meisten Produktmärkte vertragen offensichtlich kaum mehr als einen Niedrigpreisanbieter.

Ob eine Preis-Mengen- oder Qualitäts-Strategie erfolgverprechender ist, hängt wesentlich von der Bedeutung dieser Parameter für die Konsumenten ab. Im Rahmen der Erhebungen für die Stern-Studie Dialoge 3 (1990, S. 174ff.) wurde u.a. nach der Bedeutung von Qualität und Preis für einzelne Produktgruppen gefragt. Stellt man nur die Fallzahlen der Antworten "Hier habe ich sehr hohe Qualitätsansprüche" bzw. "Hier kaufe ich auch exklusive, teure Marken" (insg.: Qualität) und "Das kaufe ich dort, wo es am billigsten ist" (Preis) gegenüber, ergibt sich folgendes Bild (Angaben in % der Nennungen, Bevölkerung 18-70 Jahre):

Produkt	**Qualität**	**Preis**	**Preis-Indexwert (Qualität=100)**
Alkoholfreie Getränke	15	43	287
Bier	17	39	229
Spirituosen/Schnaps	14	27	193
Käse	22	26	118
Wein/Sekt	23	24	104
Kosmetik, Körperpflege	26	25	96
Reise/Hotels	18	14	78
Auto	29	18	62
Mode/Bekleidung	30	17	57
Uhren/Schmuck	26	13	50
Fotokameras	25	12	48
Elektr. Haushaltsgeräte	34	16	47
HiFi, Fernsehen, Video	34	14	41
Möbel/Einrichtung	31	12	39

Die Produktbereiche Unterhaltungselektronik, Wohnungseinrichtung, Haushaltsgeräte eignen sich danach wesentlich mehr für eine Qualitätsstrategie als etwa Getränke.

4.5.3.3 Gebietsorientierte Strategien

Wie bereits bei der Diskussion der Produkt-Markt-Strategien angedeutet, ist die regionale Ausrichtung der Marketingstrategie im Zuge der Internationalisierungstendenzen von besonderer Bedeutung. Was die Ausdehnung des Absatzgebiets in das Ausland angeht, so sind Freihandelszonen, Abkommen zum Abbau von Zollschranken, Rechtsvereinheitlichungen usw. von Bedeutung. Hier sind insbesondere die Regelungen im Rahmen der Europäischen Union und das allgemeine Zoll- und Freihandelsabkommen GATT zu nennen. Die einzelnen Strategiealternativen lassen sich anhand des Ausmaßes der räumlichen Ausdehnung definieren:

- global
- selektiv international
- national
- regional.

4.5.3.3.1 Regionale Orientierung

Regionale Beschränkungen des Absatzgebietes finden sich mit Ausnahme der

Medien (Tageszeitungen, Rundfunksender, Regionalliteratur) schwerpunktmäßig im Lebensmittelbereich. Gründe dafür sind regionale Besonderheiten der Ernährung und regionale Spezialitäten, die in anderen Landesteilen kaum bekannt sind. Gerade kleinere Unternehmen (vor allem Brauereien und landwirtschaftliche Betriebe) sind aufgrund ihrer Größe und mangelnden Kapitalkraft auch regelmäßig nicht in der Lage, mehr als den lokalen Markt zu bedienen. Ein weiteres Problem ist der Erhalt der Frische der Lebensmittel. Längere Transportwege erfordern zusätzliche Maßnahmen zur Verlängerung der Haltbarkeit, die das Argument der Frische zerstören.

Nicht außer acht gelassen werden sollte das Argument eines **Lokalpatriotismus**. So kann etwa die "Marke von nebenan" allein aufgrund ihrer regionalen Herkunft mit einer gewissen Käuferzahl rechnen. So gelingt es z.B. einigen Marken aus der ehemaligen DDR wieder, alte Märkte aufzubauen. Häufig bestehen auch persönliche Verbindungen zum Hersteller, etwa durch Arbeitsplätze, lokale Sponsorings u.ä., die kaufauslösend wirken. Schließlich stellen Unternehmen der näheren Umgebung einen Wirtschaftsfaktor der Region dar, den man schon aus eigenem Interesse zu unterstützen geneigt ist.

In einigen Fällen wird versucht, die Vorteile einer regionalen Belieferung (geringe Transportkosten, Frische der Ware) mit einer nationalen Marketing-Steuerung (Listung bei den Handelsketten, Kommunikationsmaßnahmen) zu kombinieren. Beispiele dafür sind Golden Toast als Dachmarke für Toastbrote verschiedener Backbetriebe oder Fruchtsaftmarken (z.B. Plurabell) mit mehreren Abfüllbetrieben.

In diesem Zusammenhang ist auch die Strategie der Molkerei Müller bemerkenswert, die in einem regional geprägten Markt nationale Marken geschaffen hat und insofern eine Pionierrolle übernommen hat. Während Molkereiprodukte üblicherweise nur in einem bestimmten Umkreis um den Erzeugungsort abgesetzt werden, gelang es über neue Verfahren zur Steigerung der Haltbarkeit von Milchprodukten (keine Vollmilch), das Absatzgebiet erheblich auszuweiten.

4.5.3.3.2 Nationale Orientierung

Die nationale Ausrichtung des Marketing kann als die Standardstrategie angesehen werden. Nicht zuletzt durch die Filialisierung des Handels mit nationalen Ketten ist es ohnehin kaum möglich, das Absatzgebiet weiter zu begrenzen. Erst an nationalen Grenzen entstehen Barrieren, deren Überschreitung zu erheblichem Marketingaufwand führt. Je nach vorhandenem Know-how und Managementkapazitäten kann es sinnvoll sein, diese Internationalisierungsbarriere nicht zu überschreiten.

4.5.3.3.3 Selektive Internationalisierung

Die Kennzeichnung der Internationalisierung als selektiv soll verdeutlichen, daß keinesfalls eine globale Marktabdeckung angestrebt wird, sondern die Zielländer bewußt ausgewählt werden. So hat sich der Begriff der Triade als Beschreibung der wirtschaftlich attraktivsten Absatzgebiete der Welt herausgebildet. Die Triade umfaßt Nordamerika, die Europäische Union und Japan.

Im Zusammenhang mit der internationalen Ausdehnung sind zahlreiche Entscheidungen zu treffen. Die wohl wichtigsten sind:

- Welche Märkte sollen bedient werden?
- Soll ein standardisiertes Produkt für alle Märkte oder jeweils ein marktspezifisches geschaffen werden?

Daran schließt sich die **Analyse der ausgewählten Märkte** an. Als Analyseraster kann das Marketing-Mix dienen:

Produktpolitik:

- Möglichkeiten des gewerblichen Rechtsschutzes
- länderspezifische Regelungen zur Produkthaftung (insbesondere USA)
- bei Elektrogeräten: Zulassungsvorschriften der Approbationsstellen (vergleichbar VDE), Stromspannungen
  bei Lebensmitteln: zulässige Inhaltsstoffe und Kennzeichnungsvorschriften
- spezielle Anforderungen in einzelnen Ländern (bei der Gestaltung von Toastern wäre etwa das unterschiedliche Format der Toastbrote zu berücksichtigen)
- Verständlichkeit und sprachliche Bedeutung von Markennamen
- Anforderungen an die Produkte aufgrund klimatischer Besonderheiten

Kommunikationspolitik:

- Zulässigkeit von Werbeaussagen in bezug auf rechtliche Vorschriften (z.B. vergleichende Werbung) oder religiöse Gefühle
- Struktur der Medien (Zahl und Verbreitung von Sendeanstalten, Zeitungen und Zeitschriften)
- Kosten der Schaltung von Spots und Anzeigen

Distributionspolitik:

- Vorhandensein und Leistungsfähigkeit von Distributionskanälen (in Deutschland sind z.B. sog. Catalog Show Rooms unbekannt, dafür sind klassische Fachgeschäfte noch wesentlich häufiger vorhanden als in anderen Ländern)
- erforderliche/übliche Handelsspannen
- Übernahme des Warenimports
- vorhandene Handelsvertreter bzw. Aufbau eines eigenen Vertriebssystems/Außendienstes

Kontrahierungspolitik:

- länderspezifische Preisniveaus (Das Preisniveau für Arzneimittel beispielsweise ist in Deutschland etwa doppelt so hoch wie in Frankreich, in Dänemark um 19% höher als in Deutschland)
- Zulässigkeit von Rabatten, Preisdifferenzierungen usw.
- übliche Formen der Absatzfinanzierung/Konditionengestaltung
- Zahlungsgewohnheiten

Bei dieser Aufzählung kann es sich nur um einen kleinen Ausschnitt aus der Menge zu beachtender Aspekte handeln. Es wird aber schon hier deutlich, vor welchem Problem das internationale Marketing steht, besonders, wenn zum Zwecke der Kostensenkung standardisierte Produkte angeboten werden sollen. Sämtliche Besonderheiten, die letztlich auch durch multinationale Organisationen nicht vereinheitlicht werden können, müssen bei einem Produkt berücksichtigt werden. Dies zeigt sich an Gebrauchsanweisungen, die in mitunter zehn und mehr Sprachen verfaßt sind, an Bodenplatten von Elektrogeräten, die die Zulassungszeichen der jeweiligen Approbationsbehörde aufweisen, an Lebensmittelverpackungen, die die Zutaten in den jeweiligen Landessprachen aufführen.

Gründe für eine Internationalisierung des Marketing liegen in der Nutzung von Absatzpotentialen, insbesondere, wenn in anderen Ländern keine vergleichbaren Produkte auf dem Markt sind. Diese Zielsetzung liegt etwa der Expansion in osteuropäische Länder zugrunde.

Einige allgemeine Problembereiche sind im Rahmen von Internationalisierungsstrategien zu berücksichtigen (Kotler/Bliemel 1992, S. 579f.):

- hohe Auslandsverschuldung
- instabile Regierungen
- instabile Wechselkurse
- Eintrittsauflagen durch die Landesregierungen
- Zölle und Handelsbeschränkungen
- Korruption
- Technologie-Spionage im Falle der Produktion im Ausland
- hohe Kosten für die Anpassung der Produkte und der Kommunikation.

4.5.3.3.4 Globale Marktabdeckung

Global Marketing kann durchaus als *das* Marketing-Thema der achtziger Jahre bezeichnet werden. Schwieriger werdende heimische Märkte bei gleichzeitiger Öffnung neuer internationaler Märkte führten bei vielen Markenartikelherstellern zu dem Versuch, die Marken weltweit zu verkaufen und durch die Mengensteigerung erhebliche Kostendegressionseffekte zu erzielen. Voraussetzung dafür ist allerdings, daß die Produkte über mehrere Kulturkreise, Religionen, Klimazonen usw. hinweg standardisiert verkauft werden können.

Die "Globalisierungsfähigkeit" einzelner Produktbereiche kann höchst unterschiedlich sein. Folgende Übersicht stellt einige global und nur national vermarktbare Produkte gegenüber:

global	**national**
Bekleidung	Bücher/Zeitschriften
Erfrischungsgetränke	Lebensmittel-Frischwaren
Arzneimittel	Dienstleistungen
Fotoapparate	Elektro-Großgeräte
einfache Plastikartikel	Möbel
Musik	Rüstungstechnologie
Schnellrestaurants	Feinschmeckerlokale

Wohl populärstes Beispiel für eine globale Marke ist Coca Cola. Die Globalisierungsstrategie basiert auf einer Teilung des Marketing-Mix in standardisierte und lokal adaptierte Elemente (Becker 1992, S. 293):

standardisiert	**lokal adaptiert**
Marke	Preis
Logo	Verpackung
Positionierung	Vertrieb
Werbung	Verkaufsförderung
Produktformel	Marketingbudget

Es wird deutlich, daß die operativen Maßnahmen in den jeweiligen Vertriebsgebieten angepaßt werden, während die strategischen Entscheidungen global standardisiert werden.

Globalisierung kann auch im Zusammenhang mit der Zielgruppe betrachtet werden. Die weltweit einheitlich erhältlichen Produkte wenden sich überwiegend an jugendliche Zielgruppen, für die Internationalität häufig auch ein Statussymbol ist und die mit der internationalisierten Wirtschaft, Urlaubsreisen ins Ausland usw. aufwachsen. Beispiele für globale Jugend-Marken sind Levi's, Coca Cola, McDonald's, Sony und schließlich auch Pop-Stars. Schon aus dieser Überlegung heraus ist mit einer wachsenden Bedeutung globaler Marken in der Zukunft zu rechnen.

Wie schon bei der Produktentwicklungsstrategie kann auch hier in eine freiwillige und eine eher erzwungene Globalisierung unterschieden werden. Der zunehmende Abbau von Handelsschranken und die Öffnung von Grenzen erschwert es, den Warenfluß zu kontrollieren. Insofern kommt das globale Marketing mitunter auch nur einem mehr oder weniger erwünschten Export in weitere Länder zuvor.

4.5.3.4 Wettbewerbsstrategien

Porter (1983, S. 62ff.) hat drei Strategietypen identifiziert, die erfolgversprechend erscheinen, sich gegen die Wettbewerbskräfte

- Markteintritt
- Gefahr durch Ersatzprodukte
- Verhandlungsstärke von Kunden
- Verhandlungsstärke von Abnehmern
- Rivalität unter bestehenden Wettbewerbern

durchzusetzen. Diese Strategietypen können in einer Strategischer Vorteil/Strategisches Zielobjekt-Matrix dargestellt werden (Abb. E.28).

4.5.3.4.1 Differenzierung

Grundlage der Differenzierungsstrategie ist die Schaffung eines einzigartigen Angebots. Es erfolgt keine Spezialisierung auf ein bestimmtes Marktsegment; grundsätzlich ist der Gesamtmarkt das Ziel. Die Differenzierung kann über eine Reihe von Dimensionen sowohl der Produktpolitik als auch der anderen marketingpolitischen

		Strategischer Vorteil	
		Singularität aus der Sicht der Käufer	Kostenvorsprung
Strategisches Zielobjekt	branchenweit	Differenzierung	umfassende Kostenführerschaft
	Beschränkung auf ein Segment	Konzentration auf Schwerpunkte	

Abb. E.28: Wettbewerbsstrategien nach Porter

Instrumente erfolgen. Einige Beispiele sind:

- Produktdesign (Braun: Elektro-Haushaltsgeräte; Bang & Olufsen, Loewe: Unterhaltungselektronik)
- Produktgestaltung (IWC: Swatch Armbanduhren)
- Produktausstattung (Theramed: Zahnpasta im Spender)
- Service (private Mobilfunkanbieter, Kreditkartenorganisationen)
- Erreichbarkeit/Filialnetz (Postbank)
- Technologie (Polaroid: Sofortbilder, Sony: Bildschirme)
- Markennamen (Jacobs Suchard: Milka, Beiersdorf: Nivea)
- Distributionsdichte (Coca Cola, Mars)
- Status (Mercedes).

Die **Durchsetzung** einer Differenzierungsstrategie setzt spezifische Kompetenzen des Unternehmens voraus. So erfordert die Differenzierung über technologische und Leistungsmerkmale das Vorhandensein einer leistungsfähigen Entwicklungsabteilung und umfangreicher Schutzrechte (Patente, Gebrauchsmuster). Nur dadurch kann verhindert werden, daß der Differenzierungsvorteil von Wettbewerbern imitiert wird. Vermarktungsorientierte Vorteile setzten entsprechende Marketingfähigkeiten voraus. Wird die Differenzierung etwa über die Distributionsdichte, d.h. Erhältlichkeit für den Konsumenten, angestrebt, sind sowohl ein umfangreicher Vertriebsaußendienst als auch eine gewisse Macht dem Handel gegenüber erforderlich. Die Distribution kann um so leichter ausgebaut werden, je umfangreicher das Produktprogramm und je größer die Abhängigkeit des Handels vom Hersteller ist. Differenzierungsvorteile über eingeführte Markennamen lassen sich nur erzielen, indem einzelne Namen über Jahrzehnte unverändert bleiben. Klassiker wie "Persil", "Nivea" usw. bleiben damit traditionsreichen Unternehmen vorbehalten.

Differenzierungsstrategien können jedoch insbesondere dann zum **Problem** werden, wenn die damit verbundenen Kosten zu einem wesentlich höheren Preisniveau als dem der Wettbewerber führen. So ist grundsätzlich zu überprüfen, welchen Aufpreis die Käufer für den Differenzierungsvorteil zu zahlen bereit sind. Wird diese Preisbereitschaft überschritten, ist mit erheblichen Käuferverlusten zu rechnen, da andere Hersteller über den Preisvorteil attraktiver werden. Weiterhin hängt die

Dauerhaftigkeit des Vorteils vom Risiko der Imitation ab. Je stärker der rechtliche Schutz, je höher die Eintrittsbarrieren und je intensiver die vertraglichen Bindungen von Lieferanten und Abnehmern sind, desto sicherer ist der Vorteil.

4.5.3.4.2 Kostenführerschaft

Kernelement der Kostenführerstrategie sind niedrigere Produktionskosten als bei den Wettbewerbern. Solche Kostenvorteile ermöglichen sowohl niedrigere Verkaufspreise als auch größere Flexibilität bei der Konditionengestaltung, wodurch etwa gegenüber Abnehmern eine größere Macht erzielt werden kann. Voraussetzungen für die Erlangung von Kostenvorteilen sind z.B.

- hohe Produktionsmengen
- seltenere Modellwechsel, d.h. lange Produktionszeiten
- weitgehende Standardisierung von Produkten und/oder Produktteilen
- verfahrenstechnisch einfach gestaltete Produkte (wenige Bearbeitungsdurchgänge, geringe Fehler- und Ausschußquoten usw.)
- kostengünstige Produktionsverfahren
- "schlankes" Management
- Service-Beschränkung auf das notwendige Maß
- je nach Produktart auch distributionspolitische Beschränkungen (z.B. Mindestabsatzmengen, Einschränkungen des Abnehmerkreises)
- Beschränkung der Produktausstattung auf ein Minimum (z.B. Zubehörteile, Verpackung).

Beispiele für kostenführende Unternehmen lassen sich vor allem in Japan finden. Im Automobilbereich wird dies z.B. in der wesentlich geringeren Typenvielfalt deutlich. Während etwa deutsche Hersteller zahlreiche individuelle Kombinationsmöglichkeiten von Ausstattungsvarianten anbieten, beschränken sich japanische auf einige Standardversionen. Im Hinblick auf das Kostensenkungsmanagement wird beipielsweise auch das Target Costing als Erfolgsfaktor angeführt.

Probleme der Kostenführerstrategie ergeben sich vor allem aus der eingeschränkten produktpolitischen Flexibilität und der mangelnden Individualität der Strategie. So führt die Entscheidung, ein Produkt in hohen Stückzahlen möglichst lange herzustellen, im Laufe der Zeit zu einem Verlust an Wettbewerbsfähigkeit, da andere Hersteller zwischenzeitlich durch technische Verbesserungen Vorteile erzielen können. Außerdem ist die Kostenführerstrategie nicht schutzfähig, so daß die Gefahr besteht, daß insbesondere kapitalkräftige Wettbewerber die Preise unterbieten und somit den ursprünglichen Kostenführer aus dem Markt drängen. Die Bindung der Kunden an den Hersteller über den Preis ist grundsätzlich nicht dauerhaft, da diese stets auf den billigeren Anbieter wechseln werden.

Ein aktuelles Thema ist beispielsweise auch die zunehmende internationale Konkurrenz aus sog. Billiglohnländern. Selbst eine kostengünstige Produktion in einem Hochlohnland unterliegt einer ständigen internationalen Bedrohung. Beispiele der letzten Jahre sind Stahl aus den ehemaligen Ostblock-Staaten und Fahrzeuge aus

Südkorea. Eine Kostenführerstrategie ist in einer solchen Situation nur dann durchsetzbar, wenn die eigene Produktion verlagert wird.

4.5.3.4.3 Konzentration auf Schwerpunkte

Die Konzentration auf Schwerpunkte stellt eine Kombination der o.g. Maßnahmen bei einer Konzentration auf eine bestimmte Zielgruppe dar. Diese Zielgruppenspezialisierung erfolgt mit dem Ziel, besser als andere Anbieter auf die Anforderungen der Konsumenten eingehen zu können. Diese produktpolitische Beschränkung wird unterstützt durch einen erleichterten Imageaufbau und -erhalt. Je kleiner das Sortiment und je spezialisierter die Produkte sind, desto einfacher ist die Durchsetzung eines einheitlichen Firmenimages.

Ein Beispiel für einen Rückzug von einem breiten Produktsortiment zur Konzentration auf einen Schwerpunkt ist die Fa. Rollei, die ursprünglich in fast allen Bereichen der Fototechnik tätig war und entsprechend breite Zielgruppen ansprach. Inzwischen wurden die Bereiche der Amateur- und Hobbyfotografie aufgegeben. Das Angebot beschränkt sich heute auf Kameras für Berufsfotografen, wobei teils erhebliche technische Vorsprünge gegenüber Wettbewerbern erreicht wurden.

Andere prägnante Beispiele sind etwa Fachverlage, die Literatur nur für bestimmte Personenkreise, insbesondere Berufsgruppen, anbieten. Dadurch wird eine besondere Kompetenz bei dieser Zielgruppe aufgebaut, die absatzfördernd ist und bei der Gewinnung von Autoren hilft.

4.5.3.5 Portfolio-Strategien

4.5.3.5.1 Marktanteil-Marktwachstum-Portfolio

Das von der amerikanischen Unternehmensberatungsgesellschaft Boston Consulting Group in den sechziger Jahren entwickelte Marktanteil-Marktwachstum-Portfolio wurde bereits unter den strategischen Analyseverfahren dargestellt, und zwar unter dem Aspekt der risiko- und finanzorientierten Analyse des Produktprogramms (vgl. Abb. E.23). Aus den Positionen der einzelnen strategischen Geschäftseinheiten im Portfolio lassen sich aber auch Empfehlungen für sog. Normstrategien ableiten. Im Gegensatz zu den oben dargestellten Strategierastern geht es bei der Boston Consulting-Matrix nicht um die inhaltliche Ausprägung, sondern um die Abstimmung der Strategien des Gesamtunternehmens aufeinander.

Das Portfolio-Management soll sicherstellen, daß zwischen neuen, noch marktschwachen aber hoffnungsvollen Produkten und marktstarken, aber tendenziell reifen ein Ausgleich geschaffen wird. So ist etwa darauf zu achten, daß die Zahl der "Fragezeichen" groß genug ist, um unter Berücksichtigung einer Ausscheidensquote ausreichend Nachwuchs für "Melkkühe" und "Arme Hunde", mit deren Elimination kurz- oder langfristig zu rechnen ist, zu schaffen. Weiterhin geht es darum, Mittelbindung und -freisetzung zu koordinieren. Geschäftseinheiten in stark wachsenden Märkten binden Finanzmittel, weil für die Erhaltung der Marktposition erhebliche

Marketinginvestitionen erforderlich sind. In wenig wachsenden oder stagnierenden Märkten besteht nur eine geringe Wahrscheinlichkeit des Eintritts neuer Wettbewerber, so daß nur ein geringer Aufwand zur Erhaltung der Marktposition erforderlich ist. Eine große Anzahl von "Stars" ist insofern dann nicht sinnvoll, wenn deren Investitionsbedarf nicht durch eine ausreichende Anzahl von "Melkkühen" finanziert wird.

Folgende Normstrategien werden für die einzelnen Felder vorgeschlagen:
"Fragezeichen": Auf der Basis einer Analyse der Erfolgschancen sollen die Geschäftseinheiten entweder offensiv gefördert werden, um die Position zu stabilisieren, oder es erfolgt ein Rückzug aus dem Geschäft.
"Stars": Diese Geschäftseinheiten sollen durch eine Investitionsstrategie unterstützt werden. Ziel ist es, die Position zu halten oder sogar zu steigern.
"Melkkühe": Die Marktposition soll so lange wie möglich gehalten werden, doch ist insbesondere darauf zu achten, daß aus den Erlösen Mittel abgeschöpft werden können.
"Arme Hunde": Hier kommt es darauf an, ob die Geschäftseinheiten einen positiven Deckungsbeitrag erwirtschaften. Ist dies der Fall, sollten sie in der Regel ebenso gehalten werden wie Melkkühe. Bei negativen Ergebnissen sollte eine Desinvestition stattfinden, d.h. eine Elimination der Produkte.

Die inhaltliche Ausgestaltung der Strategien kann etwa wie folgt vorgenommen werden:
Investitionsstrategie:
- hohe Ausgaben für Kommunikationsmaßnahmen
- regelmäßige Produktverbesserungen
- Ausweitung des Produktprogramms
- zielgruppenspezifische Produktvariationen
- Investition in modernere Fertigungsverfahren
- hohe Investitionen in Forschung und Entwicklung
- Ausweitung der Distributionswege
- Kooperation mit Händlern zur Verstärkung der vertikalen Bindung
- Stärkung der Bindung zu Konsumenten durch Kommunikation, Serviceleistungen, Anwenderclubs usw.
- Ausweitung der Kulanzleistungen
- Angebot von Produkttests/Ermöglichung eines risikoarmen Produktkaufs
- Ausnutzung des Preisspielraums nach unten
- Angebot besonders günstiger Finanzierungskonditionen
- vertikale Integration in Richtung auf Vorprodukte und Rohstoffe
- Einstieg in Basistechnologien.

Abschöpfungsstrategie:
- Verringerung des Kommunikationsaufwands
- Konzentration auf Erinnerungswerbung
- Stabilisierung der Verkaufspreise auf möglichst hohem Niveau

- Beschränkung der Distribution auf die profitabelsten Kanäle
- Beschränkung der Zielgruppenansprache nach dem Kriterium der Profitabilität
- Reduzierung des Aufwands für Händlerbetreuung
- Ausnutzen der Lebensdauer der Produktionsanlagen
- Suche nach "Sondergeschäften", größeren Einzelaufträgen, ggfs. im Ausland oder bei anderen Zielgruppen
- ggfs. Vergabe von Produktions- oder Namenslizenzen
- Verlagerung der Produktion in andere Länder.

Desinvestitionsstrategie:

- Verzicht auf Kommunikationsmaßnahmen
- Verzicht auf produktpolitische Maßnahmen
- kontinuierlicher Abbau von Fertigungskapazitäten
- Verkauf von Fertigungsanlagen
- Vergabe von Lizenzen
- je nach Produktart: Verkauf einer letzten limitierten Auflage
- genaue Beobachtung der Erfolgssituation, um das Auftreten negativer Dekkungsbeiträge unverzüglich zu bemerken.

Selektion:
Aufgabe der Selektion ist es, die Entscheidung über eine Investitions- oder Desinvestitionsstrategie vorzubereiten. Relevant sind hierbei die Kriterien, die die Entscheidung in die eine oder andere Richtung lenken, z.B.

- langfristige Marktentwicklung
- Bestehen von Eintrittsbarrieren für Wettbewerber
- Verbundeffekte innerhalb des Unternehmens
- Imagewirkung einer Elimination
- Auslastung der Fertigungskapazitäten
- Höhe der bisher getätigten Investitionen.

Die Anwendung dieser Portfolio-Technik unterliegt jedoch wesentlichen Einschränkungen. So wird die Grenze zwischen hohem und niedrigem Marktanteil bei einem relativen Marktanteil von 1,5 gezogen. Dadurch enthalten nur die wenigsten Unternehmensportfolios "Stars" und "Melkkühe". Die Grenze zwischen hohem und geringem Marktwachstum wird bei 10% gezogen, so daß die weitaus meisten Märkte in den unteren Bereich fallen.

4.5.3.5.2 Marktattraktivität-Wettbewerbsstärke-Portfolio

Ziel dieses von der Unternehmensberatungsgesellschaft McKinsey entwickelte Portfolio ist es ebenfalls, Anhaltspunkte für die Förderung bzw. den Abbau von strategischen Geschäftseinheiten zu geben (vgl. Abb. E.24). Im Gegensatz zum BCG-Ansatz werden jedoch nicht quantitativ bestimmbare Größen als Entscheidungskriterien verwendet, sondern Kriterienkataloge, die teils subjektive Bewertungen erfordern. Die grundsätzlichen Empfehlungen sind die gleichen wie die unter

4.5.3.5.1 dargestellten.

4.5.3.5.3 Neue BCG-Matrix (Wettbewerbsvorteilsmatrix)

Die sog. neue BCG-Matrix kombiniert die Faktoren "Anzahl der Wettbewerbsvorteile" und "Zahl der Wettbewerbsvorteile" zu vier Markttypen:

Zahl der Vorteile / Größe des Vorteils	klein	groß
hoch	Fragmentierung	Spezialisierung
gering	Patt	Volumen

Abb. E.29: Wettbewerbsvorteilsmatrix

Im Gegensatz zu den bisher dargestellten Portfolio-Techniken handelt es sich hierbei nicht um ein SGE-orientiertes, sondern um ein marktorientiertes Raster. Es soll die grundlegenden Strategierichtungen für ein Unternehmen aufzeigen, die sich aus der Anzahl und Größe der Wettbewerbsvorteile ergeben.

Fragmentierung bezeichnet eine Situation, die durch eine hohe Zahl kleiner Vorteile gekennzeichnet ist. Hier gibt es zwar eine ganze Reihe möglicher Wettbewerbsdifferenzierungen, doch ist aufgrund deren geringer Höhe nicht mit einem dauerhaften Vorsprung zu rechnen. Potentiell erfolgreich ist diese Situation nur in Märkten, die ausgesprochen polypolistisch geprägt sind, so daß kein Unternehmen die Möglichkeit hat, marktbeeinflussend oder gar -beherrschend zu werden. Existiert eine starke Ungleichverteilung der Marktanteile, werden die stärkeren Unternehmen innerhalb kurzer Zeit die Wettbewerbsvorteile kleinerer Unternehmen wettmachen. Insofern kann die Fragmentierung überwiegend als Übergangssituation betrachtet werden.

Mit **Spezialisierung** wird die Situation zahlreicher großer Wettbewerbsvorteile in einem Markt bezeichnet. Hier ist es einer großen Zahl von Unternehmen möglich, individuelle Positionierungen zu finden und eine dauerhafte, ertragreiche Betätigung zu sichern. Die Zahl der Vorteile sichert eine gewisse Unternehmensvielfalt. Die Größe der Vorteile ermöglicht es, dauerhaft den Wettbewerbsvorteil zu sichern. Es ist daher auch für marktstarke Unternehmen schwierig, die Wettbewerbsvorteile kleinerer Unternehmen etwa durch Imitation zu erreichen.

Eine **Patt-**Situation findet sich in stark nivellierten Märkten, in denen keine Vorteile mehr erreicht werden. Dies ist z.B. dann der Fall, wenn die technologischen Spielräume ausgenutzt worden sind und die Produktionsmengen sich bei allen Unternehmen des Marktes stabilisiert haben. Fehlendes Marktwachstum (z.B. aufgrund hoher Bedarfsdeckung) führt dazu, daß die Bereitschaft zur Produktentwicklung seitens der Anbieter gering bis nicht vorhanden ist.

Volumenmärkte schließlich sind solche, in denen nur wenige, aber dafür große Vorteile existieren. Es gibt daher nur wenige Möglichkeiten, Wettbewerbsvorteile zu erzielen. Diese lassen sich jedoch gut gegenüber anderen Unternehmen verteidigen. Diese Situation unterstützt die Angebotskonzentration auf wenige Hersteller mit großen Produktionsvolumina.

Aus Marketingsicht läßt sich hieraus zunächst erkennen, daß Märkte mit einer geringen Zahl von Vorteilen die Tendenz zu einer Angebotskonzentration bei hohen Produktionsmengen haben. Die Strategie ist daher auf die Kostenführerschaft auszurichten, so daß der dadurch zu erreichende Preisvorteil eine Eintrittsbarriere für mögliche Wettbewerber darstellt. Dies führt zu wenig differenzierten, eher standardisierten Produkten. Ebenso können mehrere Produktpositionen von einem Hersteller übernommen werden, der ein Produkt unter verschiedenen Marken anbietet. Beispiele für solche Situationen sind der Margarine- oder Filterpapiermarkt.

Eine größere Zahl von Vorteilen eröffnet einen größeren Marketingspielraum. Die einzelnen Produkte lassen sich stärker differenzieren. Im Falle der Spezialisierung bieten sich eher langfristig angelegte Strategien an, während fragmentierte Märkte das Erfordernis ständigen Wechsels bzw. der Bereitschaft zum Wechsel mit sich bringen. Ein Erfolgsfaktor in dieser Situation ist daher die Schnelligkeit der Reaktion auf Veränderungen des Marktes, z.B. in bezug auf Kommunikationsmaßnahmen, Produktgestaltung, Distributionswege usw. Ein Beispiel für diese Situation ist etwa im Computermarkt zu sehen.

5. Marketing-Kontrolle

5.1 Kostenanalyseverfahren

5.1.1 Absatzsegmentrechnung

Absatzsegmente sind gedanklich unterscheidbare Teilbereiche der Absatztätigkeit, denen sich Kosten und Erlöse gesondert zurechnen lassen. Beispiele dafür sind Produkte, Abnehmer, Aufträge, Absatzgebiete und Absatzwege. Die Absatzsegmentrechnung gruppiert diese Merkmalsträger zum Zweck der Aufspaltung und Zurechnung von Erlösen und Kosten und ermöglicht eine differenzierte Erfolgsbetrachtung der Absatztätigkeiten.

Grundlage des Verfahrens ist die Aufstellung einer Bezugsgrößenhierarchie, die eine Vorschrift für die Zusammenfassung von Merkmalen darstellt:

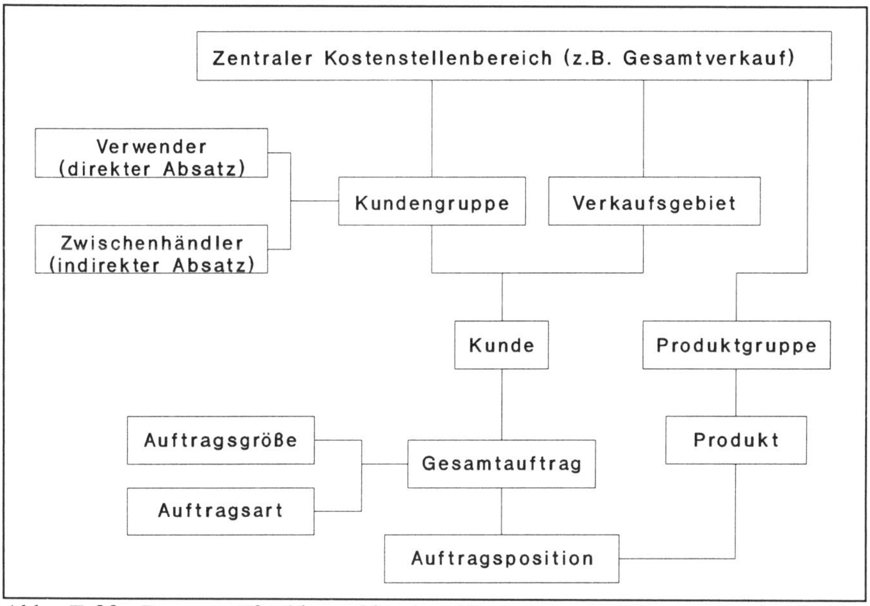

Abb. E.30: Bezugsgrößenhierarchie der Absatzsegmentrechnung (nach: Köhler 1993b)

Die kleinste Größe dieser Hierarchie ist die einzelne **Auftragsposition**, also z.B. ein einzelnes verkauftes Stück eines Produkts. Dieser Auftragsposition können die variablen Kosten zugerechnet werden. Auf der nächsthöheren Ebene werden die einzelnen Positionen zu einem **Gesamtauftrag** zusammengefaßt. Nach Abzug von Erlösschmälerungen wie Rabatten oder Skonti können dann auftragsbezogene Kosten zugerechnet werden. Beispiele dafür sind die Auftragsabwicklung, Versandkosten oder Kosten für die Akquisition. Diese Aufträge können dann im Rahmen einer gesonderten Auftragsstrukturanalyse aufgeschlüsselt werden. So bietet es sich etwa an, unterschiedliche **Auftragsarten** (Erst-/Folgeaufträge, telefonische/schriftliche

Aufträge usw.) und **Auftragsgrößen** (Einzel-/Sammelaufträge usw.) zu unterscheiden.

Die Aufträge werden dann auf der folgenden Ebene einzelnen **Kunden** zugerechnet, so daß kundenspezifische Kosten (z.B. Besuche des Vertreters, Werbegeschenke, Schaufensterdekoration) berücksichtigt werden können. Bei größeren Unternehmen gibt es regelmäßig eine **Verkaufsgebiet**organisation. Die dafür entstehenden Kosten (z.B. Miete für Verkaufsbüro, Mitarbeiter im Verkaufsbüro) können dann auf der nächsten Ebene zugerechnet werden. Parallel oder alternativ dazu ist die Zusammenfassung nach **Kundengruppen** möglich. So ist es wahrscheinlich, daß einzelne Kunden abhängig von ihrem Status (Erst-/Stammkunden, Einzel-/Großhändler, Fachhändler/Verbrauchermärkte usw.) Kosten in unterschiedlicher Höhe verursachen. Beispiele für solche Kostenverursacher sind Informationsmaterial, Präsentationsveranstaltungen usw. Insbesondere ist die Unterscheidung in **Endverbraucher** und **Weiterverkäufer** wichtig, da hier ganz unterschiedliche Vertriebsleistungen erforderlich sind.

Auf der höchsten Ebene werden dann die Positionen zum Bereich **Gesamtverkauf** zusammengefaßt, so daß die verbleibenden vertriebsbezogenen Kosten (z.B. Vertriebsleitung, Außendiensttagungen) zugerechnet werden können.

Um diese Zurechnung von Kosten zu Bezugsgrößen zu systematisieren, empfiehlt es sich, eine sogenannte **Grundrechnung** anzulegen (ursprünglich: Riebel 1990, S. 167; Köhler 1993c, S. 286). Diese gibt klare Anweisungen, welchen Bezugsgrößen welche Kosten zuzurechnen sind. Eine Strukturierungshilfe ist eine Gliederung der einzelnen Kostenkategorien nach Kostenarten. In Anlehnung an Riebel kann sie etwa folgendermaßen vorgenommen werden:

Kostenkategorien	**Beispiele für Kostenarten**
Leistungskosten (variable Kosten)	
absatzbedingt	
• akquisitionsabhängig	- Kosten für Kundenbesuche
• auftragsabhängig	- Kosten für Auftragsabwicklung
• stückzahlabhängig	- Handlingkosten
• umsatzabhängig	- Provisionen
produktionsbedingt	
• stückzahlabhängig	- Fertigungsmaterial
• fertigungslosabhängig	- Rüstkosten
• einsatzmengenabhängig	- Energiekosten
Bereitschaftskosten (fixe Kosten)	
• monatlich disponibel	- Löhne für Aushilfen
• jährlich disponibel	- Mieten
• weniger als jährlich disponibel	- Abschreibungen

Beschränkt auf absatzbedingte Kosten könnte eine Grundrechnung etwa wie folgt aussehen:

Kostenarten	**Bezugsgrößen** Produkte	Produktgruppen	Aufträge	Auftragsarten	Kunden	Kundengruppen	Verkaufsgebiete	Kostenstellen
Reisekosten					x			
Telefongebühren					x			
Bewirtungskosten					x			
Auftragsannahme			x	x				
Auslieferung			x					
Rechnungstellung			x					
Provisionen	x		x					
gewährte Rabatte	x				x			
Lizenzgebühren	x							
Werbegeschenke					x			
Büromieten							x	
Gehälter								
Produktmanagement		x						
Vertrieb						x	x	
Key-Account-Manager					x			
Werbekosten	x	x						
Honorar Werbeagentur	x	x						x
Kundenveranstaltungen						x		
Prospekte	x	x						
Beratungshonorare								x

Abb. E.31: Beispiel einer Grundrechnung im Absatzbereich

In methodischer Hinsicht handelt es sich bei dem hier anzuwendenden Kostenrechnungsverfahren um eine **stufenweise Fixkostendeckungsrechnung**. Diese wird einfacher auch als Deckungsbeitragsrechnung bezeichnet und wurde bereits im einleitenden Beispiel unter "Grundbegriffe der Kostenrechnung" vorgestellt. Die stufenweise Fixkostendeckungsrechnung wurde entwickelt, um eine "gerechtere" Zurechnung der Fixkosten und Gemeinkosten auf die einzelnen Kostenträger zu ermöglichen. Insofern ist sie im Prinzip eine Fix- und Gemeinkostendeckungsrechnung.

Chronologisch betrachtet war die **Einzelkostenrechnung von Riebel** der Ausgangspunkt. Riebel ging es darum, die entscheidungsrelevanten Kosten, nämlich die Einzelkosten, aus dem Gesamtkostenblock, wie er in der Vollkostenrechnung verwendet wird und für bestimmte Entscheidungen irrelevant ist, herauszulösen. Der Deckungsbeitrag eines Produkts wurde errechnet aus Erlös — Einzelkosten.

Das **Direct Costing** verwendet die andere Möglichkeit der Kostenspaltung. Hierbei erfolgt die Teilung in fixe und variable Kosten, so daß sich der Deckungsbeitrag aus Erlös — variable Kosten errechnet.

Die stufenweise Fixkostendeckungsrechnung ist auf der Basis des Direct Costing entstanden und stellt eine Verfeinerung im Hinblick auf eine weitere Unterteilung der Fixkosten dar. Dazu wird aber auch das Konzept der Unterscheidung von Einzel- und Gemeinkosten verwendet (nämlich bei der Zuordnung zu Produkten, Produktgruppen oder dem Gesamtunternehmen), so daß es sich hierbei um ein kombiniertes Verfahren handelt.

Einzelkosten-rechnung:	**Direct Costing:**	**stufenweise Fixkosten-deckungsrechnung:**
Erlös	Erlös	Erlös
— Einzelkosten	— variable Kosten	— variable Kosten
= Deckungsbeitrag	= Deckungsbeitrag	= Stück-Deckungsbeitrag
		— Einzelfixkosten
		= Produkt-Deckungsbeitrag
		— Produktgruppen-Fixkosten
		= Produktgruppen-Deckungsbeitrag

5.1.1.1 Produktbewertung und Sortimentsanalyse

Die mehrstufige Fixkostendeckungsrechnung verrechnet, wie oben gezeigt, Fixkosten auf mehreren organisatorischen Ebenen. Der Aufbau einer solchen Rechnung spiegelt in gewisser Weise den Aufbau des Unternehmens wider. Existieren z.B. Produktmanagementabteilungen, in denen mehrere Produkte parallel betreut werden, läßt sich ein Deckungsbeitrag jeweils für die Produkte bilden, die in diesen Abteilungen zusammengefaßt werden. Es wird also analysiert, welchen Produkten die Kosten jeweils zuzurechnen sind. Einzelfixkosten (z.B. Kosten für eine Werbemaßnahme, die sich auf genau ein Produkt bezieht, oder Gebühren für Lizenzen) werden auf der Ebene **einzelner Produkte** verrechnet. Auf der nächsten Ebene werden die Fixkosten für die nächsthöhrere Aggregationsstufe verrechnet. Dabei kann es sich um eine Gruppe von zwei Produkten handeln, für die eine Gemeinschaftswerbung durchgeführt wird, oder z.B. um eine ganze **Produktlinie**. Kostenbeispiele hierfür sind Werbekosten, Marktforschungskosten, Gehälter für Produktmanager usw. Je nach Unternehmensstruktur lassen sich weitere Aggregationsstufen finden, etwa **Sparten** oder **Produktionsstätten**, denen wiederum bestimmte Kosten zugerechnet werden können (z.B. Produktionsanlagen, Gebäude). Folgendes Beispiel geht von einem Unternehmen aus, das 5 Produkte (A-E) herstellt (Zahlen verändert nach Böcker 1988, S. 47):

1. Für jedes Produkt werden Werbemaßnahmen durchgeführt, d.h. es fallen fixe Einzelkosten an.
2. Die Produkte werden drei Marketing-Abteilungen zugeordnet, und zwar A und B, C und D sowie E jeweils einer. Dadurch entstehen drei produktgruppenabhängige Fixkostenblöcke.

3. Die Produkte A und B sowie C, D und E werden jeweils in einem Werk hergestellt. Auf der nächsthöheren Ebene entstehen damit zwei produktgruppenabhängige Fixkostenblöcke.
4. Schließlich entstehen Kosten für die Unternehmensleitung, die nur allen Produkten zusammen zuzurechnen sind.

Weitere Kosten werden aus Gründen der Einfachheit hier nicht berücksichtigt. Der aus einer solchen Deckungsbeitragsrechnung errechnete Unternehmensgewinn entspricht natürlich dem, der im Rahmen einer Vollkostenrechnung ermittelt wurde. Bei letzterer ist es jedoch nicht möglich, das Ergebnis auf den Zwischenstufen zu ermitteln. Das Beispiel auf der nächsten Seite stellt mehrstufige Deckungsbeitrags- und Vollkostenrechnung einander gegenüber. Bei der Vollkostenrechnung wurde die Kostenverrechnung nach dem Durchschnittsprinzip durchgeführt.

Bei der Wahl der Bezeichnung der Deckungsbeiträge gibt es grundsätzlich zwei Möglichkeiten. Entweder sie werden von der Stück-Ebene ausgehend durchnumeriert (DB I, DB II usw.) oder durch die Hierarchieebene gekennzeichnet (Stück-DB, Produkt-DB usw.). Der Stück-DB bezieht sich grundsätzlich auf eine einzige Produkteinheit, der Produkt-DB auf sämtliche Einheiten eines Produkts/Typs. Letzterer berücksichtigt dann auch schon die fixen Einzelkosten für dieses Produkt. Es folgen mitunter mehrere Produktgruppen-DB, die z.B. auch als Sparten-, Werks- oder Produktlinien-DB bezeichnet werden können, um eine eindeutige Lokalisierung zu erleichtern.

Ist das gegenwärtige finanzielle Ergebnis (also z.B. nicht das Image) das Entscheidungskriterium, so stimmen beide Verfahren darin überein, daß Produkt A das profitabelste ist, während D ein potentieller Eliminationskandidat ist (s. Kasten nächste Seite). Bei C kommt es jedoch zu einer entgegengesetzten Entscheidung. Die DB-Rechnung weist C mit einem Produkt-DB von 17 als profitabel aus, während die Vollkostenrechnung einen Verlust von DM 0,81/Stück ermittelt.

Diese Abweichung entsteht dadurch, daß die Vollkostenrechnung die sehr geringen fixen Einzelkosten und die hohe Absatzmenge von C außer acht läßt. So könnte es sich z.B. um einen "Klassiker" im Produktprogramm handeln, für den der Werbeaufwand aufgrund hoher Markenbekanntheit relativ gering ist. Da zudem der Verkaufserlös nur geringfügig über den variablen Einzelkosten liegt, könnte es sich auch um einen Imageträger für die Preiswürdigkeit des Unternehmens handeln.

Welche Konsequenzen wären nun bei einer **Elimination** von C, wie die Vollkostenrechnung sie nahelegt, zu beachten?

1. Es ginge ein Produkt-DB von 17 verloren. Solange durch diese Entscheidung nicht auch produktgruppenabhängige Fixkosten (z.B. Produktionsanlagen) eingespart werden können, verringert sich der Unternehmensgewinn um 17, d.h. es entsteht ein Verlust in Höhe von 14. Die Elimination von C hat somit kurzfristig nicht die erwartete Gewinnsteigerung, sondern im Gegenteil sogar einen Verlust zur Folge.

Bezugs-objekt	Kosten/Erlöse	Deckungsbeitragsrechnung Produkte A	B	C	D	E	Sum-me	Vollkostenrechnung Produkte A	B	C	D	E
	Nettoverkaufserlös	6	7	9	2	6		6	7	9	2	6
einzelnes	— var. Einzelkosten	4	5	8	1	3		4	5	8	1	3
Stück	= Stück-DB	2	2	1	1	3						
	x abgesetzte Menge	10	5	20	3	16	54					
Produkt	= Stück-DB x Menge	20	10	20	3	48	101					
	— fixe Einzelkosten	5	8	3	4	20	40	0,74	0,74	0,74	0,74	0,74
Produkt	= Produkt-DB	15	2	17	-1	28	61					
		17		16		28						
	— produktgruppenab-											
Produkt-	hängige Fixkosten	10		4		20	34	0,63	0,63	0,63	0,63	0,63
gruppe	= Produktgruppen-DB I	7		12		8	27					
		7			20							
	— produktgruppenab-											
	hängige Fixkosten	2			2		4	0,07	0,07	0,07	0,07	0,07
Werk	= Produktgruppen-DB II	5			18							
Gesamt-	— fixe Gemeinkosten			20			20	0,37	0,37	0,37	0,37	0,37
untern.	= Gesamtgewinn			3			Kosten/St.	5,81	6,81	9,81	2,81	4,81
							Gewinn/St.	0,19	0,19	-0,81	-0,81	1,19
							Gesamtgewinn	3 (Diff. durch Rundung)				

2. Weiterhin sind, unabhängig von der zugrundeliegenden Kostenrechnung, Sortimentseffekte zu berücksichtigen. So kann es z.B. sinnvoll sein, auch einen negativen Produkt-DB zu akzeptieren, wenn von diesem Produkt besondere Verbund- oder Ausstrahlungseffekte ausgehen, die zu einem Absatz anderer Produkte führen. So wird häufig ein top-of-the-line-Produkt schon deswegen im Programm gehalten, weil es ein Symbol für die Leistungsfähigkeit des ganzen Unternehmens ist und in den Mittelpunkt von Kommunikationsmaßnahmen gestellt werden kann.

Bei solchen Überlegungen ist weiterhin zu berücksichtigen, wie die Kostenentwicklung auf den nächsthöheren Ebenen verläuft. Im Fall des Produkts C ist die weitere Situation sehr günstig, da der erwirtschaftete DB nie durch produktgruppenabhängige Fixkosten, die *auch* C betreffen, verbraucht wird. Die Situation wäre aber anders, wenn z.B. für die aus C und D bestehende Produktgruppe nicht nur Fixkosten in Höhe von 4, sondern von 18 anfielen. Da das Schwesterprodukt D nicht in der Lage ist, weitere Fixkosten zu decken, wäre dann eine Eliminationsentscheidung sinnvoll. Würde nur der Produkt-DB betrachtet, nicht jedoch die nachfolgenden Produktgruppen-DB, käme es auf Basis der DB-Rechnung zu einer Fehlentscheidung.

Zur Deckungsbeitragsrechnung sind allerdings auch einige **kritische Anmerkungen** notwendig. So ist es durchaus möglich, daß alle Produkte positive Deckungsbeiträge erwirtschaften, insgesamt aber ein Verlust entsteht. Die Anwendung ist bei langfristigen Fragestellungen daher nur sinnvoll, wenn sie bis zur Ermittlung des Unternehmensgewinns/-verlusts durchgeführt wird. Diese Gewinn-/Verlustermittlung stellt letztlich wieder eine Vollkostenrechnung dar, da dann sämtliche Kostenkomponenten berücksichtigt wurden.

Die Dichotomie "variable und fixe Kosten" ist zwar ein Fortschritt gegenüber einer undifferenzierten Betrachtung, doch spiegelt sie nicht vollständig die Realität wider. So ist ein großer Teil der Fixkosten sprungfix, d.h. innerhalb eines bestimmten Zeitraums abbaubar. Die DB-Rechnung geht davon aus, daß die Abbaubarkeit nicht gegeben ist, vereinfacht daher. Es ist daher stets auch zu prüfen, ob und wann Fixkosten abgebaut werden können und ggfs. mit den neuen Werten eine Vergleichsrechnung durchzuführen.

Schließlich müßten eigentlich auch bei den variablen Kosten Differenzierungen eingeführt werden. Fertigungsmaterialien werden zwar grundsätzlich als variable Kosten angesehen, doch sind Situationen denkbar, in denen sie eher Fixkostencharakter haben. Sind nämlich die Lagerbestände hoch und möglicherweise vor dem nächsten Produktwechsel nicht mehr vollständig zu verbrauchen, handelt es sich in der konkreten Situation um Fixkosten. So kann es z.B. ökonomisch sinnvoll sein, ein vor der Ablösung stehendes Produkt auch zu einem Preis unterhalb der eigentlichen variablen Kosten zu verkaufen, wenn Materialbestände aufgebraucht werden, die sonst vernichtet werden müßten. In einer solchen Situation würde auch die stufenweise Fixkostendeckungsrechnung nicht zur richtigen Entscheidung führen.

Ein weiterer Anwendungsbereich des Verfahrens sind **Preisentscheidungen**. Mit Ausnahme des eben geschilderten Sonderfalls führt die DB-Rechnung dann zu ökonomisch sinnvollen Preisentscheidungen, wenn es bei Unterauslastung der Kapazität um einen Zusatzauftrag geht. In dieser Situation besteht die Preisuntergrenze in den variablen Kosten, da nur diese bei einem Auftrag anfallen. Die Fixkosten (z.B. für Mieten, Management, Produktionsanlagen) bestehen ohnehin und ändern sich nicht durch diesen Auftrag. Im oben angeführten Rechenbeispiel wäre dann etwa für das Produkt E auch ein Preis von 4 akzeptabel, da immer noch ein positiver DB entstünde. Voraussetzung ist allerdings, daß es sich um einen nicht vorhergesehenen Zusatzauftrag handelt. Sonst würden sich die DB in der Folge verringern und möglicherweises einen Verlust verursachen.

Die Gefahr solcher Preiszugeständnisse besteht jedoch in der möglicherweise gestörten Preisdisziplin. Spricht sich nämlich ein Preiszugeständnis unter den Kunden eines Unternehmens herum, werden auch andere versuchen, die Preise auf dem Verhandlungsweg zu senken.

5.1.1.2 Vertriebsanalyse

Folgendes Beispiel zeigt eine Absatzsegmentrechnung, die Aufträge nach Kunden und Kunden nach Verkaufsgebieten zusammenfaßt. Die Verkaufsgebiete werden dann (hier wird nur ein Gebiet berücksichtigt) zum Gesamtvertrieb zusammengefaßt.

Auftrag 1 Kunde X (Verkaufsgebiet A)	**Auftrag 2 Kunde X (Verkaufsgebiet A)**	**Auftrag 1 Kunde Y (Verkaufsgebiet A)**	**Auftrag 2 Kunde Y (Verkaufsgebiet A)**
Brutto-Auftragswert	...	...	...
— Erlösschmälerung	...	...	...
= Netto-Auftragswert	...	...	...
—Einzelkosten der einzelnen Produkte	...	...	...
= Auftrags-DB I	...	...	...
—gesonderte Auftrags-Einzelkosten	...	...	...
= Auftrags-DB II	...	...	...

Summe = DB I des Kunden X	Summe = DB I des Kunden Y
— gesonderte Kunden-Einzelkosten für X	— gesonderte Kunden-Einzelkosten für Y
= DB II des Kunden X	= DB II des Kunden Y

Summe = DB I für Verkaufsgebiet A	...B
— gesonderte Gebietseinzelkosten für A	...B
= DB II für Verkaufsgebiet A	...B

Summe = DB I für Gesamtverkauf
— gesonderte Einzelkosten für Verkauf
= DB II für Verkauf

Abb. E.32: Beispiel einer Absatzsegmentrechnung nach Vertriebsgebieten

Es sind aber auch weitere Bezugsgrößenhierarchien denkbar (Abb. E.33, ähnlich: Riebel 1990, S. 179).

Auftragsposition	Auftragsposition	Auftragsposition	Auftragsposition
↓	↓	↓	↓
Produkt	Auftrag	Auftrag	Auftrag
↓	↓	↓	↓
Produktgruppe	Auftragsart	Kunde	Kunde
↓	↓	↓	↓
Gesamtumsatz	Gesamtumsatz	Kundengruppe	Vertriebsgebiet
		↓	↓
		Gesamtumsatz	Gesamtumsatz

Abb. E.33: Beispiele für Bezugsgrößenhierarchien

Die Aufstellung einer Hierarchie erfolgt je nach Zielsetzung der Absatzsegmentrechnung. Im ersten Beispiel etwa wird eine Erfolgsanalyse für einzelne Produkte und Produktgruppen vorgenommen (s. Sortimentsanalyse). Die notwendigen Verkaufsdaten werden aus einer Analyse der Auftragspositionen auf den einzelnen Aufträgen gewonnen.

Das zweite Beispiel zeigt eine Bezugsgrößenhierarchie, die die Untersuchung der Effizienz von betimmten Arten von Aufträgen ermöglicht. Diese Auftragsarten können nach verschiedenen Kriterien differenziert werden. Denkbar sind z.B. unterschiedliche Auftragsgrößenklassen oder Arten der Auftragserteilung (telefonisch - schriftlich). Im letzteren Fall ließe sich analysieren, ob die telefonische Auftragsannahme, die vielleicht über eigenständige Stellen innerhalb der Verkaufsabteilung erfolgt, effizienter ist als die schriftliche.

Das dritte Beispiel zeigt eine Analyse nach Kundengruppen. So ist es z.B. sinnvoll, Neukunden und Stammkunden getrennt zu analysieren, weil sich erhebliche Unterschiede in der Betreuung dieser Kundenkreise ergeben. Neukunden bedürfen regelmäßig einer intensiveren Betreuung, um etwa das Produktprogramm und die Geschäftsabwicklung zu erläutern. Mit Hilfe dieser Bezugsgrößenhierarchie wäre es dann möglich, zu analysieren, ob diese Aufwendungen rentabel sind. Das vierte Beispiel schließlich ist eine Abwandlung hiervon und gruppiert die Kunden nach Vertriebsgebieten.

5.1.2 Direkte Produkt-Profitabilität

Das Konzept der Direkten Produkt-Profitabilität (DPP) stellt das Gegenstück zur Fixkostendeckungsrechnung auf der Handelsseite dar. Sie ist eine Stück-Kosten-Nutzenrechnung, die jedem einzelnen Artikel die tatsächlichen variablen Kosten zurechnet, um pro Einzelartikel den individuellen Deckungsbeitrag zu bestimmen. Dieser DB kann dann zur Bildung von Rentabilitätswerten oder Kennzahlen herangezogen werden. Die DPP ergibt sich aus Deckungsbeitrag des Produkts / Brutto-Einkaufspreis. Desweiteren kann der DB auch zur Regalfläche in Beziehung gesetzt werden, um so die Effizienz der Ladenfläche zu bestimmen. Das Grundschema sieht wie folgt aus:

Verkaufspreis
— Einkaufspreis

= Brutto-Spanne
+ Rabatte u.ä. des Lieferanten

= Netto-Spanne
— direkt zurechenbare Kosten für Handling

= Deckungsbeitrag des Produkts

Hier besteht nun wieder das Problem der Verrechnung der Fixkosten, um einen Gesamtgewinn des Geschäfts bzw. der Handelskette zu ermitteln. Analog zur oben dargestellten Vorgehensweise lassen sich Produktgruppen, Abteilungen bzw. Filialen abgrenzen.

Die Deckungsbeitragsrechnung des Handels hat nicht nur für diesen eine Bedeutung, sondern auch für den Hersteller. Die Berechnung von Deckungsbeiträgen stellt schließlich auch eine Grundlage für Konditionsverhandlungen, Bezugsentscheidungen und Listungen allgemein dar. Hallier (1988) führt ein Beispiel für die Entscheidung "Lieferung über Lager oder Direktbelieferung" an (Angaben in DM/St.):

	Lager	**Direktbelieferung**
Verkaufspreis	7,20	7,20
— Einkaufspreis	6,05	6,25
= **Brutto-Spanne**	**1,15**	**0,95**
+ Rabatte	0,02	0,02
+ Retouren (Warenrückgabe)	0,10	0,00
— Handling:		
allg. Lagerarbeiten	0,30	0,00
Bestandserfassung	0,04	0,00
Betriebskosten Lager	0,05	0,00
Transport zu den Läden	0,06	0,00
allg. Arbeiten im Laden	0,59	0,26
Bestandspflege	0,04	0,04
Betriebskosten Laden	0,15	0,15
= **Deckungsbeitrag**	**0,04**	**0,52**

Trotz geringerer Brutto-Spanne ist die Direktbelieferung also günstiger, da in größerem Maße Handlingkosten in Lager und Laden eingespart werden können. Zur Berechnung der Handlingkosten kann die Prozeßkostenrechnung (s.u.) eingesetzt werden.

In Anlehnung an das Deutsche Handels-Institut (jetzt: Europäisches Handels-Institut) kann folgendes Berechnungsschema verwendet werden (Abb. E.34).

Kosten für ein Zentrallager, wie sie bei den meisten Filialbetrieben entstehen, werden hier nicht weiter aufgeschlüsselt. Im Prinzip fallen aber die gleichen Kostenarten wie bei den Einzelhandels-Kosten an. Dabei werden aus Gründen der Übersichtlichkeit nur die Dispositionskosten unter den Personalkosten weiter aufgeschlüsselt. Das gleiche Prinzip ist bei den anderen Kostenarten anzuwenden.

Die Deckungsbeiträge/DPP können, wie angedeutet, zu verschiedenen Werten in Beziehung gesetzt werden, um Rentabilitäts- und Effizienzwerte zu ermitteln. Beispiele dafür sind:

Kapitalrentabilität:	DB / durchschn. Kapitaleinsatz im Unternehmen
Lagerkapitalrentabilität:	DB / durchschn. Kapitaleinsatz im Lager
Personaleffizienz:	DB / Anzahl der Beschäftigten
Verkaufsflächeneffizienz:	DB / beanspruchte Fläche

Wesentlicher Kritikpunkt am DPR/DPP-Kozept ist die Schlüsselung an sich fixer Kosten wie etwa Ladenmieten, Ladenausstattung, Personalkosten usw. Diese Kosten

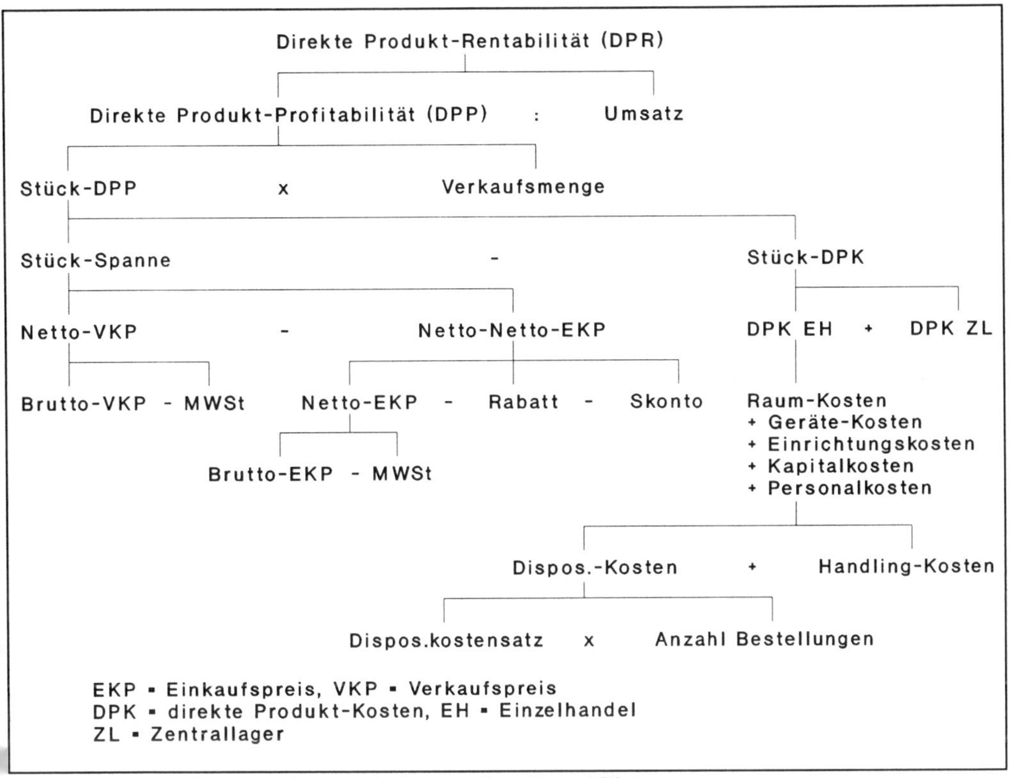

Abb. E.34: Berechnungsschema Direkte Produkt-Rentabilität

gehen entsprechend der (kalkulatorischen) Inanspruchnahme durch das Produkt in die Direkten Produkt-Kosten (DPK) ein, obwohl die Zurechnung nur über Schlüssel erfolgen kann. Insofern handelt es sich letztlich um eine Vollkostenrechnung.

5.1.3 Aktionserfolgsrechnung

Während die Absatzsegmentrechnung die Kontrolle von Kosten und Erlösen für abgegrenzte Perioden ermöglicht, wird die Aktionserfolgsrechnung eingesetzt, um den Erfolg einzelner periodenunabhängiger Maßnahmen zu kontrollieren. Im Mittelpunkt stehen dabei kurzfristig wirksam werdende Maßnahmen wie etwa Verkaufsförderungsaktionen. Insbesondere bei einem Einsatz von befristeten Preissenkungen sind verschiedene Effekte zu berücksichtigen (Abb. E.35).

Zu berücksichtigen ist hierbei, daß die Nachfrageschwankungen sowohl auf Reaktionen der Verbraucher als auch des Handels zurückzuführen sind. Befristete Preissenkungen als Maßnahme der Verkaufsförderung führen auch im Handel zu einer erhöhten Bevorratung. Da es keine Preisbindung gibt, ist nicht gewährleistet, daß der Preisvorteil an die Endverbraucher weitergegeben wird. Außerdem ist der Handel regelmäßig wesentlich früher über eine Verkaufsförderungsaktion eines

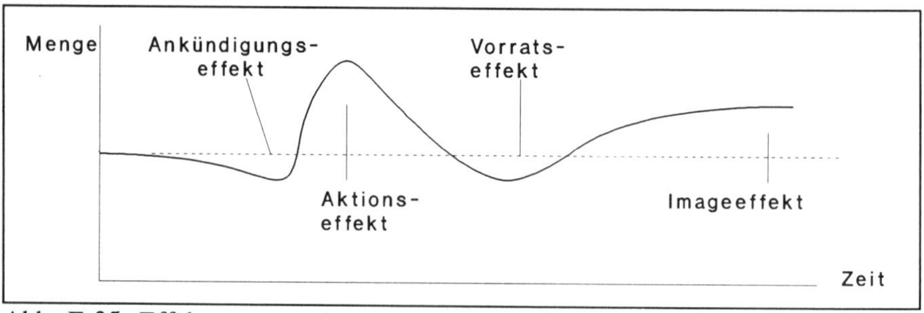

Abb. E.35: Effekte von Marketing-Aktionen

Herstellers informiert, da sie ihm gegenüber angekündigt wird. Endverbrauchern wird sie dagegen üblicherweise erst mit ihrer Durchführung bekannt.

Der **Ankündigungseffekt** beschreibt die Kaufzurückhaltung vor einer Aktion in der Erwartung besserer Konditionen. Ist bekannt, daß zu einem bestimmten Zeitpunkt eine Ware günstiger angeboten wird, wird versucht, bis dahin Restbestände zu verkaufen/verbrauchen, um dann zum günstigeren Preis die Bestände wieder aufzubauen. Dabei handelt es sich um den **Aktionseffekt**. In Abhängigkeit von der Höhe des Preisvorteils werden Vorräte aufgebaut, die nach Ende der Aktion die Nachfrage für einen bestimmten Zeitraum mitunter erheblich sinken lassen. Dabei handelt es sich um den **Vorratseffekt**. Je nach inhaltlicher Auslegung der Aktionen kann es weiterhin zu einem **Imageeffekt** kommen. Dabei handelt es sich um eine langfristige Anhebung des Nachfrageniveaus aufgrund einer Image- und Bekanntheitssteigerung.

Um eine korrekte Abgrenzung der Aktionswirkungen zu gewährleisten, müssten sinnvollerweise auch die Absatzmengen anderer Produkte des Sortiments kontrolliert werden. So kann es etwa vorkommen, daß durch die Aktion die Nachfrage von einem Produkt des Sortiments auf das Aktionsprodukt verlagert wird. Für dieses läßt sich dann ein Umsatzanstieg feststellen, der dann aber möglicherweise durch den Umsatzverlust beim anderen kompensiert wird. Es ist allerdings kaum möglich, eine Kausalität herzustellen. Schließlich kann die Wahl der Vergleichszeitpunkte für die Absatzerfolgsrechnung manipulativ genutzt werden. So ergibt sich eine andere Situation, wenn die Absatzmengen während des Ankündigungs- und Aktionseffekts verglichen werden, als wenn die Absatzmengen vor der Ankündigung und nach Ablauf des Vorratseffekts verglichen werden.

Um zu einer umfassenden Betrachtung der Aktion zu kommen, schlägt Böcker (1988, S. 114, mit Änderungen) folgendes Schema vor (Abb. E.36).

5.1.4 Prozeßkostenrechnung

Die Prozeßkostenrechnung ist ein Verfahren, das die Kontrolle bzw. auch das Management der Gemeinkosten ermöglichen soll. Die Entwicklung dieses Verfahrens ist besonders auf den starken Anstieg der Gemeinkostenanteile an den Ge-

Mehrumsatz durch Aktionseffekt	Minderumsatz durch Ankündigungseffekt
— variable Einzelkosten dieser Menge	— variable Einzelkosten dieser Menge
= Deckungsbeitrag des Aktionseffekts	**= Deckungsbeitragsverlust d. Ankündigungseff.**
Mehrumsatz durch Imageeffekt	Minderumsatz durch Vorratseffekt
— variable Einzelkosten dieser Menge	— variable Einzelkosten dieser Menge
= Deckungsbeitrag des Imageeffekts	**= Deckungsbeitragsverlust durch Vorratseffekt**

Deckungsbeitrag des Aktionseffekts
+ Deckungsbeitrag des Imageeffekts
— Deckungsbeitragsverlust durch Ankündigungseffekt
— Deckungsbeitragsverlust durch Vorratseffekt
— Kosten der Aktion

= Deckungsbeitrag der Aktion

Abb. E.36: Aktionserfolgsrechnung

samtkosten in den letzten Jahren und Jahrzehnten zurückzuführen. Es wird versucht, die Gemeinkosten möglichst verursachungsgerecht einzelnen Tätigkeiten zuzurechnen. Im Mittelpunkt der Betrachtung steht der Verwaltungsbereich eines Unternehmens, zu dem etwa auch die Marketing- und Vertriebsabteilungen gehören.

Die Zielsetzung der Prozeßkostenrechnung kann wie folgt umrissen werden (Horváth/Kieninger/Mayer/Schimank 1993, S. 612):

- Schaffung einer Transparenz des Gemeinkostenbereichs in bezug auf einzelne Tätigkeitsabläufe.
- Optimierung der Tätigkeiten in bezug auf Qualität, Zeit und Effizienz. Dazu ist über die reinen Kosten hinaus die Erfassung von Qualitätsmerkmalen und Bearbeitungszeiten erforderlich.
- Permanentes Gemeinkostenmanagement durch kontinuierliche Verfolgung der Kostenentwicklung. Die Prozeßkostenrechnung ermöglicht es, z.B. im Fall einer Änderung der Zahl der Tätigkeiten in einer bestimmten Periode, entsprechende Kapazitätsentscheidungen zu treffen.
- Verbesserung der Kalkulation durch eine prozeßorientierte Zurechnung von Gemeinkosten auf einzelne Absatzsegmente. Die Prozeßkostenrechnung ermöglicht es, einzelne Tätigkeiten den Segmenten zuzurechnen.
- Vorausschauende Kalkulation im Rahmen der Produktentwicklung. Es ist möglich, die Auswirkung von Produktentwicklungs- oder Differenzierungsmaßnahmen auf die Produktkosten zu ermitteln.

Zur Durchführung ist die Gliederung des zu untersuchenden Gemeinkostenbereichs in einzelne Prozesse bzw. Tätigkeiten erforderlich. Folgende Schritte können unterschieden werden (Horváth/Kieninger/Mayer/Schimank 1993, S. 613; Freidank 1992, S. 389ff.; Müller 1992, S. 104ff.):

1. **Tätigkeitsanalyse** - Unterteilung des Bereichs in homogene Prozesse: Welche ständig wiederkehrenden Vorgänge/Abläufe sind zu beobachten?

2. **Bestimmung der Bezugsgrößen** - Zunächst ist eine Aufteilung vorzunehmen in leistungsvolumenabhängige und -unabhängige Prozesse. Bei letzteren handelt es sich um Prozesse, die sich nicht anhand irgendwelcher Kriterien zählen lassen. Dazu gehören vor allem einmalige Vorgänge (innovative Prozesse) sowie Überwachungs- bzw. Leitungstätigkeiten. Für die leistungsvolumenabhängigen Prozesse (z.B. Bearbeitungstätigkeiten) sind die Größen zu bestimmen, anhand derer die Leistung gemessen werden kann. Bei der Bearbeitung von Aufträgen ist es etwa die Zahl der Aufträge, bei der Wareneingangsprüfung die Zahl der eingehenden Waren.
3. **Bildung von Prozeßkostensätzen** - Bei den leistungsvolumenabhängigen Prozessen erfolgt hier die Division der ermittelten Gemeinkosten durch die Zahl der Prozesse. Für leistungsvolumenunabhägige Kosten ist ein Zuschlagssatz zu berücksichtigen, durch den diese Kosten vollständig auf die einzelnen Prozesse verteilt werden können.

Das folgende Beispiel zeigt eine Prozeßkostenrechnung für die Kostenstelle Verkaufsabwicklung. Der Einfachheit halber wird auf die Berücksichtigung leistungsvolumenunabhängiger Tätigkeiten verzichtet.

Teilprozesse	**Kostentreiber**	**Prozeß-menge**	**Prozeß-kosten**	**Pr.-K.-Satz**
Bestellannahme	Anzahl Bestellungen	1000	10.000	10
Lagerabruf bei Lagerware	Anzahl Positionen	3000	21.000	7
Produktionsauftrag bei Einzelfertigung	Anzahl Positionen	200	10.000	50
Transport-organisation	Anzahl Lieferungen	1500	15.000	10
Rechnungsstellung	Anzahl Positionen	1500	4.500	3
Zahlungseingangs-kontrolle Vorkasse	Anzahl Rechnungen	500	2.000	4
Zahlungseingangs-kontrolle Rechnung	Anzahl Rechnungen	1000	15.000	15
			77.500	

In diesem Beispiel geht es darum, die in der Auftragsabwicklung entstehenden Kosten verursachungsgerechter auf die einzelnen Aufträge, die in unterschiedlichem Ausmaß Verwaltungsaufwand verursachen, zu verrechnen. Der erste Schritt bestand in einer Tätigkeitsanalyse, die die in der ersten Spalte dargestellten Arbeitsschritte ergab. Je nach Auftragsart (für Lagerware oder Einzelfertigung, gegen Vorkasse oder Rechnung) sind bestimmte Tätigkeiten für die Abwicklung erforderlich. Die Messung der Leistung in einem Tätigkeitsbereich erfolgt über die sog. Kostentreiber, z.B. die Anzahl der Rechnungen oder Lieferungen. Deren Bestimmung ist der Schritt 2. Schließlich werden im 3. Schritt die Prozeßkostensätze ermittelt, indem die Kosten für den Tätigkeitsbereich (z.B. Gehälter für den/die Sachbearbeiter/in) durch die Anzahl der Verrichtungen geteilt wird. Diese geben die Kosten für eine einzelne Tätigkeit (z.B. Kontrolle eines Zahlungseingangs) an.

Um die Kosten für den Verwaltungsvorgang zu kalkulieren, werden dann je nach Auftragsart die einzelnen Prozeßkostensätze addiert:

Beispiel 1: Kosten für eine Bestellung mit drei Positionen Lagerware bei Scheckzahlung:

$$10 + 21 + 10 + 9 + 4 = \text{DM } 54,\text{-}$$

Beispiel 2: Kosten für eine Bestellung mit zwei Positionen Lagerware, einem Einzelauftrag, Auslieferung mit zwei Fuhren und Zahlung nach zwei Rechnungen:

$$10 + 14 + 50 + 20 + 9 + 30 = \text{DM } 133,\text{-}$$

Ohne Prozeßkostenrechnung würde ein pauschaler Satz für die Verkaufsabwicklung verwendet, Beispiel 2 liegt aber 2,5 mal höher.

Folgendes Beispiel für eine Angebotskalkulation zeigt, welche Auswirkungen die Kalkulation mit Prozeßkostensätzen haben kann:

Angebotskalkulation für Komplettauftrag (wie Beispiel 2):

	Standardsatz	**Prozeßkostensatz**
Verkaufspreis	320	320
- Herstellkosten	200	200
- Verwaltungskosten	30	30
- Vertriebskosten	77,50	133
Gewinn/Verlust	**12,50**	**-43**

Der Standardsatz von DM 77,50 ergibt sich aus Gesamtkosten für die Abteilung von DM 77.500 bei 1000 bearbeiteten Aufträgen. In Anbetracht des hohen Abwicklungsaufwands wäre hier also ein höherer Vertriebskostenzuschlag erforderlich.

5.1.5 Zielkostenmanagement

Im Laufe der letzten Jahre ist, vor allem auch verbunden mit der Beschäftigung mit japanischen Unternehmensstrategien in einer Situation der wirtschaftlichen Abschwächung, das Zielkostenmanagement bzw. **Target Costing** in den Mittelpunkt der Betrachtungen gerückt. Ziel dieser Betrachtungsweise ist es, die Kosten der Leistungserstellung den Markt- und Wettbewerbsgegebenheiten anzupassen, um somit konkurrenzfähig zu bleiben. Damit soll vor allem dem Problem gerade der deutschen Unternehmen, im internationalen Vergleich zu hohe Kosten zu haben, entgegengewirkt werden. Der Grundgedanke, die Kosten zielorientiert zu steuern, kann dabei keineswegs als neu oder kreativ bezeichnet werden, da er von vielen Unternehmen bereits verfolgt wurde. Jedoch rückt er in Zeiten wirtschaftlichen Aufschwungs zunehmend aus dem Blickfeld. In methodischer Hinsicht zeigt sich bei diesem Thema besonders die enge Verbindung zwischen Planung und Kontrolle.

Hier werden nämlich Bezugspunkte der Kontrolle, Kosten, geplant.

Folgende Ansätze des Zielkostenmanagement haben sich herausgebildet (Seidenschwarz 1993, S. 115):

- Market into Company
- Out of Company
- Into and Out of Company
- Out of Competitor
- Out of Standard Costs.

Market into Company steht für eine marktorientierte Zielkostenbestimmung. Maßgebend ist der Preis, der vom Markt (den Konsumenten) unter der gegebenen Wettbewerbssituation akzeptiert wird. Dieser Preis führt nach Berücksichtigung der angestrebten Gewinnspanne zu den maximal zulässigen Kosten. Neben der Frage, welche Gewinnspanne zugrundezulegen ist, besteht das Problem der Ermittlung des vom Markt akzeptierten Preises. Dazu sind zunächst die Preise der Wettbewerber, die Preisbereitschaft der Konsumenten und schließlich zu erwartende Änderungen der Situation zu ermitteln bzw. zu prognostizieren. Zur Ermittlung des diesbezüglichen Käuferverhaltens wird in letzter Zeit regelmäßig das Conjoint Measurement vorgeschlagen.

Gerade in der Dynamik der Preisentwicklung auf dem Markt ist eine besondere Herausforderung zu sehen. So kann ein im Rahmen des Market into Company-Ansatzes gefundener Preis schnell veraltet bzw. inadäquat sein, wenn billigere Substitutionsprodukte auf den Markt kommen und die Preisbereitschaft der Konsumenten sinkt. Weiterhin ist es wahrscheinlich, daß Wettbewerber eine dynamische Preisstrategie verfolgen und im Laufe der Zeit ihre Preise entweder erhöhen oder senken werden. Auch in einer solchen Situation wird ein einmal ermittelter Zielkostenbetrag schnell hinfällig. Es ist daher unbedingt erforderlich, ein produktlebenszyklusorientiertes Konzept zu verfolgen und Preisänderungen planmäßig vorzusehen.

Beim **Out of Company-Ansatz** wird von der Kostensituation des Unternehmens ausgegangen und geprüft, ob die Kosten marktadäquat sind. Dabei sind vorhandene Technologien und Kenntnisse zu berücksichtigen. Aus diesen unternehmensspezifischen Potentialen lassen sich dann Kostenziele ermitteln und mit den auf dem Markt vorfindbaren Preisen für solche Leistungen vergleichen. Die Zielkosten werden damit im ersten Schritt auf der Grundlage eigener Aktivität bestimmt.

Into and out of Company stellt eine Kombination aus den beiden dargestellten Verfahren dar. Dabei wird zunächst von den marktadäquaten Kosten ausgegangen (Market into Company) und dann überprüft, inwieweit das Unternehmen in der Lage ist, diese Forderungen zu erfüllen (Out of Company).

Der **Out of Competitor-Ansatz** entspricht einem Ausschnitt des Market into Company-Ansatzes. Hier werden nicht die Anforderungen der Konsumenten berücksichtigt, sondern nur die Kosten der Konkurrenz. Ziel ist es, ausschließlich wettbewerbsorientiert vorzugehen und mindestens zu dem oder den Wettbewerbern aufzuschließen.

Out of Standard Costs beschreibt schließlich das relativ einfache Verfahren der Kostensenkung durch Vorgabe von Kostensenkungszielen bezogen auf die jeweils gültigen Standardkosten. Eine Marktorientierung ist hierbei nicht mehr zu finden.

Ein vollständiges Zielkostenmanagement-Konzept ist somit nur im Market into Company-Ansatz zu finden. Er stellt nicht nur die Wettbewerbsadäquanz, sondern auch die Übereinstimmung mit den Vorstellungen der Konsumenten sicher.

Das Zielkosten-Management wird bei der Siemens AG (Bereich Medizintechnik) begleitet durch ein Projektteam, das aus Mitarbeitern der Bereiche Fertigung, Marketing/Vertrieb, Entwicklung/Konstruktion und Kalkulation besteht. Die funktionsbereichsübergreifende Zusammensetzung soll gewährleisten, daß sowohl kaufmännische als auch technische Ziele berücksichtigt werden.

Der Zielkostenmanagement-Prozeß vollzieht sich in folgenden Schritten:

1. Bildung des Projektteams und Festlegung des Produktplanungsprozesses
2. Zielkostenfestlegung für das Gesamtprodukt
3. Festlegung der Produktmerkmale und der Technologien zu ihrer Realisierung
4. Spaltung der Zielkosten auf die einzelnen Produktkomponenten
5. Realisation der Entwicklung und Produkteinführung (Rummel 1992, S. 228ff.)

Komplexe Produkte, die aus einer Vielzahl einzelner Komponenten bestehen und absolut hohe Kosten verursachen, werden (s. Schritte 3 und 4) in ihre Teile zerlegt, um eine exaktere Kostenplanung zu ermöglichen und zu gewährleisten, daß Konstruktions- und Materialalternativen berücksichtigt werden.

5.2 Investitionsbeurteilung

5.2.1 Break-Even-Analyse

Aufgabe des Marketing-Controlling ist es nicht nur, erreichte Ergebnisse zu kontrollieren, sondern auch im Vorfeld von Entscheidungen Hilfestellung zu geben. Für Investitionsentscheidungen, z.B. im Rahmen von Neuproduktplanungen, wird regelmäßig eine Break-Even-Analyse durchgeführt. Diese berechnet die Gewinnschwelle, die dann erreicht ist, wenn Kosten und Erlöse gleich hoch sind.

Dieser sog. Break-Even-Point (BEP) wird errechnet durch Division der Fixkosten durch den Deckungsbeitrag pro Stück und gibt die **kritische Menge** an:

$$\text{BEP} = \frac{\text{Fixkosten}}{(\text{Preis} - \text{var. Kosten})} = \frac{\text{Fixkosten}}{\text{DB I}}$$

Bei dieser Menge werden sämtliche bis dahin angefallenen Kosten (fixe und variable) durch die Erlöse abgedeckt, so daß bei der nächsten verkauften Einheit ein Gewinn erzielt wird.

Die Break-Even-Formel ergibt sich aus der Bedingung, daß bei der ermittelten Menge der Gewinn = 0 ist:

Gewinn = (Preis x Menge) — (var. Kosten x Menge) — Fixkosten = 0.
oder: (Preis — var. Kosten) x Menge = Fixkosten
oder: Menge = Fixkosten/(Preis — var. Kosten)

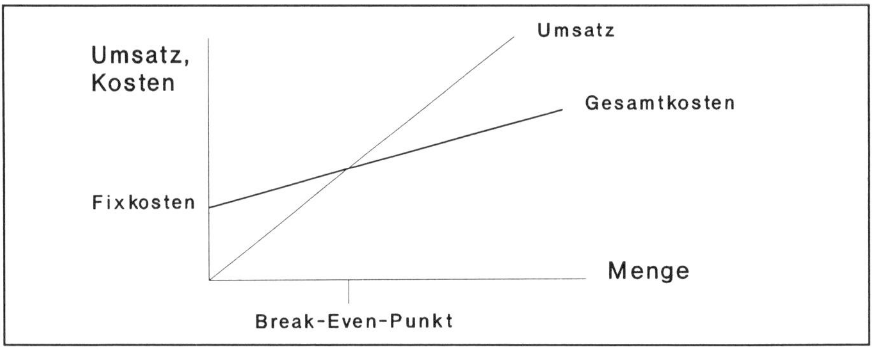

Abb. E.37: Break-Even-Analyse

Beispiel:
Ein Unternehmen habe Fixkosten in Höhe von DM 100.000. Die variablen Kosten betragen DM 20 und der Verkaufspreis DM 30. Bei welcher Menge ist die Gewinnschwelle erreicht?

BEP = 100.000/(30—20) = 10.000

Ab dem 10001. Stück macht das Unternehmen Gewinn.

Angenommen, das Unternehmen setzt zur Absatzförderung einen Verkaufsmitarbeiter ein, der ein Fixum von DM 20.000 erhält. Wann wird dann die Gewinnschwelle erreicht?

BEP = (100.000+20.000)/(30—20) = 12.000

In diesem Fall führt erst das 12001. Stück zu einem Gewinn.

Angenommen, das Unternehmen zahlt dem Verkaufsmitarbeiter kein Fixum, sondern eine Provision in Höhe von DM 2 pro Stück. Wann wird hier die Gewinnschwelle erreicht?

BEP = 100.000/(30—20—2) = 12.500

In diesem Fall wird erst mit dem 12501. Stück ein Gewinn erzielt.

Interessant ist nun auch die Frage, ab welcher Menge sich das Fixum als Entlohnungform im Vergleich zur Provision lohnt. Bei geringen Mengen ist die variable Entlohnung günstiger, bei großen das Fixum. Zur Bestimmung der kritischen Menge werden beide Formeln gleichgesetzt:

20.000 = 2 x BEP oder: 10.000 = BEP

Bei Absatzmengen über 10.000 Stück ist somit dem Fixum der Vorzug zu geben.

Die Break-Even-Analyse ist allerdings ein stark vereinfachendes Verfahren. Sie basiert auf **Schätzungen über den Absatzverlauf** und unterstellt einen **unbegrenzten Markt**. Besonders schwerwiegend ist jedoch das methodische Problem der **Ein-Perioden-Betrachtung**. So ist es möglich, oder gar wahrscheinlich, daß die Gewinnschwelle erst nach mehreren Perioden erreicht wird. Dann können aber längst weitere Fixkosten entstanden sein (z.B. jährlich zu zahlende Mieten), die in der Rechnung nicht berücksichtigt wurden.

5.2.2 Pay-Off-Analyse

Die Pay-Off-Analyse berücksichtigt im Gegensatz zur Break-Even-Analyse das Problem der periodenweise anfallenden Fixkosten. Bei ihr wird Jahr für Jahr errechnet, ob die Gewinnschwelle erreicht wurde.

Beispiel:
Ein Unternehmen überlegt, ob es sich lohnt, ein neues Produkt auf den Markt zu bringen.

Fixkosten einmalig:		DM	50000
Fixkosten pro Jahr:	Herstellung	DM	20000
	Miete	DM	100000
	Vertrieb	DM	55000
variable Kosten:		DM	3,50
Verkaufspreis:		DM	5,00
Absatzmengen:	1. Jahr	St.	50000
	2. Jahr	St.	150000
	3. Jahr	St.	210000

In welchem Jahr wird der BEP erreicht? In diesem Jahr müssen die kumulierten Fixkosten gleich den kumulierten Deckungsbeiträgen sein.

1. Jahr: 225.000 > 75.000
2. Jahr: 400.000 > 300.000
3. Jahr: 575.000 < 615.000

Das dritte Jahr ist damit die Pay-Off-Periode, weil dann erstmals die kumulierten Deckungsbeiträge die kumulierten Fixkosten übersteigen.

5.2.3 Kapitalwertmethode

Die Kapitalwertmethode gehört zu den finanzmathematischen Investitionsrechnungsverfahren, die Ein- und Auszahlungen über die gesamte Lebensdauer eines Investitionsobjekts berücksichtigt. Für jede Periode des Betrachtungszeitraums wird die

Differenz aus Einzahlungen (Umsätze oder Deckungsbeiträge) und Auszahlungen (neben den reinen Anschaffungskosten z.B. Unterhalts- oder Wartungskosten, auch Raten bei Ratenzahlung) berechnet und mit einem kalkulatorischen Zinssatz abgezinst. Damit werden sämtliche Zahlungsüberschüsse (bzw. -defizite) auf den Zeitpunkt 0 bezogen, so daß der Vergleich verschiedener Investitionsprojekte möglich ist.

Die Kapitalwert-Formel lautet:

$$K = \sum_{t=0}^{n} (E_t - A_t)\ (1+i)^{-t}$$

K ist der Kapitalwert, also der Wert der Zahlungsüberschüsse (-defizite) zum Zeitpunkt 0. E_t sind die Einzahlungen am Ende der Periode t, A_t die Auszahlungen am Ende der Periode t. i ist der Kalkulationszinssatz, der z.B. in Abhängigkeit von alternativen Anlage- oder Finanzierungsmöglichkeiten festgelegt wird. t kennzeichnet die jeweilige Periode, n den Betrachtungszeitraum in Perioden.

Angenommen, der Kalkulationszinssatz wird auf 10% festgelegt und es werden folgende Zahlungsdifferenzen (E-A) erwartet:

Zeitpunkt	**Zahlungsdifferenz**	**Abzinsungsfaktor**
0	-200.000	1,000
1	- 50.000	0,909
2	0	0,826
3	+ 50.000	0,751
4	+ 50.000	0,683
5	+100.000	0,621
6	+100.000	0,564
7	+100.000	0,513

K = -200000 + (-50000 x 0,909) + 0 + (50000 x 0,751) + (50000 x 0,683) + (100000 x 0,621) + (100000 x 0,564) + (100000 x 0,513) = - 3950

Der negative Kapitalwert zeigt, daß sich die Investition bei diesen Annahmen innerhalb von sieben Jahren nicht amortisieren wird.

Der Vorteil der Kapitalwertmethode gegenüber den anderen hier dargestellten Verfahren liegt in der Berücksichtigung von Zinsen. 100.000 DM sind in sieben Jahren weniger Wert als heute. Außerdem könnte das einzusetzende Kapital in diesem Zeitraum auch verzinslich angelegt werden. Um in sieben Jahren 100.000 DM zu erhalten (Anlage zu 10%, mit Zins und Zinseszins), müßten jetzt etwa 51.000 DM gezahlt werden. Darüber hinaus können, wie schon bei der Pay-Off-Analyse, Ein- und Auszahlungen in von Periode zu Periode unterschiedlicher Höhe berücksichtigt werden.

5.3 Punktbewertungsverfahren

Zahlreiche Entscheidungen lassen sich nicht auf der Basis exakter, mathematischer Werte fällen. Eine Bewertung kann dann nur in Form einer "besser/schlechter als - Entscheidung" durchgeführt werden. In einem solchen Fall werden in der Regel Punkte für eine Alternative vergeben. So kann z.B. eine hervorragend zu bewertende Alternative 10 Punkte, eine sehr ungünstig abschneidende 0 Punkte erhalten. Zusätzlich können die einzelnen Bewertungskriterien gewichtet werden. Die vergebenen Punktwerte werden dann mit einem relativen Gewicht (i.d.R. mit der Gesamtsumme = 1) multipliziert und über alle Kriterien addiert. Bei einer Bewertung von Neuproduktalternativen könnte folgende Bewertungsmatrix entstanden sein:

Kriterium	**rel. Gewicht**	**Bewertung**	**Punktwert**
Finanzen	0,1	5	0,5
Produktion	0,3	4	1,2
Entwicklung	0,2	8	1,6
Marketing	0,3	6	1,8
Personal	0,1	7	0,7
Summe	**1,0**		**5,8**

In diesem Beispiel wurde den Kriterien Produktion (z.B. Möglichkeit des Einsatzes vorhandener Technologie) und Marketing (z.B. Schätzung der Umsatzentwicklung) relativ hohes Gewicht eingeräumt. Der Entwicklungsaspekt (z.B. Möglichkeit des Schutzes durch Patente) ist durchschnittlich wichtig, weniger bedeutsam sind Finanzen (z.B. Investitionsbedarf) und Personal (z.B. erforderliche Ausbildungsmaßnahmen). Das bewertete Produkt erhält den Punktwert 5,8 und wird auf dieser Basis mit den anderen entwickelten Neuproduktideen verglichen. Die Produktidee, die die höchste Punktzahl erhält, wird realisiert.

5.4 Kontrolle von Verfahren durch Audits

Ziel des Marketing-Audits ist es, die Rahmenbedingungen der Planungs- und Managementtätigkeit im Marketing zu beurteilen. Es geht nicht darum, *welche* Ergebnisse erzielt wurden, sondern *wie* dies erreicht wurde.

Da in diesem Rahmen Handlungen überwacht werden, spielt die Frage, wer dies tun soll, eine besondere Rolle. Das Auditing wird daher entweder von Stellen im Unternehmen wahrgenommen, die eine gewisse Distanz zur Marketingabteilung besitzen, oder von externen Unternehmensberatern. Der Einsatz von Beratern hat den Vorteil, daß sie über eine kritische Distanz zur Abteilung verfügen und nicht disziplinarisch integriert sind. Vorteilhaft ist die Beratungstätigkeit vor allem dann, wenn der oder die Berater über einschlägige Erfahrungen in anderen Unternehmen verfügen und entsprechende Vergleiche ziehen können.

Nach dem Bezugsobjekt der Audit-Tätigkeit werden verschiedene Arten des Marketing-Audits unterschieden (Köhler 1992):

- Marketing-Mix-Audit
- Strategien-Audit
- Verfahrens-Audit
- Organisations-Audit.

5.4.1 Marketing-Mix-Audit

Das Marketing-Mix-Audit prüft die inhaltliche Planung des taktischen Mitteleinsatzes, z.B.

- die Übereinstimmung der Aktivitäten mit der strategischen Leitlinie
- die wechselseitige Abstimmung aller Instrumente
- die Beurteilung der Effizienz des Mitteleinsatzes
- die Budgetkontrolle
- die Dimensionierung und Einsatzplanung des Außendienstes.

Beispiele für Fragen, die im Rahmen eines Marketing-Mix-Audit zu stellen sind (Kiener 1980, zit.n. Geml 1992, S. 236ff.):

- Wurden im Rahmen der Sortimentsplanung relevante Umsatz- und Deckungsbeitragsprofile für die einzelnen Produkte erstellt und ausgewertet?
- Sind die produkt- und sortimentspolitischen Zielsetzungen für den Planungszeitraum angesichts der vorhandenen Prognosen zur Marktpotentialentwicklung realistisch?
- Wurden sämtliche Alternativen preispolitischer Maßnahmen innerhalb des Planungszeitraums berücksichtigt?
- Wurden Preisuntergrenzen für die einzelnen Produkte berechnet?
- Wurden die Vertriebssysteme der Wettbewerber ausreichend analysiert?
- Leisten die geplanten vertriebspolitischen Maßnahmen einen ausreichenden Beitrag zur Markterschließung und zur Sicherung eines festen Kundenstamms?
- Liegt der Kommunikationsplanung eine ausreichende Analyse der Wirkungen bisheriger Werbe- und Verkaufsförderungsmaßnahmen aufgrund interner und externer Daten zugrunde?
- Sind die gewählten Kriterien zur Bestimmung der Höhe des Kommunikationsetats angesichts der vorliegenden Analysedaten sinnvoll?

5.4.2 Strategien-Audit

Beim Strategien-Audit wird eine Beurteilung der inhaltlichen Grundlagen und Leitlinien der Markting-Konzeption vorgenommen. Dazu gehören die Analyse der

- markt- und unternehmensbezogenen Annahmen
- strategischen Marketing-Ziele
- Konsistenz von Annahmen, Zielen und Maßnahmen.

Beispiele für Fragen, die im Rahmen eines Strategien-Audit zu stellen sind (Kiener 1980, zit.n. Geml 1992, S. 234ff.):

- Sind die geplanten strategischen Marketing-Ziele kontrollfähig formuliert?

- Sind die geplanten strategischen Marketing-Ziele in sich widerspruchsfrei oder ergeben sich Zielkonkurrenzen?
- Sind die geplanten strategischen Marketing-Ziele vollständig oder existieren Strategielücken bezüglich Marktentwicklung, Diversifikation u.ä.?
- Entsprechen die geplanten Marketing-Strategien den langfristig zur Verfügung stehenden Ressourcen?
- Sind die geplanten Marketing-Strategien mit den geplanten F&E-, Beschaffungs-, Produktions-, Personal- und Finanzstrategien abgestimmt?
- Stimmt das "strategische Timing", d.h. der geplante zeitliche Einsatz und die geplante Wirkungsdauer der Marketing-Strategie?

5.4.3 Verfahrens-Audit

Hierbei handelt es sich um eine formale Beurteilung der Verfahrenskonzeption und der verwendeten Techniken. Dazu gehören:

- Prüfung der Zweckmäßigkeit der eingesetzten Methoden und Modelle
- Kontrolle der Informationsbereitstellung aus der Marktforschung und dem Rechnungswesen
- Revision der vorhandenen Informationssysteme
- Analyse von Planungs- und Kontrollrichtlinien.

Beispiele für Fragen, die im Rahmen eines Verfahrens-Audit zu stellen sind (Kiener 1980, zit.n. Geml 1992, S. 234ff.):

- Wurde eine ausführliche und systematische Analyse produkt-/marktbezogener Stärken und Schwächen durchgeführt?
- Wurden sämtliche relevanten Beurteilungskriterien für eine Stärken/ Schwächen-Analyse herangezogen?
- Wurden für schwache Produkt-Markt-Kombinationen entsprechende detaillierte Analysen bezüglich einer Programmbereinigung durchgeführt?
- Wurden die Eigenschaften und Marktverhältnisse auf potentiellen Zielmärkten für Neuprodukte ausreichend analysiert?
- Wurden Neuproduktvorschläge ausreichend systematisch beurteilt?
- Wurden in die Stärken/Schwächen-Analyse alle relevanten Organisationseinheiten des Marketing-Bereichs einbezogen?
- Wurden sinnvolle Rückzugsstrategien analysiert?
- Wurden sämtliche in die strategische Marketing-Planung eingehenden Prämissen explizit formuliert?
- Sind die zugrundeliegenden Prämissen bezüglich des langfristigen Konkurrenzverhaltens realistisch?
- Ergeben sich hinsichtlich einzelner Prämissen grundsätzliche Widersprüche?
- Wurden grundsätzlich alternative Prämissenansätze berücksichtigt?
- Tragen Formalisierung und Standardisierung von Marketing-Planung und -Kontrolle zur Vereinfachung von Abläufen sowie zu einer Verringerung des Planungs- und Kontrollaufwands bei?

5.4.4 Organisations-Audit

Das Organisations-Audit schließlich befaßt sich mit der Frage, ob die Marketing-Organisation den Anforderungen an eine marktorientierte Unternehmensführung gerecht wird. Dazu gehören die Aspekte

- der Übereinstimmung der Organisationsstruktur mit dem betrieblichen Leistungsspektrum
- der Wahl der Organisationsform (z.B. produkt- oder kundenorientiert)
- und der Beurteilung der bestehenden Koordinationsregelungen.

Beispiele für Fragen, die im Rahmen eines Organisations-Audit zu stellen sind (Kiener 1980, zit.n. Geml 1992, S. 232ff.):

- Bestehen ausreichende planungs- und kontrollbezogene Stellenbeschreibungen, Organisationsanweisungen usw.?
- Ist durch die bestehende Aufbauorganisation eine ausreichende Koordination zwischen den verschiedenen Planungsinstanzen selbst sichergestellt?
- Ist durch die vorhandene Verteilung von Kontrollfunktionen im Marketing-Bereich eine ausreichend schnelle und flexible Wahrnehmung von Anpassungsmaßnahmen gewährleistet?
- Lassen vorhandene Schwachstellen in der Aufbauorganisation grundsätzlich auf die Notwendigkeit der Schaffung neuer organisatorischer Strukturen schließen (z.B. Einführung einer produkt- oder kundenorientierten Organisationsform)?
- Wird durch die vorhandene Ablauforganisation der Marketing-Planung eine Koordination der Teilpläne ausreichend unterstützt?
- Ist bei der vorhandenen Ablauforganisation des Marketing-Planungsprozesses eine ausreichende Überprüfung von Planungsprämissen, Planungskonsistenz usw. vor der endgültigen Planverabschiedung sichergestellt?
- Ist die Marketing-Planung ablauforganisatorisch ausreichend in den Gesamtplanungsprozeß der Unternehmung integriert?
- Für welche Teilplanungsaktivitäten ergeben sich regelmäßig terminliche Engpässe?

5.5 Kontrolle durch Kennzahlen

Kennzahlen ermöglichen eine Überprüfung kritischer Größen des Unternehmens oder eines Bereichs. Ihre Aufgabe besteht darin, Informationen auf eine Größe (absolute Angabe oder Verhältnis zweier Größen) zu verdichten. Auf diese Weise ist es möglich, auch qualitative Informationen zu gewinnen. So läßt sich etwa aus der Zahl der Reklamationen und der Zahl der Verkäufe insgesamt eine Qualitätskennziffer errechnen (Reklamationsquote). Kennzahlen ermöglichen bzw. erleichtern u.a.:

- dic Vcrdichtung von Informationen
- den Vergleich der Effektivität/Effizienz usw. von verschiedenen Produkten, Abteilungen, Unternehmen (Konkurrenzvergleich)
- die Verfolgung von Entwicklungen im Zeitablauf
- die Operationalisierung von Zielen
- die Kontrolle der Zielerreichung.

Es ist jedoch auch grundsätzlich zu berücksichtigen, daß Informationen bei einer Kontrolle durch Kennzahlen verloren gehen, z.B. solche über die ursächlichen Zusammenhänge. Eine Kennzahl, die etwas über die Kosten der Auftragseinholung im Außendienst aussagt, gibt keine Informationen über die Gründe dafür. Daher sollten Kennzahlen als Ausgangspunkt für weitergehende Analysen angesehen werden.

5.5.1 Qualitative Kontrolle durch Kennzahlen

Zahlreiche Marketing-Aktivitäten sind einer rein ökonomischen Kontrolle nicht zugänglich. Besonders im Bereich der Kontrolle des Außendienstes sind neben dem eigentlichen Verkaufsergebnis weitere Kriterien zu berücksichtigen, die z.B. Auskunft über die Beratungsqualität, Pflege des Kundenkontakts, Akquisitionsstärke u.ä. geben. Diese Faktoren werden meist erst in späteren Perioden ergebniswirksam, so daß für die frühzeitige Kontrolle und Steuerung andere, qualitative Kenngrößen heranzuziehen sind. Da diese Größen jeweils in Abhängigkeit von der konkreten Problemstellung festgelegt werden können, sollen hier nur einige Beispiele vorgestellt werden. Für den Außendienstbereich sind z.B. folgende Kennzahlen von besonderer Bedeutung:

Neukundenanteil: *Anteil des Umsatzes bei Neukunden / Gesamtumsatz des ADM*
Diese Größe gibt Auskunft über die Akquisitionsstärke des Außendienstmitarbeiters (ADM). Wird ein vergleichsweise geringer Neukundenanteil erreicht, besteht die Gefahr, daß bei Wegfall von Altkunden insgesamt Umsatzrückgänge eintreten, die nicht durch neue Kunden ausgeglichen werden können.

Stornoquote: *Anteil der stornierten bzw. widerrufenen Verträge / Gesamtzahl der Verträge des ADM*
Diese Quote läßt auf möglicherweise unseriöse Verkaufspraktiken schließen, wenn sie überdurchschnittlich hoch ist. Sie findet besonders im Bereich von Versicherungen Anwendung. ADM, die Verträge abschließen, die für den Vertragspartner ungünstig sind, oder Produkte verkaufen, die dieser eigentlich gar nicht haben wollte, können über die Bildung dieser Quote identifiziert werden. Es finden jedoch nur die tatsächlich stornierten Verträge Berücksichtigung.

Kleinkundenanteil: *Anteil der Aufträge mit einem bestimmten Höchstauftragswert/ Zahl der Aufträge insgesamt*
Kleine Aufträge verursachen, bezogen auf den Umsatz, höhere Kosten. Im Sinne einer Rationalisierung des Vertriebs ist es daher sinnvoll, auf möglichst großvolumige Aufträge zu achten und ggfs. Angebote zu erarbeiten, die auf die Bündelung mehrerer kleiner Aufträge zu wenigen großen hinwirken.

Angebotserfolgsquote: *tatsächliche Aufträge / Gesamtzahl der Angebote*
Angaben über den Erfolg der erstellten Angebote geben Aufschluß über die Wettbewerbsfähigkeit des Unternehmens. Führen Angebote regelmäßig nicht zur Auftragserteilung, deutet dies auf überhöhte Preise, ungünstige Geschäftsbedingungen

oder Lieferfristen o.ä. hin. Führen im Gegensatz sämtliche Anfragen zur Auftragserteilung, könnte sich dadurch ein zu niedriger Preis andeuten. Insbesondere bei Vorliegen von Lieferengpässen können als Konsequenz dann die Preise erhöht werden.

Qualitativ orientierte Kennzahlen werden aber auch in anderen Bereichen des Marketing eingesetzt. Beispiele für die einzelnen Mix-Bereiche sind:

Produktpolitik:
Innovationsgrad des Sortiments: *Umsatzanteil von Produkten mit einem festgelegten Höchstalter / Gesamtumsatz bzw. -deckungsbeitrag*

Distributionspolitik:
Distributionsquote: *Anzahl der Geschäfte, die ein Produkt führen / Anzahl der Geschäfte, die dieses Produkt führen könnten*
Exportquote: *Absatz in ausländischen Märkten / Gesamtabsatz*

Preispolitik:
Rabattquote: *Zahl der mit Rabatt verkauften Produkte / Zahl der verkauften Produkte insgesamt*

Kommunikationspolitik:
Bekanntheitsgrad (ungestützt): *Anzahl der Personen, die bei einer Stichprobenumfrage spontan den Namen eines Produkts/Unternehmens nennen / Gesamtzahl der befragten Personen*

5.5.2 Quantitative Kontrolle durch Kennzahlen

Die quantitative Kontrolle setzt Deckungsbeitrags-, Gewinn-, Kosten- oder Umsatzzahlen zueinander in Beziehung. Auch hier sollen wieder nur einige Beispiele gegeben werden:

Kostenstruktur:
fixe Kosten / Gesamtumsatz
variable Kosten eines Produkts / Stückerlös
Deckungsbeitragssatz:
Produktdeckungsbeitrag / Stückerlös
Auftragsdeckungsbeitragssatz:
Auftragsdeckungsbeitrag / Auftragserlös
Mitarbeiterproduktivität:
Umsatz eines Unternehmensbereichs / Zahl der dortigen Mitarbeiter
VKF-Intensität:
Verkaufsförderungsaufwand / Produktumsatz
Vertriebskostenanteil:
Vertriebskosten / Selbstkosten (je Produkt oder Produktlinie)
Umsatzrentabilität:
Gewinn / Umsatz

Eigenkapitalrendite:
Netto-Umsatz + Eigenkapitalzinsen / Eigenkapital

Im Handel sind z.B. folgende Kennzahlen von Bedeutung:

Verkaufsflächeneffizienz:
Deckungsbeitrag pro Periode / Verkaufsfläche
Lagerkapitalrentabilität:
Deckungsbeitrag pro Periode / durchschnittlicher Kapitaleinsatz im Lager
Personaleffizienz:
Deckungsbeitrag pro Periode / Zahl der Beschäftigten

5.6 Systematik der Kontrollaktivitäten

Versucht man nun, die einzelnen Kontrolltechniken entsprechend ihres Anwendungsbereichs in einer Hierarchie darzustellen, ergibt sich etwa folgendes Bild:

Gegenstand	Typ der Kontrolle	Kontrollverfahren
Unternehmensgewinn	Ergebniskontrolle	Vollkostenrechnung
Unternehmensleitbild	strategische Kontrolle	Imageanalysen
Planungssystem	Auditing	Organisationsaudit, Verfahrensaudit
Zielsystem	Auditing	Strategienaudit, Verfahrensaudit
Marketingstrategie	Auditing	Strategienaudit
	nichtökonomische Kontrolle	Marktpositionsanalyse, Portfolios, Bekanntheitsgrad, Risikoanalysen
Marketingmaßnahmen	Auditing	Marketing-Mix-Audit
	Ergebniskontrolle	Absatzsegmentrechnung, Betriebsvergleiche, Sortimentsbewertung, Werbeerfolgskontrolle, Distributionsanalyse, Aktionserfolgsanalyse
	Kostenkontrolle	Budgetanalyse, AD-Kosten-Kontrolle, Kostenstrukturanalyse, Prozeßkostenrechnung
	nichtökonomische Kontrolle	Bekanntheitsanalyse, Distributionsanalyse, Marktanteilsanalyse

Abb. E.38: Systematik der Kontrollaktivitäten

6. Zielplanung

Mit Ausnahme der Ein-Personen-Unternehmen ist es in jedem Betrieb erforderlich, den Tätigkeiten der einzelnen Mitarbeiter eine Orientierung zu geben, sie zu koordinieren. Dies geschieht u.a. über die Formulierung von Zielen. Die möglichen Ziele, die ein Unternehmen verfolgen kann, sind in der Vergangenheit zunehmend vielfältiger geworden. Dabei spielten sowohl öffentliche Diskussionen über Unternehmen als auch ökonomische und ökologische Entwicklungen eine Rolle. Während früher häufig nur das Gewinnziel existierte, spielen heute auch Umweltaspekte oder soziale Verantwortung eine Rolle.

6.1 Probleme der Zielbildung

Die Zielbildung unterliegt unterschiedlichen Interessen. Je mehr Personen und Abteilungen an diesem Prozeß beteiligt sind, desto schwieriger ist die Koordination. Einflüsse können aber auch von außen kommen, etwa von Kapitalgebern, Aufsichtsräten oder Kooperationspartnern. Weitere Probleme entstehen, wenn zusätzlich private Interessen eine Rolle spielen.

Zwischen Zielen bestehen sowohl horizontale als auch vertikale Beziehungen (vgl. Bidlingmaier/Schneider 1976, Sp. 4733ff.). **Horizontale Beziehungen** bestehen zwischen Zielen auf der gleichen Hierarchieebene. Sie sind gleichermaßen bedeutsam, haben jedoch einen unterschiedlichen Gehalt. Die horizontalen Beziehungen können folgende Formen annehmen:

Neutralität:
In diesem Fall liegen keine Konkurrenzbeziehungen vor. Das eine Ziel kann verwirklicht werden, ohne daß es eine Auswirkung auf das andere Ziel hat.
Beispiel: Umsatzsteigerung eines Produkts um 5% und
Steigerung des Bekanntheitsgrads eines Produkts aus einem anderen Sortiment um 10%

Antinomie:
Hier liegt eine Inkompatibilität in dem Sinne vor, daß das eine Ziel die Erfüllung des anderen ausschließt.
Beispiel: Sortimentsbereinigung im Bereich X und
Ausweitung des Absatzes im Bereich X

Konkurrenz:
Die Erfüllung des einen Ziels schränkt die Erfüllung des anderen ein, ohne sie jedoch ganz auszuschließen. Beide Ziele können zusammen nur auf geringerem Niveau erreicht werden.
Beispiel: Steigerung des Bekanntheitsgrads eines Produkts und
Steigerung des Marktanteils eines konkurrierenden Produkts des gleichen Sortiments

Komplementarität:
Die Erfüllung des einen Ziels führt gleichzeitig zur Erfüllung des anderen Ziels.
Beispiel: Steigerung des Umsatzes für Produkt Y um 5% und
Steigerung des Absatzes der Zubehörprodukte für Y um 5%

Vertikale Beziehungen bestehen zwischen Zielen und aus ihnen abgeleiteten Unterzielen. Dabei handelt es sich in der Regel um Konkretisierungen von Oberzielen. Sie stellen damit auch die Mittel zur Erfüllung der Oberziele dar und sind selbst Oberziel für aus ihnen abgeleitete Unterziele.

Beispiel:	Oberziel:	Verbesserung der Marktposition des Unternehmens
	Unterziele:	Steigerung der Bekanntheit des Unternehmens
		Steigerung des Marktanteils einzelner Produkte
		Erzielung best. Imagewerte

Vollständig definierte Ziele enthalten stets drei Angaben:
Inhalt: Hier geht es darum, auf welches Kriterium, welche Größe das Ziel bezogen ist. In der Regel werden **ökonomische** und **nicht-ökonomische Ziele** unterschieden. Erstere beziehen sich auf Umsatz und Gewinn bzw. daraus abgeleitete Größen, letztere auf nicht mit ökonomischen Maßstäben meßbare Ziele wie Image, Prestige, Macht, Bekanntheit usw.

Ausmaß: Ziele können entweder die Erreichung eines vorgegebenen Ausmaßes eines Kriteriums (Anspruchsniveauforderung, "mindestens...") oder die Erreichung eines möglichst starken Ausmaßes (Extremforderung, "so viel, stark usw. wie möglich") vorschreiben. Beide Arten haben Vor- und Nachteile. Extremziele legen kein Minimum fest, so daß das Ziel letztlich auch dann erreicht ist, wenn nur ein geringer Erfolg erbracht wurde. Sie können daher nur die Richtung des Handelns angeben. Anspruchsniveauziele stellen einen Anreiz dar, ein vorgegebenes Niveau zu erreichen, darüber hinaus gibt es jedoch keinen Anreiz.

Zeitbezug: Es muß festgelegt werden, bis wann oder für welchen Zeitraum das Ziel erreicht werden soll. Geschieht dies nicht, besteht keine Möglichkeit der Kontrolle der Zielerreichung, weil jederzeit eingewendet werden kann, es wäre ja noch Zeit.

Weiterhin sind in bezug auf die Durchführbarkeit einige Grundanforderungen an Ziele allgemein zu stellen. So müssen sie (Grün 1976, Sp. 4724f.)

- klar (verständlich und eindeutig formuliert)
- vollständig (Inhalt, Ausmaß, Zeitbezug, s.o.)
- operational (meßbar)
- realisierbar (nicht-utopisch, realistisch)
- kompatibel (sich nicht widersprechend) und
- motivationsfähig (im Sinne eines Leistungsanreizes) sein.

6.2 Mögliche Ziele im Marketing

Im folgenden soll ein mögliches Beispiel eines Zielsystems vorgestellt werden. Es berücksichtigt die Ebenen Unternehmensleitung, Marketing, Sparten, Verkaufsgebiete und einzelne Verkäufer. Je nach Unternehmensstruktur sind andere Gliederungen möglich.

Organisationsebene	Erfolgsziele	Erlösziele	Marktziele	Kommunikationsziele	Distributionsziele
Unternehmensleitung	Gewinn, Rentabilität	Gesamtumsatz Umsatzwachstum	Marktposition	Firmenimage Corporate Identity	
Marketingleitung	Unternehmens-DB	Absatzerlös	Markteintritt/ Marktaustritt	Firmenimage	
Sparten-Leitung (Produkt/-gruppe)	Sparten-DB	Spartenerlös	Marktanteil	Markenimage Markenbekanntheit	Erschließung neuer Absatzgebiete und Distributionswege
Verkaufsgebietsleitung	Gebiets-DB	Gebietserlös	Gebietsmarktanteil		Distributionsdichte
Verkäufer	Auftrags-DB	Verkäufererlös Auftragserlös		Kundeninformation	Besuchsfrequenz

In empirischen Erhebungen haben sich folgende marketingbezogenen Ziele als bedeutend herausgestellt (Fritz/Förster/Wiedmann/Raffée 1988):

- Sicherung der Wettbewerbsfähigkeit
- Verbesserung der Marktposition/Marktanteil
- Qualität des Angebots
- Ansehen in der Öffentlichkeit
- Versorgung der Verbraucher
- umweltfreundliche Produkte

Dabei handelt es sich jedoch um sehr allgemein gehaltene Vorstellungen, die allenfalls auf Unternehmensebene zu einer Steuerung der Tätigkeiten eingesetzt werden können.

F. Marketing-Organisation

Mit steigender Bedeutung des Marketing als Unternehmensführungskonzeption ist die Organisation des Marketing-Bereichs zunehmend wichtiger geworden. Es läßt sich beobachten, daß die marketingbezogene Ausrichtung eines Unternehmens in der Regel auch mit organisatorischen Maßnahmen einhergeht. So führt etwa das Vorhandensein von wenigen mächtigen Nachfragern oft zur Einführung einer kundenorientierten Organisationsstruktur.

Die Marketing-Organisation muß sich einer Reihe von grundsätzlichen Anforderungen unterwerfen (dazu z.B. Köhler 1993a, S. 157f., Berndt 1991, S. 167f.), vor allem:

- Sie muß eine **effiziente** Arbeit gewährleisten. Dazu gehört z.B. die Vermeidung von Doppelarbeit, Reibungsverlusten, unnötigen Rückfragen und Abstimmungsprozessen.
- Sie muß die Mitarbeiter **motivieren**. So müssen etwa Tätigkeiten mit zu geringem Anspruch oder stets gleichartigen Arbeitsabläufen möglichst vermieden und in angemessenem Umfang Verantwortungsbereiche zugewiesen werden.
- Sie muß die situationsadäquate **Ausrichtung der Unternehmenstätigkeit auf den Markt** gewährleisten. Maßgebend ist die Frage, mit welcher Organisationsform am besten am Markt agiert werden kann.
- Sie muß **Innovationsfähigkeit** gewährleisten. Mehr als in anderen Funktionsbereichen ist es im Marketing notwendig, Ideen zu produzieren und neue Projekte schnell durchzusetzen. Bei der Organisationsgestaltung müssen daher Innovationsprozesse besondere Berücksichtigung finden.

Die Aufbauorganisation des Marketing kann nach folgenden Prinzipien erfolgen:

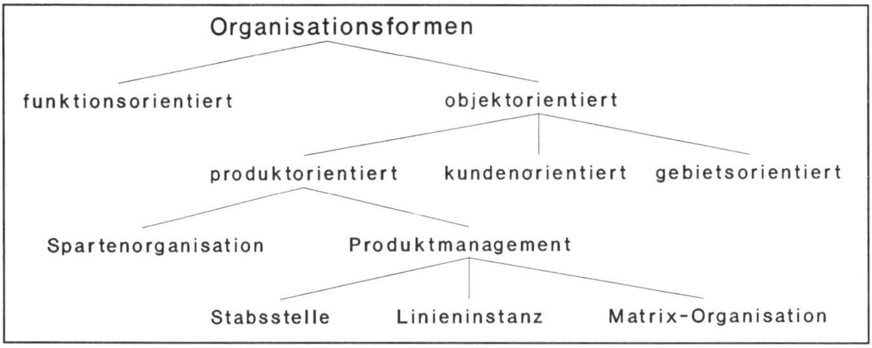

Abb. F.1: Prinzipien der Aufbauorganisation des Marketing

Das Leitungssystem kann nach der Zahl der übergeordneten Stellen in Einlinien- und Mehrliniensysteme unterschieden werden.

1. Prinzipien der Marketing-Organisation

1.1 Funktionsorientierte Marketing-Organisation

Die funktionsorientierte Organisation (Abb. F.2) orientiert sich am Verrichtungsprinzip, d.h. die einzelnen Abteilungen werden nach gleichartigen Tätigkeiten gebildet. Dies führt zu einem hohen Spezialisierungs- und Aufgabenteilungsgrad. Damit verbunden ist einerseits eine hohe fachliche Kompetenz, nicht zuletzt durch Konkurrenz innerhalb der Abteilung, andererseits aber auch ein erhebliches Maß an Starrheit, da die Mitarbeiter einer Abteilung nur mit den Problemen ihres Funktionsbereichs konfrontiert werden.

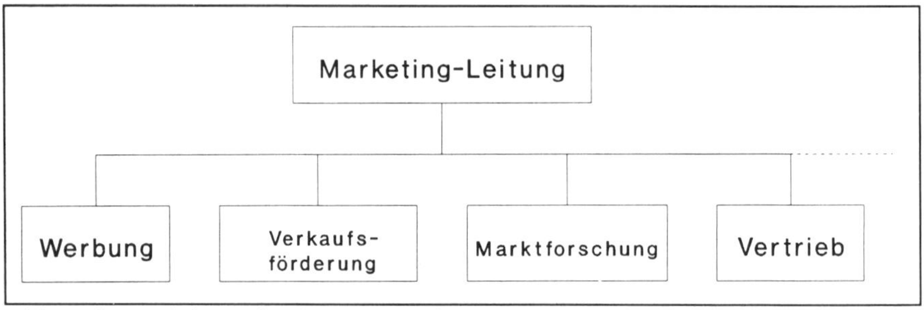

Abb. F.2: Funktionsorientierte Marketing-Organisation

Eine funktionsorientierte Marketing-Organisation findet sich vor allem bei mittelständischen Unternehmen, deren personelle Besetzung andere Organisationsformen regelmäßig nicht zuließe, bei Ein-Produkt-Unternehmen und der rohstoffnahen Industrie. Alle Werbe-, Marktforschungs-, Vertriebsaktivitäten usw. sind jeweils in einer Abteilung im Unternehmen zusammengefaßt.

Mit folgenden **Problemen** ist zu rechnen:

- Jede Abteilung neigt dazu, eigene Interessen zu vertreten. Die Werbeabteilung könnte geneigt sein, bestimmte kreative Ansprüche durchzusetzen, die Marktforschungsabteilung könnte sich für die Entwicklung und Anwendung bestimmter Erhebungsverfahren interessieren usw. Die mit einzelnen Produkten verbundenen Interessen können dabei beeinträchtigt werden.
- Jede Abteilung besitzt eine Monopolstellung im Unternehmen. Es ist daher nicht möglich, einen Konkurrenzvergleich anzustellen.
- Im Falle von Meinungsverschiedenheiten und Unstimmigkeiten obliegt die Koordination der Marketing-Leitung, was zu einer erheblichen Arbeitsbelastung führt.
- Die Flexibilität in bezug auf Markterfordernisse ist ausgesprochen gering. Werden z.B. neue Produkte eingeführt oder wird das Unternehmen mit einer Konzentration der Nachfrage konfrontiert, ist die Organisation praktisch nicht in der Lage, in geeigneter Weise darauf zu reagieren. Vielmehr muß die Problemlösung innerhalb der bestehenden Struktur gefunden werden, wobei sie mit bestehenden Problemen und Programmen konkurrieren.

Dem stehen folgende **Vorteile** gegenüber:

- Eine funktionsorientierte Organisation ist potentiell kostengünstig. Die einzelnen Abteilungen sind größer als etwa bei produktorientierten Organisationsformen, bei denen sich mehrere kleine Abteilungen mit gleicher Funktion finden. So ist es möglich, die Arbeit effizienter zu verteilen, außerdem müssen evtl. notwendige Geräte nur einmal beschafft werden.
- Gerade in den kleineren Funktionsbereichen mit wenigen Mitarbeitern, wie etwa der Marktforschung, ermöglicht erst die funktionsorientierte Organisation eine Abteilungsbildung. Anderenfalls wäre es wahrscheinlich nicht möglich, in ausreichendem Umfang Aufträge bereitzustellen.
- Der Koordinationsaufwand innerhalb der Abteilungen ist gering. Besteht z.B. das Ziel der Ausrichtung der Kommunikation auf eine Corporate Identity, ist nur eine Abteilung der Ansprechpartner. Die Einheitlichkeit ist so schneller herzustellen.

1.2 Produktorientierte Marketing-Organisation

1.2.1 Spartenorganisation

Bei dieser Organisationsform erfolgt die Strukturierung nach Produkten bzw. Produktgruppen oder Sparten (Abb. F.3). Die Organisationsstruktur spiegelt dann das Absatzprogramm des Unternehmens wider. Die Spartenorganisation (auch divisionale Organisation) setzt an der obersten Hierarchieebene des Unternehmens an und orientiert sich an dessen Geschäftsfeldern. Die Hoechst AG beispielsweise ist in sechs Geschäftsfelder unterteilt: Chemikalien und Farben, Gesundheit, Polymere, Technik, Fasern, Landwirtschaft, befindet sich jedoch in einer Reorganisationsphase (Dormann 1993).

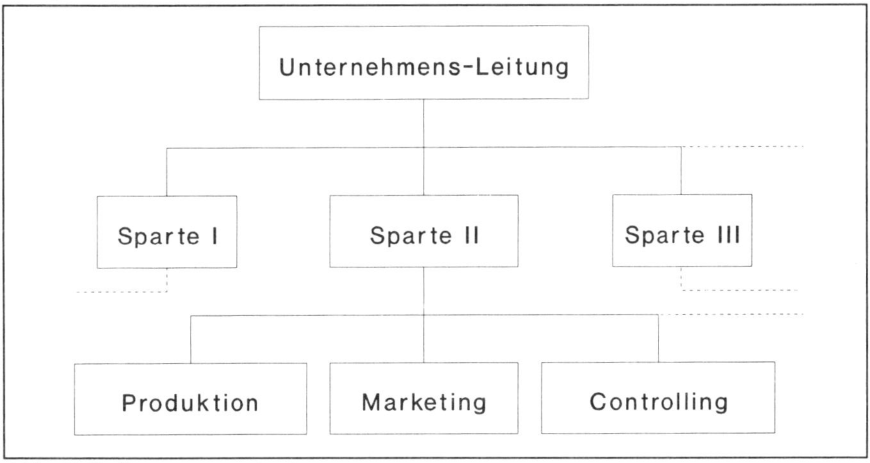

Abb. F.3: Spartenorganisation

Die Spartenorganisation findet sich vor allem bei Unternehmen, die stark diversifiziert sind und deren Geschäftsfelder sich deutlich voneinander unterscheiden. Es können auch Mischformen aus funktionaler und Spartenorganisation vorkommen, so bietet sich z.B. eine zentrale Finanzabteilung an, während Vertrieb und Produktion spartenindividuell sind und eine eigenständige Führung besitzen. Neben dem Produktprogramm können z.B. auch die regionalen Aktivitäten als Spartengliederungskriterium verwendet werden.

Der Vorteil dieser Organisationsform besteht darin, daß das Unternehmen in kleinere Bereiche unterteilt wird und damit leichter zu managen ist. Außerdem ist es so leichter möglich, individuell auf die Situation in den Sparten einzugehen. Es entsteht aber zusätzlich das Erfordernis, die Ziele und Aktivitäten der einzelnen Sparten zu koordinieren. Insofern ist eine zusätzliche Leitungsebene erforderlich.

Innerhalb der einzelnen Sparten ist dann wieder eine Entscheidung für eine Organisationsstruktur zu treffen. Diese kann wiederum funktions-, produkt-, kunden- oder gebietsorientiert sein. Sparten werden regelmäßig als **Profit Center** geführt. Da sie im Prinzip ein Unternehmen im Unternehmen darstellen, ist die eindeutige Zurechnung von Kosten und Erlösen und damit die Ermittlung der Profitabilität der Sparten möglich.

1.2.2 Produktmanagement

Beim Produktmanagement sind die einzelnen Produkte das Gliederungskriterium. Je nach Umsatzbedeutung werden einzelne Produkte oder Produktgruppen herangezogen. Es lassen sich nun verschiedene Arten des Produktmanagement nach der organisatorischen Stellung des Produktmanagers unterscheiden.

a) Produktmanagement als Stabsstelle der Marketingleitung (Abb. F.4)

Der oder die Produktmanager werden als Stab der Marketingleitung zugeordnet und übernehmen die Aufgabe der Koordination der einzelnen Marketing-Aktivitäten, ohne jedoch über Weisungsbefugnis zu verfügen. Die Möglichkeit der Einflußnahme besteht nur in der Beratung und Entscheidungsvorbereitung, grundlegende Probleme ergeben sich aus der Informationsbeschaffung. Dafür stehen die Informationen jedoch an oberster Stelle zur Verfügung.

b) Produktmanagement als Stabsstelle der Geschäftsleitung (Abb. F.5)

Je nach Größe des Unternehmens kann es auch sinnvoll sein, das Produktmanagement als Stabsstelle bei der Geschäftsleitung anzusiedeln. Den Produktmanagern ist es dadurch möglich, nicht nur die Koordination des Marketing-Bereichs, sondern sämtlicher Funktionsbereiche, soweit für das jeweilige Produkt relevant, zu übernehmen.

c) Produktmanager als Linieninstanz (Abb. F.6)

Bei dieser Variante der Produktmanagement-Organisation erhalten die Produktmanager volle Weisungsbefugnis. Sie sind direkt der Marketing-Leitung unterstellt und

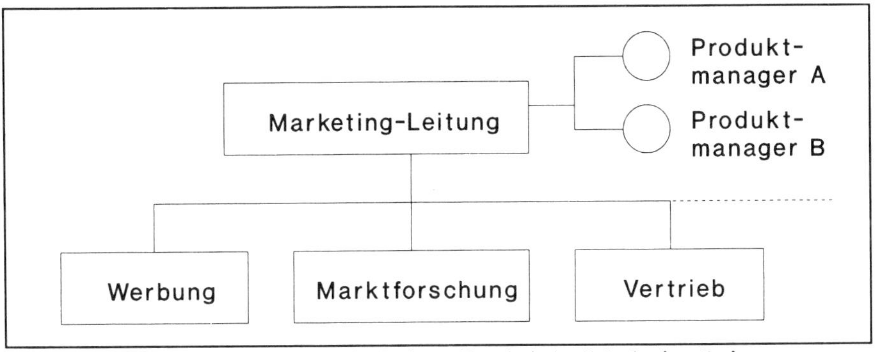

Abb. F.4: Produktmanagement als Stabsstellen bei der Marketing-Leitung

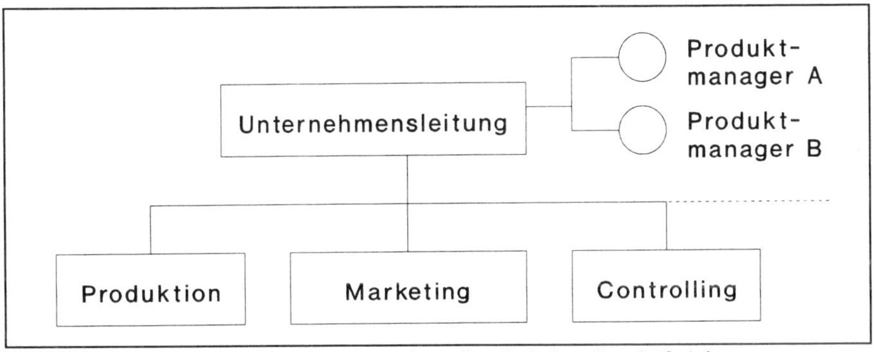

Abb. F.5: Produktmanagement als Stabsstellen bei der Geschäftsleitung

verantwortlich für die Marketing-Aktivitäten für ihr Produkt. Dabei entstehen mehrere kleinere Marketing-Abteilungen, so daß diese Organisationsform erst ab einer bestimmten Unternehmensgröße und einer bestimmten Umsatzbedeutung der Produkte geeignet ist.

d) Produktmanagement als Matrix-Organisation

Hierbei handelt es sich um ein Mehrliniensystem, da die Stellen im Marketing-Bereich mehreren Instanzen zugeordnet werden. Es können grundsätzlich zwei Arten unterschieden werden: das funktionsbereichsbezogene (Abb. F.7) und das funktionsbereichsübergreifende Produktmanagement (Abb. F.8). Bei ersterem bezieht es sich ausschließlich auf Stellen innerhalb des Marketing, bei letzterem auch auf andere Funktionsbereiche.

Mehrliniensysteme bergen grundsätzlich die Gefahr unklarer Kompetenzen. Im Fall von unterschiedlichen Auffassungen oder Weisungen seitens der produktorientierten und funktionsorientierten Instanzen besteht für die betroffene Stelle die Frage, wem gefolgt werden soll. Der Produktmanager befindet sich dabei in Konkurrenz zum Funktionsbereichsmanager und muß auf argumentativem Wege für die Durchsetzung der eigenen Ideen werben. Die Idealvorstellung geht davon aus, daß sich die beste

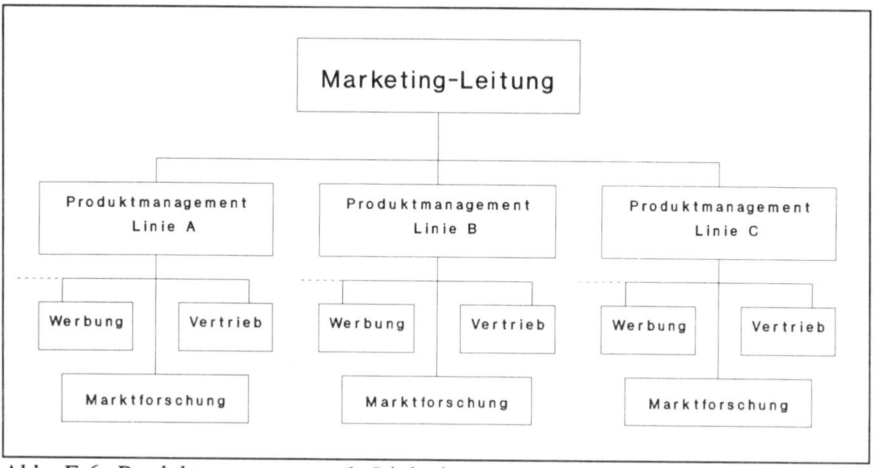

Abb. F.6: Produktmanagement als Linieninstanz

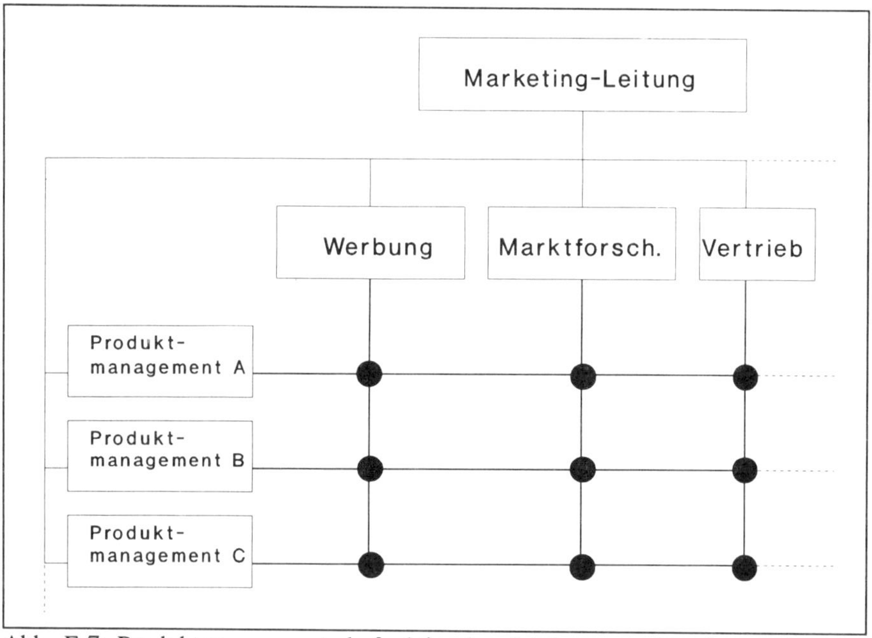

Abb. F.7: Produktmanagement als funktionsbereichsbezogene Matrixorganisation

Idee durchsetzt. Persönlichkeit und rhetorische Fähigkeiten erhalten dabei eine erhebliche Bedeutung. Es kommt nicht nur darauf an, die bessere Idee zu haben, sondern man muß sie auch durchsetzen.

Das **funktionsbereichsübergreifende Produktmanagement** als Matrix-Organisation (Abb. F.8) bietet den Vorteil, auch produktbezogene Aktivitäten in anderen Funktionsbereichen in die Koordination einbeziehen zu können. So besteht etwa häufig das Erfordernis, Vertrieb, Produktion und Logistik aufeinander abzustimmen, was

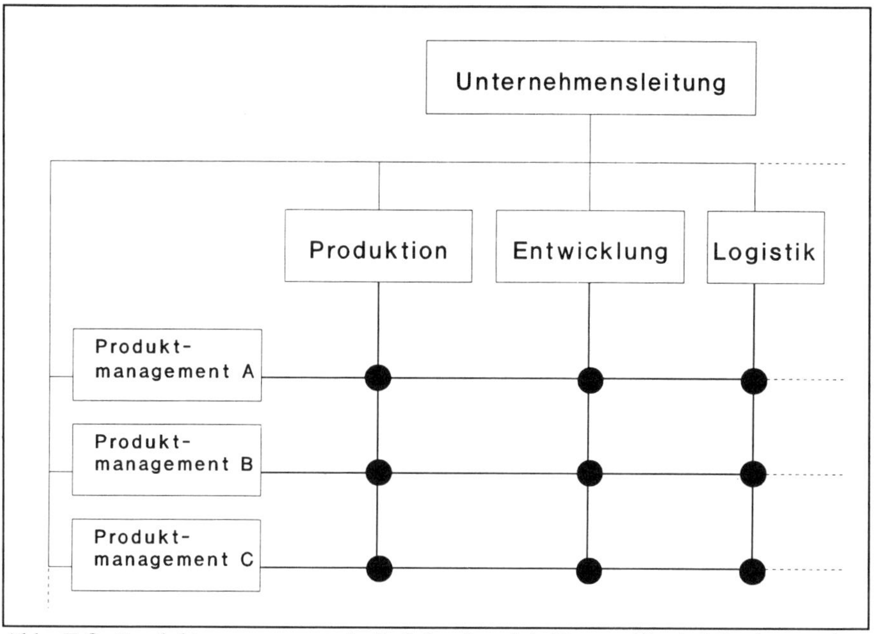

Abb. F.8: Produktmanagement als funktionsbereichsübergreifende Matrixorganisation

nur in einem solchen organisatorischen Rahmen einfach möglich ist. Nachteilig wirkt sich hierbei allerdings aus, daß die zu koordinierenden Stellen auch anderen Funktionsbereichen zuzuordnen sind, so daß etwa die Marketing-Leitung nicht als letzte Schiedsinstanz fungieren kann, sondern nur die Unternehmensleitung.

Der Nutzen des Produktmanagements liegt eindeutig in der Ausrichtung der Organisation auf die Absatztätigkeit des Unternehmens. Die Zuordnung von Stellen zu Produkten bzw. Leistungen führt zu einer hohen Identifikation der Stelleninhaber mit den Produkten, einer hohen Reaktionsbereitschaft auf Nachfrageveränderungen und entsprechend detaillierten Produkt- und Markt-Kenntnissen. Der Erfolg des "eigenen" Produkts soll die Motivationsquelle der Produktmanager sein. Zum absoluten Erfolg, d.h. der Profitabilität des Produkts oder der Produktlinie, kommt der relative Erfolg, nämlich das Ergebnis im Vergleich zu den Ergebnissen anderer Produkte im Unternehmen. In einigen Unternehmen wird durch die Herstellung vergleichbarer Produkte gezielt Konkurrenz im eigenen Hause geschaffen, um zusätzliche Leistungsanreize zu erhalten. Diese Strategie setzt eine Produktmanagement-Organisation voraus. Ein Beispiel dafür ist die Firma Procter & Gamble, die zwei miteinander konkurrierende Wegwerfwindel-Marken im Programm hat: Pampers und Luvs.

Nachteilig sind der höhere finanzielle Aufwand durch zusätzliche Stellen sowie die Gefahr eines Produktegoismus der Produktmanager. Je mehr partikulare Interessen bei der Tätigkeit im Vordergrund stehen, desto weniger werden gesamtunternehmensbezogene Ziele verfolgt. Es ist daher zusätzlich notwendig, Maßnahmen zur Integration des Produktmarketing in eine unternehmensweite Strategie zu ergreifen.

Grundsätzlich ist das Produktmanagement, wie die weiteren objektorientierten Organisationsformen auch, um so eher geeignet, je komplexer die Absatzbeziehungen sind (Zahl der unterschiedlichen Produkte und Marktsegmente) und je dynamischer die Marktentwicklung ist. Es ergeben sich folgende **Vorteile** (Köhler 1993a, S. 165):

- Objektorientierte Organisationsformen ermöglichen es den jeweiligen Managern, sich auf "ihr" Produkt, "ihren" Kunden usw. zu konzentrieren. Marktveränderungen werden dadurch eher wahrgenommen und führen zu einer höheren Marktanpassungsfähigkeit.
- Daraus resultiert auch eine höhere Innovationsfähigkeit, jedoch mit der Einschränkung, daß Innovationen über den eigenen Produktbereich hinaus eher behindert werden. Dies könnte mit einer Art Scheuklappeneffekt erklärt werden, der den Blick über das eigene Arbeitsgebiet hinaus behindert. Aus diesem Grund gehört zum Produktmanagement regelmäßig auch ein Rotationsprogramm, das die Produktmanager mit wechselnden Produkten in Verbindung bringt.
- Die Informationsversorgung wird aufgrund aktiven und genau abgegrenzten Nachfrageverhaltens gefördert.
- Das Produktmanagement erleichtert die Ergebniskontrolle im Rahmen einer Absatzsegmentrechnung, da die Produktmanagement-Kosten eindeutig einer Bezugsgröße zugerechnet werden können (Produkt bzw. Produktgruppe).
- Das Produktmanagement erleichtert die Bildung von Profit Centers, da den Kosten der Abteilung Erlöse konkret zugerechnet werden können (Verkaufserlöse der jeweiligen Produktgruppe).
- Da Tätigkeiten aus verschiedenen Funktionsbereichen zu koordinieren sind und die Produktmanager-Tätigkeit dadurch abwechslungsreich gestaltet ist, wird tendenziell ein hoher Motivationsgrad erzielt.

Diesen Vorteilen stehen jedoch auch **Nachteile** gegenüber:

- Bei Produktmanagern handelt es sich regelmäßig um zusätzlich eingerichtete Stellen, die ihrerseits koordiniert und kontrolliert werden müssen. In manchen Fällen werden sogar bewußt Konfliktsituationen konstruiert (z.B. bei der funktionsbereichsübergreifenden Matrix-Organisation), so daß ein höherer Koordinationsaufwand als bei der funktionsorientierten Gliederung erforderlich ist.
- Mit diesem Koordinationsaufwand und den zusätzlich eingerichteten Stellen sind gleichzeitig auch höhere Kosten verbunden.

1.3 Kundengruppenmanagement

Zahlreiche Branchen sind von einer Konzentration der Nachfrage betroffen. So konzentriert sich z.B. die Nachfrage im Lebensmittelbereich auf wenige Ketten (die

7 größten Ketten Metro, Aldi, Rewe-Leibbrand, Tengelmann, Asko-Schaper-Massa, Coop und Karstadt vereinten 1988 52% des Umsatzes im Lebensmittelbereich auf sich, Becker 1992, S. 518), im Non-Food-Bereich befindet sich ein Großteil der Nachfrage im Einflußbereich der Metro (Metro, Kaufhof, Saturn Hansa, Media Markt, Vobis, Kaufhalle u.a.) und weniger anderer Handelsgruppen. Zahlreiche Hersteller sind deswegen dazu übergegangen, im Vertrieb spezielle Key-Account-Abteilungen einzurichten, von denen ausschließlich ein Abnehmer betreut wird. So ist es möglich, z.B. individuelle Konditionenverhandlungen zu führen, handelsspezifische Marketing-Maßnahmen zu planen usw. Das Kundengruppenmanagement kann auch das Produktmanagement ergänzen (etwa durch eine zusätzliche Stabsstelle) oder sich auf den Vertriebsbereich beschränken (Abb. F.9).

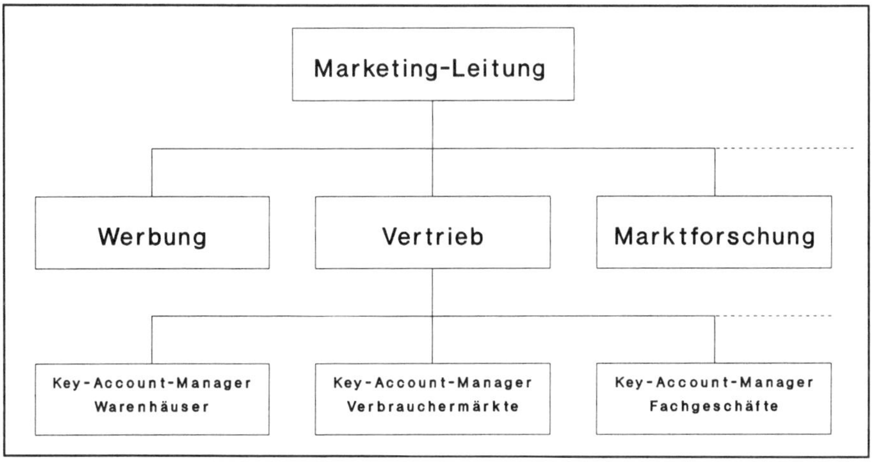

Abb. F.9: Kundenorientierte Organisation des Vertriebsbereichs

1.4 Gebietsorientierte Marketing-Organisation

Besonders bei multinational tätigen Unternehmen besteht das Erfordernis, die Marketing-Tätigkeit länderspezifisch auszurichten. So bestehen in den einzelnen Ländern etwa unterschiedliche Distributionsstrukturen, rechtliche Rahmenbedingungen und häufig auch unterschiedliche Produkte bzw. Produktausstattungen. Je nachdem, wie stark diese Unterschiede sind, ist entweder eine grundsätzliche Gebietsorganisation im Marketing oder eine ergänzende Gebietsorganisation, etwa durch zusätzliche Stabsstellen, sinnvoll (Abb. F.10).

2. Führung im Marketing

2.1 Managementtechniken

Während unter Punkt 1 verschiedene Möglichkeiten der Gestaltung der Aufbauorganisation vorgestellt wurden, geht es hier um die Frage, wie zugewiesene Führungsfunktionen wahrgenommen werden können. Dazu haben sich einige

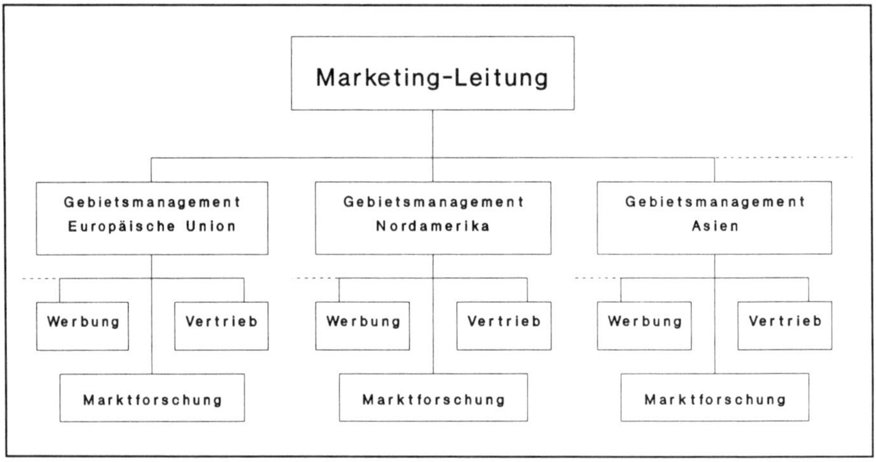

Abb. F.10: Länderspezifische Organisation des Marketing

Management-Techniken herausgebildet (dazu z.B. Berndt 1991, S. 192ff.).

a) Management by Objectives (MbO)

Die Koordination erfolgt bei MbO über die gemeinsame Definition der Ziele durch Abteilungsleiter und Mitarbeiter für einen festgelegten Zeitraum. Maßgebend dafür sind die übergeordneten Marketing- und Unternehmensziele. Der Vorteil dieser gemeinschaftlichen Zielvereinbarung besteht in der hohen Motivationsfähigkeit. Die Identifikation mit den zu verfolgenden Zielen ist umso größer, je stärker der Mitarbeiter an deren Formulierung beteiligt war. Außerdem werden in bezug auf die Verwirklichung der Ziele weitgehende Freiheiten gewährt. Die Vereinbarung bezieht sich auf Ziele, nicht auf Mittel. Diese Freiheit der Wahl der Mittel ermöglicht es dem einzelnen, stärker in Abhängigkeit von persönlichen Präferenzen zu entscheiden.

Der gemeinsamen Zielvereinbarung sind jedoch auch einige Nachteile zuzuschreiben. So ist zunächst der hohe Aufwand für individuelle Gespräche zu nennen. Weiterhin wird häufiger kritisiert, daß die Einflußmöglichkeiten des Mitarbeiters letztlich gering seien, weil auch übergeordnete Ziele, die von den Beteiligten selbst nicht beeinflußbar sind, gelten. Die Zielvereinbarung habe dann nur die Funktion, den Mitarbeiter mit ins Boot zu holen, jedoch nicht, ihn ans Steuer zu lassen.

b) Management by Delegation (MbD)

Das MbD räumt den Mitarbeitern zusätzliche Entscheidungsfreiräume ein. Die Führungsfunktion besteht in der Zuweisung eines abgegrenzten Verantwortungsbereichs, innerhalb dessen eigenverantwortlich gearbeitet werden kann. Übergeordnete Stellen werden nur dann aktiv, wenn die Koordination mit anderen Abteilungen erforderlich ist. Dementsprechend sind dem MbD Grenzen gesetzt, wenn etwa bei Produkteinführungen die Zusammenarbeit mehrerer Abteilungen und Funktionsbereiche erforderlich ist.

Das Delegationsprinzip wird nicht nur innerhalb eines Unternehmens angewandt, sondern auch im Rahmen der Zusammenarbeit mit externen Dienstleistern (Werbeagenturen, Marktforschungsinstitute, Handelsvertreter usw.). Durch die Outsourcing-Bestrebungen zahlreicher Unternehmen (d.h. Ausgliederung von Tätigkeiten) wird die Bedeutung des MbD in Zukunft tendenziell wachsen.

c) Management by Exception (MbE)

MbE räumt den Mitarbeitern die größten Freiräume ein. Der Vorgesetzte schaltet sich nur dann ein, wenn über das Normale hinausgehende Tätigkeiten durchzuführen sind und entsprechende Entscheidungen anstehen. Das wesentliche Problem ist jedoch die Abgrenzung zwischen normalen und außergewöhnlichen Geschäftsvorfällen. Werden zu viele Vorfälle und Abläufe als normal bezeichnet, wird der Mitarbeiter tendenziell überfordert und es steigt das Risiko der Fehlentscheidung. Wird die Grenze zu früh gezogen, werden die übergeordneten Instanzen mit unwichtigen Entscheidungen überlastet. Diese Abgrenzung hat auch entsprechende Auswirkungen auf die Mitarbeitermotivation. Je vielfältiger das Aufgabenspektrum ist, desto stärker ist die Motivation.

d) Management by Motivation (MbM)

Diese Managementtechnik setzt genau beim Motivationsproblem an. Ziel der MbM ist es, durch gezielte Anreize die Motivation und damit die Leistungsfähigkeit der Mitarbeiter zu steigern. Die Erreichung eines vorgegebenen Ziels wird dabei mit einem konkreten Anreiz (einer Belohnung) verbunden. Während beispielsweise im Außendienst regelmäßig mit einem solchen Anreizsystem gearbeitet wird, ist die Umsetzung im Gemeinkostenbereich (z.B. Produktmanagement, Marktforschung, Verwaltung) mit erheblichen Schwierigkeiten verbunden. An die Zielformulierung sind nämlich erhöhte Anforderungen zu stellen, da sich erhebliche finanzielle Auswirkungen ergeben. Im Vertrieb steht mit der Zahl verkaufter Produkte ein eindeutig operationalisiertes Ziel zur Verfügung, bei der Qualität der Auswertung von Marktforschungsberichten, der Marktanalyse usw. sieht es anders aus. Anreize können hier nur weniger differenziert ausfallen und z.B. für eine ganze Abteilung für allgemein gute Arbeit gewährt werden.

Die möglichen Anreize lassen sich grundlegend in materielle und immaterielle unterscheiden. Materielle Anreize sind Geld bzw. geldwerte Vorteile. Dazu gehören Provisionen, Rabatte, Wertpapiere usw. Immaterielle Anreize sind häufig sozialer Art. So kann die Mitgliedschaft in einem Club ausgelobt, eine besondere Auszeichnung verliehen oder etwa die Teilnahme an einer außergewöhnlichen Veranstaltung geboten werden.

2.2 Besonderheiten der Führung im Marketing

Die oben dargestellten Managementtechniken sind in mehr oder weniger unveränderter Form in allen Funktionsbereichen eines Unternehmens anzuwenden. Bei der konkreten Ausgestaltung eines Führungssystems im Marketing-Bereich sind jedoch einige Besonderheiten zu berücksichtigen, die sich sowohl aus den jeweiligen Aufgaben als auch den Persönlichkeitsmerkmalen und Anforderungen der Mitarbeiter ergeben.

Die Aufgaben innerhalb des Marketing sind vor allem durch folgende Merkmale gekennzeichnet (Köhler 1987):

- hoher Innovationsgrad
- hohe Komplexität
- planend und ausführend
- intern und extern orientiert.

Ein hoher Innovationsgrad ergibt sich schon aus der Tatsache, daß das Marketing ständig auf der Suche nach neuen Produktideen und Absatzmärkten ist. Es soll Veränderungen des Marktgeschehens als erstes aufgreifen und entsprechende Reaktionen des Unternehmens vorbereiten. Darin sind neben dem Marketing aber auch weitere Funktionsbereiche involviert, z.B. Produktion, Logistik oder Beschaffung. Dadurch erreichen die Aufgaben einen hohen Komplexitätsgrad. Das Beispiel der funktionsbereichsübergreifenden Matrix-Organisation zeigte bereits die Rolle des Produktmanagements als Querschnittskoordination verschiedener Bereiche des Unternehmens.

Neben der ausführenden Funktion des Warenabsatzes bestehen innerhalb des Marketing auch Planungsaufgaben. So sind Vorgaben und Schätzungen der Marketingabteilung wichtige Aktionsparameter für die Bereiche Produktion und Logistik. Es kommt zu einem ständigen Wechsel von Planung und Ausführung bei gleichzeitiger Verzahnung mit anderen Funktionsbereichen. Schließlich ist zu berücksichtigen, daß das Marketing häufig eine Schnittstelle zu Außenbeziehungen des Unternehmens darstellt. Die Marketingtätigkeit hat daher neben ihren internen auch externe Wirkungen. Betroffen sind beispielsweise die Beziehungen zu Kunden, Werbeagenturen, Marktforschungsinstituten usw.

Aus diesem vielfältigen Aufgabenspektrum ergeben sich besondere Anforderungen an die Stelleninhaber. In einer empirischen Erhebung wurden als besonders wichtige Fähigkeiten ermittelt (Köhler 1987, Sp. 1394):

- Denken in Zusammenhängen
- Durchsetzungsvermögen
- Kontaktfähigkeit
- Kreativität
- Fähigkeit zur Menschenführung.

Im Vordergrund stehen also Anforderungen, die auf die Zusammenarbeit mit Menschen gerichtet sind. Damit verbieten sich z.B. starre und hierarchische Führungsformen von selbst. Vielmehr kommt es darauf an, die Kommunikation und Teambildung zu fördern. Formale Autorität, wie sie von klassischen Liniensystemen verliehen wird, verliert nicht nur an Bedeutung, sondern wirkt sich letztlich kontraproduktiv aus, wenn dadurch Kreativität und Flexibilität eingeschränkt werden. Das

Produktmanagement-Konzept basiert sogar auf der Überwindung bzw. Abschwächung dieser formalen Strukturen, indem eine zusätzliche Koordinationsebene (der Produktmanager) eingeführt wird. Mit Ausnahme des Produktmanagement als Linieninstanz tritt an die Stelle der formalen Kompetenz die rhetorische. Damit soll erreicht werden, daß sich das bessere Argument durchsetzt, nicht die hierarchische Position. Bezogen auf die Führungsverantwortung heißt dies, daß die Entscheidungsfindung über Kommunikation gefördert werden muß. Dazu gehören einerseits die Schaffung einer kommunikationsfreundlichen Atmosphäre, andererseits auch die Förderung der Ausbildung der Persönlichkeit.

Die Auswahl, Ausbildung und Karriereplanung der Mitarbeiter im Marketing orientiert sich denn auch an diesen Besonderheiten. So wird üblicherweise z.B. im Produktmanagement ein regelmäßiger Austausch der Manager zwischen den einzelnen Produkten/-gruppen vorgenommen, um Flexibilität und Kreativität zu fördern und ein Erstarren der Arbeits- und Denkweise aufgrund von Routine zu verhindern. Weiterhin wird häufig auf Erfahrungen im Vertrieb Wert gelegt. Die Kenntnis des Verkaufsprozesses und der Anforderungen von Handel und Verbrauchern fördert die Fähigkeit, diese bei produktpolitischen Entscheidungen zu berücksichtigen und einen "Blick für das Machbare" zu erhalten.

Was die formale Ausbildung angeht, so kann das Marketing als das Gebiet im kaufmännischen Bereich angesehen werden, das die größten Spielräume läßt. Da neben den rein kaufmännischen Fragestellungen auch kreative und technische Aufgaben eine Rolle spielen, ergeben sich auch Absolventen anderer Ausbildungsrichtungen Einsatzmöglichkeiten. Mitunter wird ein "Bildungs-Mix" auch gezielt als Instrument zur Sicherung der Kreativität der Abteilung eingesetzt. Im Hinblick auf die Führung ergibt sich daraus die Anforderung, Mitarbeiter mit unterschiedlichen Kenntnissen zu führen und deren Tätigkeit zu koordinieren. Dabei sind insbesondere unterschiedliche Arbeitsstile und häufig auch Werthaltungen zu berücksichtigen. In internationalen Unternehmen kommt dazu der Aspekt der multikulturellen Personalführung, wenn etwa ausländische Märkte jeweils von Mitarbeitern aus diesen Ländern betreut werden.

Literaturverzeichnis

Ahlert, Dieter; Schröder, Hendrik: Rechtliche Grundlagen des Marketing, Stuttgart u.a. 1989

Backhaus, Klaus: Investitionsgütermarketing, 3.A., München 1993

Becker, Jochen: Marketing-Konzeption, 4.A., München 1992

Behrens, Gerold: Lernen - Grundlagen und Anwendungen auf das Konsumentenverhalten, S. 83-124, in: Kroeber-Riel, Werner (Hg.): Konsumentenverhalten und Marketing, Opladen 1973

Behrens, Gerold: Das Wahrnehmungsverhalten der Konsumenten, Thun, Frankfurt 1982

Behrens, Karl-Christian: Begrifflich-systematische Grundlagen der Werbung, in: ders.: Handbuch der Werbung, Wiesbaden 1970

Berekoven, Ludwig; Eckert, Werner; Ellenrieder, Peter: Marktforschung, 6.A., Wiesbaden 1993

Berndt, Ralph: Marketing 2, 2.A., Berlin u.a. 1992

Berndt, Ralph: Marketing 3, Berlin u.a. 1991

Bidlingmaier, Johannes; Schneider, Dieter J.G.: Ziele, Zielsysteme und Zielkonflikte, Sp. 4731-4740, in: Grochla, Erwin; Wittmann, Waldemar (Hg.): Handwörterbuch der Betriebswirtschaft, Stuttgart 1976

Böcker, Franz: Marketing, 3.A., Stuttgart, New York 1990

Böcker, Franz: Marketing-Kontrolle, Stuttgart u.a. 1988

Bolte, Karl Martin; Kappe, Dieter; Neidhardt, Friedhelm: Soziale Ungleichheit, 4.A., Opladen 1975

Brixle, Markus; Haag, Toralf: Strategische Früherkennung als ein Beitrag zur Erschließung neuer Märkte, S. 26-30, in: Marktforschung & Management 37(1993)1

Buzzell, Robert D.; Gale, Bradley T: Das PIMS-Programm, Wiesbaden 1989

Cooper, Robert G.; Kleinschmidt, Elko J.: New-Product Success in the Chemical Industry, S. 85-99, in: Industrial Marketing Management 22(1993)2

Crawford, C. Merle: Neuprodukt-Management, Frankfurt, New York 1992

Dormann, Jürgen: Geschäftssegmentierung bei Hoechst, S. 1068-1077, in: Zeitschrift für betriebswirtschaftliche Forschung 45(1993)12

Dorsch, Friedrich (Hg.): Psychologisches Wörterbuch, 10.A., Bern, Stuttgart, Wien 1982

Dunst, Klaus-H.: Strategische Einflußfaktoren, Sp. 1893-1903, in: Szyperski, Norbert (Hg.): Handwörterbuch der Planung, Stuttgart 1989

Ehrmann, Harald: Marketing-Controlling, Ludwigshafen 1991

Engel, Stefan; Preißner, Andreas: Promotionsratgeber, München, Wien 1994

Ernst, Klaus-Werner: Vom Althans zum Junghans, S. 90-97, in: absatzwirtschaft 36(1993) Sondernummer Oktober

Esser, Werner-Michael: Die Wertkette als Instrument der Strategischen Analyse, S. 201-221, in: Riekhof, Hans-Christian (Hg.): Strategieentwicklung, Stuttgart 1989

Festinger, Leon: Theorie der Kognitiven Dissonanz, hg. von Irle, Martin; Möntmann, Volker, Bern, Stuttgart, Wien 1978

Flaig, Berthold Bodo; Meyer, Thomas; Ueltzhöffer, Jörg: Alltagsästhetik und politische Kultur, Bonn 1993

Freidank, Carl-Christian: Die Prozesskostenrechnung als Instrument des strategischen Kostenmanagements, S. 387-405, in: Die Unternehmung 47(1993)5

Fritz, Wolfgang; Förster, Friedrich; Wiedmann, Klaus-Pater; Raffée, Hans: Unternehmensziele und strategische Unternehmensführung, S.567-586, in: Die Betriebswirtschaft 48(1988)5

Geml, Richard: Marketing-Controlling, S. 219-240, in: Geisbüsch, Hans-Georg; Geml, Richard; Lauer, Hermann (Hg.): Marketing, 2.A., Landsberg 1991

Gibowski, Wolfgang: Wer dreht an Volkes Meinung? in: Focus 2(1994)2, S. 48
Gomez, Peter: Frühwarnung in der Unternehmung, Bern 1983
Grün, Oskar: Zielbildung, Prozesse der, Sp. 4719-4730, in: Grochla, Erwin; Wittmann, Waldemar (Hg.): Handwörterbuch der Betriebswirtschaft, Stuttgart 1976

Hätty, Holger: Der Markentransfer, Heidelberg 1989
Hallier, Bernd: DPR = Mehr Professionalität, S. 85-91, in: Thexis 5(1988)1
Haseloff, O.W.: Kommunikation, Transformation und Interaktion, S. 94-140, in: Gadamer, Hans-Georg; Vogler, Paul: Neue Anthropologie Band 5. Psychologische Anthropologie, Stuttgart, München 1973
Hentze, Joachim; Brose, Peter; Kammel, Andreas: Unternehmungsplanung, 2.A., Bern, Stuttgart, Wien 1993
Herstatt, Johann David: Die Entwicklung von Markennamen im Rahmen der Neuproduktplanung, Frankfurt u.a. 1985
Hinterhuber, Hans H.: Strategische Unternehmungsführung I: Strategisches Denken, 5.A., Berlin, New York 1992
Hofer, Charles W.; Schendel, Dan: Strategy Formulation: Analytical Concepts, St. Paul u.a. 1978
Horváth, Péter: Controlling, 4.A., München 1992
Horváth, Péter; Kieninger, Michael; Mayer, Reinhold; Schimank, Christof: Prozeßkostenrechnung - oder wie die Praxis die Theorie überholt, S. 609-628, in: Die Betriebswirtschaft 53(1993)5

Inglehart, Ronald: Kultureller Umbruch, Frankfurt, New York 1989

Jäggy, Dieter: Werbung. Reihe "Die Orientierung", Bd. 69, 2.A., Bern 1987

Kiener, Joachim: Marketing-Controlling, Darmstadt 1980
Köhler, Richard: Marketingbereich, Führung im, Sp. 1389-1403, in: Kieser, Alfred; Reber, Gerhard; Wunderer, Rolf (Hg.): Handwörterbuch der Führung, Stuttgart 1987
Köhler, Richard: Strategische Früherkennung für die Planung von Produktinnovationen, S. 9-14, in: Thexis 8(1991)4
Köhler, Richard: Marketing, Überwachung des, Sp. 1269-1284, in: Coenenberg, Adolf G.; Wysocki, Klaus v. (Hg.): Handwörterbuch der Revision, 2.A., Stuttgart 1992
Köhler, Richard: Absatzorganisation, S. 157-173, in: ders.: Beiträge zum Marketing-Management, 3.A., Stuttgart 1993 (1993a)
Köhler, Richard: Absatzsegmentrechnung, Sp. 7-15, in: Chmielewicz, Klaus; Schweitzer, Marcell (Hg.): Handwörterbuch des Rechnungswesens, 3.A., Stuttgart 1993 (1993b)
Köhler, Richard: Marketing-Accounting, S. 279-297, in: ders.: Beiträge zum Marketing-Management, 3.A., Stuttgart 1993 (1993c)
Köhler, Richard; Krautter, Jochen: Marketingplanung, Sp. 1006-1020, in: Szyperski, Norbert (Hg.): Handwörterbuch der Planung, Stuttgart 1989
Koppelmann, Udo: Produktmarketing, 4.A., Berlin u.a. 1993
Koppelmann, Udo; Küthe, Erich: Präferenzwellen beim Gestaltungsmittel Farbe, S. 113-122, in: Marketing ZFP 9(1987)2
Kotler, Philip: Marketing-Management, 4.A., Stuttgart 1982
Kotler, Philip; Bliemel, Friedhelm: Marketing-Management, 7.A., Stuttgart 1992
Kroeber-Riel, Werner: Konsumentenverhalten, 5.A., München 1992

Levitt, Theodore: Marketing Imagination, Landsberg 1984
Linneweh, Klaus: Kreatives Denken, 4.A., Rheinzabern 1984

Maslow, Abraham H.: Motivation und Persönlichkeit, Reinbek 1989
Meffert, Heribert: Marketing, 7.A., Wiesbaden 1986
Metzger, Wolfgang: Psychologie, 5.A., Darmstadt 1975

Mühlendahl, Alexander von: Das neue deutsche Markenrecht, S. 1-6, in: Innovation & Management (1993)11-12

Müller, Armin: Die Prozeßkostenrechnung als neuer Ansatz zur Kontrolle und Verrechnung der Gemeinkosten, S. 91-126, in: Praxis des Rechnungswesens, Losebl.-Ausg., H. 1, 1992

Nielsen Universen 1993, Frankfurt

Nieschlag, Robert; Dichtl, Erwin; Hörschgen, Hans: Marketing, 15.A., Berlin 1988

Nieschlag, Robert; Dichtl, Erwin; Hörschgen, Hans: Marketing, 16.A., Berlin 1991

o.V. (1991a): Alternative Liste: Was den Verbrauchern gefällt, S. 52, 57, in: werben & verkaufen (1991)24

o.V. (1991b): 4711: Neuer Sockel für ein Marken-Monument, S. 28-30, in: werben & verkaufen (1991)34

o.V. (1991c): a/d/s Braun: Ein offensiver Rückzug, S. 14, in: Horizont (1991)36

o.V. (1991d): Euro-Styles: Die europaweite Bevölkerungskarte mit 16 soziokulturellen Typen, in: Praxis (1991)3

o.V. (1993): Ein Raster zur Sortierung der Medien-Nutzergruppen, S. 80, in: werben & verkaufen (1993)20

o.V. (1993b): Erfolgreiche Franchise-Ideen, S. 40-47, in: Die Geschäftsidee (1993)3

o.V. (1993c): Ein Mediamix-Etat kostet 1994 durchschnittlich 2,7 Prozent mehr, S. 50-61, in: werben & verkaufen (1993)49

o.V. (1994): Mehr Werbewirkung für gleiches Geld, S. 110, 111, in: werben & verkaufen (1994)7

Olfert, Klaus: Finanzierung, 6.A., Ludwigshafen 1987

Porter, Michael E.: Wettbewerbsstrategie, Frankfurt 1983

Porter, Michael E.: Wettbewerbsvorteile, Frankfurt 1986

Ray, Michael L.: Advertising and Communication Management, Englewood Cliffs 1982

Riebel, Paul: Die Deckungsbeitragsrechnung als Instrument der Absatzanalyse, S. 176-203, in: ders.: Einzelkosten- und Deckungsbeitragsrechnung, 6.A., Wiesbaden 1990

Rosenstiel, Lutz von; Ewald, Guntram: Marktpsychologie Bd. II, Stuttgart u.a. 1979

Rummel, Klaus D.: Zielkosten-Management - der Weg, Produktkosten zu halbieren und Wettbewerber zu überholen, S. 221-244, in: Horváth, Péter (Hg.): Effektives und schlankes Controlling, Stuttgart 1992

Schnibben, Cordt: Die Reklame-Republik, S. 114-128, in: Der Spiegel (1992)52

Schub von Bossiazky, Gerhard: Psychologische Marketingforschung, München 1992

Schulze, Gerhard: Die Erlebnisgesellschaft, 2.A., Frankfurt, New York 1992

Schweickhardt, Udo: Ladendiebstahl hat Konjunktur, S. 6-8, in: IHK Frankfurt am Main. Mitteilungen vom 1.12.1993

Seidenschwarz, Werner: Target Costing, München 1993

Spiegel, Bernt: Werbepsychologische Untersuchungsmethoden, 2.A., Berlin 1970

Statistisches Bundesamt (Hg.): Datenreport 1992, Bonn 1992

Statistisches Bundesamt: Statistisches Jahrbuch 1967, Stuttgart, Mainz 1967

Statistisches Bundesamt: Statistisches Jahrbuch 1992, Stuttgart 1992

Statistisches Bundesamt: Statistisches Jahrbuch 1993, Stuttgart 1993

Steffen, Dagmar: Einweg, Mehrweg oder Minimalverpackung, S. 140, 142, in: werben & verkaufen (1993)44

Stern: Dialoge 3, Hamburg 1990

The Strategic Planning Institute: The PIMS Program, Cambridge 1980

Uhlig, Karl-Heinz: Marketing. Strategie des manipulierten Marktes, Köln 1977

Weber, Jürgen: Einführung in das Controlling, 4.A., Stuttgart 1993
Webster, Frederick E.; Wind, Yoram: Organizational Buying Behavior, Englewood Cliffs 1972
Weinberg, Peter: Das Entscheidungsverhalten der Konsumenten, Paderborn u.a. 1981
Weinhold, Heinz: Das Marketing-Konzept. Reihe "Die Orientierung" Bd. 72, Bern 1979
Weis, Hans Christian: Marketing, 7.A., Ludwigshafen 1990
Wiedmann, Klaus-Peter: Konzeptionelle und methodische Grundlagen der Früherkennung, S. 301-348, in: Raffée, Hans; Wiedmann, Klaus-Peter (Hg.): Strategisches Marketing, Stuttgart 1985
Wiswede, Günter: Eine Lerntheorie des Konsumverhaltens, S. 544-557, in: Die Betriebswirtschaft 45(1985)5
Wiswede, Günter: Der "neue Konsument" im Lichte des Wertewandels, S. 11-40, in: Szallies, Rüdiger; Wiswede, Günter (Hg.): Wertewandel und Konsum, Landsberg 1990

Zentralverband der deutschen Werbewirtschaft (ZAW): Werbung in Deutschland 1993, Bonn 1993

Register